人文社会科学概要

主　编　宗瑞仙

山东人民出版社
国家一级出版社　全国百佳图书出版单位

编委会成员

主　编:宗瑞仙

编　者:吴　庆　刘海丽　张　白　安丰雪

前　言

基础教育的重要性自不待言，而其对师资知识结构综合性的显著要求亦别具特色。我校作为山东省培养、培训专科层次小学及幼儿教师为主的普通高校，结合自身悠久的办学历史及深厚的经验积淀，确立了“专业主修、综合培养”的培养方针，在健全、提升各专业基础课程的同时，有针对性地开设大量面向所有专业的综合课程，一个适应社会对师资需求的严整有序的课程体系已基本形成。

2013 年，山东省参加全国中小学教师资格考试改革试点，省教育厅为此下发《山东省中小学教师资格考试及认定制度改革工作实施办法》，其中第八条明确规定自 2013 年起，所有申请中小学教师资格者均须参加全省每年一次的统一考试，师范类专业高校毕业生取得毕业证随即获得教师资格证的时代至此终结。这一政策的变化对我校的影响相对大一些，因为教师资格证的取得与否直接关系到毕业生能否参加教师招考而事关就业问题。我校冷静分析、理性应对、积极跟进，根据考试内容较大规模地调整课程设置便是其中一项措施。《人文社会科学概要》这门课程应运而生，并被设定为全校高起点师范类专业的公共基础课。

历史学作为人文学科基础学科，所包含的内容极为浩繁，地理学亦为基础学科，研究对象非常广泛，历史学加上地理学，还要兼顾文化类知识，只要常识而无需深究，且面向小学教师资格证考试，符合这种条件的教材尚未发现。现行历史或地理教材，多为专业性较强的、系统性的、具有一定深度的、并且主要面向本科院校的教材，不适用于我校专科层次教学，更与教师资格证考试毫无关系，故而无法现成借用。教师讲授和学生记忆皆需要文本依托，自编教材成为当务之急。以我们现有师资队伍的学术水平与知识储备，编写一种成熟的涵盖历史、地理、文化常识的教材不能说毫无可能，却非朝夕之功，于是我们尝试着先根据现有教学大纲的知识点编写了一本讲义，分为历史篇、地理与文化篇两部分。讲义内容与教学大纲有一定的出入，或者出于学理逻辑的考虑，或者出于实际需要的考虑，个别部分增加了内容，个别部分缩减了内容。在具体教学过程中，我们也努力做到有所取舍、有所侧重、有所扩展，并不会完全照本宣科。

讲义试用了两年，学生基本是认可的，但也发现了一些问题，这使我们认识到讲义仅仅是一种参考资料，具有过渡性和不规范性，实现由讲义向教材的转变，才是提升教学质量、满足学生专业发展和教师资格证考试需求的根本保证。面向小学课程体系、面向考试需要，兼顾理论性、系统性和实际需要的高质量的《人文社会科学概要》教材是师生所共同期盼的，也是我们近两年来的主要工作目标。在讲义文稿的基础上，结合长期实际教学中的经验与体会，经过充分的资料准备及若干次的修订与完善，终于形成了这本教材，总算勉强对各方面有个交代。

由于时间仓促，本教材仍然存在很多问题，比如行文风格不能完全一致，比如前后连贯性仍有待加强，比如详略不尽得当，比如文字标点及版本格式的错误等等，敬请各位同仁及同学们批评指正。

在编写过程中，我们参考了大量的专业著作，主要是教材，也有学术著作，在各部分后都专门列出了参考文献，在此向相关著作的编写单位及作者本人致以诚挚的谢意！教材的编写，获得了学校及系领导的大力支持，在此一并致谢！

若此教材能对学生的专业发展及教师资格证考试多少有点帮助，吾等心愿足矣！

《人文社会科学概要》编写组

2016 年 6 月

目　录

中国古代史

中国近代史

中国现代史

世界历史

传统文化与人文地理

中国古代史

第一章　先秦时期

导读：在我国独特的自然地理环境中，出现了最早的人类，经过漫长的进化历程，由母系氏族转变为父系氏族，由旧石器时代进入新石器时代，“三皇五帝”的传说就是对这一历史进程的曲折反映；夏、商两个王朝具备了政权的雏形，各项制度逐渐完善，西周承其后而礼乐隆盛，平王东迁后周王室日益衰微，各诸侯国在春秋、战国的纷争中此消彼长，新制度、新学说应运而生，因商鞅变法而迅速崛起的秦国肩负起国家统一的重任。

一、我国的原始社会

我国位于欧亚大陆的东方，西部有世界屋脊帕米尔高原，西南有青藏高原和喜马拉雅山，西北有阿尔泰山，北部有蒙古戈壁沙漠，东北有兴安岭和长白山，东边和东南为海洋所环绕，形成一个相对独立的地理单元。其中，西部和北部高寒少雨，史前人类较难生存和发展，更难以与外界发生交往；中部的黄河中下游和长江中下游气候适宜，土壤肥沃，是我国史前文化最发达的地区。

我国原始社会各方面的发展进程是纷繁复杂的，兹将其主要情况列表如下：

1. 我国原始社会简表(约170万年前－约公元前21世纪)

发展阶段及文化代表		年代与遗址	简况
原始人群	元谋人	约170万年前。云南元谋。	已知的我国境内最早的人类。
	蓝田人	约80万年前。陕西蓝田。	
	北京人	约四、五十万年前。北京周口店龙骨山。	①能制造和使用粗糙的打制石器和木棒，以采集和狩猎为生，能使用天然火。 ②过着群居生活，共同劳动，共同享用。

		山顶洞人	约一万七千年前。北京周口店龙骨山的山顶洞穴。	①开始采用磨制和钻孔技术制造石器、骨器；会制骨针，把兽皮缝成衣服；以采集狩猎、捕鱼捞蚌为生。 ②懂得人工取火。 ③按血缘关系组成比较固定的集团，开始过着母系氏族公社。
氏族公社	母系氏族公社	河姆渡氏族	约七千年前。浙江余姚河姆渡村。	①普遍使用磨制石器（新石器）、骨角器，开始使用弓箭、陶器。 ②生产以原始农业和原始畜牧业为主，打猎捕鱼为辅；在世界上最早种植粟（半坡氏族）、水稻（河姆渡氏族）；养猪、狗、牛、羊、鸡等。 ③用麻纺线织布；建造房屋，过着定居生活。 ④陶器上刻有类似文字的符号。 ⑤妇女在生产和生活中起主导作用。按母亲的血统确定亲属关系；土地、房屋、牲畜等都归氏族公有；共同劳动，共同消费，氏族成员平等。 ⑥邻近的几个氏族组成部落，其首领均由大家推选，没有特权，也不脱离劳动。 ⑦处于母系氏族公社的繁荣阶段。
		半坡氏族	约六七千年前。陕西西安半坡村。	
	父系氏族公社	大汶口文化中、晚期	约四五千年前。山东泰安地区大汶口。	①生产用石斧、石铲、鹤嘴锄（鹿角器）、石刀、骨镰、蚌镰等。 ②农业和饲养业兴盛；手工业从农业中分离出来，出现了专业的手工业家族。 ③男子逐渐代替了妇女在生产和生活中的支配地位，按父亲的血统确定亲属关系。 ④产品有了剩余，开始进行产品交换；出现私有财产，贫富分化加剧，逐渐产生阶级；氏族公社后期，原始社会逐渐瓦解。

2. 我国原始社会遗址情况简表

地质年代		社会分期	人类发展阶段		人类化石及文化	考古学时代		绝对年代（距今）
新第三纪	上新世			古猿	（拉玛古猿）	无工具时代		1500 万年
					禄丰古猿			
					开远小龙潭古猿			
第四纪	早更新世	原始群	直立人	猿人	元谋人	早期	旧石器时代	300 万年
					蓝田人			
					北京人			
	晚更新世		智人	古人	大荔人	中期		20 万年
					许家窑人			
					马家坝人			
					长阳人			
					丁村人			
				新人	河套人	晚期		四万年
					峙峪人			
					山顶洞人			
		氏族公社			小南海			
					柳江人			
					资阳人			
	全新世			现代人	沙苑细石器文化	新石器时代		一万年
					仰韶文化			
					大汶口文化			
					龙山文化			

传说中，黄帝是大约 4000 多年前生活在黄河流域原始部落的部落联盟首领。他提倡种植五谷，驯养牲畜，使这个部落联盟逐步强大。他曾率领部落打败黄河上游的炎帝部落和南方的蚩尤部落。后来炎帝部落和黄帝部落结成联盟，在黄河流域长期生活、繁衍，构成了华夏族的主干成分。黄帝被尊奉为华夏族的祖先。黄帝以后，黄河流域部落联盟的杰出首领先后有尧、舜、禹。那时候，部落联盟首领由推选产生。尧年老了，召开部落联盟会议，大家推举有才德的舜为继承人。尧死后，舜继承了尧的位置。舜年老了，也采取同样的办法把位置让给治水有功的禹。这种更替首领位置的办法，历史上叫作“禅让”。

原始社会，生产力非常低下，人们对于生产资料实行公有制，没有私有制，没有剥削，没有阶级。后来，随着财富的增加，生产资料私有制逐渐形成，集体劳动逐渐被个体劳动所取代，由此产生了私有制，随之也出现了阶级，氏族中出现了贵族阶层和平民阶层。到了末期，以血缘关系结成的氏族开始破裂，一些氏族成员脱离自己的氏族，到别处和与他们没有血缘关系的人们杂居，同时氏族也不断接纳外来人，于是出现了按地域划分的农村公社。到了这时，原始社会基本上就已经瓦解了，不同阶级之间出现了斗争，随着情况的深化就出现了国家来对人民进行有效的统治。

二、夏、商、西周

1. 我国第一个王朝——夏

夏朝实行帝位世袭制度，自禹至桀十七帝（十四世）世系分明，制度益趋巩固，形成了一个高出众小邦之上的原始政治机构，也就成为中国历史上第一个朝代。

夏启袭位以后，召集众部落酋长在钧台（河南禹县北门外）宴会，表示自己正式继位。启死后，儿子太康继位。太康荒淫无道，夷族酋长后羿利用夏民（奴隶）的怨恨，夺取安邑，拒绝太康回来，自己做了君长，号称有穷氏。羿是最著名的射手，专喜欢打猎，亲信人寒浞收买羿的家奴杀死羿，继承了羿的妻妾和全部家业。

太康失去的帝位，经过几十年，又被少康恢复，古史称为“少康中兴”。

帝胤甲时夏又衰弱，退居西河。帝皋都渑池附近，帝桀都洛阳。帝胤甲以后，商在东方强盛，夏不敢向东方竞争，终于为商汤攻灭。

2. 商朝的建立和繁荣

商人传说是帝喾之子契的后裔，因契佐禹治水有功，故被舜封于商，商开始兴起。经过五百年的发展，到成汤时，已经成为以亳为都城的强大方国。在伊尹的辅佐下，成汤首先争取众多方国的支持，征讨不归顺的方国，最后兴兵伐夏，鸣条一战，夏桀兵败逃至南巢而死，商朝建立。

商汤用武力消灭腐朽、暴虐的夏王朝，建立新的统治，是历史的进步。新建立的商王朝，虽然在社会形态上与夏王朝并无区别，但是它的诞生，毕竟给古代社会内部注入了新的活力，健全了古代阶级社会的机制。所以古书对商汤伐桀灭夏一事作了充分的肯定，认为“汤武革命，顺乎天而应乎人”。

商朝共三十主、十七世。从公元前1600年至公元前1046年。商的继承法，采用兄终弟及制，无弟然后传子。商汤的孙子太甲在位时无道，伊尹把他放逐而由自己摄政。三年后，太甲悔过，又迎归复位，勤俭爱民、诸侯亲附、社会安定，被称为守成之主太宗。此后，一直到第九位商王太戊，是王朝巩固和发展的时期。从第十位商王仲丁开始，商王室出现混乱，造成国力衰败，诸侯不朝，各种矛盾交错，危机四伏。盘庚为了挽救王朝的危机，将都城由邢邑迁至殷，并进行改革，推行成汤的政治，革除奢侈恶习，关心百姓，使局势得以安定，政治、经济、文化开始迅速发展，史称“盘庚迁殷”。

到第三十代王纣时，王权与贵族权势的斗争发展到了顶点。纣王自恃聪明，刚愎自用，文过饰非，淫虐无比，奢侈无度，以酒为池，悬肉为林，作长夜之饮，并设炮烙之刑，大肆残杀王公贵族，滥施酷刑，加重聚敛，使得诸侯、贵族和小民都相与反叛。纣王在危机日益加深时，还大规模地对外围部族用兵，平定东夷，耗费大量的人力物力，更加速了商王朝的灭亡。西方的周人乘机发展起来，终于灭掉了殷商。

商人从一开始就是以农业为主的民族，甲骨卜辞中多次见到“其受年”（能获得丰收吗?）的问语，反映商朝统治者对农业的重视。商代手工业全部由官府管理，分工细，规模巨，产量大，种类多，工艺水平高，尤以青铜器的铸造技术发展到高峰。成为商代文明的象征。

商代甲骨文兼有象形、会意、形声、假借、指事等多种造字方法，已经是成熟的文字。在出土的甲骨卜辞中，总共发现有四千六百七十二字，学者认识的已有一千零七十二字。甲骨文因刻写材料坚硬，故字体为方形。而同时的金文，因系铸造，故字体为圆形。

商代甲骨文中有大致三万的数字，明确的十进制、奇数、偶数和倍数的概念，有了初步的计算能力。

商代日历已经有大小月之分，规定三百六十六天为一个周期，并用年终置闰来调整朔望月和回归年的长度。商代甲骨文中有多次日食、月食和新星的记录。

3. 西周的兴衰

周是活动于黄土高原的一个古老部落。到古公亶父时，又迁到岐山南边的周原（今陕西岐山县）定居下来，逐渐发展成一个新兴的西部势力，自称为“周”。古公的孙子文王姬昌继位，号称西伯，仁慈爱民，礼贤下士，天下士人都来投奔。周文王死后，其子发继位，称武王。他继续以姜尚为师，周公旦为辅，召公、毕公等人为主要助手，继续文王未竟的事业。他将都城扩至沣水以东的镐京（今陕西长安县境内），作灭商的准备。两年后，武王在盟津召集八百诸侯会师盟誓。武王兵出潼关，联合各方国诸侯，挥师东向，于次年二月在牧野打败商朝的军队，杀死殷纣王，史称“武王灭商”，建立了中国历史上最长的一个朝代“周朝”。

周朝经历了三十七代天子，八百多年，到公元前 256 年，才被秦国灭掉。公元前 770 年，平王迁都洛邑（今河南洛阳）。丰、镐二京在西，洛邑在东，习惯上称公元前 770 年以前的周朝为西周，以后的为东周。

武王建周后，大封功臣谋士，如将姜尚封于齐，周公旦封于鲁，召公奭封于燕，叔鲜封于管，叔度封于蔡。据说，周初总计分封了七十一个诸侯国，其中兄弟之国十五个，同姓之国四十个。封邦建国的目的，是加强对各地的统治，并作为周王室的屏藩。诸侯再在自己的封地里分封卿大夫，卿大夫又在自己的封地里分封士，这样自上而下统治人民。

武、成、康三代政治清明，是周的黄金时代。但到第四代天子昭王时，统治就开始出现问题。长期的矛盾逐渐积累，使王朝产生了深刻的危机。在这种情况下继位的周厉王，不仅不采取安抚民众、发展民生的措施，反而任用佞臣，大肆挥霍，连年对外征战，变本加厉地剥夺，垄断山泽之利，引起民众的不满和议论。他派巫师监视、杀死议论的人，使矛盾更为尖锐。三年以后，愤怒的镐京居民终于发起暴动，将厉王流放到彘，由周公和召公共同执掌政权，历史上称为“周召共和”。共和元年即公元前841年，中国历史从这一年开始有了明确而且连续不断的纪年。周厉王死后，他的儿子宣王整顿朝政，使周王朝有所复兴。但到第十二代天子周幽王时，王朝的危机更为严重。周幽王不仅不抚恤灾民，反而更加奢侈腐化，贪得无厌。为了博得宠妃褒姒一笑，幽王举烽火欺骗诸侯前来勤王。最严重的问题是，幽王决定废去王后申氏，杀掉太子宜臼，另立褒姒为王后，立褒姒的儿子伯服为太子。申后的父亲申侯于是联合西方部族犬戎，举兵攻打周幽王，在骊山下杀死幽王，掠走褒姒。幽王的儿子宜臼即位时，关中遭受兵火洗劫，残破不堪，犬戎又不时前来骚扰。周平王宜臼只得将都城迁到洛邑，史称“平王东迁”，东周开始。

西周比较重要的手工业都由王室和诸侯控制，众多的百工在司空的领导下负责管理各项手工业，其中最重要的仍然是青铜铸造业。其分布地区很广，生产能力扩大，效率和水平提高，铸造工艺改进。陶器业已逐渐采用快轮法，产品走向规格化。漆器制作逐渐普遍，颜色鲜艳，花纹精美。家蚕的饲养十分普遍，纺织成为农家的一项重要副业。丝织物有斜纹提花织品和刺绣品。

西周时，商业已成为社会经济不可缺少的部门，由官府垄断，设有质人之官作为市场的管理者。商贸的品种有奴隶、牛马、兵器、珍异等。西周的货币除贝以外，已开始使用青铜。

西周的官制，更为繁杂。周王左右的辅佐为太师、太傅、太保，合称三公。三公之下有三事官（政务官、事务官和地方官）、四方（诸侯和方国、部族）和卿事寮。诸侯在自己的封国内仿照王室设置百官有司，成为相对独立的政权，主要有三事官，即司徒、司马、司空，分掌政务、司法和民事。周的各级主要官吏，都是在宗法制度基础上世袭，而且文武不分，平时治民，战时就是各级将领。周朝的地方制度，有国、都、邑、野、鄙。周王和诸侯的都城为国，诸侯国中的大城为都，小城为邑，此外的地方称为野或鄙。

三、春秋与战国的纷争

1. 春秋列国争霸

在内乱和戎族入侵的交织打击之下，公元前770年，周平王被迫放弃镐京，依仗晋、郑等诸侯的力量迁都洛邑。从此王室开始衰弱，周天子号令天下的时代一去不复返。诸侯争霸，大国兼并，大夫专政与夷夏斗争登上舞台。

春秋初年，大小诸侯国见诸经传的有一百七十余个，然其会盟、征伐事迹彰彰可考者，不外齐、晋、楚、秦、鲁、宋、卫、燕、陈、曹、蔡、郑、吴、越等十数国。

平王东迁以后，一些诸侯国经过长期休养生息发展了起来，而王室的力量却逐步衰微，渐渐丧失控制诸侯的能力。强大了的诸侯，不再对周王室唯命是从了，他们有的蚕食周的土地，有的攻伐别的诸侯，孔子将鲁隐公元年（公元前722年）到鲁哀公十四年（公元前481年)的历史修成了一部史书《春秋》,后人就把这一段历史称为春秋时期。

春秋时期,先后出现五个霸权,史学家称为“春秋五霸”。

最早称霸的是齐桓公。齐是太公吕尚的封国,其历代君主致力于整顿政治,发挥滨海渔盐的优势,提倡家庭纺织业,发展商业和手工业,使其国力逐渐发展起来。齐桓公(公元前685–公元前643在位)继位后,以管仲为相,整顿国政,废除公田制,按土地的肥瘠,确定赋税,设盐、铁官和铸钱,增加财政收入,寓兵于农,将基层行政组织和军事组织合为一体,增加了兵源和作战能力,迅速成为华夏各国中最富强的国家。然后就打起了“尊王攘夷”的口号,多次大会诸侯,帮助或干涉其他国家,抗击夷狄的侵扰,终于在周僖王三年(公元前679年)成为霸主。周惠王二十一年(公元前656年),齐桓公带领八个诸侯国的联军,以优势兵力迫使楚国服从他,订立了召陵(今河南郾城)之盟,其霸业发展到顶峰。

齐桓公死后,齐国出现争夺君权的内乱,力量削弱。楚国乘机发展势力,先后灭了它北边的几个小国,重新把矛头指向中原。宋襄公(公元前650–公元前637年在位)以抵制楚人北侵为号召,企图充当中原的霸主。但无论从国力还是业绩看,宋襄公都够不上称霸。周襄王十五年(公元前638年),楚宋两国的军队在泓水相遇,宋军大败,宋襄公被射伤了腿,不久死去。

正当楚国称雄中原的时候,西部的晋国发展了起来。晋文公重耳曾因“骊姬之乱”在外流亡十九年,饱尝艰辛,即君位后,他改革政治,发展经济,整军经武,取信于民,安定王室,友好秦国,在诸侯中威信很高。周襄王二十年(公元前633年),楚军包围宋国都城商丘。次年初,晋文公率兵救宋,在城濮大败楚军,成为霸主。

晋文公死后,秦穆公谋求向东方发展,被晋所阻。崤地一战,秦全军覆没,转而向西,吞并了一些戎狄部族,称霸西戎。

楚国在城濮战后,向东发展,灭了许多小国,势力南到今云南,北达黄河,经济文化进步明显。楚庄王(公元前613–公元前591年在位)改革内政,平息暴乱,兴修水利,国力更为强大。周定王十年(公元前597年),楚与晋会战于邲(今河南武陟东南),大胜。不久,又进兵围宋,晋人不敢去救,于是中原各小国纷纷归向于楚,楚人称霸中原。

当中原诸侯争霸接近尾声时,地处江浙的吴、越开始发展。周敬王十四年(公元前506年),吴王阖闾以伍员(伍子胥)为大将,统兵伐楚,攻进楚都郢。周敬王二十四年(公元前496年)又挥师南进伐越。越王勾践率兵迎战,越大夫灵姑浮一戈击中阖闾,阖闾因伤逝世。周敬王二十六年(公元前494年),吴王夫差为父报仇,兴兵败越,越王勾践求和,送给吴王珍宝与美女西施,自己亲自为夫差牵马。吴王乘胜向北进击,大败齐军,成为小霸。越王勾践卧薪尝胆,十年生聚,十年生息,终于在周元王三年(公元前473年)消灭吴国,夫差羞愤自杀。勾践北上与齐晋会盟于徐,成为最后一个霸主。

春秋时期,铁农具较多地使用和牛耕的推广,极大地提高了农业生产力。许多荒地被开垦为良田，耕作技术由粗放转向精耕细作，农业产量大增。私田增加，井田制崩溃，土地关系向私有化发展。诸侯们不得不陆续实行改革，承认土地私有，允许土地买卖，向土地所有者征收田税，自耕农的生产积极性高涨。

春秋时期，青铜器上的雕镂纹饰趋向细致工整，造型轻巧灵便，存世的吴、越青铜剑，其冶铸淬炼之精，合金技术之巧，外镀之精良，花纹之铸造，皆世所罕见。煮盐、冶铁、漆器等部门发展起来。铁器主要为手工业工具和农具。齐国的丝织品、楚国的漆器等水平很高。一部分工匠成为个体生产和经营者，聚居于城中的“肆”里，边生产边销售。被称为匠师之祖的公输班，就生活于春秋末年。

春秋时，产生了新的赋税制度。鲁宣公十五年（公元前594年）实行初税亩，国家根据土地面积向田主征收一定的实物税。这是古代田税的开始。鲁成公元年（公元前590年），“作丘甲”，按土地面积征收一定量的军赋（甲），从而使税和赋合而为一。春秋战国之际，地税的征收已很普遍。秦国于简公七年（公元前408年）实行“初税禾”的实物地税制度。

春秋时期，诸侯国君称公、称侯，只有楚、吴、越称王，国君之下设诸卿，二卿、三卿或六卿，其中主持政务的称正卿或上卿，楚国称令尹，亦称相，秦又曾称庶长、不更。卿出征时为三军之将佐。卿之官职，有司徒、司马、司空、司寇等，分掌民事、军事、工事、法律。春秋初期，晋、楚等国开始在新兼并的地方设县，或聚若干小邑为县，或将私家之田分置县。在边境地区则设郡。郡县之间没有隶属关系，其长官由国君直接任命，只有少数作为采邑赏给贵族。

2. 战国时期的政治与经济

随着生产力的发展、水利的兴修、铁器的使用和牛耕的推广，春秋中后期，各诸侯国的经济得到不同程度的发展，政治形势也产生了相应的变化。最重要的是诸侯国内部卿大夫的势力逐渐发展起来，著名的如鲁国的三桓、齐国的田氏、晋国的六卿。他们利用自己的经济实力，控制和瓜分公室，并互相争斗，以扩充领地。晋国的六卿争斗到最后，剩下韩、魏、赵三家。周威烈王二十三年（公元前403年），周王正式承认三家为诸侯。周安王十一年（公元前391年），田氏废黜齐康公，自立为国君，也得到周王的承认。三晋和田氏的胜利，宣布了强者生存、弱者淘汰的残酷政治法则。于是，以魏国的李悝改革为起点，各国争相进行以富国强兵为目标的变法运动。变法的核心是将劳动者固定到土地上，以增加国家的赋税收入。社会文明程度的加深，使统治者对物质享受的贪欲急骤膨胀。增加剥削量最直接的办法，是掠夺更多的土地，而掠夺土地最便捷的途径是战争。所以，这个时期，战争愈来愈多，愈打愈大。西汉末年的刘向，将有关这段历史的各种资料编成一本书，取名《战国策》，从此，人们将这一历史阶段称为战国时期。

战国时期最有实力的是齐、楚、燕、秦、韩、赵、魏，人称“战国七雄”。魏文侯任用李悝进行改革,成为战国初期第一个强国。楚悼王任用吴起进行变法,也日益强盛了起来。齐威王任用邹忌等人进行改革,成为实力仅次于魏的大国。

周显王十三年(公元前356年)和十九年(公元前350年),秦孝公任用商鞅进行的变法最为彻底。商鞅变法鼓励人口增殖,重农抑商,废除世卿世禄制度,奖励军功,编制户口,实行连坐之法,使秦国成为战国中期以后最为强大的国家。虽然后来商鞅被车裂而死,新法却并未废止。

齐国和秦国东西对峙,展开了争取其他诸侯国、孤立对方的斗争,而韩、魏、赵、楚、燕等国,则在联秦抗齐和联齐抗秦中摇摆。这时,出现了两个著名的政治家张仪和公孙衍,他们分别连横(分化六国)和合纵(联合抗秦),但秦国最终还是统一了六国。

秦自孝公商鞅变法,中经秦惠王、武王、昭王,一百余年间,建立了比较巩固的中央集权的统治,注重水利和农业生产,奖励军功,军队装备优良,又充分利用客卿为秦谋划作战,在诸侯国中越战越强,终于打败了各个强大的敌手,成为天下第一的强国。秦王政九年(前238年),平嫪毒之乱,嬴政亲自执掌政权,随即出动大军,以摧枯拉朽之势,横扫六国旧势力,于十七年(公元前230年)灭韩,二十二年(公元前225年)灭魏,二十四年(公元前223年)灭楚,二十五年(公元前222年)灭燕、灭赵,二十六年(公元前221年)灭齐,终于建立了中国历史上第一个统一的多民族的中央集权的国家,历史翻开了新的一页。

战国时,手工业大发展,冶铁、青铜器铸造、漆器、丝织业的生产水平都有显著的提高。为了适应商业发展的需要,战国时币的种类多,流通数量大。各国铜币的样式不同,齐、燕主要是刀形的刀币,三晋主要是铲形的布币,秦、周主要是圆形有孔的圜钱,楚国主要是形似贝壳的蚁鼻钱。

战国时,各诸侯国陆续形成国君之下将相分职、文武分权的中央官僚体制。相,又称相邦、宰相,是百官之长。将,又称将军,是武官之长。秦国于武王二年(公元前309年)开始设丞相一职,丞相中最尊贵者称相邦,最高武职初为大良造,到秦昭王时才设将军。楚国一直以令尹为最高官职,柱国或上柱国为地位稍次的最高武官。各国次一级的武官为尉,或称国尉、都尉。国君的秘书称御史,并有监察之任。郡县的设置更为普遍,逐渐形成以郡统县的格局。县以下,有乡、里、聚的组织。乡有三老、廷掾,里有里正。聚是村落,其下有伍、什的编制,五家为一伍,有伍长,十家为一什,有什长。

战国初,各国变法进一步使法律系统化。魏国李悝所编《法经》,包括盗法、贼法、囚法、捕法、杂法和具法。商鞅变法,设连坐之法,更制定了严厉的法律,增加肉刑、大辟,有凿顶、抽肋、镬烹之刑。其他各国也竞相制定了严酷的刑法。

3. 春秋、战国时期的学术文化

春秋晚年,孔子开创了私人讲学的风气,并创立了儒家学派。战国初年,墨子创立了墨家学派。跟孔墨相先后,老子及其追随者创立了道家学派。这三个学派的出现,揭开了百家争鸣的帷幕。它们在整个战国时期的学术领域里，一直占有重要的地位。

孔子名丘，字仲尼，鲁国人，他长期过着私人讲学的生活。据说，他有弟子三千人。他经常带着一些学生周游列国，受到各国当权人物的款待，但他没有在政治实践上得到亲自检验自己政治理想的机会。晚年，他在鲁国整理一些文化典籍，其中包含《诗》《书》《易》《春秋》，这在后来都成为儒家尊奉的经典。他死后，弟子们把他的言论编为《论语》一书。

墨子，鲁国人，一说宋国人，名翟。他的思想反映了平民群众的利益，有一些重要论点是跟孔子对立的。他和他这个学派的言论，汇集在《墨子》一书里。

老子，姓李，名耳，又称老聃，楚国人，大约跟孔子同时。今传《老子》一书是战国时期的作品，不一定能表达老子的全部思想。《老子》一书否定了商周以来天或上帝的至上权威，用超越时空的绝对精神——"道"来代替。

孟子，名轲，字子舆，邹（今山东省邹城市）人。他一生的经历很像孔子，过着长期的私人讲学的生活，带着学生们周游列国。随从的学生最盛的时候，是"后车数十乘，从者数百人"。他也是到处受到当权人物的款待，而他的政治主张不被接受。他的言论，汇集在《孟子》一书里。

庄子，名周，宋国人。现存《庄子》三十余篇，其中有一部分是他自己作的。《庄子》跟《老子》书一样，也是以"道"为宇宙本体。但庄子又说他自己跟道是一体。他不同于《老子》的客观唯心主义，而是一个主观唯心主义者。

荀子，名况，字卿，赵国人。他曾先后两次在齐国讲学，又先后两次在楚任兰陵（今山东省枣庄市东南）令。他到过秦国，见过秦昭王，称赞秦的政治。晚年居楚著书。现存《荀子》一书，保存了他的著作。

韩非，韩国人（今河南省新郑），死于公元前233年，生年不可考。他是荀子的学生。他眼看韩国越来越削弱下去，曾多次向韩王提出革新的要求，都没有被采纳。他的著作传到秦国，受到秦王的赞赏。他后来到了秦国，却被李斯等人所谋杀。他的著作，保存在《韩非子》一书里。

课后练习

1. 简述西周分封制度的主要内容。
2. 试述秦国商鞅变法的主要措施及历史意义。
3. 简述战国时期"百家争鸣"的主要派别及其主要思想。

第二章 秦与两汉的兴亡

导读：秦始皇雄才大略，建立了我国历史上第一个中央集权制的统一的多民族国家，奠定了此后两千多年的基本政治格局，这是开天辟地的丰功伟业，但由于严重的政策失误，严刑苛政的秦帝国短命而亡。西汉是刘邦建立的伟大王朝，西汉前期，明君贤相辈出，休养生息、励精图治，社会经济得以恢复，历“文景之治”到汉武帝时期，西汉达到极盛，汉武帝对内对外都有一系列重大举措，影响深远，文治武功，令人景仰，又有“昭宣中兴”。到西汉末年，外戚王莽篡汉自立，西汉灭亡。东汉是西汉的政治延续，但很多方面又不同于西汉，东汉频繁出现外戚、宦官的交替专权，统治腐朽，进而引发“党锢之祸”，并最终爆发了黄巾大起义，东汉名存实亡，历史进入三国鼎立的阶段。

一、秦朝的统治

公元前246年，秦王嬴政即位，因其年幼，朝政由太后和相国吕不韦及嫪毐掌管。公元前238年（秦王政九年），秦王政亲政，除掉吕、嫪等人，重用李斯、尉缭，着手统一全国的进程，至公元前221年灭齐，六国灭亡，大业完成，诸侯割据纷争达五百余年的春秋战国时代终告结束。

为了加强全国之大一统，使秦帝国长治久安、万世不移，嬴政在政治、军事、经济、交通、文化及对外开拓诸方面，采取了一系列新的政策。

1. 政治措施

确立皇权的至高无上，嬴政规定封建国家的最高统治者称皇帝，国家的政治、经济、军事一切大权都集中在皇帝手里。确立中央和地方的行政机构，在中央设置“三公”即丞相、御史大夫、太尉及“九卿”等官职，在地方推行郡县制度，全国划分为36郡，郡下设县。这样，皇帝把统治全国各地的权力也牢牢地控制在自己手里。

2. 经济措施

统一度量衡,使长度、容量、重量都有统一的标准,便利了经济的发展。统一货币,把秦国的圆形方孔钱,作为统一的货币,这对促进各民族各地区的经济交流,十分有用。

3. 文化措施

统一文字,把简化了的字体小篆作为标准字体,通令全国使用。接着,又出现了一种比小篆书写更简便的字体隶书。现在的楷书,就是从隶书演化来的。文字的统一,促进了文化交流。

焚书坑儒,加强思想的控制。公元前213年,始皇下令把秦国以外的历史书和民间收藏的诗书以及诸子百家书,通通烧毁,只有医药、卜筮和种植的书可以保留。第二年,一些方士和儒生背后议论秦始皇贪权专断、滥用刑罚,始皇加以追查,最后活埋了460人。这两件事,历史上叫作"焚书"、"坑儒"。

为了防御匈奴的进攻,秦始皇征发大批人力修缮和增补燕、赵、秦三国北边的旧长城,将其连成一体,西起临洮、东至辽东,全长一万余里。这就是举世闻名的万里长城。

秦朝的赋税沉重,兵役和徭役繁重,法律尤其严酷。秦始皇为了自己的私欲,大肆动用老百姓兴建阿房宫,修建皇陵,劳民伤财。如此残暴的统治,给人民带来了巨大的痛苦和灾难。公元前209年7月,爆发了陈胜、吴广领导的起义,各地农民纷纷杀掉官吏,攻占郡县,响应起义。陈胜、吴广牺牲后,继起领导秦末农民战争的是项羽和刘邦。

公元前207年,项羽以少胜多,在巨鹿大败秦军主力。公元前206年,刘邦率领的起义军攻占咸阳。号称强大的秦朝,终于被革命的农民推翻了。秦朝灭亡后,自公元前206年开始,项羽和刘邦为争做皇帝,进行了将近五年的战争,历史上称为"楚汉战争"。最后,刘邦战胜项羽,建立汉朝,定都长安,历史上称为西汉。

二、西汉的兴衰

公元前202年2月,刘邦在定陶即皇帝位,建立了西汉王朝。楚汉战争经过近五年的较量,最后以刘胜项败而告结束,这是历史的一大变局。刘邦富有谋略,知人善任,善于采纳部下谏议,项羽则妒贤嫉能,刚愎自用,是造成刘胜项败的一个重要原因。刘邦还十分中肯地评价了"汉初三杰"(张良、萧何、韩信)为创建西汉王朝所立下的卓著功勋。汉初群臣除张良是韩相的公子外,其余大都出身微贱。由于他们各自显示出才能,受到刘邦的任用,成为有名的重臣、谋士、武将。项羽则堵塞言路,任人唯亲,最后众叛亲离。谋士范增因一再提出计策不被采用,愤而离开,半路上因气极而死。韩信、英布原先都在项羽军中,终因不受重用而改投刘邦。刘邦周围的文臣武将不仅帮助他战胜了项羽,而且在汉朝开国后为创设制度、治理国家做出卓越的贡献。

1. “文景之治”

西汉在政治机构和政区体制上承续了秦朝的制度。刘邦及其大臣们吸取了暴秦迅速灭亡的教训,在统治思想和政策上有了重大的改变。

汉承秦制,主要包括两项。一是职官制度采用了秦制。皇帝掌握最高权力,实行专制统治。在皇帝以下又同样设置了十二个主要朝臣:丞相、太尉、御史大夫,奉常(景帝时更名太常)、郎中令(武帝时更名光禄勋)、卫尉、太仆、廷尉、典客(景帝时更名大行令,武帝时又更名大鸿胪)、宗正、治粟内史(景帝时更名大农令,武帝时又更名大司农)、少府。这些朝臣的职掌也与秦制相同。二是同样实行郡县制,作为全国基本的政区体制。郡辖县,县辖乡、里,而最基层的组织则是编户齐民的什伍。郡守、县令都由皇帝直接任免,实行上计制度,上报户口、垦田、赋税的统计数字,作为对郡县长官成绩的考核。郡县制保证了朝廷政策法令在全国范围内施行,对巩固国家的统一发挥很大的作用。但在汉初,还有势力很大的封国,即所谓的“郡国并行”。

汉初政治与秦又有根本性的不同。刘邦把除秦苛法、与民休息作为施政的指导方针,这是刘邦进关后所执行的宽厚政治的继续,也是当时社会经济凋敝的状况所迫切需要的。经历了秦朝十五年的严酷压榨和反秦战争、楚汉战争长达八年的战乱,汉初社会残破不堪,人民大量死伤流亡,面对这种情况,恢复和发展生产、恢复民力、与民休息,是十分急迫的任务。

刘邦在汉初开国短短七年间,为稳定政权和恢复社会生产颁布了一系列重要的政令。高祖五年(公元前202年)五月,罢兵并遣送回家。同年又连续下诏奖励从事农业生产,十二年(公元前195年)二月,连续下两道重要诏令。一是布告天下,朝廷立意要减少赋敛;一是诏令各郡国荐举贤能之士,要求各郡守、诸侯相国若发现有德行、有才能的士人,立即上报,并负责护送到京师。这两道诏令,体现了汉初轻徭薄赋的方针,并成为汉代重视荐举人才的先导。刘邦实行十五税一,更是汉初轻徭薄赋政策的重要内容。

文帝和景帝在位共四十一年,继续执行轻徭薄赋、奖励生产、与民休息的政策,是西汉社会经济上升的时期,史称“文景之治”。

文景时期,在法律上也有改革。文帝废除了肉刑,景帝又减轻了笞刑,这个时期许多官吏断狱从轻,但责大指,不求细苛,所以有“刑罚大省,至于断狱四百,有刑错之风”的说法,民生得以苏息。

朝廷长期减免田租徭赋,对地主有利,对农民也不无好处,因而户口繁息迅速。西汉初年,“大侯不过万家,小者五六百户”;到了文景之世,“流民既归,户口亦息,列侯大者至三四万户,小者自倍,富厚如之”。文景时期“与民休息”的政策促进了社会经济迅速上升。人民大众的辛勤劳动,大大增强了西汉的国力,为西汉鼎盛局面的到来奠定了基础。

2. 西汉盛世与汉武帝的基本政策

西汉鼎盛局面的出现,有其客观物质基础。自汉朝开国至武帝初年,由于连续实行恢复生产和休息民力的政策,国家已拥有相当充足的经济实力。武帝初年经济富厚的情况,跟汉初社会凋敝残破的局面已经不同,这是西汉王朝走上它的盛世最基本的历史条件。西汉盛世出现的又一历史条件,是封建国家统一的局面得到巩固。自汉初以来,异姓王被消灭,同姓王割据势力也被大大削弱,平定"七国之乱"后,汉景帝又"令诸侯不得治其国",诸侯王国只封土而不治民,封建朝廷能够有效地控制全国,国家的统一加强了。加上武帝本人雄才大略,在位时间长,诸多因素结合而推动封建统治出现了盛世。

汉武帝在以往高祖、文、景治政的基础上加以发展,形成了一套适应其多所设施、"兴造功业"需要的基本政策,核心就是"举贤良、明教化"和尚法尊儒。

汉朝在武帝以前,荐举人才尚未形成制度。武帝即位不久,即连续多次大规模征召才能之士,建立了郡国岁举贤良的制度。各方面突出人才的涌现和任用,是造成武帝时期鼎盛局面的重要原因之一。

兴太学和郡国学也是武帝"明教化"的一项内容。武帝在长安建立太学,于元朔五年置博士弟子员五十人,课程为儒家五经,武帝还推广文翁在蜀郡兴立地方学校的做法,"令天下郡国,皆立学校官"。这样,从皇帝、丞相、博士到地方官都会讲经学,上下一同灌输忠于皇帝、遵守封建等级和伦理秩序的意识,"明教化"以统一思想的目的达到了。

尚法尊儒是汉武帝统治国家、驾驭臣下的根本政策。这是西汉朝廷吸取了秦亡教训而形成的,把提倡仁义德治与依靠严施刑罚二者结合起来。尊儒与明教化相通,目的是用儒家学说作为统一思想的标准。建元六年(公元前 135 年),武帝任命田蚡为丞相,大批地征召儒生,采纳董仲舒的建议,确立了"罢黜百家,独尊儒术"的政策,儒学居于独尊地位,成为此后整个汉代以至两千年封建社会的正统思想。不但官吏的选拔以儒学为标准,儒学成为进身之途,士子争相奔赴,而且儒学成为统治社会意识形态的绝对权威,影响深入到社会的各个角落。汉武帝独尊儒术政策的实行,对于巩固封建统一国家、传播封建文化有其历史作用,但同时又严重地压制思想的自由发展,具有禁锢人们头脑的弊端。"尊儒"与"尚法"相结合,骨子里将君王驭下的权术和严施刑罚这些法家的办法作为根本的手段,用儒术加以缘饰,正是武帝政治的特点。

3. 西汉的民族关系和统一局面的发展

武帝初年,继续实行文景之世对匈奴和亲的政策,元光二年(公元前 133 年),武帝采用雁门富豪聂壹计谋,命聂壹诈降,引诱匈奴攻取马邑城,汉埋伏三十余万大军准备一举消灭匈奴主力。匈奴单于以十万骑兵入塞,半途发觉有诈引还。从此以后,匈奴绝和亲,常常在边塞攻掠,但双方仍保持关市贸易。元光六年,武帝开始派军进攻匈奴,从此三十余年间，双方多次发生战争。其中关系最大的是卫青、霍去病指挥的三次战役。西汉朝廷对匈奴的战争，使汉初以来北方农业地区所受到的威胁基本解除。从此，边郡与内地的联系大大加强。大量的移民和戍卒、屯田兵，在荒漠的原野上开辟耕地，垦殖发展。中原的生产技术和先进文化在边地传播开来。

汉代把玉门关和阳关以西(今新疆及其以西地区)，称为西域(包括中亚以至更远的许多地方)。月氏原是河西游牧民族，被匈奴所攻，西迁葱岭以外。武帝闻大月氏有报复匈奴之意，而河西及其西为匈奴所隔，所以募使者通使大月氏，欲联合他们夹攻匈奴。汉中人张骞应募前往，于建元三年(公元前138年)率众一百余人向西域进发。张骞在途中被匈奴俘获，扣留十余年。张骞设法逃出，朝着大月氏方向西行。经过大宛、康居，终于到达大月氏，此时月氏在中亚“地肥饶，少寇，志安乐；又自以远汉，殊无报胡之心”。张骞不得月氏要领，居岁余而还。归途中又被匈奴扣留了一年余，乘匈奴发生内乱逃归。元朔三年(公元前126年)回到长安，元朔六年受封为博望侯。张骞这次通使，亲到者有大宛、大月氏、大夏、康居，又传闻毗邻的五六个大国，前后达十余年，历尽艰险。他的西行，传播了汉朝的情况，获得了大量前所未闻的西域资料。元狩二年(公元前121年)，汉军击败匈奴，取得了河西地带，于是，武帝于元狩四年以张骞为中郎将，派他再次出使西域，欲招乌孙东迁回到河西故地，并联络西域各国。此行率将士三百人，每人备马两匹，并带牛羊以万数，金币丝帛巨万。张骞到达乌孙国，传达汉朝旨意。此时乌孙已分为三国，又畏惧匈奴，不愿东徙，只派译员送张骞归国。张骞分别派出副使，前往大宛、康居、大月氏、大夏、安息、身毒、于阗及诸旁国，其中不少国家陆续派人随汉朝副使到长安，开启了西域各国与汉朝频繁交往的时代。西域道通以后，天山南北地区第一次与内地连成一体，在中国历史上具有非常深远的意义。同时，中原同西域以至更远地区，经济、文化联系日益密切，西域的各种物产向东移植。此后，佛教及佛教文化也经此传入东土，对中国文化产生了很大影响。中国的丝织品、科技和农业先进技术传到西域。这种频繁的经济、文化交流，促进了西域社会的进步，也丰富了中原人民的物质文化生活。

羌人一般不作为西域民族来看待，但也是我国西部的古老民族之一。武帝渡河、湟，筑令居塞，初开河西四郡，通道玉门，建筑障塞亭燧，隔断匈奴与羌人的联系。元鼎五年(公元前112年)，羌人先零部与封养部等解仇结盟，与匈奴联络，合兵十余万，攻令居、安故(今甘肃临洮)，遂围枹罕(今甘肃临夏)。汉遣将军李息等将兵十万击平之，始置护羌都尉，统领羌人诸部。羌人乃离开湟中，迁至西海(青海湖)沿岸居住。汉朝乃逐步移民到河西地区，从事耕种垦殖。

西汉时，在今四川西部、西南部，贵州西部，云南省及甘肃南部一带，分布着许多语言、习俗不同的少数民族，当时称为“西南夷”。武帝建元六年(公元前135年)，拜唐蒙为中郎将，由蜀出使夜郎，汉朝在此设立犍为郡，发巴蜀卒修筑陆路通牂牁江。武帝又拜司马相如为中郎将，出使邛、筰，新设置十余县，属蜀。元鼎五年(公元前112年)，汉发夜郎附近诸部兵攻南越,且兰君以此反汉,杀汉使者及犍为太守。次年,汉兵从蜀南下,攻下且兰,设置牂牁郡(治今贵州黄平西),夜郎入朝,被封为夜郎王。汉又以邛都为越嶲郡(治今四川西昌东南),嶲都为沈黎郡(治今四川雅安南),冉为汶山郡(治今四川茂汶县北),白马为武都郡(治今甘肃成县)。元封二年(公元前109年),武帝发兵临滇,降滇王,以其地为益州郡(治今云南晋宁),仍由滇王管理。武帝开通西南夷和设置各郡,加快了中原先进文化向边地的传播,推进了西南少数民族地区社会的发展。

武帝时,东南地区居住着越族,包括闽越、东越、南越。元鼎五年(公元前112年),路博德、杨仆等率汉军攻入南越,招纳越人,夺得番禺,越人贵族很多人受汉封为列侯。汉以南越及其相邻之地立为儋耳、珠崖、南海、苍梧、郁林、合浦、交趾、九真、日南等九郡。

汉代的乌桓人和鲜卑人都属于东胡。西汉初,乌桓被匈奴冒顿单于所破,受其奴役。至武帝时霍去病击破匈奴左地后,把匈奴的一部徙于上谷、渔阳、右北平等五郡(今河北省北部及辽宁南部),设置护乌桓校尉监督他们,让乌桓替汉军侦察匈奴的动静。鲜卑自从被冒顿击破后,远徙至辽东塞外。

汉初,朝鲜王满即与汉朝有藩属关系。元封二年(公元前109年),朝鲜王右渠不肯奉汉朝诏书,次年,朝鲜尼谿相参杀右渠降汉,汉朝遂定朝鲜,置真番、临屯、乐浪、玄菟四郡。

汉武帝外事四夷,拓展了汉朝的疆域,奠定了中国版图的基本范围,密切了各民族之间的整体关系,对统一的多民族国家的形成具有重大意义,利大于弊,功大于过,是值得肯定的。

汉武帝时期出现了封建王朝的鼎盛局面,而这一时期又存在着严重的弊政和社会问题。当时主要弊政,一是刑罚太滥,治罪严酷;二是连年征伐和其他事项耗费巨量钱财,造成府库空虚,于是加重对人民剥削,生产受到严重破坏;三是迷信鬼神,奢侈逸乐。这些弊政引起社会动荡,农民暴动接连发生。

面对连年征伐造成海内虚耗、社会动荡的局面,武帝晚年颁布了著名的轮台诏,"悔征伐之事",承认自己的政策过失。"轮台诏"标志着武帝末年政策的转折点,改正自己的过失,停止连续三十二年的大事征伐,从此不复出军,强调"当今务在禁苛暴,止擅赋,力本农",转变到重视生产、减轻民众负担、恢复民力上来,因而出现了社会安定的转机。昭、宣时期继续沿着这条罢兵力农的路线走下去,因而出现了"中兴"局面。

4. 宣帝"中兴"

汉宣帝时期是西汉盛世的继续,实行武帝末年以来罢兵力农、"思富养民"的政策。宣帝于本始元年至神爵四年(公元前73－公元前58年),曾七次下诏征召人才。又先后诏令安置流民、减免田赋、减低盐价和赈济灾民,还一再派遣使者或丞相、御史的属官,到各地查处执法不公、擅兴徭赋、贪赃枉法的官吏,考查地方官治绩。宣帝本人还到宫内宣室审核决断疑难案件,“狱刑号为平矣”。宣帝出身微贱,遭受过许多磨难,对于不法官吏鱼肉百姓早有体会,因此在位期间特别注重吏治的整顿。史籍称宣帝时期人才之盛仅次于武帝之时,其中宰辅人物以魏相、丙吉最有名。由于宣帝对吏治认真整顿,“汉世良吏,于是为盛”。

5. 西汉的衰亡

公元前 49 年,汉宣帝死,元帝刘奭继立。元帝改变了汉家“王霸道杂用”的大政方针,片面地推崇儒家,削弱了国家权力,西汉王朝趋向衰落。元帝的政策,为成帝、哀帝、平帝相继承袭,以至政权落于外家之手,出现了王莽篡汉的局面。

王莽篡汉后,试图按照古籍中所记各种制度,改变汉制,以为这样可使天下大治。经济改制是王莽改制的重点。他用复井田的办法来解决土地问题。王莽在经济上另一重要改制是实行一套新的工商财政管理办法,即“五均”“赊贷”“六筦”。王莽的改制,由于违背经济规律,脱离社会实际,以及商人、地主、官吏的联合破坏等原因而彻底失败。王莽改制中最愚蠢的是币制的改变。他即位前后数次改变货币形式,弄得多种货币混杂不清。他又以《周礼》为依据,重新调整划定地方行政区域,更改郡县及长官的名称。这样的行政制度的改变,除了烦政扰民之外,没有产生什么积极作用。为了显示新朝在统治规模上超迈往古,王莽下令把对四方少数民族首领原来封的诸王称号一律改称为侯。贬低封号和用阴谋手段调换少数民族政权首领印绶的做法,激起了匈奴、西域、辽东各地方政权的反抗。这就使西汉王朝及周边各族用很大努力才换来的和睦的民族关系很快恶化。面对少数民族的不满,狂妄自大的王莽采取压服手段,激起了旷日持久的民族战争。王莽的新政搞得天下骚动,四邻不安,民不聊生,国无宁日。在衰败的西汉政权中对王莽抱着很大期望的天下民众彻底失望了。他们在走投无路的情况下别无选择,只有用武装斗争来争取自己的生存权利了。

王莽的暴政伴随着严重的天灾,不堪忍受的痛苦,点燃了人民反抗的怒火。波澜壮阔的农民大起义很快推翻了倒行逆施的新朝,其中绿林、赤眉两支义军声势最为壮大,是推翻王莽政权的两支主要军事力量,刘秀的势力即从其中兴起,最后建立了东汉政权。

三、东汉的兴衰

公元 25 年六月,刘秀即皇帝位于鄗,重建汉政权。十月,刘秀攻取洛阳,遂以洛阳为首都。因洛阳在长安之东,史称刘秀政权为东汉,而刘秀本人则称为汉世祖光武皇帝。

光武帝建立东汉后,“虽置三公,事归台阁”,朝廷机构中设尚书台,总揽行政权柄,丞相(大司徒)一职变成徒具其名的空衔。尚书权重职卑,权力更加高度地集中于皇帝,这就为外戚、宦官扩展势力、干预朝政提供了条件。外戚专权多是凭借充任侍中以至大将军录尚书事等内朝官职而得逞的。侍中有权审察尚书奏事,能够和尚书一样秉持朝政。

当然，根本上还在于有临朝的母后，而外戚以皇帝的外家操纵皇权。

东汉时，宫廷内官全部由宦官充任，宦官成了皇帝身边唯一依赖的对象。出入禁中的中常侍，“掌侍左右，从入内宫、赞导内众事，顾问应对给事”，黄门侍郎则“掌侍从左右，关通中外”，而小黄门又是掌“受尚书事”，这样，宦官便可以在不同程度上操纵或干预尚书政务。由于承担此等职务的宦官，较之尚书更处于宫廷内层，更接近皇帝，且便于接近临朝的母后，加以皇帝又往往依靠他们消除外戚势力，因此，他们更能控制皇权。

东汉的太子多年幼即位，年轻的太后临朝，不便接触大臣，不得不重用娘家父兄来协助处理政事，这就为外戚窃取大权造成了机会。外戚自恃亲贵，骄横擅权，无视幼主，朝中大臣均仰承其鼻息行事。他们为所欲为，简直不把皇帝放在眼里。及至皇帝成年懂事，不甘外戚胁持，为了把大权夺回到自己手中，就结纳在身边的心腹宦官，发动政变，除掉外戚。皇帝亲政后，自然重用夺权有功的宦官，于是又演成宦官专权的局面。可是，皇帝死后，宦官身份卑贱不能辅政，立新皇帝后，接着又有新的外戚上台。这种围绕皇权的争夺而出现的外戚、宦官的起伏交替专政，便成为东汉后期封建政权的一个特点。

宦官的残暴统治，加深了东汉社会的政治危机，阶级矛盾和地主阶级内部矛盾空前尖锐。东汉政权犹如坐在一触即发的火山口上。

太学生和反宦官的官吏以封建纲常的卫道者自居，以清流自命。他们把宦官和依附宦官集团的人物视为浊流，对宦官进行猛烈的攻击。他们攻击宦官的手段是上书奏事，向皇帝上书，揭露宦官擅权的弊端与罪恶。另外，对宦官进行舆论抨击。太学生聚集在一起，议论朝政，指斥宦官，太学变成了抨击宦官的舆论阵地。太学生还和各州郡的学生，甚至和官吏经常发生联系，互为声援。太学生的议政活动和正直官吏剪除宦官的斗争此呼彼应，使作恶多端的宦官集团恨入骨髓，必欲除之而后快。桓帝延熹九年（公元166年），宦官集团发动了一场镇压正直官吏和太学生的迫害活动，这就是历史上所说的第一次党锢之祸。汉灵帝时又发生了规模更大的第二次党锢之祸。两次党锢，把反对宦官集团的正直官吏和太学生几乎罗致殆尽，汉政权完全被少数最贪婪、残暴、腐朽的宦官所把持。东汉王朝连本阶级内部所进行的一点自救也做不到了。这表明，它已山穷水尽，末日临头。官吏士大夫和太学生的反宦官斗争，在当时具有一定的正义性，它在客观上反映了广大人民的愿望。因此，党人反宦官的斗争得到了人民的同情和支持，具有进步的意义。这一斗争所表现的忧国忧民的忠心和不畏强暴、奋力抗争的精神也激励着后人，并对后世产生了很大的影响。

东汉后期外戚、宦官交替专政，官僚机构腐朽，灾害频繁。尽管人民灾难深重，挣扎在死亡线上，封建国家和豪族地主的搜刮压榨仍步步加紧，官吏贪得无厌。各族人民在租税徭役和饥荒逼迫之下，不得不掀起反抗斗争，爆发了张角领导的黄巾大起义。

黄巾军主力虽仅几个月便被镇压下去，但农民起义的熊熊烈火却未能扑灭，从张角领导发动的黄巾大起义到后期持续三十多年的各地人民的反抗斗争，取得了重大的斗争成果，起到了应有的历史作用。首先，沉重打击了东汉王朝的反动统治，打乱了地主阶级封建统治秩序，东汉王朝名存实亡，最后完全崩溃。其次，横扫世家大族，摧毁了不少地主田庄，封建土地占有关系得到某些调整。大起义中，世家豪族受到义军沉重打击，不少地主田庄被摧毁，许多大地主举家远逃。这就极大地缓和了土地的恶性兼并，使封建土地占有关系有了某些调整。

黄巾军起义有明显的时代进步意义。它提出了"苍天已死，黄天当立"的口号，为实现这个口号进行了广泛的宣传和殊死的搏斗。秦末农民起义的发难者陈胜曾发出"王侯将相宁有种乎"的豪迈壮语，西汉末年的农民起义提出过"杀人者死，伤人者偿"的要求，然而都没有像黄巾军这样，把农民的阶级仇恨一开始就引导到推翻反动腐朽的东汉王朝，建立农民自己的政权这个根本问题上来。同时，黄巾军第一次把农民斗争与宗教活动巧妙地相结合，利用宗教形式把分散的农民发动和组织起来，形成有准备、有组织的全国规模的大起义，这也是前两次大起义所不能比拟的。这表明农民起义领袖的领导水平和斗争艺术，在实践中有了很大的提高。秦末和西汉末年的农民战争，都是在死亡威胁下揭竿而起的，虽然一呼百应，但事先并没有组织准备。黄巾起义则不同，它事先通过太平道积聚力量，组织起义队伍，然后部署兵力发动进攻。他们不仅有比较严密的组织、统一的行动口号，而且有统一的行动时间，因而能够做到一声令下，数十万人同日而起。这在我国古代农民战争史上是个罕见的创造，它为以后农民斗争提供了新的经验。张角和他领导的黄巾军英雄们以他们那种不畏强暴、顽强战斗、宁死不屈的英雄气概，在我国历史上写下了一曲农民革命的正气歌。

课后练习

1. 简述秦始皇巩固全国统一的主要措施。
2. 简述汉武帝加强中央集权的主要措施。
3. 试述黄巾起义的特点及历史意义。

第三章　三国两晋南北朝时期

导读：三国两晋南北朝时期是我国历史上一个政治大分裂、人口大迁徙、民族大融合、文化大发展的重要阶段，它上承秦汉四百年之统一，下启隋唐四百年之辉煌，其继往开来的作用不容忽视。这一时期虽战争频繁，社会经济却有较大的发展，尤其是江南的开发，开始了我国经济重心南移及文化中心南迁的历史进程。

一、三国鼎立局面的形成

魏、蜀、吴三国的鼎立，是以曹魏的盛衰为发展主线的。建安二十五年(220 年)正月，曹操死，子曹丕继承魏王位。这年十月，曹丕作了皇帝，国号魏，建都洛阳。消息传到成都，刘备以献帝已遇害，于次年四月(221 年)也即皇帝位于成都，改元章武，国号汉，史称蜀国或蜀汉。章武元年(221 年)，刘备率师伐吴，与孙权争夺荆州。孙、刘两军相峙数月，最后，陆逊以火攻，烧刘军营，连破四十余营，大败刘军。刘备夜遁，逃归白帝(今四川奉节)。223 年，刘备死。诸葛亮继续执行东和孙吴的方略。229 年，孙权即皇帝位，国号吴，建都建业(今南京)，改元黄龙。相对稳定的三国鼎立局面正式形成。

三国各自的发展与西晋的统一

建安元年在许下屯田，是曹操采取的恢复农业生产的重要措施。许下屯田以后，曹操和他的子孙们，又继续在各地屯田。屯田，特别是建安初年的屯田，为曹操解决了军粮问题，对他在军事上的胜利起了相当大的作用。

在建立屯田系统的同时，曹操也重视郡县地方官的选用。一大批郡县守令在恢复农业方面作出了成绩，他们尽心农事，轻刑宽政，招抚流亡农民。这些因素促进了农业生产的恢复与发展，效果明显，意义重大。

曹操用人不拘一格，但“唯才是举”的精神，到曹丕在位时就有了变化。作为这一变化的标志的，是九品官人法的制定。州郡县的中正，都是在朝廷任职的本地人来担任，而这些任职的人自然是以本地的士族名士为主。担任中正职务的另一条件是德充才盛。

所以九品官人法一出，就等于是对曹操"唯才是举"的三令精神的否定。事实上也是如此。九品官人法出来后，中正一职就为各地在京做官的世家名士所把持，而九品所品评的人物，其高品都为世家高门所独占。后来，到了西晋时代，在九品官人法和中正品评人物制度下，已是"上品无寒门，下品无世族"了。世家高门在当时是不可抗拒的社会势力，曹丕借助他们以巩固曹家政权，世族借政治地位和九品中正制度以发展自身的势力。

自刘备死后，诸葛亮以丞相辅佐蜀汉后主刘禅，主管军国大政。北伐中原，复兴汉室，是诸葛亮在《隆中对》中提出来的。刘备死后，诸葛亮首先平定南中，解除北伐时的后顾之忧，开拓兵源财源，而后五次北伐，然而最终不能如愿。

诸葛亮死后，蜀国的政治先后由蒋琬、费祎掌管。蒋琬、费祎执政时期，蜀国大体上采取了保境安民政策，军事活动比较少。费祎死后，姜维在蜀掌权，又恢复了对魏的战争，他五次伐魏，皆以失败告终，不仅自己威望大减，蜀国也因之元气大伤。

魏景元四年(263 年)，魏国以钟会、邓艾为统帅，兵分三路大举伐蜀，刘禅投降，蜀国灭亡。

赤壁之战后，孙权占有江东，又占有荆州一部分，江南广大疆域都在他控制之下。自公元200 年孙策死，孙权代他领兵，到公元252 年孙权死，孙权统治江南前后达五十二年。这五十多年，基本上是江南的开发时期。东汉末年，先有镇压黄巾起义，后有军阀混战，北方遭受破坏，人民大批南逃避乱，对于江南耕地面积的扩大和经济的开发是有帮助的。

孙吴能在江南立国，是以前代江南地区的不断开发为条件的。孙权时期，江南的开发主要仍在长江沿岸和长江下游三角洲地带，岭南珠江流域也在逐步兴起，而广大内地，仍是地广人稀，经济文化比较落后。孙吴政权注意兴修水利。农田灌溉面积的扩大，使江南耕地面积扩大了，农业生产增加了。农业经济的发展，在长江下游孙吴地区最为显著。为了增加农业生产，解决军粮问题，东吴与曹魏一样，也注重屯田。吴的屯田也有军屯和民屯之分。屯田的规模都是相当大的。屯田制度对孙吴农业经济的发展起到了一定的促进作用。

吴国最后一个统治者是孙权的孙子孙皓。其人既残暴、多忌讳，又荒淫、好酒色，还使用一些酷刑来杀人。但这个人却有点聪明，也有才干，与蜀后主刘禅不一样。

吴的租税徭役很重，孙权时，大臣张昭、陆逊曾上书，希望能减轻赋税。但孙权认为：三国分立，常要打仗，租税徭役不得不重。到孙皓时，虽然不打仗了，但修造宫殿，穷极技巧，工役费用以亿万计。人民服役，不胜其苦。后宫的宫女已有数千人，还年年要挑选。孙皓的荒淫暴虐，使吴国上下离心，伐吴的条陈，就时时在晋朝廷上提出来。咸宁五年(279 年)冬十一月，晋大举伐吴，沿长江上下六路出兵。在六路大军中，王濬一路作战最勇猛。晋军很快就到达建业，孙皓只得投降。孙吴的灭亡，结束了三国鼎立的历史。

二、西晋的短暂统一

晋武帝在位的二十五年，是西晋王朝相对安定时期。这期间，从太康元年(280 年)

到十年(289 年),是西晋比较繁荣的时期,保持着小康的局面。

曹魏时制定的九品官人之法,西晋时已完全成为世族地主独占高级官位的手段。这时世族地主的政治特权早已形成,九品中正制更加巩固了世家地主的特权,这助长了他们在生活上和政治上的腐化,也使太康年间的小康局面好景不长。

魏晋间帝位的更替,是通过宫廷政变来实现的。晋武帝认为,要防止这种事变的重演,就必须培植皇族在地方上的势力,使其成为维护朝廷的可靠力量。因此,武帝在泰始元年即位后,就大封宗室,同姓王有二十七王之多。西晋诸侯王的势力,主要来自他们的职务。西晋的诸侯王多担任一方面的都督诸军事和地方刺史。地方都督,都是由皇帝任命的,建立都督制的目的也是为了巩固皇权捍卫统一。但都督坐镇一方,手握一方军政大权,可以成为维护皇权的力量,也可以成为地方割据的势力。晋因惩魏氏孤立之敝而建立的宗室诸侯王的特权,由于缺乏必要的法度和统治集团内部矛盾的发展,宗室诸侯王恰好成为分割皇权的势力,以致出现了"八王之乱"。

公元 290 年,晋武帝死,子惠帝即位。惠帝是一个近乎白痴的庸人,无法执政,宗室诸王为争夺皇位展开了长期的混战。公元 306 年,惠帝中毒死,皇太弟炽立,是为怀帝,朝政大权落入东海王越之手。从汝南王亮到东海王越,一共有八个王参加混战,中间还夹着一个贾后。这就是西晋历史上的贾后专政和八王之乱。经过这次变乱,社会经济受到严重破坏,人民大量伤亡,西晋的统治机能也从此瘫痪。

惠帝永宁元年(301 年),李特在益州领导流民暴动,后来李特的势力发展为一个独立的政权,建立了大成国,后又改称"汉",史称"成汉"。李特的暴动,是流民暴动的开始。接着暴动不断发生。主要的暴动,有王弥在青、徐等地的暴动,张昌在江、汉间的暴动,王如在豫、荆的暴动,杜弢在荆、湘的暴动。在暴动的流民队伍中,也有当地人民参加。

在流民和各地人民起来反抗晋的统治的同时,以匈奴人为主的内迁各族的反晋活动也在酝酿。匈奴人刘渊最先起兵反晋,刘渊起兵后,在东方起事的还有羯人石勒。怀帝永嘉三年(309),刘渊派儿子刘聪两次进攻洛阳。永嘉四年,刘渊死,刘聪继位。第二年五月,刘聪攻陷洛阳,晋王公百官及百姓死者三万多人。怀帝被掳到平阳。怀帝被掳后,晋人立愍帝于长安。经过五年艰苦战斗,公元 316 年,刘聪遣刘曜攻长安,愍帝出降。晋朝在北方的政权垮台,西晋亡。琅琊王司马睿在江南建立政权,史称东晋。

三、东晋、十六国、南北朝

西晋灭亡后,司马氏的政权东移,偏安于东南,史称东晋。东晋的统治,几乎是与十六国相始终的。十六国中,成汉和匈奴人刘氏所建立的汉(史称前赵),是十六国中最早建立的割据政权;继而有后赵、前燕、前秦、前凉;再后有后燕、南燕、北燕,有后秦、西秦、夏,有后凉、南凉、北凉、西凉。另有西燕和冉魏,一般不算入十六国之内。十六国的创立者,并非都是胡人,他们统治下的人民,总的说来,也还是以汉人居多。冉闵的魏,不过建立了两年多一点,史家不把它计入"十六国"之内。起于辽西的前燕,消灭了冉闵,占据了北方黄河下游地区。前秦兴起于西方,占有关中。于是中原出现前燕、前秦对峙的局面。此外,还有前凉建国在河西走廊一带,这是由汉人建立的,对当地经济文化的发展曾起了相当促进的作用,是在十六国中自具特点的政权组织。

公元370年,氐族建立的前秦完成了北方的统一,当时不在秦统辖之内的,只有偏安东南的东晋了。前秦皇帝苻坚自恃兵力强大,决心灭掉东晋,完成全国的统一。公元383年,他发动了历史上有名的淝水之战。淝水之战,以秦军的大败结束。淝水之战的后果,在北方是又一次出现了分裂。直到439年北魏统一了北方,中国北方的这种局面才告结束。

公元420年刘裕废晋帝自立,改国号为宋,改元永初。历史上以这一年为南北朝开始的年代。这时,北魏已不断强大,但北方尚存在西凉、北凉、北燕、西秦和大夏。北魏统一北方后,南北朝对峙的局面才在全中国境内正式形成。

宋武帝刘裕和他的儿子宋文帝刘义隆统治时期,是刘宋的兴盛时期,也可以说是南朝的兴盛时期。这时期的北魏,正是拓跋珪、拓跋嗣和拓跋焘祖孙三代相继在位时期,也正是北魏的兴盛时期,其向外发展的强大势头难以遏止。正是在这样的情势下,南北两种势力在疆场相遇了。在这期间,北魏和宋一方面在战争中决胜负,一方面也在后方进行自我调整,宋大力消灭权臣,拓跋氏则致力进行统一北方的工作。

公元451年,北魏太武帝为中常待宗爱所害。宋文帝闻讯,部署北伐,但没有得到胜利的战果。公元453年二月,宋文帝也为太子劭所害。至此,南北朝的历史进入一个南北对峙并同时都趋向衰弱的时期。一直到北魏六镇起义(523年)的前夜,这一时期延续了七十多年,这期间包含了宋文帝死后的二十多年、南齐二十四年和梁武帝初期的二十年。六镇起义后不久,北魏分裂为东西魏,梁也分裂出后梁,南北朝对峙的形势发生了巨大的变化,历史又向前发展了。在这七十多年的时间里,南北朝之间有和有战。像淝水之战和瓜步之战那样规模大、影响大的战争是没有了,但也并不是没有相当大的战争,不过这并不足以改变南北对峙的形势。在南朝方面,统治阶级内部的斗争,其中包含皇权与宗室间的斗争和帝王与权臣间的斗争,也包含经济领域的斗争。当然,统治阶级与人民群众间的矛盾和斗争仍然是经常存在的。在北朝方面,民族矛盾是社会矛盾的主要形式,而阶级矛盾往往是以民族矛盾的形式出现。有名的北魏孝文帝的改革,实质上也是民族矛盾的产物。

北魏在中原建立以后,所面临的最大问题即如何处理这一广大地区的民族关系,其中包含如何对待汉族的先进生产方式、汉族的文化问题。随着历史的发展和北魏统治者政治野心的增长,这一问题愈益突出。是继续保存拓跋氏旧的社会制度和旧有的文化习惯,还是摒弃旧俗,接受先进的文化,在新的历史环境中获得新生,北魏的统治者必须做出抉择。北魏走汉化的路,可以说是历史发展的必然。

孝文帝时，开始把汉化作为一项国家基本政策加以推行。迁都洛阳是他的汉化政策中一项重大措施。迁都洛阳对于世世代代居住朔方的鲜卑人来说，是一个很大的震动。这意味着，拓跋氏必须放弃过去那种以游牧业为主的生产方式，而使经济生产农业化；同时，还意味着生活方式也要来一个变革。这样一个从行动到观念都要为之一变的迁都举动，遇到阻力是难免的。孝文帝当机立断，将反对派挫败。洛阳终于成为拓跋氏人心目中真正的都城，成为北魏占据中原，正式接受汉化的象征。

太和二十年(496年)，孝文帝下诏改姓。改了姓后，又下令禁穿胡服，改穿汉服，服装样式与南朝流行样式大抵相同。又下令禁止说鲜卑语。迁都洛阳之后，孝文帝仿照南朝形式，在郊祀宗庙礼节方面，也实行了汉化，放弃了拓跋氏原来崇拜的天神，改用汉礼。在官制和律令方面也多仿汉制，进行了改革。

公元485年，孝文帝开始实行均田制。实行均田制有两方面的因素：一方面是为了增加生产，迅速改善农业生产的落后状况；另一方面是与豪族地主争夺人口和土地。均田制的实施还必须具备两个基本条件：一是必须有大批荒地可供使用，二是官府必须能够掌握、支配这些土地，也就是说皇权必须强大到能够辖制地方豪强。在均田制颁布的同一年，又宣布实行三长制。五家立一邻长，五邻立一里长，五里立一党长。三长皆由本乡有威望者担任。三长制代替了过去的宗主督护制，改变了“民多隐冒，五十、三十家方为一户”的状况，使趁着管理混乱荫庇大量人口的汉族大地主受到约束和打击。与均田制、三长制相辅相成的还有新的租调制。规定一夫一妻出帛一匹，粟二石，其他人口、耕牛，就按此类推。家庭作为受田纳税单位，人民负担有了一定之规。

孝文帝改革是北魏历史上的突出事件，其影响是值得重视的。单就北魏的统治来说，孝文帝汉化政策的实施，使鲜卑贵族在新的基础上与其统治区内的汉族地主取得一定程度的协调，也使之与一般汉族百姓的矛盾趋向缓和，对于巩固北魏政权，有其有利的一面。

均田制的实施，使相当一部分农民获得土地，得以与生产资料重新结合，从而刺激了他们的生产积极性。大地主的兼并也受到一定限制。北魏朝廷大为头痛的流民和粮食问题，在均田制实行后，情况有所改善。

北魏孝文帝的改革，不可能彻底解决社会的根本问题，而且事出空前，也难免有一定的盲目性，因而也带来很多弊病。这些弊病因改革的成功和北魏社会矛盾的暂时缓和而被掩盖，但根源仍在，在改革几十年后便爆发了六镇起义。

六镇，一般是指沃野、怀朔、武川、抚冥、柔玄、怀荒。六镇之外，又有御夷等镇。大部分位于北魏的北方边境，即今内蒙古境内。六镇是北魏的军事要塞，历史上曾一度占有重要地位。因为北魏原来一直以平城为国都，为了防御北边的柔然南下，拓跋焘设此六镇，以拱卫都城。当时，六镇将领，乃至一般士兵，身份都是比较高贵的，在六镇当兵是光荣的。然而，在迁都洛阳之后，平城不复为国都，六镇也失去军事上的意义，军人地位一落千丈。他们远在漠北，少有接触汉文化的可能，与南迁的鲜卑贵族在文化上形成差距，心理上形成隔膜，经济地位上也处于劣势。氏族部落成员当兵是义务也是权利，拓跋氏封建化后，兵户身份低人一等。加上汉化后的北魏政府常常把犯罪的人发配六镇为兵，更使六镇兵民的处境不佳，六镇的不满情绪逐渐增长。

公元 523 年，柔然入侵六镇，怀荒镇民请求开仓取粮，武卫将军于景无理拒绝，镇民不胜忿恨，遂起兵造反，杀了于景。不久，沃野镇民破六韩（姓）拔陵（名）亦聚众起义，杀镇将，改元真王。其余各镇，纷纷响应，起义队伍迅速扩大。公元 525 年，柔玄镇民杜洛周聚众起义，据上谷（河北怀来县），改元真玉，怀朔镇人高欢、尉景等皆从之。后来，杜洛周为葛荣所杀，这支队伍归入了葛荣领导的起义军中。公元 526 年，沃野镇降人鲜于修礼等起兵据左城（河北唐县境），又攻破定州、燕州（京郊昌平）。鲜于修礼为内部叛徒杀死，葛荣代统部众，于博野县境（河北博野）击杀魏大将元融，自称天子，立国号为齐，改元广安。葛荣所部是北魏末年众多起义军力量中最强的一支，号称百万之众，占有冀州、定州、瀛州、沧州、殷州。葛荣军南下，前锋已过汲郡城（河南汲县），危及洛阳，朝廷大震。公元 528 年，尔朱荣亲率骑兵七万，以侯景为前锋，东出滏口，在邺城北大破葛荣军。葛荣被俘，被解到洛阳杀害。

北方各族人民大起义，是北魏历史上最大的一次起义。这次起义具有鲜明的特色，与中原历次农民起义不同，这是一次鲜卑、羌、氐、汉各族人民共同反抗北魏黑暗统治的联合行动。它沉重地打击了北魏统治，促进了这个日益走向腐朽的政权的瓦解。

在北方各族人民大起义的沉重打击下，北魏王朝徒具形式，实权落到了靠镇压起义起家的尔朱荣手中，侯景、贺拔岳、高欢等人都先后投靠了他，成为北魏后期一支主要的军事势力。公元 531 年，高欢率流民到山东，据有冀、殷二州，势力进一步扩大，于公元 533 年消灭尔朱氏，杀节闵帝，另立元修为帝（魏孝武帝）。元修不愿受高欢的控制，于公元 534 年逃出洛阳，投奔镇守关中的将领宇文泰。从此，北魏分裂为东西魏两国。高欢立元善见为帝（魏孝静帝），迁都于邺，史称东魏。宇文泰于公元 535 年杀死元修，另立元宝炬为帝（西魏文帝），都于长安，史称西魏。东、西魏的军政大权，分别掌握在高欢、宇文泰的手里。北方又进入了分裂时期。

依靠武力起家的高欢和宇文泰两大势力集团之间，展开了激烈的战争。一度繁荣兴盛的洛阳城，又一次化为灰烬，人民在战争中蒙受了巨大的灾难。东西魏之间的战争，小的不计，大的战争就有五次。小关之战和沙苑之战、河桥之战、玉壁之守，以西魏的胜利告终。邙山之战，则以东魏的胜利告终。

东西魏之间的战争，持续十余年之久。投入兵力之多，持续时间之长，战斗之惨烈，都是历史上不多见的。战争给社会生产造成极大的破坏，给人民生活带来极大的困苦。

高欢创建的东魏，起初在军事、经济、地域范围上，都远远超过宇文泰的西魏。公元 534 年，不堪忍受屈辱地位的孝武帝西入关中，高欢事实上失去了“挟天子以令诸侯”的优势。这次政治上的失算使他面临两大敌人,一是南朝,一是西魏。尽管他们之中,有强有弱,但都是堪与之匹敌的独立政权。高欢要想在对峙中保持自己的地位,甚至成为全中国唯一主宰,就必须强化东魏的统治。但因其民族政策上的错误和政治上的腐败,使原来居于优势的国力转为弱势。

宇文泰操纵下的西魏,本是当时南北鼎立的三方中所辖之地最小、势力也最弱的一个政权。然而,它最终却由弱变强,灭了北齐。

在宇文泰控制西魏的初期,民穷兵弱,处境十分艰难。宇文泰不得不面对现实,一方面竭力争取关西世族的支持,另一方面则缓和阶级矛盾,争取国内形势的好转,走向繁荣和稳定。宇文泰苦心经营,实行了一系列政治、军事、经济上的措施。经过两代人的努力,这才在关西立足,并且越来越强大,到北周武帝时,北方的局势就为之一变了。

宇文泰在魏孝文帝之后,再次规定了均田制和赋役制度。为了保证均田制和赋役制的推行,西魏以及后来的北周朝廷作了一些努力。宇文泰令官吏励行劝农,对那些能执行命令、奉公清廉的官吏大行奖赏。而对那些贪官污吏则严惩不贷,宇文泰内兄王超世贪污,就被他处以死刑。朝廷着力劝农及吏治的整顿,对均田制和赋役制的推行是有促进作用的。但由于西魏朝廷尚能大体上做到"不舍豪强而征贫弱,不纵奸巧而困愚拙",在赋役上力求均平,规定从守令到正长,都要斟酌得当,以免激化阶级矛盾。关陇地区土地兼并要比北齐统治区域速度慢些,程度也小些,均田农民多多少少还能分到一些土地,从事生产。所以西魏北周局势能够平稳下来,实力逐渐超过北齐。

宇文泰在军事方面,进行了重大的改革,创立了府兵制,它在中国历史上先后维系了二百多年,直到唐中叶玄宗天宝年间才趋于破坏。可见府兵制的创立,意义是深远重大的。初创时的府兵制,是仿效鲜卑拓跋早期部落制的一种兵制。它以八柱国统领全部军队,一个柱国就相当于一个部落酋长,"所统军人亦改从其姓"。改从其姓,就是人为地使他们成为一个部落,一个血统。早期的府兵与农民是分离的。府兵是一个特殊的集团,不属于郡县管辖。早期府兵制的优点在于:一个军事单位犹如一个部落,他们的关系犹如同姓兄弟,内部团结好、组织好,因之战斗力是强的。士兵的身份、社会地位提高了,部落成员都是自由人。府兵的生活待遇提高了,他们当兵以外"无他赋役";训练有素了,"十五日下,则教旗习战"。

建德四年(575年),北周武帝下诏大举伐齐,经过几次激战,于公元577年,灭了北齐。

北周灭齐,结束了北方近半个世纪的分裂局面,北方又开始走向统一。北方的统一,为以后隋统一全国奠定了基础。灭齐后,北周国力达到了立国以来的鼎盛时期。从宇文泰苦心经营关西,到北周武帝灭齐,北周一直处于政治较为清明、君臣励精图治的形势下。周武帝死后,情况骤然发生了变化。

公元578年,一代英主北周武帝病故,儿子宇文赟继位,是为宣帝。周宣帝在位只越一年，禅位后又越一年，死时才二十二岁。周宣帝的儿子，八岁的周静帝，年幼无知，根本不能处理国事。嗣后，北周的大权就落到了宣帝皇后杨氏之父杨坚的手里。杨坚趁北周主幼臣愚，夺取了北周政权，建立了隋朝，这一年是公元581年。

隋开皇八年(588年)三月，文帝下诏伐陈，命晋王广、秦王俊、清河公杨素，皆为行军元帅。凡总管九十、兵五十一万八千，皆受晋王节度，东接沧海，西距巴蜀，旌旗舟楫横亘数千里。陈江滨镇戍相继奏闻，陈后主不以为意，仍旧是奏伎、纵酒、赋诗不辍，不采取相应的措施。开皇九年(589)正月，隋军入建康俘获陈后主。此后，原属陈的一些地方还不断战斗，到二月间全部平定。隋得陈州三十，郡一百，县四万。南北久经分裂之局，至此复归于一统。

课后练习

1. 试述曹操的主要事迹并加以评析。
2. 试述诸葛亮的主要事迹并加以评析。
3. 试述北魏孝文帝改革的主要内容和历史意义。

第四章　隋唐的兴衰

导读：隋灭陈，结束了长期的分裂局面，中国复归统一。隋文帝励精图治，隋朝渐至强盛，炀帝继位，举措失当，激起民变，隋朝二世而亡。唐朝是我国历史上又一个伟大的王朝，是我国封建时期的全盛阶段，唐朝的三省六部制度、府兵制度影响深远，唐朝的经济繁盛一时，唐朝的文化丰富多彩，唐朝的民族关系纷繁复杂，唐朝威名远扬，至今仍有遗留。唐朝贤君贤相、文臣武将辈出，人才济济，唐朝诗歌繁荣，至今为人吟咏。安史之乱后，唐朝一蹶不振，积弊渐重，终至衰亡。

一、隋的统治

开皇元年，杨坚刚做了皇帝，按照少内史崔仲方的建议，在朝廷废除北周模仿《周礼》所建立的六官制度，确立三省六部制度。三省就是尚书、门下、内史。三省的长官都是宰相。尚书省的事务庞杂，任务繁重，故又下设吏、礼、兵、都官（刑）、度支（民）、工等六部，分管各项政务。这种制度，总结了秦汉以来的统治经验，发展和加强了中央集权的封建国家制度。因为同时几个宰相执政，可以防止外戚或个别大臣专权篡位，以利于巩固最高统治者的地位。

开皇三年（583 年），在地方职官方面，又采纳河南道行台兵部尚书杨尚希的建议，把齐、周以来的州、郡、县三级制，改为州县两级制，裁减了冗员，节省了国家开支，加强了统治机器。

开皇元年与三年，隋文帝先后两次派高颎、郑译、杨素苏威与牛弘等人修订齐、周以来的法律。修订成的新律就是《开皇律》。《开皇律》与前代法律相比，有不少进步的地方，不仅废除了一些残酷的刑罚，而且还准许有冤者上诉，同时还规定："断决大狱，皆先牒明法，定其罪名，然后依断。"由此可见，《开皇律》比前代的法律对人民的压迫是有所减轻的。

从开皇元年开始，隋文帝、隋炀帝曾经三次继续推行均田制度。均田的办法，大抵沿袭北齐。按照这种办法，农民受田不足，官僚地主却能占永业田多者一百顷，少者四十亩。不过，这种制度多少也可使无地农民得到一些土地，地主兼并土地的欲望稍稍受到一些限制，从而使农民的生产积极性有所提高，社会经济有所发展。

开皇三年，隋文帝又实行轻徭薄赋政策。按北周制度，民年十八岁成丁，隋文帝改为二十一岁成丁，开始服役的时间推迟了三年；北周丁男每年服役一月，隋文帝改为二十天，减少了十天；调绢一匹原来是四丈，现改为二丈，减少了一半；开皇十年（590 年），又规定民年五十岁者，可以庸代役。减少农民赋役的负担，既可以促进生产的发展，也有利于朝廷与地主豪强争夺劳动人手。

开皇五年（585 年），隋文帝为了增加赋役的来源，从事户口整顿，下令"大索貌阅"，就是朝廷按照户籍上的年龄和本人体貌进行核对。查出有谎报年龄者，基层官吏保长、里正都要流徙远方，并鼓励民户互相检举。结果，朝廷的户籍当年就增加了四十四万三千丁，一百六十四万余口。

另外，还根据高颎的建议，实行了"输籍之法"。就是朝廷规定划分户等的标准，每年正月，地方官负责在乡里挨户依照标准定等，当作征发差役、确定税额等的依据。这样，不仅使户籍制度更加完善，同时也使一些脱籍逃亡的农民加入朝廷的户籍，从而扩大了国家赋役的来源。

开皇三年，为了从经济上充实都城长安，从河东与中原一带向长安大量运米，并在卫州置黎阳仓，陕州置常平仓，华州置广通仓，转相灌输，把关东、汾晋一带的粮食陆续运到长安。由于渭水沙多，深浅不常，影响潼关至长安的运粮，隋文帝又于开皇四年（584 年）利用渭水开广通渠三百余里，更加方便了粮食的运输。

开皇五年（585 年），隋廷又在各地设置义仓，要求百姓与军人都要按规定交纳一定数量的粮食，以备荒年之用。后来，关中大旱，关东水灾，义仓都发挥了赈济的作用。

隋文帝的各项政治、经济政策，巩固了政权，发展了社会经济，使隋朝很快富强起来。人们把他的开明统治称为"开皇之治"。

隋文帝时，虽然国家统一、政治稳定、经济发展，但封建社会固有的矛盾也在发展，而隋炀帝的各种倒行逆施的暴政迅速激化了阶级矛盾。

首先，他不满足于京师的物质享受。仁寿四年（604 年）七月炀帝即位，十一月他就东赴洛阳，下诏营建东都，而这只不过是隋炀帝"无日不治宫室"的一个方面，各地宫殿都非常奢侈豪华，隋炀帝四处巡游，耗费巨大。

徭役繁多、破坏生产是阶级矛盾激化的重要原因。大业元年，杨素营建东都，每月役丁二百万人，同时，又征发河南、淮北诸郡民，前后百余万，开通济渠，征发淮南民十余万开邗沟。大业四年正月，征发河北百余万人开永济渠，丁男不足，妇女也被征发了。七月，又征发二十余万人修筑长城。把这样多的民力用于非生产方面，必然导致生产停滞。

直接导致农民起义的是进攻高丽。从大业八年（612 年）到大业十年（614 年），隋炀帝三次对高丽进行战争，给劳动人民带来了沉重的灾难。首举起义大旗的是王薄。王薄是齐郡邹平(今山东邹平)人,大业七年,他首先在长白山(在今山东章丘)发动起义,揭开了全国农民战争的序幕,革命的熊熊烈火遍地燃烧起来。

大业九年,正当第二次进攻高丽的时候,隋朝贵族杨玄感在黎阳起兵反隋,因进攻高丽的军队南下,致使杨玄感腹背受敌而失败。这说明在阶级矛盾急剧激化的情况下,统治集团内部的矛盾也是一触即发的。

在杨玄感起兵的影响下,农民起义的浪潮更加高涨了。起义军的不断发展,使隋炀帝失去了控制全国的能力,长安、洛阳、江都都成了农民起义的汪洋大海中的孤岛。到大业十二年(616 年),农民战争进入一个新的阶段,即由分散走向集中,原来遍布各地的起义军,逐步形成了三支强大的农民军队伍,即窦建德领导的河北起义军、翟让与李密领导的瓦岗军,以及杜伏威、辅公祏领导的江淮起义军。三支起义军的巨大力量彻底瓦解了隋朝的统治,隋朝于是成为继秦朝之后的又一个短命王朝。

二、大唐的兴亡

公元 618 年三月,隋炀帝在江都被部将杀死。五月,李渊即位,国号唐,建元武德,定都长安,是为唐高祖。李渊以李世民为尚书令。不久,又立李建成为皇太子,封李世民为秦王,李元吉为齐王。经过七八年的争战,李渊和他的儿子李世民终于消灭了各地割据势力,镇压了各股农民起义军,统一了全国。

"玄武门之变"是唐高祖李渊的三个儿子太子:建成、秦王世民、齐王元吉,因权力斗争而引发的兄弟相残事件。在"玄武门之变"的三天后,唐高祖李渊便册立秦王世民为太子。再过两个月,李世民逼使李渊退居太上皇,而他则在显德殿即帝位,即历史上的唐太宗。

"玄武门之变"的结果,不但阻止了大唐帝国统治阶级内部的分裂,同时更完成了安定日后政治局面与大一统帝国统治秩序的伟大使命。

1. 贞观之治

唐太宗在位年间政治比较清明,经济有所发展,国力逐步强盛,后人称为"贞观之治"。

唐太宗的治国之道,首先就是广开"纳谏"之路,尽量采纳忠臣的建议。他任命富于谋略的房玄龄和善断大事的杜如晦为宰相,人称他们是"房谋杜断"。他还重用敢于直言的魏征。魏征前后进谏 200 多次,受到唐太宗的赞赏。贞观年间的政治之所以如此清明,政策的拟定上极少出现错误,主要原因就是唐太宗不刚愎自用,对臣子的建议能够从谏如流。

唐太宗的治国之道,第二个值得一提的,便是广征天下贤才而加以重用。唐太宗在人才的甄选上,只注重他们的长处,对于他们的过去一概既往不咎,唯贤才是用。在延揽人才方面,唐太宗相当重视"科举制"。因为科举制可选拔毫无政治地位的中下阶层人士,只要有学问有本事,人人都有参与政治的机会。

唐太宗的治国之道,第三件值得大笔特书的就是关心民间疾苦,减轻赋役。贞观初年,关东和关中地区一连闹了三年的水旱灾,唐太宗便下诏动用国库的食粮和皇室金库的金银财宝来赈济灾民;同时,朝廷也尽量缩减各项经费的开支,并要求臣民不要奢侈浪费。

唐太宗也致力于振兴农业,特别重视"勿失农时",例如河东万泉县因逢甘霖而造成播种的良机时,他便释放狱中的河东囚犯回家帮忙播种。在唐太宗的奖励政策下,农民纷纷回到家园从事农耕,农业逐渐复兴,同时大力实施"均田制"。所谓"均田制",就是按照人口多寡分给农民一定的口分田和永业田,贯彻了"耕者有其田"的理想。此外,还实行"租庸调法"这种负担较轻的新赋役制度。

贞观时期可以说在一定程度上达到了司法独立与司法公正,法官判案无须遵循当政者的旨意,即使是皇帝也必须遵守律令,不可干预法司的案件审判。唐太宗高度重视死刑的适用,规定凡判处死刑必须复核三次,而后方可行刑。

但是必须指出,"贞观之治"也存在局限性。作为封建帝王,唐太宗同样对人民进行剥削和压迫。他自己曾说:"吾居位已来,不善多矣,锦绣珠玉不绝于前,宫室台榭屡有兴作,犬马鹰隼无远不致,行游四方供顿烦劳。"特别是在贞观二十二年(648 年)。唐太宗想第二次伐高丽,下令在四川造船,"州县督迫严急,民至卖田宅、鬻子女不能供,谷价踊贵,剑外骚然"。在唐太宗死后的第五年,即永徽四年(653 年),又爆发了睦州(浙江建德)陈硕真领导的起义。这些都说明了"贞观之治"存在的局限性。

2. 女皇武则天

贞观二十三年(649 年)唐太宗死去,其子李治继位,是为唐高宗。武则天是唐高宗的皇后。唐高宗因患风眩,目不能视,便让武则天协助裁决政事,使得武后渐掌大权。弘道元年(683 年),唐高宗病死,太子李显(武则天第三子)即位,是为唐中宗。次年,武则天废中宗为庐陵王,另立李旦(武则天第四子)为皇帝,是为唐睿宗,旋即废黜。天授元年(690 年),武则天宣布改唐为周,以洛阳为神都,降唐睿宗为皇嗣,自为皇帝,史称"武周革命"。在中国历史上,武则天是仅有的一个女皇帝。

武则天在位期间,继续推行唐太宗发展生产的政策,大力发展农业生产,为唐代物质财富的积累创造了条件。此外,武则天还破格选用许多有才能的人做官,并进一步发展科举制度。在贞观年间的 23 年中,录取的进士共 205 人,但在高宗和武则天统治的 55 年中,就达一千余人,平均每年录取人数较贞观时增加一倍以上。她首创由皇帝亲自策问举人的殿试,以示慎重;又置武举,以扩大选官的范围。她还下令允许官员和百姓自己荐举自己,以求进用。690 年,武则天派存抚使十人到各道搜荐人才,许多落选的士人和乡村教师都被荐举。武则天选官虽滥，但只要发现不称职的，就立即废黜或诛杀。当时的宰相狄仁杰是有名的贤相，唐玄宗开元年间的名臣姚崇、宋璟、张九龄等都是在武则天时选拔为官的。因此，唐朝宰相陆贽赞扬武则天的用人说："课责既严，进退皆速，不肖者黜，才能者骤升，是以当代谓知人之明，累朝赖多士之用。"在武则天统治期间，唐朝的政治、经济的发展又向前推进了一步。

705 年，宰相张柬之等乘武则天年老病重，联络右羽林卫大将军李多祚发动宫廷政变，拥唐中宗李显复位，复唐国号。同年十一月，82 岁的武则天病死。

3. 开元盛世

唐中宗昏庸懦弱，大权落入韦皇后手中。韦后想效法武则天当女皇，她先杀太子李重俊，后又在景云元年（710 年）毒死唐中宗。这时武则天第四子李旦和女儿太平公主还有相当势力，是韦后专权的障碍，因此成了韦党要消灭的对象。李旦第三子李隆基发动羽林军抢先攻进皇宫，杀韦后并其党羽。后由太平公主出面，恢复了李旦的帝位，李隆基被立为太子。唐睿宗李旦也是一个昏懦帝王，甘心听任太平公主的摆弄。太平公主势力的膨胀与李隆基发生了激烈的冲突。先天元年（712 年），唐睿宗让位给太子。李隆基即帝位，是为唐玄宗。唐玄宗杀太平公主及其党羽数十人，至此，动荡的局面才稳定下来。

唐中宗、睿宗时，政治昏暗，弊端丛生，唐玄宗即位后，先后任命干练正直的官员姚崇、宋璟、张嘉贞、张九龄、韩休等人为相，在他们的辅佐下，针对当时的弊政进行了一些改革。

首先是裁汰冗官，整顿吏治。其次，压制佛教。第三，重视农业生产，在武则天时，均田制已开始逐渐遭到破坏，土地兼并和农民逃亡现象日益严重，开元九年（721 年），玄宗派宇文融为劝农使到各地检括逃户和籍外田，经过几年的努力，共括出客户八十余万，田亦称是。唐政府对这些客户每丁税钱一千五百，免租得存役六年，后由各州县安插在均田土地上。这一措施对改变社会上占田不均的情况、缓和阶级矛盾，具有一定的积极作用。

唐玄宗统治前期，政治比较安定，经济繁荣发展，唐朝进入全盛时期。因这时期的年号叫"开元"，史称"开元盛世"。

4. 唐朝的衰弱和灭亡

开元后期，曾经进行过一些改革的唐玄宗，开始不愿过问政事，只想安逸享乐。744 年，他纳杨太真为贵妃后，更是专以声色自娱，大肆挥霍，生活糜烂。开元末年，玄宗重用宦官高力士，凡四方进奏文表，先让高力士审阅，小事由高力士处理，大事才由自己裁决。结果导致从唐玄宗后期开始，宦官的权力逐步扩大，最后出现了宦官专权的局面。

在玄宗后期，政治的腐朽，造就了许多无耻政客。如相继掌握宰相实权的李林甫和杨国忠都是奸邪佞人。李林甫妒贤嫉能,凡是有才能的官员,他都要设计除去,很少有人能逃脱他的圈套。杨国忠是杨贵妃的本家兄长,胆子比李林甫更大。他除做宰相外,还兼领四十余职,随意发号施令,胡乱处理政事。因此,唐朝的政治更加昏暗。

玄宗后期,边镇的军事力量不断扩大,使唐的军事形势由原来的"内重外轻"逐渐变成"外重内轻",这个变化一方面是由于唐玄宗穷兵黩武,喜立边功;另一方面则与府兵制度的瓦解也有密切的关联。由于府兵必须自备兵甲衣粮,所以服兵役是一项极其沉重的负担。在均田制推行较好时,这种兵制还能勉强维持。后均田制逐渐解体,农民便无法负担沉重的兵役,这是造成府兵制破坏的主要原因。另外,士兵服役的年限日益延长,府兵的境况极差,也使人们视兵役为畏途。这样,府兵的兵源就渐渐枯竭了。到天宝八年(749 年),唐政府不得不下令停止对府兵的征发,实际上宣布废除了府兵制度。代替府兵制的是募兵制。为了弥补兵源的不足,唐初就存在着募兵制,以后随着府兵制的逐渐破坏,募兵制日益盛行。到开元年间,无论京师宿卫、边镇戍兵乃至地方武力,已基本上被募兵制所代替。在府兵制推行时,地方兵力分散,中央掌握重兵,府兵制破坏以后,中央虽有一定数量的禁军,但不堪一击。当时的精兵猛将都聚集在边镇。

在边境统兵的将官称为"节度使"。景云二年(711 年),睿宗开始设节度使,以后逐渐推广。唐玄宗时期,节度使已有 10 个,他们各掌握一州或几州的军、政、财权,使中央政府越来越无力控制。

安禄山出身于营州杂胡。他因为残酷地镇压奚、契丹人,得到了唐玄宗的赏识,先后出任平卢、范阳、河东三镇节度使。长期从事民族掠夺战争的安禄山野心极大,他多次到长安,在宫廷和官场活动中,对唐政府的腐败、虚弱情况了解得很清楚,蓄下了起兵灭唐的异志。在经过长达十年的准备后,安禄山认为已具备了灭唐的力量,于755 年11 月,串通部将史思明,以讨伐杨国忠为名率兵 15 万南下反唐。"安史之乱"爆发。

安史之乱是唐朝由盛而衰的转折点。战乱虽平,安史部将势力并未消灭,藩镇割据局面由此形成。中原战乱地区经济遭到严重的破坏,吐蕃对唐的侵扰也日益频繁,唐朝国力大为削弱,其全盛时代也从此结束了。

安史之乱使唐朝社会经济遭受重创,土地荒芜、人口锐减,再加之各地藩镇割据,唐朝中央政府的财政收入锐减,无法负担正常开支,为解决这种入不敷出的窘境,唐德宗建中元年(公元 780 年),宰相杨炎提出了著名的"两税法",改变了"租庸调"据丁征税的做法,实行以财产多少为征税标准。它的基本内容有:中央根据财政支出定出总税额,各地依照中央分配的数目向当地人户征收;主户和客户,都编入现居州县的户籍,依照丁壮和财产的多少定出户等;两税分夏秋两次征收,夏税限六月纳毕,秋税十一月纳毕;"租庸调"和一切杂捐、杂税全部取消,但丁额不废;两税依户等纳钱,依田亩纳米粟,田亩税以大历十四年的垦田数为准,平均征收;没有固定住处的商人,所在州县依照其收入征收三十分之一的税;凡鳏寡孤独不济者,可以免税。"两税法"的显著特点在于,它改变了租税徭役据丁口征收，租税徭役多出自贫苦的劳动群众头上的做法，它以财产的多少为计税依据，不仅拓宽了征税的广度，增加了财政收入，而且由于依照财产多少即按照纳税人负税能力大小征税，相对地使税收负担比较公平合理，在一定程度上减轻了广大贫苦人民的税收负担，同时简化了税目和手续。这对于解放生产力，促进当时社会经济的恢复发展，起到了积极作用，调动了劳动者的生产积极性，是一个历史的进步。它奠定了宋代以后两税法的基础，是中国赋税制度史上的一件大事。

唐朝中后期，地方藩镇割据的同时，朝廷内部出现了"牛李党争"，以牛僧孺等为领袖的牛党与李德裕、郑覃等为领袖的两大朋党宗派之间进行了长期的互相倾轧。斗争从唐宪宗时期开始，到唐宣宗时期才结束，持续时间将近40年，最终以牛党获胜结束，以致唐文宗有"去河北贼易，去朝中朋党难"之叹。牛李党争是唐朝末年朝政腐败衰落的集中表现，加深了唐朝后期的统治危机。

唐朝中后期，还出现了宦官专权的局面，尤其是唐德宗以后诸帝，大多为宦官拥立，宦官掌握中央禁军大权，大肆干预朝廷政务，甚至废立皇帝，其嚣张跋扈可见一斑。

藩镇割据、朋党之争、宦官专权是唐朝中后期三大政治毒瘤，它们的长期存在，加速了唐朝的衰亡。

唐朝末年，农民不甘封建压迫和剥削，纷纷起来造反。874年，王仙芝在长垣（今河南长垣县东北）聚集3000多人举行起义，号召人民起来推翻唐朝。第二年夏天，黄巢领导曹州冤句（今山东曹县北）数千群众响应。黄巢起义后，贫苦农民纷纷加入义军，很快发展到几万人。起义军迅速向长安城挺进，881年1月8日，唐僖宗带随从宦官仓皇逃奔四川成都。同日傍晚，农民军占领长安城，农民起义军在长安建立了新政权，黄巢做了皇帝，国号"大齐"，年号金统。革命政权建立后，黄巢没有乘胜追击，也没有消灭关中附近的禁军，这就使逃到四川的唐僖宗站稳了脚，并集结了残余势力，联络各地军阀武装，向农民军反扑过来。在起义高潮中一些暂时投降的节度使，也乘机起兵。农民军没有根据地，很快陷入唐军包围之中。由于寡不敌众，农民军退出长安，在河南坚持斗争。884年6月，农民军又退到山东。在莱芜以北狼虎谷一战中农民军多数阵亡，黄巢自杀。农民起义失败。

黄巢领导的唐末农民起义，率众几十万，转战十几省，持续近十年，是中国历史上一场空前宏伟壮烈的农民革命战争，在中国农民战争史上写下了光辉的篇章。它沉重地打击了唐王朝的统治，表现了农民战争对封建社会的改造作用。同时，起义也削弱了藩镇割据势力，打破了原来中央与藩镇之间、藩镇相互之间的均势。这支农民军第一次提出"均"的战斗口号，建立了革命政权，猛烈地冲击了封建制度，标志着农民战争发展到一个新阶段，给后世的农民斗争以重大的影响。

唐室镇压黄巢起义，得朱温之力不小。朱温本系黄巢手下大将，后变节降唐，被任命为河中行营招讨副使，赐名全忠。次年，为宣武节度使。朱全忠与沙陀族李克用联合镇压黄巢之军。此后,朱全忠即盘踞于宣武一带,与河东李克用、凤翔李茂贞同为当时最有势力的三大藩镇。平定农民起义后,朝廷内部的宦祸仍未结束。昭宗即位后,与宰相崔胤等共谋除去宦官,便结纳朱温作为外援。朱温带兵入长安,尽杀宫中宦官凡八百余人,唐朝的宦祸至此宣告结束。朱温因诛杀宦官有功,被封梁王,独专朝政。不久,朱温杀崔胤及昭宗,另立十三岁的哀帝。公元907年,朱温逼哀帝禅位,自登帝位,建国号梁,定都于汴州(开封)。唐朝至此宣告灭亡,中国进入五代十国时期。

唐朝从唐高祖李渊武德元年(618年)称帝建立唐朝,到开平元年(907年)朱温灭唐建立后梁,历二十二代,前后共二百八十九年,其与汉朝并称为中国历史上两大强盛王朝之一。唐王朝的前期,由唐太宗李世民直至玄宗开元年间国家一直处于大发展阶段,经济、政治、军事、外交、文化等方面都空前繁荣。在此期间出现"贞观之治""开元盛世"构成了中华民族引以为骄傲的盛唐气象,中国的世界地位显赫一时。一直到现在,一些国外的某些地方仍然称华人为唐人。唐玄宗后期出现的安史之乱,使唐王朝逐渐没落。

5. 边疆各族的发展及其与唐朝的关系

突厥

突厥最初是一个古代游牧民族的专称,曾活跃在阿尔泰山、北方草原等地带。唐朝建立后,突厥贵族不断向内地袭扰,甚至两度率兵侵犯关中,进逼长安。在这种形势下,唐太宗采取了积极防御的策略。贞观三年(629年),唐太宗乘突厥内部分裂时,派李靖、李勣等统兵十余万分道出击,唐军给东突厥以沉重的打击,促使其灭亡。贞观二年(628年),西突厥可汗统叶护在内乱中被杀,西突厥汗国发生分裂,削弱了西突厥的力量。635年,唐派兵降伏了以青海为中心的吐谷浑,打通了向西域用兵的道路。贞观十四年(640年),唐军在侯君集等的率领下攻取高昌,以其地为西州,又置安西都护府于交河城(吐鲁番西雅尔和卓)。唐军又占浮图城(新疆吉木萨尔),在此设庭州。642年至648年,唐军在接连打败西突厥后,又攻取焉耆、龟兹等地。天山南路各国纷纷摆脱西突厥的控制,归附唐朝。唐迁安西都护府于龟兹,统领龟兹、焉耆、于田、疏勒四镇,称"安西四镇"。657年,唐军灭西突厥汗国,控制了整个西域地区。原来役属于西突厥的中亚诸国也都归附唐朝。至长安二年(702年),武则天又在天山以北设置了北庭都护府。安西都护府和北庭都护府是唐朝设在西域的最高统治机构,前者辖管天山以南的塔里木盆地及葱岭以西、楚河以南的广大中亚地区,后者管辖天山以北及巴尔喀什湖以东、以南的广大游牧地区。

唐朝统一西域后,西域与内地的经济文化交流更密切了。唐朝的均田、府兵、租庸调等重要制度,都曾在伊州、西州等地推行。唐政府还在天山南路大兴屯田,使中原地区的先进农业技术进一步传播到西域。汉族文化也对西域人民有深刻影响。同时,西域的贵族、僧侣、乐工、画师等也大量进入内地,给汉族人民带来了西域文化和独特的农副产品,大大丰富了汉族文化的内容。唐朝统一西域，保障了“丝绸之路”的畅通，促进了东西方的交流。

回纥

回纥即今天维吾尔族的祖先。回纥政权一直和唐朝保持着密切关系，每一任可汗都要经过唐朝的册封。安史之乱爆发后，回纥曾两次派兵帮助唐朝平定叛乱，加速了安史集团的灭亡。唐朝从至德二年(757 年)起，每年送给回纥绢二万匹。回纥每年还要向唐朝运送几万匹马，以换取内地丝绢、茶叶等货物。回纥从唐朝得到的大量绢、茶等物品，除自用外，有很大一部分远销到中亚各地，这对其经济发展起了重要作用。安史之乱以后，吐蕃占据了西域和河西，唐朝和西域的经济交流遭到阻隔。由于回纥对唐友好，唐朝和西方商人多改道经回纥进行交易，因此，回纥一时成为陆上东西交通的枢纽。在这种情况下，回纥的商业呈现出空前的活跃，其商人到内地经商者常以千计，他们在内地置资产、店铺，有的和汉族通婚，久居不归。

回纥汗国内部充满着矛盾，黠戛斯和回纥连续交战二十多年。9 世纪 30 年代末，回纥地区连年发生疾疫，又大雪成灾，严重地破坏了其经济。同时，回纥统治阶级的内部又不断自相残杀。840 年，回纥将军句录莫贺勾引黠戛斯十万骑入侵，破可汗城，回纥汗国灭亡。

回纥汗国灭亡后，部众四散。一支迁移到河西走廊定居，一支进入吐鲁番，一支迁至天山北路及葱岭以西地区。后两支定居新疆的回纥，发展成今天的维吾尔人。

靺鞨

隋唐之际，满族人的祖先称靺鞨。唐武德五年(622 年)，黑水部首领来长安，首次与唐通好。开元十四年，设黑水都督府，以其首领为都督。其余各部隶属于都督府，均改称为州，任命各部首领为刺史，派长史以监领之。

圣历元年(698 年)，粟末靺鞨首领大祚荣联合其他族在松花江以东乌苏里江流域，建立震(振)国。公元 707 年受唐招慰，公元 713 年唐玄宗册封大祚荣为渤海郡王(后在 762 年为渤海国王)，授忽汗州都督，自此不再称粟末靺鞨，专称渤海。渤海不断向唐王朝遣使朝贡，按唐制建立政治、经济制度，使用汉文。公元 755 年迁都上京龙泉府(今宁安渤海镇)，征服黑水靺鞨，成为经济发达、文化灿烂的“海东盛国”。渤海是当时亚洲“东方丝绸之路”的中心，从唐朝运来丝绸，加上自己制造的名产桑蚕之丝和柞蚕丝绸，运向东方的日本、西方的契丹和室韦、南方的新罗、北方的黑水靺鞨。公元 926 年为辽阿保机攻灭。

南诏

隋唐时期，在今云南地区错杂散居着许多部落，名号繁多，难以胜计。就种族来说，主要有白蛮与乌蛮。从 7 世纪初到中叶，乌蛮征服了当地的白蛮，建立起六个诏。乌蛮称王为诏，六诏就是六个王国。到南诏王皮逻阁时，渐次消灭其他各诏，建立了统一的南诏国,都太和城(大理市南)。开元二十六年(738年),唐玄宗册封皮逻阁为云南王。此后,南诏不断扩大疆域。在其最盛时,大致上占有今云南及四川、贵州的一部分,成为西南少数民族所建立的一个强大的地方政权。

南诏建立后,与唐朝和吐蕃进行了长期的斗争。794年,南诏出兵反抗吐蕃,摆脱了吐蕃的抑制和压迫。但9世纪30年代以后,南诏和唐的矛盾又激化,不断发生战争。830年底,南诏攻陷成都,大掠子女、百工数十万人及珍货而去,给唐朝造成巨大损失。

在南诏后期,大臣专权,统治阶级内部矛盾激化。902年,汉族大臣郑回的七世孙郑买嗣推翻蒙氏南诏,自立为王,改国"大长和"。

吐蕃

建立吐蕃王朝的是活动在雅隆河谷的牦牛部,统一牦牛部各部落的叫弃聂弃赞普。"赞普"是雄强丈夫的意思,以后成了吐蕃君长的尊称。公元7世纪初,藏族的民族英雄松赞干布兼并十余个部落,在西藏实现统一,正式建立了吐蕃王朝,定都逻娑(今拉萨)。松赞干布在位期间,锐意修好唐廷,吸取唐朝的先进生产技术和政治文化成果。他曾两次派遣大臣赴唐廷求婚,于公元641年迎娶了唐朝宗女文成公主。松赞干布还从唐朝引入造酒、碾磨、纸墨等生产技术,遣贵族子弟到长安学习诗书,与唐朝在政治、经济、文化等方面保持了极为友好的关系。

松赞干布奠定了吐蕃与唐朝二百余年频繁往来的"甥舅亲谊"。公元710年,唐金城公主携带绣花锦缎数万匹,工技书籍多种和一应使用器物入蕃,嫁吐蕃王赤德祖赞。金城公主入蕃后曾资助于田(今新疆境内)等地佛教僧人入蕃建寺译经,并向唐朝求得《毛诗》《礼记》《左传》《文选》等典籍。

公元821年,吐蕃王赤热巴巾三次派员到长安请求会盟。唐穆宗命宰相等官员与吐蕃会盟官员在长安西郊举行了隆重的会盟仪式。次年,唐朝派刘元鼎等人到吐蕃寻盟,与吐蕃太医结盟于拉萨东郊。此次会盟时在唐长庆元年(822年)和二年(823年),史称"长庆会盟"。会盟双方重申了历史上"和同为一家"的甥舅亲谊,商议今后"社稷如一"。记载这次会盟内容的石刻"唐蕃会盟碑"共有三块,其中一块立于拉萨大昭寺前。

6. 对外交流的发展

唐朝时候,中国经济和文化处于世界先进地位,对外交通比过去发达,唐和亚洲、欧洲等各国之间的往来出现前所未有的盛况。唐朝和朝鲜半岛的新罗一直保持着友好关系。唐和日本关系更加密切,唐文化对日本影响甚大,从政治制度到生活习俗,日本都受到中国文化的影响。唐朝和印度半岛有频繁的通使往来,玄奘西游成为中外关系史上的佳话。唐朝和西亚的波斯、大食也有通好关系,中国陶瓷等源源不断运往该地,西亚的物品也输入到中国。隋朝时候,和中国通商往来的有十几个国家,到唐朝时已发展到70多个国家。

随着西域陆路和向西航路的发达，中国的先进文明进一步西传。丝绸、瓷器、茶叶、铁器、金银器等大量输往西域诸国乃至欧洲。造纸术亦于此时传入阿拉伯，后来再辗转输入欧洲。交通发达促进唐代经济的繁荣与外贸的发展，长安、洛阳、扬州、广州、成都、汴州等商业都市十分兴盛。海、陆交通要地设有“市舶使”或“互市监”等外贸官员或机构。外国商贾及其他人士在长安、广州等地开设店铺，如长安有波斯店，广州有蕃坊。而唐的文化亦传至日本，其中以中国鉴真法师东渡日本，尤为千古美谈。

与此同时，西方的文化、物产亦源源输入中国。唐时由于海、陆对外交通的发达，佛经进一步传入，翻译臻于鼎盛，中国成了东土佛教之中心。除佛教外，西方宗教如景教（基督教一派）、摩尼教（又称明教）、伊斯兰教（又称回教）等，亦纷纷传入。当时世界上重要的宗教，几乎都荟萃于中土。唐时音乐、舞蹈及各方面的艺术，受西域文化影响极大，许多唐代诗文都以中外交通和往来作为题材，唐僧玄奘（又称三藏）西游取经的事迹更是家喻户晓。

新罗

唐初，朝鲜半岛上仍然是高丽、百济和新罗三国的鼎立局面，他们都遣使和唐朝往来。唐太宗在平定东突厥和高昌后，以高丽联合百济进攻新罗为借口，于贞观十八年（644年）出水、陆十万大军进攻高丽，第二年败回。唐高宗时，继续对高丽用兵。显庆五年（660年），唐先灭百济。乾封元年（666年），唐又派兵攻高丽，两年后攻下平壤，灭高丽。唐朝在高丽设置了都督府、州、县等行政机构。以后由于新罗的反抗，唐朝的势力退出朝鲜，新罗于上元二年（675年）统一了朝鲜半岛。

新罗统一以后，和唐朝的友好关系继续发展。新罗商人来唐贸易的很多，北起登州、莱州（山东掖县），南到楚州、扬州，都有他们的足迹。新罗商人给唐朝带来了各种土特产品，从唐朝贩回丝绸、瓷器、茶叶、书籍等物品。新罗还经常派大批留学生到长安学习。在唐朝的外国留学生中，以新罗人为最多。开成五年（840年），学成归国的新罗学生一次就达百余人。新罗留学生不少人参加过唐朝的进士科举考试，有人进士及第后，还留在唐朝做官。

唐朝文化对新罗的影响是多方面的和巨大的。在长期的友好往来中，朝鲜文化对唐朝也产生了一定的影响。高丽乐继续受到唐人的欢迎。在长安居住着不少朝鲜音乐家，他们对中朝文化交流做出了贡献。当时，在唐朝进口的货物中，以新罗的数量最大，这都丰富了中国人的生活。

日本

唐朝时期，中国和日本的友好往来和文化交流达到空前繁荣的时期。贞观五年（631年），日本派出了由留学生和学问僧组成的第一次“遣唐使”。到开成三年（838年）止，日本派出遣唐使共十三次。唐初，日本派出的遣唐使团一般不超过二百人，从8世纪初起，人数大增，如717年、733年和838年派出的三次遣唐使，人数均在550人以上。

由于遣唐使的角色主要是文化使者，所以每次都有一些留学生、留僧生随行。这些留学者受到唐王朝的热情接待，他们被分配到长安国子监学习各种专门知识。他们一般在中国居住二三十年，深受中国文化濡染，不仅研究中国传统儒学典籍，而且有可能精研中国文学或法律、医药、天文等专门学问。在这些留学者中涌现出许多相当杰出的人物，如阿倍仲麻吕，就是其中最有名的一位。

日本通过遣唐使团和留学生、留学僧的派遣，从中国文化摄取了多方面的丰硕成果。与此同时，唐代的使者和僧人也不断东渡日本，沟通中日两国的文化，其中贡献最大的是鉴真和尚。

唐代是日本积极主动地、全面地学习和移植中华文化的时代，唐代文化对日本社会生活的各个领域产生了全面而深刻的影响。在政治方面，贞观十九年(645 年)，日本参考隋唐的均田制和租庸调制，施行班田收授法和租庸调制；仿照隋唐的官制，改革了从中央到地方的官制；参照隋唐律令，制订了《大宝律令》。

在教育方面，天智天皇时期在京都设立太学，以后学制逐渐完备，各科学习的内容基本上和唐朝相仿。

在语言文字方面，8 世纪以前，日本使用汉字作为表达记述的工具。留学生吉备真备和学问僧空海在日本人民利用中国汉字的标音记意基础上，创造了日文假名字母，吉备真备用汉字楷体偏旁造成“片假名”，空海采用汉字草体造成“平假名”。这些新体文字的发明，大大推动了日本文化的发展。同时，日文的词汇和文法也受到汉语的影响。

在文学方面，唐代丰富多彩的文学，深为日本人所欣赏。唐朝著名作家的诗文集相继传入日本，其中形象鲜明、语言通俗的白居易诗，尤为受到喜爱。而留学生晁衡、吉备真备、橘逸势等人对中国的诗文都有很深的造诣。

在艺术方面，唐朝的音乐、绘画、雕塑、书法、工艺美术等也纷纷传入日本。日本吸取了唐朝的乐制，并派留学生来中国学习唐乐。日本宫廷还请唐乐师教授音乐，唐朝的不少乐书、乐器陆续传入日本。唐朝的绘画也深受日本人的喜爱，唐人绘画经日本画家仿效摹绘者，称为“唐绘”。

在科学技术方面，唐朝先进的生产技术、天文历法、医学、数学、建筑、雕版印刷等陆续传入日本。中国式的犁和大型锄传入日本并开始普遍使用。日本仿照唐的水车，制造了手推、牛拉、脚踏等不同类型的水车。唐朝的《大衍历》《宣明历》，也被日本所采用。中国著名的医学著作《素问》《难经》《脉经》《张仲景方》《神农本草》和《诸病源候论》《千金方》等书先后传入日本，他们结合自己的医疗经验，创建“汉方医学”。7 世纪以前，日本没有固定的都城，延载元年(694 年)兴建了第一个都城藤原京。景云元年(710 年)，修建了平城京，贞元十年(794 年)修建了平安京。这些城市的设计、布局都是模仿唐长安城的，建筑所用砖瓦的纹饰也和唐代略同。

在生活习惯方面，唐人打马毬、角抵、围棋等体育活动，亦先后传入日本。茶叶于奈良时期传入日本，到平安时已兴起喝茶之风。唐服传入日本，亦为日本人所喜爱。

在节令方面，端午节饮菖蒲酒，七月十五日盂兰盆会，九月九日重阳节，都由唐朝传入日本。当时中日关系之密切，于此可见一斑。

天竺

今天的印度、巴基斯坦和孟加拉，唐时统称为天竺。唐初，中天竺戒日王征服了天竺五部，以后就不时遣使来通好，唐太宗也一再派出使者报聘。当时两国的贸易往来极为频繁。孟加拉、印度半岛东西两岸，经常有中国商船泊港；印度的商船也经常到广州、泉州来贸易。唐朝输往印度的商品有麝香、丝织品、瓷器及铜钱等，从印度输入的物品有宝石、珍珠、棉布、胡椒等。

长期的友好往来促进了中印的文化发展。在文学方面，由于佛教经典的翻译，中国产生了与佛教有密切关系的变文。在艺术方面，敦煌、云冈、麦积山以及洛阳龙门石窟的壁画和雕塑，都保留着印度北部犍陀罗艺术风格的影响。此外，印度和巴基斯坦的天文、历法、医学、音韵学、音乐、舞蹈、绘画、建筑等也陆续传入，对中国产生较大的影响。

与此同时，在7世纪末叶，中国的纸张经中亚传到了印度，以后又经尼泊尔传去了造纸术。从此，印度结束了用白桦树皮和贝叶写字的时代。

在唐代中印文化交流史上，两国的佛教徒做出了卓越的贡献。其中最著名的是中国的高僧玄奘西游天竺取经的故事。

波斯

唐与西亚的波斯保持了密切的联系。波斯萨珊王朝，由北魏到隋唐与中国的关系都很密切。7世纪中叶，波斯为大食所灭。波斯王卑路斯及其子泥涅斯，先后定居长安，后皆客死唐朝。当时有许多波斯人流亡到中国，并且落户。

波斯商人的足迹，遍于各地。在长安、洛阳、扬州、广州等城市中开设的波斯胡店，以经营宝石、珊瑚、玛瑙、香料、药品而驰名。在今天的吐鲁番、西宁、西安、太原以及广东的英德等地，都曾发现过波斯萨珊朝的银币，有的数量还很多，这证明唐朝和波斯的商业贸易是很繁盛的。

波斯和唐朝在文化上互相促进、互相影响，关系密切。波斯输入唐朝的东西很多，其中有菠菜和波斯枣。中国的丝绸、瓷器、纸张等商品源源不绝地远销波斯，并通过波斯转输西方。现代在伊朗境内曾发掘出不少唐三彩，即为明证。

大食

唐朝称阿拉伯为大食。7世纪初，伊斯兰教创始人穆罕默德统一阿拉伯半岛后，东灭波斯，西陷开罗，建立的势力达到中亚、南亚和北非的阿拉伯帝国。

唐朝与大食有很密切的交往。永徽二年（651年），大食遣使和唐朝通好，此后，大食遣使来唐有三十七次之多。大食所辖阿拉伯一带商人到中国的也不少。当时，长安、洛阳、扬州、广州、泉州等处都有他们的足迹，不少人在中国定居落户，有的还在唐朝任职。

伊斯兰教即是随着大食商人的东来,传到了唐朝。

大食与唐亦曾发生过战争。天宝十年(751年),唐将高仙芝于中亚怛罗斯(今哈萨克斯坦江布尔)为大食军所败,不少唐兵被俘,其中包括造纸工人。大食利用他们的技术设厂造纸,于是中国的造纸术传到了中亚,又传到西亚,最后西传到了非洲和欧洲,为西方文化的传播提供了极为有利的条件。

近代考古工作者曾在伊拉克底格里斯河西岸的沙玛拉城遗址上发掘出大批中国陶瓷,其中有唐三彩、白瓷和青瓷三种,在北非的福斯特(即开罗古城)遗址中,曾发掘出唐朝的青瓷器,这些来自中国的工艺品正是中阿经济文化交流的历史见证。

课后练习

1. 简述"贞观之治"的主要内容。
2. 试析"安史之乱"的原因及影响。
3. 试析武则天的历史功过。
4. 简述唐朝对外交流的特点并举例说明。

第五章　五代辽宋夏金元时期

导读：五代辽宋夏金元时期是我国历史上又一个民族大融合、人口大迁徙、文化大繁荣的阶段。中原地区的两宋王朝与北部边疆的辽、金、夏及西南的大理政权并立，各政权之间虽发生过战争，但以和平交往为主。北宋经济发达、科技先进，却又积贫积弱，王安石变法力图补救，却终难奏效，北宋为金所灭，宋高宗南渡，南宋与金长期对立，直至先后亡于蒙古。辽也为金所灭。西夏曾与北宋纠缠多年，最后被蒙古攻灭。元朝的疆域空前广大，各民族人民在一个统一政权下互相学习、交流，民族融合进一步加深。元朝的政治制度在宋朝的基础上有所改进，创设了行省制度，影响深远。元朝的民族政策存在较大弊端，加之吏治腐败，导致了农民大起义，蒙古贵族退出中原地区，元朝的统治宣告结束。

一、五代十国

唐朝末期，藩镇割据势力进一步发展。唐朝灭亡后，在中原一带相继出现了后梁、后唐、后晋、后汉、后周五个朝代，史称“五代”。

唐末农民起义军叛徒、唐宣武节度使朱全忠（原名朱温），消灭了许多割据势力，初步统一了黄河流域以后，于 907 年废唐哀帝自立，国号梁，定都开封，史称“后梁”。后梁建立后，梁太祖朱全忠与河东军阀、沙陀贵族李克用继续争夺霸权，交战不已，各地藩镇的骄横局面也没有多大改变。912 年，朱全忠被其子杀死后，政局更为混乱，结果为后唐所灭。后梁统治共 17 年。

923 年，沙陀族人李克用之子李存勖（庄宗）灭梁，改国号为唐，建都洛阳，史称“后唐”，926 年发生魏州兵变，庄宗毙于流矢，李克用养子李嗣源入洛阳称帝（明宗）。唐明宗改革了庄宗时的一些弊政，在位七年，战事减少，农业屡有丰收，人民获得了短期的喘息。明宗死后，由于最高统治集团内部互相攻杀，不久被后晋所灭。后唐统治共 14 年。

936 年，河东节度使石敬瑭借契丹兵推翻了后唐，建立了政权，国号晋，迁都开封，史称“后晋”。在五代中，以后晋之国力最弱，为报答契丹借兵灭唐，石敬瑭竟事契丹国主以父礼，自称“儿皇帝”，并割燕云十六州以酬。传至出帝时，因不愿再对契丹称臣，结果被契丹出兵所灭。947年初，辽兵攻入开封，后晋亡。后晋凡12年。

当辽兵攻入开封后，后晋河东节度使刘知远（沙陀人）在晋阳（太原）称帝（高祖），仍用后晋天福年号，争取后晋旧臣归附。当辽兵北退后，他很快进入洛阳和开封，并在开封建都，国号汉，史称“后汉”。后汉高祖做了11个月皇帝就死了，其侄刘承祐（隐帝）继位后，忌杀大臣，天雄节度使郭威被迫起兵反汉，隐帝被杀。后汉仅仅延续4年。

郭威于951年建国，仍都于开封，史称“后周”。他在位三年而死，养子柴荣继位，是为世宗，其国势在五代中最强。世宗注重发展生产，又整顿军队、南征北伐，希图统一全国，可惜未能完成而病逝于军中。其子恭帝即位，年方七岁，由太后临朝。这种孤儿寡母的局面自不能维持多久，禁军大将赵匡胤发动“陈桥兵变”，建立宋朝，五代至此终结。

五代时，在南方和河东地区，还先后存在过十个割据政权，史称“十国”。

吴的开创者杨行密，在镇压农民起义和军阀混战中被唐朝提升为淮南节度使。902年，唐昭宗封他为吴王，建都扬州。到杨溥在位时，丞相徐温等立杨溥为天子，国号吴。但此时，杨氏大权早已旁落。937年，徐温的养子徐知诰废杨溥自立，国号唐，建都金陵，改姓名为李昪，史称“南唐”。到后主李煜时，为北宋所灭。

唐壁州（四川导江）刺史王建，从894年开始，先后兼并西川、东川和汉中之地。后梁建立，他在成都称帝，国号蜀，史称“前蜀”。子王衍继位，以奢侈荒淫、盘剥百姓著称。925年，后唐庄宗派兵灭前蜀，用孟知祥（李克用侄女婿）为剑南西川节度副大使。

926年，孟知祥入成都，整顿吏治，减少苛税，攻占东川。934年，他在成都称帝，国号蜀，史称“后蜀”。当年孟知祥死，子孟昶继位，又攻取凤州，疆域与前蜀相同。但孟昶和王衍一样，刻薄惨毒，奢侈成性。965年为北宋所灭。

吴越的创建者钱镠，在893年被唐昭宗任命为镇海节度使。不久，因讨越州军阀董昌有功，升任镇海、镇东两军节度使。907年，后梁封他为吴越王，都于杭州，拥有两浙之地。这一地区战争很少，生产发达，经济繁荣。钱氏政权五传至钱俶，于978年降北宋。

唐末，马殷割据湖南。907年，后梁封他为楚王，都于潭州（长沙）。927年，后唐又封其为楚国王。马殷死，诸子争立，政局混乱，951年被南唐攻灭。但南唐灭楚不久，楚将刘言又起兵击败了南唐军，继续据有湖南。以后刘言被其部下杀死，周行逢及其子周保权又先后统治湖南。963年为北宋所灭。

893年，王审知随其兄王潮据福州，897年，继王潮为威武军节度使。909年，后梁封他为闽王，据有泉、汀等地。王审知死后，继位的都是暴君，内乱不休，945年被南唐攻灭。

905年，刘隐为唐静海军节度使。907年，后梁封他为大彭郡王。隐弟刘龑继位后，扩大了势力范围，于917年称帝，国号越，建都广州，次年改国号为汉，史称“南汉”。南汉君主都极其奢侈，统治十分残暴，境内阶级矛盾非常尖锐，971年为北宋所灭。

907年，后梁任命高季兴为荆南节度使。924年，后唐庄宗封他为南平王，都于江陵，仅有荆州一地，至唐明宗时才得归、峡二州，是十国中最弱小的一国。963年亡于北宋。

北汉为后汉高祖弟刘崇所建。951 年,郭威代汉。刘崇据河东之地,在太原称帝,仍以汉为国号,史称“北汉”。北汉“土瘠民贫,内供军国,外奉契丹,赋繁役重,民不聊生”,社会矛盾十分尖锐。979 年亡于北宋。

二、北宋的兴衰

后周显德七年正月初三,传闻辽军南侵,禁军大将赵匡胤奉命出征,次日清晨到达黄河南岸的陈桥驿,按照预谋的计划发动兵变,史称“陈桥兵变”。当日即返回开封夺取政权,初五日(960 年 2 月 4 日)正式建立宋朝,建元建隆,仍都东京开封,以洛阳为西京。为区别于以后建“行在所”于临安府(今浙江杭州)的南宋,史称建都开封的宋朝为北宋。赵匡胤是为宋太祖。

1. 北宋初年加强中央集权

宋太祖为了不使宋朝成为后周之后的又一个短命王朝,首先是将那些名位与自己相近的高级将领免除军职。建隆二年(961 年)春末,首先免除慕容延钊的殿前都点检,同时还免去侍卫亲军马步军都指挥使韩令坤的军职,两人都出任节度使。七月,宋太祖又对自己的亲信下手。据说在一次宴会上,宋太祖向石守信等亲信指明利害关系,次日他们就主动交出兵权,史称“杯酒释兵权”。侍卫亲军都指挥使石守信、殿前副都点检高怀德、殿前都指挥使王审琦、侍卫亲军都虞侯张令铎等,都被免去军职而出任节度使,石守信虽然名义上还兼任侍卫亲军都指挥使职位,但并没有军权。从此,侍卫亲军司的都指挥使、副都指挥使、都虞侯等长官,也逐渐被取消,侍卫亲军司的下属机构马军司和步军司都成为直属机构,长官为都指挥使、副都指挥使、都虞侯,与殿前司合称“三衙”,任命名位较低的将领担任三衙的长官,各分管一部分军队,一改原先由重臣名将统领禁军的局面,而且三衙只有管兵权,发兵权则属于通常由文臣担任长官的枢密院,出征作战则临时任命将领统率军队,以达到以文制武、互相牵制的目的,从制度上稳固了宋朝的统治,消除了名高望重的禁军将领发动兵变夺取政权的可能性。

要消除地方割据势力的根源,必须削弱乃至取消节度使的职权。乾德元年(963 年)攻占荆湘后宋太祖下令新统治区的各府州直属朝廷,继而又于乾德四年命令各地选送精兵给朝廷,编入禁军,而以遗留在地方的老弱军人编为厢军,以削弱地方,主要是削弱节度使的兵权。同年还命令各地的财赋收入除留下日常经费外,全部运送到朝廷,又剥夺了节度使的财权。太平兴国二年(977 年),宋太宗又将节度使属下的支郡全部收归朝廷直辖,节度使只领一府或一州,进而消除了节度使统治大片地区的局面。不久又将节度使留在京城,而以朝官出任知州、知府,节度使终于成为虚衔。中唐以来危害皇权的节度使,从此只是宗室、将相大臣的荣誉衔。

为了安抚后周留下的大批官员,以及适应加强皇权的需要,在保留了唐代以来三省、六部及各寺、监的官称的同时,实行官职名称与实际职务相脱离的政策,另派官员担任实际职务,称为“差遣”,原来的官称只是官品高低、俸禄多少的标志。

朝廷行政大权集中于“中书”(政事堂、政府、东府),除以侍中、同中书门下平章事为宰相外,另设参知政事为副相以分宰相之权。与中书对称“二府”的枢密院(枢府、西府),则掌握兵权。宋代又沿袭五代旧制以三司使掌财政,使政、军、财三权分立,互相制约。

对地方上的府、州,则另设通判以抑制知府、知州的职权,这在宋初对于消除地方割据势力曾起到一定的作用。至道三年(997 年)又将全国划为 15 路,各路设转运使,后又设提点刑狱,除负责转运财物、审理刑狱外,还负责监察地方官员,称为监司(包括后来设置的提举常平司),以加强朝廷对地方的统治。

北宋初期采取的上述措施,对解决藩镇割据、维护国家统一起了重要作用,也有利于当时社会经济的发展。北宋一代,虽然忧患不已,但其内部始终是统一的,极少出现诸如汉代“七国之乱”、晋代“八王之乱”和唐代“安史之乱”“藩镇割据”那样的内患,唐末五代时期那种君弱臣强的局面在宋代是不复存在了。可是,这些措施又是一柄双刃剑,在解决了中央与地方矛盾的同时,也为北宋种下了“积贫积弱”的祸根。如实行兵将分离政策,带来了将帅无权,指挥不灵,以致严重削弱了军队的战斗力。虽然后来北宋政府拥有百余万军队,却始终阻挡不住辽、西夏的进攻;由于各级政府权力分散,形成了叠床架屋的官僚机构,官吏众多,不仅办事推诿,互相扯皮,行政效率低下,而且也大大加重了国家的财政负担,地方财政尤其困难。尽管北宋政府尽力搜刮人民财物,仍难以应付日益庞大的财政开支。这成为北宋中期社会危机出现的重要原因之一。

2. 北宋中期社会危机与王安石变法

北宋前期,社会比较稳定,各种事业都有所发展。可是,社会的各种矛盾也在发展之中。至仁宗时,社会危机日益严重。主要表现在:一、在政治方面的冗官、冗兵、冗费现象,造成国家“积贫”“积弱”的局面;二、在社会方面的土地高度集中和赋役苛重,促使阶级矛盾迅速激化。治平四年(1063 年)五月,神宗即皇帝位。熙宁二年(1069 年),神宗决心变法,以王安石为参知政事,设立变法的机关“制置三司条例司”,制定、推行了一系列新法。熙宁三年(1070 年)底,王安石升任同中书门下平章事(宰相),变法进一步展开。

王安石变法以“富国强兵”为宗旨,主要内容可分为“理财”和“整军”两大类。理财诸法是:(1)均输法,为改变原来各路转运使经济信息不灵,各地产品供求失调的弊端,命各路转运使全面了解各地产品的供销情况和京师需求情况,有计划、有选择地“徙贵就贱,用近易远”。这一条保证了京师的正常供应和市场的稳定,限制商人投机倒把。也可节省国家的开支,减轻人民运输劳役负担。(2)青苗法,规定每年春正月和五月青黄不接时,由政府按户等高下贷粮食或钱财给农村主户,称青苗钱,借贷半年后加息二分归还。这是企图以低利贷代替地主的高利贷,维持农民正常的生产、生活秩序,也可增加政府的收入。(3)农田水利法,规定各地湖、河、沟、堤之类,凡与当地农业有关、需要兴修、疏浚的,均由政府计其工料费用,督令受利人户按户等高下出工出资兴修。水利资源、设施为豪强霸占者,必须重新疏通公用。另外还劝种桑柘和榆树等,以此发展农业生产,改善人民生活。(4)免役法,也称募役法,是把原来按户等轮流充当州县差役的方法,改由州县政府出钱募人充役。募役所需费用,由当地主户按户等高下分担,称"免役钱"。原先享有免役特权的官户、僧道户和不服差役的城市上五等坊郭户、农村的未成丁户、单丁户、女户等,也须按户等缴纳相当同等民户所纳钱的半数,称"助役钱"。这可以使很多农民免除劳役束缚,有利于农业生产。(5)市易法,政府出资在京城设市易务,大量收储各种滞销货物,待市场短缺货物时,再赊销给商人,于一年后加息二分偿还货款。后来在杭州、润州(今江苏镇江)、长安、凤翔等地也设市易务。这是用国家权力限制大商人对市场的操纵,以稳定物价,国家收入也有增加。(6)方田均税法,对全国土地进行清查丈量(方田),县官主持丈量土地时,明确产权和土地数量、质量,分别定等,作为征税的依据,以改变过去豪强地主有产无税、农民产去税存、赋税负担不合理而严重影响国家财政收入的现象。

整军诸法为将兵法、保甲法、保马法、军器监,这些新法对加强北宋政府的军事力量起到了一定的积极作用。

从熙宁二年(1069 年)王安石主持变法到元丰八年(1085 年)宋神宗去世,新法共实行了十六年,在"富国强兵"方面取得了一定效果。如各地兴修了一万多处农田水利设施,溉田三十六万余顷,促进了农业生产的发展,政府的财政收入也大大增加,"中外府库,无不充衍。小邑所积钱米,亦不减二十万"。军事实力也有增强,曾在对西夏的战争中取得熙河(熙河路,治今甘肃临洮)之役的胜利等。

由于新法在一定程度上侵犯了大官僚、大地主的既得利益,因此遭到了他们的强烈反对。统治集团内部以司马光、文彦博等人为首的保守派曾借口维护祖宗成法,极力攻击新法。由于宋神宗支持新法,司马光、文彦博等人相继被罢官,新法得以推行,但是变法派同保守派之间的激烈斗争始终未停止。宋神宗后来在强大的保守派的压力下也曾有过动摇,致使王安石两度被迫辞去相职,对变法事业造成了一定损害。元丰八年(1085 年)神宗去世,其子哲宗即位,改元元祐。时哲宗年仅十岁,由其祖母高太后临朝听政,重用保守派代表人物司马光、文彦博等,原变法派人物相继被贬黜流放,在一年间,新法全部被废止,史称"元祐更化"。王安石也在元祐元年(1086 年)抱恨而死。变法运动归于失败。

3. 北宋与辽的和战

北宋初年,宋朝君臣尚有收复幽云诸州之志。太平兴国四年(979 年)六月,宋太宗在灭北汉后,亲率大军伐辽,一路势如破竹,进围幽州。后因准备不足,被辽朝援军在高梁河畔(约在今北京城东南)击溃,损失惨重。雍熙三年(986 年),宋太宗乘辽朝新君初立之机,又派三路大军北伐。战争开始时,三路军队节节胜利。但因各军之间缺乏必要的协调，指挥不力，歧沟关一战大败，杨业负伤被俘、绝食而死，北伐再次失败。

“高粱河之役”和“雍熙北伐”的失败，使北宋统治者失去了收复幽云诸州的信心，从此对辽采取消极防御的方针，辽兵则不断南侵。景德元年（1004年）九月，辽圣宗及其母萧太后率二十万大军南下，围攻定州。宋朝君臣大惊，有的大臣建议真宗南逃，宰相寇准力排众议，坚持请真宗北上“亲征”，以鼓舞士气，打退辽兵。真宗勉强同意这个意见，于十一月率众亲征。宋真宗登上澶州城督战，宋军士气大振。辽方恐惧，有意退兵，于是双方议和。议定：宋、辽约为兄弟之国，宋真宗称萧太后为叔母，宋每年纳给辽银十万两，绢二十万匹，宋、辽边境维持旧状，仍以白沟河（今河北巨马河）为界。史称此议为“澶渊之盟”。

“澶渊之盟”以后，宋辽两国进入和平相处的时期。景德二年（1005年）宋朝在雄州、霸州（今河北霸县）、安肃军（今徐水）、广信军（今徐水东），辽在新城、朔州（今山西朔县），分别置榷场，进行双边贸易。宋辽双方每逢有皇帝即位、生辰、丧事等，都互派使者来往。这种局面一直维持到北宋末年，时长百年之久。宋辽边境安定，生产有所恢复和发展。

4. 北宋与西夏的对峙

西夏国为党项族所建，党项族是羌族的一支，也称党项羌，原在今青海、甘肃、四川三省边境地区，过着游牧生活。西夏的建立者李元昊是党项族杰出的政治家与军事家，通晓佛学和蕃、汉文字，熟悉中原王朝的法律、制度。注意吸收先进的汉文化，在西夏国所立制度，基本上仿照宋制。中央设置中书省、枢密院、三司和御史台，分掌行政、军事、财政和监察。还有农田司、群牧司、文思院等机构，分掌庶政。

元昊称帝后，要求宋廷承认，但遭拒绝。双边贸易亦中止，宋、夏关系急剧恶化。从宋康定元年（1040年）开始，元昊连年发动对宋战争，北宋连遭失败。宋朝被迫让步，谋求与夏和好。西夏虽然连胜，但也多有伤亡，财力难以支持，国内人民普遍厌战，加上夏、辽关系破裂，为避免两面受敌，也愿与宋议和。于是，宋、夏在庆历四年（1044年）签定和约：元昊取消帝号，对宋称臣，由宋册封为夏国主；宋每年给西夏银七万二千两，绢十五万三千匹，茶三万斤；重开沿边榷场互市，恢复民间商贩往来。

5. 金的兴起与灭辽、北宋

女真族的前身是隋唐时期的黑水靺鞨。辽统治者残酷地剥削和压榨女真人，激起了女真人的反抗。十二世纪初，女真族杰出的英雄完颜阿骨打继任完颜部酋长和女真部落联盟首领。他智勇双全，深得部众的爱戴，成为众望所归的民族领袖。阿骨打于辽天庆四年（1114年）誓师反辽，随后攻占了辽河以东原属辽国的大片地区。天庆五年（1115年）正月，阿骨打称帝，国号大金，都上京会宁府（今阿城南），阿骨打即金太祖。当年秋，阿骨打率金兵夺取辽重镇黄龙府（今吉林农安）。辽天祚帝亲率七十万大军前往讨伐，后因内部不稳，急忙撤退，被金兵打得大败，辽从此元气大伤，无力与金相抗。

金连胜辽军的消息传至北宋，宋朝君臣想乘机灭辽，收回幽云十六州。宋徽宗数次派使臣泛海出使金国，终于在宣和二年(1120 年)与金缔结盟约，规定:宋金两国地位平等;宋金夹击辽，长城以北的中京由金攻取，长城以南的燕京(即南京，今北京)由宋攻取，灭辽后，燕云地区归宋，西京之地待拿获天祚帝后给宋，宋给辽的岁币转送金国。这件事史称“海上之盟”。

宣和三年(1121 年)底，金军大举攻辽，一路势如破竹，次年正月克辽中京，四月又克西京，辽天祚帝率少数残兵退入沙漠。这时，宋在金的一再催促之下，也派宦官童贯等率军两次攻打燕京，但均被辽军击败。无可奈何，只好约金军夹攻燕京。十二月，金兵由居庸关南下，攻占了燕京。金占燕京后，不愿践约，将燕京归宋。后经反复交涉，金才同意将燕京及所属六州归宋，宋则答应每年以一百万贯钱作为代价，附在当年的“岁币”中一起交给金朝。宣和五年(1123 年)秋，阿骨打在返回上京途中病死，其弟完颜吴乞买继位，是为金太宗。他于宣和七年(1125 年)派兵西进，擒获辽天祚帝，辽亡。

金统治者从北宋对辽的作战失败和收复燕云的交涉中，深知北宋政权的腐朽、虚弱，因此想南下灭宋。金军灭辽后，即分兵东、西两路南下。消息传到开封，北宋君臣大惊。宋徽宗急令各地军队勤王，并禅位给其子赵桓。赵桓即位(钦宗)，以次年(1126 年)为靖康元年。十二月底，金东路军抵黄河北岸。守河宋军见金军到来，不战自溃，金军顺利过河，宋徽宗南逃镇江。钦宗也想逃跑，为主战大臣李纲等劝阻，勉强留下。靖康元年正月，金军围开封，李纲被任为亲征行营使，主持开封防务，率领全城军民杀伤数千攻城金兵，挫败了金一举破开封灭宋的企图。可是宋钦宗和李邦彦、张邦昌等投降派官僚畏惧金军，极力主张求和。金军乘机提出苛刻条件，钦宗一一答应，并立即下令东京城内大肆搜集金银，以送给金军，还把主战派主要人物李纲等解职。这种投降行为激起了开封军民的愤怒，太学生陈东等率太学生千余人伏阙上书，申明李纲无罪，不当罢官。军民不约而集的有数十万人，呼声动地。钦宗迫于压力，又恢复了李纲等人的职务。这时各地援兵已临近开封。金军感到形势不利，即匆忙北撤燕京。金军走后，钦宗以为太平无事了，又恢复了他的荒淫无耻的生活。徽宗也回到开封。他们重用投降派，贬李纲出京，遣回各路勤王之师，抗金之事亦无人过问。

金军北归不久，复又南下。靖康元年十一月渡黄河，直抵开封城下，随即攻破城池。靖康二年(1127 年)三月，金立张邦昌为帝，国号楚，作为傀儡。四月，金掳徽、钦二帝、后妃、宗室、大臣三千余人，及大量金银财宝、仪仗器物等北归。史称此事为“靖康之变”。至此，北宋灭亡。二帝先后死于五国城(今黑龙江依兰)。

三、南宋与金的和战

金军灭北宋时，北宋皇族在开封者都被虏往燕京，只有徽宗第九子康王赵构因在外地幸免此难。金兵北还后，伪楚皇帝张邦昌在全国一致反对下，被迫退位。同年五月，赵构在南京应天府(今商丘)即帝位,是为高宗,改元建炎。国都后迁至临安(今浙江杭州),故史称南宋。由于南宋各地军民的奋战,东起淮河,西至秦岭,局势日趋稳定。绍兴二年(1132年)正月,宋高宗确定以临安(今浙江杭州)为临时都城。南宋与金对峙的局面基本形成。在南宋与金对峙期间,南宋的许多爱国将领投降派设置的种种障碍,进行了坚决的抗金斗争。

岳飞(1103－1142年),字鹏举,相州汤阴(今属河南)人,农民出身。二十岁时从军伐辽,后在宗泽等部下与金军作战,屡立战功,逐渐成为宋军中的一名重要将领,与张俊、韩世忠、刘光世并列为南宋初年著名的四大将。岳飞所部作战勇敢,纪律严明,深受人民的爱戴,被称为"岳家军"。绍兴六年(1136年)初,岳飞与韩世忠、张俊等奉命北伐,进军相当顺利。但由于南宋投降派得势,岳飞被召回鄂州(今湖北武昌),北伐半途而废。这时,经过几年的战争,金军主力和伪齐军队都受到了很大的削弱,战争形势发生了有利于南宋的变化。绍兴九年(1139年)初,双方议和:金将今陕西、河南地区划归宋,归还宋徽宗棺木;宋向金称臣,每年贡银二十五万两,绢二十五万匹。对签订这种屈辱性条约,爱国军民都十分愤慨,岳飞也上书坚决反对,重申北伐主张。高宗、秦桧一心想向金人投降,因此将坚决主战的岳飞等人视为眼中钉。绍兴十一年(1141年),高宗、秦桧解除了岳飞、韩世忠、刘锜等人的兵权,任韩、岳为枢密使、枢密副使,明升暗降。同年八月,又罢了岳飞的官。九月,秦桧串通张俊,诬告岳飞谋反,将岳飞及其子岳云、爱将张宪下狱。朝野上下皆认为岳飞无罪。秦桧派其死党万俟卨主持此案,多方罗织罪名。金兀术也提出以杀岳飞作为"议和"条件。最后高宗、秦桧终于在十二月除夕前,以"莫须有"(也许有)的罪名杀害了岳飞父子及张宪。岳飞死时,年仅三十九岁。其家属流放岭南,受株连者甚众。岳飞是中国历史上著名的民族英雄,他坚持抗金并为之奋战了十八年,深受人民的爱戴。

高宗、秦桧在谋害岳飞的同时,又加紧同金人议和。绍兴十一年(1141年)十一月,宋金签订了和约,主要内容为:南宋向金称臣;皇帝由金册封;宋每年向金输银二十五万两,绢二十五万匹;以淮河至大散关(今陕西宝鸡境)为宋、金两国的分界线,但中间唐、邓二州和商、秦二州的一半属金。此事史称"绍兴和议"。"绍兴和议"是在宋、金力量大致相当的形势下签订的。此后南宋统治者满足于偏安江南,不愿北伐、收复失地;金政权内部则矛盾激化,国力日渐衰弱,因此双方基本上维持了比较稳定的对峙局面。

四、元朝的统治

蒙古族是长期生活在我国北方蒙古高原上的一个古老的民族,蒙古诸部之间经常进行残酷的战争,社会极不安定,加上金朝统治者挑拨离间和迫害,更加深了蒙古人民的苦难。蒙古各部流浪荒漠,不得安居,对金朝统治者"怨入骨髓"。在阶级和民族的双重压迫下,人们都渴望和平安定,期待有一个强大的中心力量来领导全蒙古的统一,加强反抗金朝民族压迫的力量,结束分崩离析的局面。公元十二世纪末至十三世纪初,在蒙古草原各部落相互征伐之时,蒙古乞颜部贵族铁木真势力迅速发展起来。他先后征服了札答兰、塔塔儿、翁吉剌、克烈、乃蛮等许多部族,统一了蒙古草原。公元1206年,铁木真在斡难河(今蒙古鄂嫩河)源,召开忽里台(大聚会),即大汗位,号成吉思汗(成吉思意为大海,引申为伟大的意思),建立大蒙古国。编属民为九十五千户(军政合一组织),将怯薛(禁卫军)扩充至万人,设置札鲁花赤(断事官)负责国家民刑诉讼。成吉思汗将一部分属民分封其子和兄弟等宗王,受封宗王封地和属民可以世袭。蒙古原无文字,灭乃蛮后,成吉思汗命塔塔统阿借用畏兀儿文字母拼写蒙古语,成为全国通行的文字。在铁木真的领导下,蒙古族逐渐强大起来,成为中国北方一支不可小觑的力量。它于公元1227年消灭西夏、1234年消灭金朝,为统一全中国做好了准备。1227年,蒙古军队灭西夏前夕,成吉思汗病逝。此后,窝阔台、蒙哥、忽必烈先后继任大汗。

至元四年(1267年),忽必烈汗定都于中都。至元八年(1271年),忽必烈正式定国号为元,次年以中都(今北京)为大都,蒙古人称为“汗八里”,意即汗城。这样,忽必烈终于在中国的北方创立了一个新的王朝——元朝(公元1271年–1368年),使蒙古人正式入主中原。忽必烈也就成了后来尊称的元世祖,接着他乃派元军大举南下,于1276年攻占宋都临安。临安陷落后,文天祥等人继续抗元的斗争。1279年元军攻下崖山,南宋灭亡,使全中国统一在元朝的统治之下。

忽必烈在统一中国之后,并没有停止对外的军事行动。此后,元朝曾两征日本、两征安南(今越南北部)、两征缅甸,先后使高丽、缅甸、台城、安南等地成为元的属国。

元朝建立后,有意识地保留了中原的一些封建制度,当时蒙古已统治中原地区,为了加强中央集权,巩固其统治,忽必烈不得不大量任用汉人,采用汉法。

元世祖为了贯彻汉法,巩固对全国的统治,大力加强中央集权。在中央设中书省总理全国行政事务,枢密院掌管军事,御史台负责监察。在地方上设立行中书省,简称行省。行中书省各设丞相一人,掌管全省军政大事。行省下设路、府、州、县。当时全国共有十个行省,即岭北、辽阳、河南、陕西、四川、甘肃、云南、江浙、江西、湖广。至于山东、山西、河北和内蒙古等地则称为“腹里”,作为中央特区,由中书省直辖。此外,元政府还设有澎湖巡检司,管辖澎湖和琉球;在中央设立宣政院,负责藏族地区的行政,在西藏委派官吏,驻扎军队,清查户口,征收赋税。西藏成为元朝的正式行政区。行省制度的确立,从政治上巩固了国家的统一,使中央集权在行政体制上得到了保证。这是我国政治制度史上的一项重大变革,对后世有巨大的影响。

统一全国后,元朝统治者唯恐汉人不服,遂施行高压的统治方式。1. 实行民族分化政策:元朝把全国人民分为四等,即蒙古人、色目人、汉人、南人。在这种制度下,汉人的地位极低,成了蒙古人与色目人驱使的对象。故而,在元朝统治初年,曾发生过多次汉族与南方各少数民族反抗蒙古暴政的起义,但都未能成功。2. 实行军事管制:元朝为了加强对汉人的防范,在全国各地置兵驻防。又立里甲制,以二十家为一甲,蒙古人为当时的甲主,负责监视全甲居民。禁止汉人、南人打造和私藏武器,不得打猎、聚众、学习武艺,甚至不准夜行。3. 掠夺民间财富:蒙古人习惯了游牧生活,在灭金亡宋初年,曾大量夺取农民耕地,改做牧场;民间的马匹,都被没收充作军用。统一中国后,对民众征收的苛捐杂税更层出不穷。农具、盐、茶、酒、醋等日常用品,全部收归国营。4. 压抑士人地位:蒙古人自身文化水平较低,鉴于汉族传统中士人地位高、影响大,难以管理,便加以打击。据部分载籍所云,当时社会的职业有官、吏、僧、道、医、工、猎、倡、儒、丐十等,儒生的地位仅在乞丐之上。不过此乃民间所传,未必是官方所定。元朝的这些高压政策,在政治、军事、经济、文化等方面都造成不少负面的影响,加速了自身的灭亡。

物质的丰富使元朝的统治者生活逐渐奢华起来,同时也使蒙古统治者内部争权夺势的斗争更加激化。在公元1308年至1333年的二十五年中,元朝先后历武宗、仁宗、英宗、泰定帝、天顺帝、文宗、明宗、宁宗至元顺帝共八代皇帝,由此可见当时元朝内部的斗争之激烈。元朝后期,皇帝过着奢侈荒淫的生活,为了满足他们的贪欲,统治者不断向人民收取各种赋税,尤其对汉族人民的压迫尤为严重。汉人以各种形式起来反抗元朝暴虐的统治,早在泰定二年(1352年)河南赵丑厮、郭菩萨的起义就揭开了元朝灭亡的序幕。而后,顺帝至正十一年(1351年)发生的刘福通领导的红巾军起义,席卷了整个中国,在起义军中,出现了一批优秀将领,其中以朱元璋、陈友谅、张士诚等人所领导的部队实力最为强大。从至正十六年(1356年)到至正十九年(1359年)间,朱元璋不断扩充自己的势力,并在六、七年的时间里先后消灭了陈友谅、张士诚部,统一了江南的半壁江山。至正二十七年(1367年)朱元璋开始北伐,他以"驱除胡虏,恢复中华"为口号,在大将徐达、常遇春等人的协助下,于公元1368年攻陷元大都,结束了元朝的统治。同年,朱元璋在建康称帝,建立了明王朝。元亡以后,在漠北的元君臣仍沿用元朝国号,史称北元。

元朝是由蒙古族建立起来的王朝,它存在了九十七年,先后历十一帝(自世祖忽必烈始),是我国历史上较强大的王朝之一。但由于元朝对汉族人民的歧视,使其过早灭亡,成为将来的清朝统治者的前车之鉴。此外,元朝的统治,为我国划定了以后的大致范围,自元末直到清朝中后期,中国的疆土在此基础上一直未发生太大变化,而蒙古族在此之后也成了中华民族大家庭的一部分。

课后练习

1. 简述北宋初期加强中央集权的主要措施。
2. 试述王安石变法的主要内容及影响。
3. 如何评价元朝的历史地位。

第六章　明朝的兴衰

导读：明朝是我国历史上继元朝之后的统一王朝。明朝建立以后，明太祖采取一系列措施加强君主专制制度，君主独裁空前强化。明代社会经济发达，农产品丰富，手工业生产具备很高水平。16世纪隆庆、万历年间，资本主义生产关系开始在若干手工业行业中出现。明代末年，政治腐败，天灾频繁，崇祯年间爆发了席卷全国的农民大起义。1644年，李自成率起义军攻入北京，崇祯帝自杀，明朝灭亡。明亡后，明残余势力曾在江南建立过短期的政权，史称南明。

一、明朝初期的政治

1367年(吴元年)十二月，朱元璋正式即皇帝位。第二年即1368年正月，改元洪武，定国号为明，以应天府为京师，开始了明朝的历史。同年夏天，明军长驱北上，节节胜利，元室北遁。八月，明军入占大都，元朝在全国的统治宣告结束。1387年(洪武二十年)，占据辽东的纳哈出归降明朝，至此，朱元璋前后用了35年多的时间，完成了全国的统一。

明太祖建国初期虽然推行了一些善政，但由于其出身贫寒、学识浅陋，性格又多疑忌，深恐自己的身世、资历难于服众，于是厉行君主专制统治，以巩固朱姓天下。其君主集权政策主要表现于以下各点：

1. 改革行政机构：洪武九年(1376年)，明太祖下令废除行中书省，分设承宣布政使司、都指挥使司和提刑按察使司，分管行政(包括财政)、军事和司法。三司长官地位平等，共商一省政务，最后均归皇帝领导，彼此不相统辖。稍晚又进行中央机构的改革，原先中央的大部分权力掌握在丞相手中，他既是皇帝的助手，又起着限制君权的作用。洪武十三年(1380年)明太祖罢黜丞相，取消了中书省。由吏、户、礼、兵、刑、工六部分理中央政务，各部置尚书一人主理，直接向皇帝负责，这就造成中国历史上皇帝绝对专制的局面。

2. 建立特务统治：胡惟庸一案揭发后，明太祖对功臣宿将不放心，特设“锦衣卫”这个特务机构，秘密侦查不法朝官和其他嫌疑分子。他制造两次大冤狱(胡惟庸案、蓝玉案)，屠杀了四万五千多人，其他案件里被杀的人也不可胜数。后来明成祖时，又设立特务机构东厂，以宦官为统领，由皇帝直接控制。明朝中期，又设立西厂。厂卫特务机构的设置，是明朝君主专制空前加强的一种表现。

3. 施行跪对廷杖：明太祖为了进一步提高皇帝的威严，规定文武官员向皇帝奏事，必须跪着对答，叫作“跪对”；官员说话惹得皇帝生气，便要伏在殿廷上挨板子，叫作“廷杖”。

4. 罗织文字大狱：明太祖更吹毛求疵，随意从奏章里找出涉嫌对皇帝不敬的字眼，把上奏臣子严刑处死，造成了许多“文字狱”。

明太祖厉行君主集权，不仅将皇帝的权力推向高峰，更巩固、深化了中国专制的文化，对后世遗祸极大。

明太祖为了明王朝的长治久安，在废除丞相和中书省，削弱地方官吏的权力，扩大君权的同时，又实行分封制，将他的24个儿子和1个从孙分封到全国的各军事要地，想要他们来“夹辅王室”。这些藩王，都拥有很高的政治地位和军事指挥大权，其中，以镇守大宁（在今内蒙古宁城）的宁王、镇守太原的晋王及镇守北平的燕王势力最为雄厚。明太祖还亲定《祖训》，规定藩王有起兵“清君侧”的权力：“如朝无正臣，内有奸恶，则亲王训兵侍命，天子密诏，诸王统领众兵讨平之。”明太祖实行分封制的本意是为了巩固皇权，没有想到却因此导致皇室骨肉相残的祸乱，即所谓的“靖难之役”。

1398年（洪武三十一年），明太祖病死，长孙朱允炆继位，是为建文帝。建文帝怕尾大不掉，便和大臣齐泰、黄子澄商计削藩。建文帝采纳黄子澄的建议，先削几个力量较弱的亲王的爵位，然后再向力量最大的燕王朱棣开刀。同时，又下令亲王不得节制文武将吏。1399年（建文元年），燕王朱棣以诛齐、黄为名，誓师北平，起“靖难军”，夺取了河北大部。建文帝先后派老将耿炳文和膏粱子弟李景隆率师北伐，都被燕师打败。经过四年的战争，朱棣终于夺取了帝位，改元永乐，是为明成祖。

朱棣称帝之后，继续实行削弱藩王实力的政策。他把齐王废为庶人，剥夺周王、辽王、岷王的三护卫，将宁王徙封南昌，谷王徙封长沙。这样，军政大权进一步集中到了皇帝手里。

1421年（永乐十九年），明成祖迁都北京，从而大大加强了对北方和东北地区的控制。

二、明代中后期的宦祸与党争

明代的内忧首先是宦官之祸及其所引起的党争。由于宦祸严重、党争激烈，加速了朝政的腐败和明朝的灭亡。

明初，太祖曾严禁宦官干预政事，但成祖因宦官在“靖难之变”中充当内应，即位后便对他们大加宠任，授予出使、监军以及管理厂、卫等大权。宣宗以后，皇帝为政疏懒，不理国事，大臣的奏章经内阁大学士票拟之后，往往把批示的责任也交给司礼监太监代行，于是宦官专政之局面渐渐形成。明中叶以后，宦官干政日多，宦祸趋于严重，如英宗时的王振和曹吉祥、宪宗时的汪直、武宗时的刘瑾、熹宗时的“九千九百岁”魏忠贤等，皆曾权倾一时。宦官祸政大多利用特务机构，如锦衣卫、东厂、西厂、内厂，形成极为恐怖的特务政治。不过，由于明代皇权特盛，宦官虽是作恶多端，亦只能愚弄皇帝、偷窃国权，尚未造成唐代后期擅自废立的局面，宦官一旦失宠，亦每每落得杀身亡命的下场。

党争方面，明代由于废除宰相，政府部门各自独立、相互牵制，而成祖后皇帝多不理政事，因此，朝臣间的争议控诉，无从分辨是非，渐渐分朋结党，彼此之间相互排斥。此外，当时朝廷准许吏民上书指陈官吏过失，所以士人常常抗议抨击时政，一些正直的官员便将矛头直指乱政的宦官，而宦官也反过来大肆打击报复。这样，就形成了明朝后期激烈的党争。其后，朝臣间更逐渐形成了东林党与非东林党两大派系，他们往往围绕宫中一些琐事而争吵不休。熹宗时，非东林党勾结宦官魏忠贤，大肆捕杀东林党人，又拆毁全国书院，朝野忠良尽去。后来魏忠贤虽被贬而死，但朝臣间派系斗争仍未停息。党争不仅使文官受害，还殃及边防将帅，使东北的满洲坐大，促成明朝覆亡。

三、张居正改革

明朝中叶，兼并土地的情况相当严重。突出的表现是皇族、王公、勋戚、宦官利用政治特权，以投献、请乞、夺买等手段，大量占夺土地。而徭役的名目也日益繁多，大规模的徭役征发十分严重。社会矛盾日益严重，各地起义不断。

张居正指出当时存在五大积弊：“曰宗室骄恣，曰庶官瘝旷，曰吏治因循，曰边备未修，曰财用大匮。”他于万历初期出任内阁首辅，针对上述存在的问题，进行全面改革。

1. 内政方面

首先整顿吏治，加强中央集权制。张居正创制了“考成法”，严格考察各级官吏贯彻朝廷诏旨情况，要求定期向内阁报告地方政事，提高内阁实权，罢免因循守旧、反对变革的顽固派官吏，选用并提拔支持变法的新生力量，为推行新法做了组织准备。并且整顿了邮传和铨政，他的为政方针是：“尊主权，课吏职，行赏罚，一号令”和“强公室，杜私门”。

2. 军事方面

为了防御蒙古鞑靼入寇边关，张居正派戚继光守蓟门，李成梁镇辽东，又在东起山海关、西至居庸关的长城上加修了“敌台”3000 余座。他还与鞑靼俺达汗之间进行茶马互市贸易，采取和平政策。从此，北方的边防更加巩固，在二三十年中，明朝和鞑靼没有发生过大的战争，使北方暂免于战争破坏，农业生产有所发展。万历七年（1579），张居正又以俺达汗为中介，代表明朝与西藏黄教首领达赖三世建立了通好和封贡关系。在广东地方，先后任殷正茂和凌云翼为两广军备提督，先后领兵剿灭了广东惠州府的蓝一清、赖元爵，潮州府的林道乾、林凤、诸良宝和琼州府的李茂等叛乱分子，岭表悉定。这对安定各地人民的生活和保障生产正常进行，发挥了积极作用。

3. 水利方面

万历六年(1578 年)，张居正推荐、起用先前总理河道都御史潘季驯治理黄河、淮河，并兼治运河。潘季驯在治河中贯串了“筑堤束沙，以水攻沙”的原则，很快取得了预期的效果。万历七年二月，河工告成，河、淮分流。计费不足 50 万两，为工部节省资金 24 万两。徐州、淮安之间 800 余里的长堤平等蜿蜒，河水安流其间。黄河得到治理，漕船也可直达北京。

4. 经济方面

整顿赋役制度、扭转财政危机，这是张居正改革的重点。他认为赋税的不均和欠额是土地隐没不实的结果，所以要解决财政困难的问题，首要前提就是勘核各类土地，遂于万历八年十一月，下令清查全国土地。在清查土地的基础上，张居正推行了一条鞭法，改善了国家的财政状况，推动了明朝商品经济的发展，有利于促进资本主义萌芽的产生。

经过这次改革，强化了中央集权的封建国家机器，基本上实现了“法之必行”、“言之必效”，使明政府的财政收入有了显著的增加，社会经济有所恢复和发展，国库积银达六七百万两之多，储备的粮食多达 1300 多万石，足够支用十年。比起嘉靖年间国库存粮不够一年用的情况，是一个很大的进步，使十分腐败的明朝政治有了转机。

四、明朝的灭亡

张居正死后不久，新政几乎全被废除，改革的成果迅速丧失，明朝的统治日益腐朽。明熹宗时，宦官魏忠贤专揽朝政，残酷地迫害异己、镇压人民。土地集中达到惊人的地步。统治者不断加重对人民的赋税剥削，加上灾荒连年，人民处在水深火热之中，终于导致了一场农民大起义。

1628 年，明末农民战争在陕北爆发，涌现了高迎祥、李自成、张献忠等几十支起义军。高迎祥牺牲后，李自成被拥戴为闯王。李自成农民军提出“均田免粮”口号，深得农民拥护。1644 年，李自成攻占西安，在西安称王，国号“大顺”，改元“永昌”。农民军旋即攻入山西，进围北京。三月，李自成兵临北京城下，京师乱成一团。三月十八日，太监曹化淳为李自成军打开彰义门。崇祯帝见大势已去，乃出登煤山(今北京景山)，自缢而亡。明朝统治被推翻了。

随着军事上的迅速胜利，大顺政权领导者们产生了骄傲、麻痹思想。他们以为明朝覆灭，天下从此太平了。对于屯兵山海关的明朝将领吴三桂更是抱有幻想，只派降将唐通持吴三桂父吴襄的信，以及金银绢帛和侯爵封号前去招抚。吴三桂开始曾一度“犹豫未有所决”,但他最终投向满族贵族的怀抱,并请求多尔衮派兵入关。当李自成得知吴三桂拒绝投降的消息后,遂于1644年四月十三日从北京亲自率军攻打山海关,吴三桂失利。第二天,多尔衮率清军赶到,突然参战,大顺军战败退回北京。李自成兵败返京,在北京称帝,旋即撤退南下。清兵长驱直入,开始了满洲在中国的统治。1645年,李自成于通山县(今属湖北)九宫山被地主武装杀害。他的部众继续同清军作战,坚持斗争近20年。

五、明代经济的发展和资本主义萌芽的出现

1.农业的发展

明朝的农业生产水平超过前代。明初农民垦荒的结果,使耕地面积明显扩大,粮食作物单位面积产量提高,水稻得到大面积推广,为增加粮食产量,南方还大力发展双季稻,海南地区还出现三季稻。除水稻等粮食作物外,桑、麻、棉等经济作物也得到广泛种植,尤其是棉花,已在全国自南向北大面积普遍引种。从国外引进玉米、甘薯、烟草等粮食和经济作物,也是明代农业的一个特色。16世纪,福建、广东等地从国外引进原产美洲的玉米、甘薯等高产作物,很快推广开来。原产美洲的烟草,在16世纪晚期传入我国福建、广东,吸烟的人从南到北逐渐增多。

2.手工业的进步

明朝的手工业以棉纺织业、制瓷业、矿冶业和造船业等的发展最为迅速。

随着明初推广植棉,棉织业迅速发展。纺纱织布是明初农村的重要家庭副业。由此可见全国总产量之多。松江是全国的棉织业中心,杭州、湖州等地也是棉织业比较发达的地区。

制瓷业在明朝继续发展,永乐、宣德年间是明代制瓷业的鼎盛时期。明朝制瓷业的制作技艺更加高超,进入以青花瓷为主的时期。江西景德镇是全国制瓷业中心,景德镇瓷器不仅产量高,而且质量好,在制瓷工艺方面取得许多新的成就。

明初的造船业曾居世界前列。南京城北龙江(亦叫龙湾)和太仓刘家港是当时造船业基地。郑和下西洋所用的船,多半是龙江制造的。其他各地的造船业也都很发达。各地造船种类很多,有遮洋造、备倭造、战船、浅船、风快船、黄船,等等。其中海运税粮的遮洋造最大,可装载粮食四五百石。

3.商业的繁荣

农业和手工业的发展,促进了明初商业和城市经济的繁荣。商品经济出现了空前活跃的局面,这表现在:

第一,大量农产品和手工业品投入市场,品种达200多种。

第二，全国出现了30多座较大的城市。这些城市或为手工业生产中心，或为繁华的市场，或为对外贸易港口。南、北两京是全国最大的都市。东南沿海的广州、漳州、福州、宁波等地，既是对外贸易的港口，又是商业都会。长江沿岸的武昌、汉阳、荆州和运河两岸的天津、临清、淮安，既是交通要津，又是贸易中心。

第三，随着商品经济的发展，到明朝后期，白银已成为普遍流通的货币；明初还禁用白银，由于商品经济的发展，迫使明政府不得不在正统时“弛用银之禁”。继金花银之后，成化时，官吏的俸薪也部分折银了。明中叶后，“朝野率皆用银”，市场上大小买卖都以银计算。

4. 资本主义萌芽的出现

在明初，纺织业中首先出现资本主义萌芽的踪迹。这时，杭州的富人设有机杼，雇织工十数人进行纺织，这可能就是小规模的资本主义手工工场。万历年间，苏州的手工业者“计日受值，各有常主。其无常主者黎明立桥以待唤”。其中有纺织工，有纱工，有缎工，往往十百为群，如无作工机会，即自行散去。无论是为商品生产，或是为官府定货生产，他们本人都是脱离了生产资料而出卖劳动力的劳动者。明代末叶，苏州、杭州、松江等处有一些个体纺织者，最初是自备原料，自己劳动，后来有利可图，逐渐增加织机，自己脱离了劳动，专靠工人生产。还有的是以布商身份，准备了原料交给机房、染房、踹房等分别依次施工，最后完成了纺织品的生产。前一种人，是由小商品生产者分化出来的手工工场主。后一种人，已具有包买商的身份，他们实际上是把分散在社会上的一些生产单位组成为手工工场。这两者，都已具有资本主义生产关系的性质，不过还只在东南的很少地区、很少生产部门中出现，还只能说是处在资本主义萌芽状态下的情况。

资本主义萌芽在明代出现，经历了近三百年，但始终没有得到正常的成长。原因是复杂的。

第一，是由于中国长期封建社会中自给自足的经济结构的顽固性。以男耕女织的个体家庭为生产单位的自然经济，基本上不需要市场上的供应而自己解决简约的衣食需要。封建的朝廷、官府和地主加在农民身上的剥削和压迫，迫使他们很难得到改善生活的条件。在社会生产力水平有所提高的时候，受益者首先是地主阶级，而农民很少有份。农民的不断起义，给了地主阶级以沉重打击，但不能从根本上改变农民的状况。

第二，手工业行帮限制了资本主义生产的发展。中国手工业者自唐宋以来就有行帮。它不是维护劳动者利益的组织，而是封建国家强加于手工业者的一种编制。到了明代，行帮已成为手工业者长期习惯了的组织，因而具有更大的约束力。按照行帮的规定，原料分配、产品规格、学徒帮工的人数、销售的市场和产品的价格都要受到限制。这些规定的现实意义，就是限制发展，限制竞争，这对于资本主义萌芽的成长是很大的障碍。

第三，封建国家对于商业手工业的压迫剥削阻碍了资本主义生产的发展。封建国家，历来关心的是使农民束缚于土地以便于统治，而不愿劳动人民游离于土地，最害怕劳动人民聚在一起。朝廷对于一些比较有发展前途的生产部门，如丝纺织业和开矿，往往采取限制生产和强制以低价收购的办法。对于盐、茶、酒等商品，都以禁榷的名义抽取重税。另外，地方官吏还有各种勒索。所有这些都不能不妨碍微弱的资本主义萌芽的滋长。

第四，在手工业与商业必须经常承担风险的情况下，封建地租和高利贷有更大的吸引力。田地被认为是最牢靠的产业，高利贷可以安坐而有丰厚的收益，这都阻碍社会财富向产业资本转化，因而限制了资本主义的成长。

第五，明代朝廷对海外贸易作了严格的限制，甚至有时根本不许商民下海，这是人为地削弱、封锁商品的对外销路，很不利于商品生产的发展。

资本主义萌芽得不到正常成长的这些原因，归结到一点，是封建势力还很顽固，资本主义萌芽还没有突破这一桎梏的力量。明代的封建主义生产关系已不能促进社会生产力的发展，但能拖住社会生产力的发展。已经腐朽了的社会制度却能阻碍新社会制度的产生，这是中国封建社会衰落时期的最大特点。

明代的历史，是中国从先进到落后的历史。从十六世纪初到十七世纪中叶，世界历史正处在一个重要时期，西欧国家由封建时代进入资本主义兴起的时代。1640 年，英国资产阶级革命爆发了，而中国的农民正在李自成领导下浴血奋战。明及后来的清代的封建势力在镇压人民中虽然能取得暂时的优势，但它所形成的落后，终于不能抵抗西方殖民主义者的入侵，而使中国各族人民陷于更痛苦的命运。

六、对外关系

1. 郑和下西洋

明朝前期，我国是世界上富强的国家。为了加强同海外各国的联系，明成祖派遣郑和出使西洋。自永乐三年（1405 年）至宣德八年（1433 年）的二十八年间，郑和率众七次远航。据《明史》记载，郑和第一次下西洋时所率部众就有二万七千多人，船舶长四十四丈、宽十八丈的就有六十二艘，规模之大，史所未有。前后七次经历了亚非 30 多个国家和地区，最远到达非洲东海岸和红海沿岸。这样的空前壮举，较之葡萄牙的达 · 伽马远航也加深了中国和所到各地贸易和文化交流。而郑和远航对东南亚地区的开发，贡献尤大。

2. 华侨开发南洋

明代江浙闽广等省，土地兼并激烈，赋税繁重，失去土地的农民无法生活，经常流离失所。一部分人不得不离乡背井，远涉重洋，流移到国外谋生。出海的人，除农民外，还有商人、手工业者，他们到南洋去的最多。

居住在南洋一带的中国劳动人民，带去先进的农业和手工业技术，从事各项劳动，对当地社会经济文化的发展做出了巨大的贡献。他们有的从事矿产的开发，使荒山变成富源；有的种植甘蔗，大量制糖；有的经营椒园，试用各种方法增加胡椒产量；有的垦荒种田，使不少荒地变成沃土良田，生长稻谷。由于华侨的辛勤劳动，使一些不毛之地变成繁荣的区域。勤劳刻苦的华侨和当地人民一起，对南洋地区的开发，起了重大的作用。

在南洋各地的华侨有的还从事商业。他们从祖国运去各种货物，满足当地人民的需要，其中有瓷器、铁器、铜器和纻丝、绫罗等丝织品。又从南洋运回胡椒、谷米、药材和棉花等。据统计，万历时进口的货物，品种达一百多种。这既促进了中国与南洋的贸易，也促进了南洋地区商品经济的繁荣。

3. 戚继光抗倭

倭寇是指日本浪人、武士和走私商人所组成的海盗群。中国古代称日本为倭国，明时因海寇主要来自日本，故称之倭寇。到明代中期，尤其是嘉靖年间，倭患达到十分严重的地步。自嘉靖二年罢市舶至四十三年(1614 年)倭患平，这四十年间是倭寇扰华最剧烈的时代。倭寇所掠的地方，北自辽海，南至闽、粤，尤以江、浙、闽受害最大。

倭寇连年的侵扰，使沿海居民饱受蹂躏，所以民众纷纷起而保卫乡里。同时，朝廷也调遣胡宗宪、俞大猷、戚继光等名将，进行抗倭的战争。在抗倭斗争中，民族英雄戚继光功勋卓著。他是山东牟平人，曾用“封侯非我意，但愿海波平”的豪言壮语来表达自己决心消除倭寇的志向。为了消灭倭寇，他特地招募浙江义乌的矿夫和农民组成“戚家军”。这支队伍经过严格训练，勇敢善战、纪律严明，是抗倭斗争中的劲旅。1561 年，倭寇几千人焚掠浙江台州一带，在广大人民群众的配合和支持下，戚继光率领精锐军队取得决定性胜利，扫除了浙东的倭寇。随后，在福建的倭寇重新猖狂起来。戚继光又奉命率戚家军入闽剿倭，连战皆捷。不久，戚继光和抗倭名将俞大猷一起，再次平定了在福建的倭寇。嗣后，广东倭患严重，俞大猷又领导军民在广东歼灭倭寇。于是，东南沿海倭患最后扫除。

4. 西方殖民主义者和传教士东来

从 16 世纪开始，随着欧洲资本主义的发展，葡萄牙、西班牙、荷兰等国殖民者相继来到东方，抢占殖民地，开始了对中国的侵略。1511 年(正德六年)，葡萄牙殖民者侵占满剌加(马六甲)后，随即到中国沿海骚扰。由于中国军民的有力抵抗，葡萄牙殖民者用武力在中国沿海建立侵略据点的企图没有得逞。葡萄牙海盗商人在广东、浙江、福建沿海，先后被中国军民击败。1553 年(嘉靖三十二年)，葡萄牙人又贿通明朝官吏，借口要到澳门岸上曝晒水浸货物，以每年纳租银二万两为条件，请求上岸居住。得逞以后，便在澳门扩大居住地区，建筑城墙、炮台，自设官吏，使澳门成为西方殖民者入侵中国的据点。

1626年(天启六年),西班牙殖民者悍然侵占了我国台湾北部的基隆和淡水。

这一时期,随着殖民者来到我国的还有西方的传教士。基督教各派在唐、元时代曾先后传播于中国,但元亡后曾一度沉寂。到了明代中叶以后,由于地理大发现事业的进展,东西新航路畅通无阻,天主教的一派——耶稣会便派遣大量教士来华,因此造成明末西学东传的一次高潮。当时,东来传教的西方教士有数百人之多,其中对后世影响较大者有罗明坚、利玛窦、艾儒略、傅泛际、汤若望、罗雅各等等。而以意大利人利玛窦之贡献尤大。利玛窦是整个古代向中国正式、系统、大规模地介绍西方学术文化的第一人。利玛窦在传教的同时,向中国科学家徐光启等介绍了天文、数学等西方科学技术,又把中国文化介绍到西方,对推动中西文化的交流,有划时代的贡献,其意义既深且远。

课后练习

1. 简述明太祖朱元璋加强君主专制的措施。
2. 试述明朝中后期资本主义萌芽不能发展壮大的原因。
3. 试述郑和下西洋的历史意义。

第七章　清朝前期的历史

导读：清朝是中国历史上继元朝之后又一个由少数民族建立的统一政权，也是中国最后一个封建王朝。1616年，建州女真部首领努尔哈赤建立后金。1636年，皇太极改国号为清。1644年明末农民将领李自成攻占北京，明朝覆亡。清军趁势入关，逐步占领中国。然后历经康雍乾三朝，达到鼎盛阶段。这一时期统一多民族国家得到巩固，基本上奠定了中国版图，同时君主专制发展到顶峰。

一、清朝的建立

清朝是由满族建立的一个政权。女真族曾建立金朝，灭辽伐宋。明朝女真分为建州女真、海西女真和野人女真三大部。明朝后期，建州女真的杰出首领努尔哈赤，逐步统一女真各部。他创立了军政合一的八旗制度，把分散的女真族人组织起来，编成八旗，旗人“出则为兵，入则为民”，平时耕猎，战时出征。八旗制度对推动女真族社会经济的发展起了积极的作用，使女真势力逐渐强大起来。1616年，努尔哈赤称汗，建都赫图阿拉，国号金，史称后金。后金建立不久，努尔哈赤起兵反抗明朝的民族压迫，在1619年的萨尔浒之战中，后金以少胜多，大败明军，从此取得对明作战的主动权。此后，后金逐步夺取辽河以东大片土地，把都城迁到沈阳，以后称为盛京。

努尔哈赤死后，他的儿子皇太极继位。1635年，皇太极改女真族名为满洲。1636年，他在盛京称皇帝，改金为清。皇太极就是清太宗。清太宗时候，清军又控制了内蒙古各部，屡次南下，严重地威胁着明朝的统治。1644年，李自成带领农民军攻占北京，推翻了明朝。与此同时，关外的清军也大举南下。驻守山海关的明朝将领吴三桂投降了清朝，引清兵入关。李自成率军同吴三桂和清朝的联军在山海关展开大战，农民军战败，李自成被迫撤出北京，退往陕西。清军占领了北京，把都城迁到那里。之后，清军经过近二十年的战争，陆续消灭了李自成、张献忠的军队和明朝的残余势力，基本统一全国。

从顺治元年（1644年）清兵入关至1912年中华民国成立，清帝退位，清朝对全国统治达268年。入关以前有两个皇帝，即清太祖努尔哈赤（年号天命）和清太宗皇太极（年号天聪、崇德），入关以后有十个皇帝，年号为：顺治、康熙、雍正、乾隆、嘉庆、道光、咸丰、同治、光绪、宣统。

二、清朝统一的多民族国家的巩固

清朝前期，朝廷积极采取各项措施以巩固国家的统一。首先，面对割据称雄而对中央政府造成严重危害的三藩，1673年，康熙帝下令撤藩，于是三藩起来叛乱，康熙帝坚决镇压，至1681年（康熙二十年），终于平定了这次三藩之乱；其次，中央政府于1652年和1713年先后由顺治帝、康熙帝分别册封了前来朝拜的西藏喇嘛教首领五世达赖、五世班禅为“达赖喇嘛”、“班禅额尔德尼”封号，1727年，清政府开始设置驻藏大臣，从而大大加强了中央政府对西藏的管辖；再次，在1757年（乾隆二十二年），回部贵族大小和卓发动叛乱，西北地区局势变得相当紧张。于是乾隆帝果断派兵镇压，在维吾尔族人民的帮助之下，于1759年平定叛乱，清朝随后设置伊犁将军，管辖新疆南北两路，从而加强了对西北地区的统治。

台湾自古以来就是中国的领土。顺治十八年（1661年），郑成功率领百艘战船同荷兰侵略者展开斗争，最终于1662年将统治台湾38年的荷兰侵略者驱逐出去，收复了台湾，作为抗清基地。翌年，郑成功病逝，子郑经嗣位。康熙十三年、十四年，清廷曾试图招抚台湾，但没有结果。于是康熙二十二年（1683年），为了维护国家统一，清廷任命施琅为福建水师提督，率军平定了台湾。清廷在台湾设置一府三县，总兵官一员，兵八千；澎湖设副将一员，兵二千，隶属于福建省。从此，台湾和大陆统一起来，其行政建制与内地划一。

明清之际，沙皇俄国持续侵扰我国黑龙江流域达数十年之久。康熙帝亲政之后，曾多次通过外交途径敦促俄国远征军从中国领土上自动撤离，未果。康熙二十四年、二十五年，即1685年和1686年，清朝发动了抗击沙俄入侵、收复中国领土的两次雅克萨之战，大获全胜，沙俄没有办法，于康熙二十八年（1689年）与清政府签订了《中俄尼布楚条约》，划定了中俄两国东段边界，制止了沙俄的侵扰，使这一地区保持和平一百余年。

通过多种努力，清王朝在辽阔的中国土地上，建立起较为稳定的统治，疆域西跨葱岭，西北达巴尔喀什湖北岸，北接西伯利亚，东北至黑龙江以北外兴安岭和库页岛，东临太平洋，东南到台湾及附属岛屿钓鱼岛、赤尾屿等，南包南海诸岛，成为亚洲东部最大的国家。

三、清朝君主专制的高度强化

清代专制主义中央集权制度发展到康熙、雍正、乾隆时期，呈现日益强化的趋势。中央中枢机构的权力逐渐高度集中，君主专制进一步加强。

康熙中期较大范围内推行避开内阁的奏折制度。即凡有奏折权的官员，由皇帝发给折匣，匣上加锁，钥匙由皇帝和官员各执一把。官员具奏时，派人直接送达御前，皇帝览阅批示之后，又派专人将折匣送回。这样完全避开了内阁的牵制。其次是南书房的设置，又分割了内阁的一部分权力。所以内阁当时实际上只是一个承旨出政的中央最高办事机构。

雍正年间，由于连年对西北准噶尔部用兵，往返军报频繁，而内阁办公地点在太和门外，距内廷较远，既不便于保守军事机密，又不便于皇帝亲授机宜，于是在雍正七年(1729)六月，于皇帝住处隆宗门附近，设立了军机房。雍正十年(1732)三月，军机房改称军机处(全称“处理军机事务处”)。军机处初设时，就是为了“筹办军务”，即处理军务机要，所以既无正式衙署，只有“值庐”(临时性的简陋办公处所)，亦无专职官员，都是“内廷差使”。当时在军机处入值的军机大臣、军机章京，都是带原官衔兼在军机处处理事务。这个原属临时性的军事机构，在完成其历史使命之后，本应裁撤，但因为这个机构有利于专制皇权的发挥，不但未予裁撤，反而权力不断扩大，以致成为凌驾于内阁和议政王大臣会议之上的最高权力中枢。这样，内而六部卿寺，及九门提督，内务府太监之敬事房，外而十八省，无事不综汇，“军国大计，罔不总揽”。直至光绪二十七年(1901)，另设督办政务处，方略分其职。至宣统三年(1911)改设责任内阁时，军机处方废止，前后执政180多年。军机处具体职掌主要有六：一是撰拟谕旨和处理奏折；二为议大政，议后提出应因、应革、应止、应行等处理意见，奏报皇帝裁夺；三系谳大狱，参与重大案件审理；四乃参与重要官员的任免和考试；五是随侍皇帝出巡，奉旨出京查办事件；六系为皇帝准备处理政事的参考资料。权力所及，均系朝廷军政大计。

尽管军机处权力很大，但时刻处于皇帝的严密监视之下，为了不使“大权旁落”，削弱皇权，从雍正开始，又采取一系列限制办法，以掣其权，从而保证皇帝“乾纲独揽”，皇帝不交办的事务，军机处无权过问。即使交办的事务，也只是遵照皇帝意旨协助处理，“而不能稍有赞画于其间也”。

此外，清朝为了加强对少数民族，特别是对蒙古族、藏族、回族地区的统治，在朝廷设置理藩院，专管“外藩”事务，其地位与六部相当。雍正元年(1723)以后，以满洲王公、大学士兼理院事。

中央中枢机构的权力高度集中，皇帝在任用官员方面也别具一格。一方面在中央机构中实行“满汉复职制度”，如在内阁，规定大学士、协办大学士满汉皆用；在六部，规定尚书满汉各一员，左右侍郎满汉各一员。另一方面，让满族官员处于掌实权的核心地位，虽然满汉官员同任一职，决定权却往往掌握在满洲贵族手中，军机处的领班军机大臣，大多是满洲贵族。至于议政王大臣会议，清一色的全部是满洲贵族所组成。再从中央中枢机构高级官员的人数上看，也是旗人占优势。据统计，从顺治三年到光绪二十年(1646－1894)，内阁和六部的官员中，从大学士、尚书、侍郎到员外郎、主事，旗人任职的约占400名，而汉人任职的只有160余名。这些都表明，清朝统治者不仅高度集中权力，同时将核心权力交由满洲贵族执掌，并利用满洲贵族监视汉族官员，从而达到“乾纲独揽”。

为了加强思想领域的控制，清朝统治者采取怀柔和镇压的两手政策。一方面采取笼络手段，用科举考试办法网罗地主阶级知识分子；另一方面大兴文字狱，残酷镇压具有反清思想的汉族地主阶级知识分子。康熙朝较大的文字狱有两起，即庄廷鑨的明史案和戴名世的《南山集》案，雍正朝最大的文字狱是发生在雍正六年(1728)的吕留良案。在严密的文网之下，广大知识分子人人自危，不敢议论朝政，不敢研究经世致用的学问，迫使知识分子走上学术和现实相脱离的道路，埋头于故纸堆中，搞烦琐的考据。清朝统治者通过文字狱，压制了反清思想的传播，严密地控制了思想文化领域，强化了封建专制主义中央集权统治。

除了大兴文字狱，借以钳制天下之口，统一士人的思想、言论外，收缴、焚毁不利于其统治的书籍，是清代又一项文化高压政策。乾隆时期，借编纂《四库全书》的机会，下令对全国图书典籍进一步彻底清查，把大量有价值的书籍付之一炬。如此大量收缴和焚毁书籍的结果，造成大批历史文献和具有进步思想的书籍被焚毁而失传，留下来的大多是“钦定”官书，对我国古代文化遗产是一重大摧残。

清入关以前，发展进步中的满族社会仍沿袭祖宗之法。清入关并随着全国的日趋统一，修订一部完整的封建法律，已经势在必行。康熙、雍正两朝，随着国内政治局势的日趋稳定，统治者的注意力逐步转移到以法治天下方面来，于是多次对清律进行了较大程度的增删修订。乾隆帝即位后，在前代修订的基础上，对律例条文逐条进行了校正，最终完成《大清律例》，并于乾隆五年(1740)“刊布中外，永远遵行”，计 47 卷，226 门。至此，中国历史上最后一部比较完备的封建法典正式完成了。

课后练习

1. 试述清朝高度君主专制的主要表现。
2. 简述清朝巩固多民族统一国家的主要举措。

第八章　中国古代科技

导读：在明代之前的很长的历史时期内，我国人民在天文、历法、数学、建筑、医学等多个领域取得了辉煌的科技成就，走在世界的前列，我们不禁钦佩祖先的高超智慧并深感自豪；明代以后，我国科技进步趋于停滞，迎来了“西学东渐”的时代。

一、中国古代的天文历法

1. 先秦时期：①春秋时期，留下了世界上公认的首次哈雷彗星的确切记录。《春秋》记载，公元前613年，“有星孛入于北斗”，即指哈雷彗星，这一记录比欧洲早六百多年。②春秋时期我国历法已经形成自己固定的系统，基本上确立19年7闰的原则，这比西方早160年。③战国时期，出现了世界上最早的天文学著作《甘石星经》，其中有丰富的天文记载，反映了那个时期人们对天文的认识。

2. 两汉时期：①汉武帝时，天文学家制订出中国第一部较完整的历书《太初历》，开始以正月为岁首。②西汉关于太阳黑子的记录，被世界公认为是有关太阳黑子的最早记录。③东汉时，张衡从日、月、地球所处的不同位置，对月食作了最早的科学解释。④张衡发明制作的地动仪，可以遥测千里以外地震发生的方向，比欧洲早1700多年。

3. 隋唐时期：①唐朝天文学家僧一行制定的《大衍历》比较准确地反映了太阳运行的规律，系统周密，表明中国古代历法体系的成熟。②僧一行还是世界上用科学方法实测地球子午线长度的创始人。在实测中他认识到，在小范围有限的空间里得到的认识，不能任意向大范围甚至无际的空间推演，这是我国科学思想史上的一大进步。

4. 宋元时期：①北宋科学家沈括在天文学方面的突出贡献，是制定了把四季二十四节气和十二个月完全统一起来的“十二气历”，有利于农事安排。②元朝杰出天文学家郭守敬，提出“历之本在于测验，而测验之器莫先仪表”的正确主张，创制了简仪和高表等近二十件天文观测仪器，主持了全国范围的天文测量。③郭守敬主持编定《授时历》，一年的周期与现行公历基本相同，但问世比现行公历早300年。

二、中国古代的数学成就

1. 两汉时期:《九章算术》约成书于东汉,分九章介绍了许多算术命题及其解法,是当时世界上最先进的应用数学,它的出现标志中国古代数学形成了完整的体系。

2. 南北朝时期:①魏晋时期的数学家刘徽,运用极限理论,提出了计算圆周率的正确方法。②南朝祖冲之精确地计算出圆周率是在3.1415926–3.1415927之间,这一成果比外国早近一千年。他的专著《缀术》对数学发展有杰出的贡献。

三、中国古代的物理学成就

战国时期:物理学有较大成就。《墨经》中有大量的物理学知识,其中包括杠杆原理和浮力理论的叙述,还有声学和光学的记载。关于光影关系、小孔成像等,写得很系统,被现代科学家称为"《墨经》光学八条"。

四、中国古代的医药学成就

1. 先秦时期:扁鹊是战国时期最著名的医生,后代把他奉为"脉学之宗",他采用望闻问切四诊法,从脉象中诊断病情。切脉是扁鹊的主要成就。四诊法成为我国中医的传统诊病法,两千多年来一直为中医所沿用。

2. 两汉时期:①战国问世、西汉编定的《黄帝内经》是我国现存较早的重要医学文献。它奠定了祖国医学的理论基础。②东汉的《神农本草经》是中国第一部完整的药物学著作。③东汉末年的名医华佗,擅长外科手术,被人誉为"神医",发明的麻沸散,比西方早1600多年。④东汉末年的名医张仲景,被称为"医圣",其代表作《伤寒杂病论》是后世中医的重要经典。

3. 隋唐时期:①唐朝杰出的医学家孙思邈的《千金方》,全面总结历代和当时的医药学成果,并有许多创见,在我国医药学历史上占有重要地位。②吐蕃名医元丹贡布编著的《四部医典》,在国内外有重要影响。③唐高宗时期编修的《唐本草》,是世界上最早的、由国家颁行的药典。

4. 明清时期:明朝李时珍编纂的《本草纲目》,记载药物一千八百多种,方剂一万多个,全面总结了16世纪以前的中国医药学,被誉为"东方医药巨典"。李时珍重视实地考察和试验观察,注意运用比较方法,所以他对药物的认识和总结具有较高的科学价值。《本草纲目》对药物的分类反映了由低级到高级的生物进化观。李时珍还提出"鸟产于林,故羽似叶"的观点,反映了他在动物适应环境、相关变异以及遗传特征等方面的新认识。

五、中国古代的地理学成就

1. 魏晋南北朝时期:①西晋时期,裴秀是中国古代杰出的地图学家。绘制出《禹贡地域图》,还提出了绘制地图的原则。②北魏时期,地理学家郦道元的《水经注》,通过为古书《水经》作注,以《水经》为纲,全面而系统地介绍了水道流经地区的自然地理和经济地理等诸方面的内容,是一部历史、地理、文学价值都很高的综合性地理著作。

2. 明清时期:明朝徐霞客的《徐霞客游记》,对石灰岩溶蚀地貌的观察和记述,早于欧洲约两个世纪。还记录了一些地理发现,纠正了前代地理学著作中的一些错误。

六、中国古代建筑学成就

1. 先秦时期:夏、商、西周的都城是全国政治、交通中心,都城有城门供居民出入,城内有整齐宽广的街道。

2. 隋唐时期:隋唐是中国古代建筑的成熟时期,取得了辉煌成就。①隋朝著名建筑师宇文恺主持修建了大兴城,唐朝在此基础上扩建为长安城。长安城整体设计合理,建筑规模宏大,体现了当时城市建筑的高超技术。②宇文恺采用图纸和模型结合的设计方法,是我国建筑技术上的一大突破。③隋朝工匠李春设计建造的赵州桥,是世界上最早的敞肩石拱桥,在世界桥梁史上占有重要地位。

3. 宋元时期:①北宋末年李诫编写的《营造法式》,是我国建筑史上的杰出著作。②辽代河北蓟县独乐寺、山西应县木塔,是我国著名的古代木结构建筑。③金代的卢沟桥闻名中外。④元大都建筑宏伟,城内有完整的排水系统。

4. 明清时期:明成祖令人在元大都的基础上营建北京城,约八十万能工巧匠中,最有名的是木工蒯祥,被誉为"蒯鲁班"。北京城有三重,宫城外有皇城,皇城外有京城。宫城又称紫禁城。北京城的主体建筑都布置在中轴线上,中央官署集中在京城南部,钟楼、鼓楼位于城北。宫城的黄色琉璃瓦和红墙相配,充分体现出封建皇帝的威严。

七、农业、手工业技术专著和科技论著

1. 农学专著:①北朝时期,贾思勰的《齐民要术》,系统地总结了6世纪以前黄河中下游地区农牧业生产经验、食品的加工与贮藏、野生植物的利用等,是中国现存最早最完整的农书。②明朝时期,徐光启的《农政全书》,综合介绍了我国传统农学成就,建立了一个比较完整的农学体系。书中还引入了《泰西水法》,介绍了欧洲先进的水利技术和工具。全书60卷,分12门,其中"救荒"一门占全书三分之一,表明作者关心民间疾苦,也说明当时灾荒的严重和政局的衰败。

2. 手工业专著:战国时期,出现了手工业专著《考工记》,记述了齐国官营手工业各个工种的设计规范和制造工艺,不但在我国工程技术发展史上有重要地位,在当时世界上也是独一无二的。

3. 科技论著:北宋科学家沈括的《梦溪笔谈》,总结了我国古代主要是北宋时期的许多科技成就,在我国和世界科技史上有重要地位。英国学者李约瑟称沈括是"中国科技

史上最卓越的人物”,《梦溪笔谈》是“中国科学史的里程碑”。

4. 生产技术综合著作:明代宋应星的《天工开物》,总结了明代农业、手工业的生产技术。书中还收录了一些国外传来的技术,这表明海外技术的不断传入已成为人们不可缺少的知识。国外称它为“中国17世纪的工艺百科全书”。

八、古代中国的发明与发现

1. 四大发明

火药、指南针、造纸术和活字印刷术等四大发明是中国古代最有代表性的科学技术成就。

(1)造纸术:西汉前期,中国已经有了纸。105年,东汉宦官蔡伦改进造纸术,称“蔡侯纸”。造纸术的发明与改进,是书写材料的一次伟大革命。魏晋南北朝时期,纸张取代简牍,成为最主要的书写材料;洛阳、长安、建业、扬州,是有名的造纸中心。唐宋时期,竹纸、皮纸成为主要品种。751年,大食俘虏唐军的一些造纸工匠,造纸术传到阿拉伯,后又传入欧洲。

(2)印刷术:隋唐之际,中国出现了雕版印刷术。宋代是雕版印刷的黄金时代,人们已使用彩色套印技术,宋刻本被后世藏书家视为珍品。11世纪中叶,北宋平民毕昇发明了胶泥活字印刷术。15世纪中期,欧洲才有活字印刷术。

(3)火药:中国古代炼丹家在炼制丹药时发明了火药。唐末,火药开始用于军事。最早的火药武器有突火枪、火箭、火炮等。宋朝在军事上广泛使用火药。

(4)指南针:世界上最早的指南仪器是战国时期发明的“司南”。后来,人们利用磁石指南的特性,制成指南针。北宋时,指南针应用于航海。

造纸术经阿拉伯人传到欧洲,廉价的纸张很快取代了欧洲人长期使用的书写材料羊皮和小牛皮,促进了欧洲文化的发展。火药传入欧洲,推动了欧洲火药武器的发展,靠冷兵器耀武扬威的骑士阶层日益衰落。指南针的使用,促进了远洋航行,迎来了地理大发现的时代。欧洲人还借鉴中国的印刷术,造出了自己的活字印刷机,大大推进了文艺复兴运动和宗教改革,促进了思想解放和社会进步。

2. 数学:《九章算术》和珠算

约成书于东汉的《九章算术》,采用了十进位制记数法,采用了当时世界上最先进的运算方法,是当时世界上最先进的应用数学著作。它的问世,标志着中国古代以计算为中心的数学形成了完整的体系。

中国古代的计算工具,最初采用的是算筹,后来演变成算盘。珠算运算法编成歌诀流利顺口,配合以小九九和十进位制记数法。明清时期,珠算运用得到普及和发展。人们可以用珠算法解决加减乘除和开平方、开立方等问题。明朝时,珠算法已传到朝鲜、日本、东南亚和世界其他地区。

3. 天文:《石氏星表》和浑仪

尧设有火正、羲和之官,负责观察日月星辰。中国不仅留下了世界上最早的日食、月食、太阳黑子以及哈雷彗星的记录,而且编出了世界上最早的星表。后人根据战国时期天文学家石申的记录,编成《石氏星表》,是世界上现存最古老的星表,保留了一百多颗恒星的赤道坐标数据。

中国古代创制了许多先进天文观测仪器,如浑仪、简仪等。浑仪是望远镜发明前世界上最先进的天文观测工具,至迟汉武帝时期,中国古代科学家已使用浑仪确定天体坐标。简仪是元代科学家郭守敬革新浑仪而制成的。

4. 历法和农学:《授时历》和四大农书

我国自古农业发达,与农业密切相关的历法制订和农学研究,成果丰硕。夏朝时制订历法《夏小正》,商朝改进为“殷历”。元朝郭守敬编订的《授时历》,集前代各家历法优点之大成,是我国古代最优秀的历法。《授时历》规定回归年长度为365.2425日,与今天世界通用的公历格里高利历基本相同。《授时历》1281年颁布推行,比现行公历的颁行早了300年。

西汉汜胜之的《汜胜之书》、北魏贾思勰的《齐民要术》、元朝王祯的《农书》和明朝徐光启的《农政全书》,是中国古代成就卓著的四大农书。《齐民要术》是中国现存最早、最完整、最系统的农业科学著作,主要记录了东汉以后五百年间,特别是北朝时期黄河中下游的农业生产经验。贾思勰在书中详细介绍了季节、气候和土壤与不同农作物的关系,强调因时制宜、因地制宜。他提倡精耕细作、防旱保墒,主张轮作、多施绿肥,创造出培育实生苗、扦插、嫁接等果树栽培方法。

5. 医学:《伤寒杂病论》和《本草纲目》

战国问世、西汉编定的《黄帝内经》是中医学的奠基之作。东汉末年,张仲景写出了集大成的中医专著《伤寒杂病论》。《伤寒杂病论》创造性地提出了辨证施治的方法,奠定了后世中医临床学的理论基础,被后世医家誉为“万世宝典”。

明朝李时珍写成药物学巨著《本草纲目》,对中药学的发展做出了杰出贡献。《本草纲目》是对16世纪以前中医药学的系统总结,被誉为“东方药物巨典”。

九、规律小结

1. 中国古代科技的世界地位及其在近代衰落的原因(“李约瑟难题”)

(1)中国古代科技的地位:中国古代的发明和发现,远远超出同时代的欧洲,中国古代科技长期领先于世界，并且向世界各地传播，对世界科技的发展做出了重要的贡献。

（2）中国古代科技发展的原因：①国家的统一和社会的稳定为科技的发展提供了社会条件；②封建经济的发展，为科技的发展提供了物质条件；③封建教育的发展，思想观念的进步，为科技的发展提供了人才条件；④高度集中的中央集权制度功不可没，科技成就的取得离不开国家的支持；⑤统治者对外实行开明的文化、宗教政策，有利于科技文化正常交流和发展；⑥文化发展的继承性，前代科技文化成就为后代科技文化的进一步发展奠定了基础；⑦重视为“农本”思想的服务，如天文历法、数学等受到统治者的重视；⑧广大科技劳动者积极进取、勤奋钻研的精神。

（3）中国没有产生近代科学的原因：①中国科学技术自身的缺陷：满足于实际上的应用，没有形成理论上探讨和深思的风气。中国古代科技成就大多是对生产经验和自然现象的简单总结，属于经验和描述的范畴，领先于西方的大多在经验技能方面，缺少科学的概念、定律和逻辑推理，也未能提出较为系统的完整的学说。如火药的发明是人们在炼丹时偶然发现的副产品，并未上升到化学反应方面的科学认识。中国人最早发现了哈雷彗星，但却没有分析研究其平均出现的周期，而英国人哈雷却揭示了其中的规律。中国的数学偏重“算”的实用技巧，而缺乏用以演绎、证明规律的理念。②自给自足的小农经济固有的分散性和狭隘性，不可能使科学应用达到较大规模，从而使近代科学的产生和应用失去了应有的土壤。③封建统治者实行“重农抑商”和“闭关锁国”的政策，阻碍了资本主义萌芽的成长，也阻碍了和工商业有关的科技的发展。④明清统治者实行文化专制主义政策，如八股取士、文字狱等，使大量知识分子脱离实际、脱离生产、脱离对自然界的观察和研究，使近代科学在中国失去了产生和发展的政治文化基础。⑤教育的落后，不利于科学间的互相融合，也不利于培养大批人才。

2. 明代以前，中国古代科技长期领先于世界，其外传为世界文明进步做出了巨大贡献。

课后练习

1. 简述我国“四大发明”对世界文明发展的伟大意义。

2. 简述我国古代科技发展的特点和规律。

中国近代史

第一章　反抗外国侵略的斗争

导读:1840年的鸦片战争揭开了中国近代史的序幕。从1840年到20世纪初,西方列强发动鸦片战争、第二次鸦片战争、中法战争、中日甲午战争和八国联军侵略战争等一系列侵略中国的战争,清政府被迫与列强签订了一系列不平等条约,中国由封建社会逐步沦为半殖民地半封建社会。随着列强侵略的不断深入,中国人民的民族意识开始普遍觉醒,中国人民与侵略者进行了不屈不挠的英勇斗争,粉碎了帝国主义瓜分中国的图谋。

一、鸦片战争前的国内外形势

鸦片战争前夕的中国,经济落后,官场腐败,军备废弛,财政困难,阶级矛盾尖锐,封建社会整体上呈现出衰败景象,走到了穷途末路;而对外长期奉行妄自尊大、闭关自守的政策又使中国隔绝于世界潮流之外,远远落后于世界发展的大势。

正当清王朝日趋衰落的时候,英、法、美各国的资本主义却在迅速发展。18世纪60年代起英国开始了工业革命,到19世纪三四十年代,大机器工业逐渐代替了工场手工业。英国工业的发展,工业产量急剧上升,"不断扩大产品销路的需要,驱使资产阶级奔走于全球各地",努力寻找新的资源及产品生存空间。

法国是仅次于英国的资本主义国家,到鸦片战争前夕,法国工业产量居世界第二位。美国在鸦片战争前夕资本主义工业并不发达,但它正处于上升阶段。19世纪30年代,美国资产阶级正向南部劫掠印第安人和墨西哥人的土地,排除欧洲资本主义在拉丁美洲的势力,全面控制市场,因此,美国在19世纪中叶没有足够的力量侵犯中国。美国充当了英国侵略者的帮手,追随英国侵入中国。俄国1861年农奴制改革后,资本主义工商业迅速发展。俄国从北面虎视眈眈注视着中国,随时准备夺取中国的领土。

19世纪40年代,西方资本主义国家借工业革命的雄风,蒸蒸日上。欧美列强为了扩大商品市场,争夺原料产地,加紧了征服殖民地的活动,中国的周边国家和邻近地区,陆续成为它们的殖民地或势力范围。中国作为一个幅员辽阔的古老封建国家,自然成为殖民主义者侵略扩张选择的最佳对象。

二、鸦片战争

英国最初试图用商品打开中国的大门。但一是中国的自然经济对外国工业品的排斥抵抗,二是清政府闭关政策的限制,鸦片战争前,在正当的中英贸易中,中国长期处于出超地位。这种局面显然违背了英国资产阶级侵略与掠夺中国的初衷,为改变这种状况,英国开始向中国走私鸦片。鸦片大量走私,一方面导致中国白银大量外流,银价上涨,造成清政府的财政危机;另一方面中国士兵吸食鸦片,削弱了军队的战斗力。"银荒"、"兵弱",严重危及清朝的封建统治,所以,道光帝深受震动,同意委派林则徐查禁鸦片。1839 年 6 月 3 日,林则徐下令在虎门海滩当众销毁鸦片,至 6 月 25 日结束,共历时 23 天。虎门销烟从一定程度上遏制了鸦片在中国的泛滥,增强了中国广大民众对鸦片危害性的认识,唤醒了中国人民的爱国意识。但是,"虎门销烟"并没有有效地解救中国于水火之中,反而加速了英国对中国的侵略。

为了保护可耻的鸦片贸易,1840 年 6 月,英国军舰封锁珠江口,挑起鸦片战争。道光帝派直隶总督琦善和英国谈判,林则徐被撤职查办。1841 年 1 月,英军武装占领香港岛。面对英国侵略者的侵略暴行,中国人民奋起反抗,展开了不屈不挠的斗争。1842 年 8 月初,英国军舰闯到南京下关长江江面。8 月 29 日,在英国侵略军"兵临城下"的武力胁迫下,清政府的全权代表耆英等与英国代表璞鼎查签订了中国近代史上第一个不平等条约——中英《南京条约》。

《南京条约》的内容:一、割地:割香港岛给英国。破坏了中国领土主权的完整。香港岛由一个荒凉的渔村变成了英国侵略中国的货物转运站和海军基地。发动鸦片战争的英国外交大臣巴麦尊大言不惭地说:"香港是插入中国领土的一个楔子。"二、赔款:中国向英国赔款 2100 万元。2100 万元的成分是:600 万赔偿鸦片,300 万偿还英商债务,1200 万英军军费。赔款不但加剧了清政府的财政困难,加重了中国人民的经济负担,更为严重的是它开创了侵略者勒索赔款的恶例。三、开口通商:开放广州、厦门、福州、宁波、上海为通商口岸,允许英国人在通商口岸设驻领事馆,这使东南沿海门户大开。第一次鸦片战争后东南沿海一些城市是清政府在列强的威逼下开放的,因此它损害了中国的贸易主权。四、协定关税:英国在中国的进出口货物纳税税率,中国与英国共同议定。鸦片战争后签订的一系列不平等条约中大多有这种规定,它表明关税税则中国自己不能做主决定,使中国开始丧失关税自主权。同时,其他资本主义国家也以"利益均沾"为借口,纷纷效尤。这样,中国的关税自主权就落入到所有与中国通商的资本主义国家手中。五、英国商人可以自由地与中国商人交易,不受"公行"的限制。六、享有领事裁判权,英国人在中国犯罪可不受中国法律制裁。《南京条约》是近代历史上外国侵略者强加给中国人民的第一个不平等的条约,中国的领土、关税、贸易主权遭到破坏。

1843 年,英国又强迫清政府签订了《五口通商章程》和《虎门条约》,作为《南京条约》的附件,又取得在通商口岸租地造屋、领事裁判权和享有最惠国待遇等特权。美国和法国也趁火打劫,美国总统泰勒立即派了特使顾盛来到中国,他模仿英国的经验,以炮舰的威胁作为提出要求的后盾(顾盛带来四艘炮舰),1844 年与清政府签订了《望厦条约》。这年冬天,法国特使也到了中国,在停泊于黄埔的一艘法国兵舰上签订了《黄埔条约》。在中美《望厦条约》中规定:美国兵船可任意到中国各通商口岸"巡查贸易",这就为美国的侵华活动大开了方便之门,美国的兵船可随时进入中国东南海域,严重损害了中国的领海主权。《望厦条约》中还规定美国人可以在通商口岸"开设医院,建立教堂"。《望厦条约》不仅增加了新的内容,而且协定关税、领事裁判权等问题的规定比英国的条约更具体,更多地损害了中国主权。根据《南京条约》附件"片面最惠国待遇""利益均沾"的原则,美国、法国扩大的侵略权益英国同样可以享有。《望厦条约》成为其他资本主义国家与中国订立不平等条约的范本。

鸦片战争的失败和一系列不平等条约的签订,使得中国社会性质发生根本性的变化。由此,中国从封建社会步入半殖民地半封建社会。鸦片战争是中国近代史的开端,也是中国旧民主主义革命的开端。

第一,鸦片战争前的中国,政治上是独立自主的国家,清政府行使全部主权。战后,国家的领土、领海、司法、关税、贸易等主权遭到破坏,中国逐渐由一个独立自主的国家沦为半殖民地半封建国家。

第二,鸦片战争前的中国,经济上是一个自给自足的封建经济占统治地位的国家。战后,西方资本主义国家打开中国的大门后,凭借先进的生产力和夺取的侵略特权,疯狂地倾销商品和掠夺原料,逐渐把中国市场卷入世界资本主义市场,原有的中国封建自然经济开始解体。这在客观上促进了中国商品经济的发展,有利于中国民族资本主义的兴起。

第三,中国社会主要矛盾的变化。鸦片战争后,中国社会出现了两对矛盾:即外国资本主义和中华民族的矛盾,封建主义和人民大众的矛盾。而前者是各种社会矛盾中最主要的矛盾。封建主义与人民大众的矛盾和地主阶级与农民阶级的矛盾不同,"封建主义"不但包括地主阶级,在半殖民地半封建的中国,还有经济的、政治的、当权的各种封建半封建的反动势力以及后来的官僚资产阶级。"人民大众"不但包括农民阶级,还有近代新生的无产阶级、民族资产阶级和城市小资产阶级。

第四,中国革命任务的变化。正是由于社会性质的改变,中国社会的主要矛盾也发生了变化,由此革命任务也会有所改变。中国人民肩负起了反对外国资本主义侵略和反对本国封建统治的双重革命任务。从此,中国进入了旧民主主义革命时期。旧民主主义革命是由资产阶级领导的,以建立资本主义社会和资产阶级专政的国家为目的,反对外国侵略和本国封建统治,不发动广大人民群众的革命。从 1840 年鸦片战争到 1919 年五四运动前的 79 年,即为中国的旧民主主义革命时期。

第五,思想文化上,鸦片战争后有一部分知识分子开始抛弃陈腐观念,注目世界,探求新知,寻求强国御侮之道,萌发了一股向西方学习的新思潮,对封建思想起到了一定的冲击作用。

三、第二次鸦片战争和沙俄对我国北方大片领土的侵占

第一次鸦片战争后,西方资本主义列强相继侵入中国。它们不满足已经取得的特权和利益,蓄意加紧侵犯中国主权,进行经济掠夺。利用清政府正倾尽全力镇压太平天国的时机,英国借口"亚罗号事件",于 1856 年 10 月悍然出兵袭击广州城。而法国借口"马神甫事件"伙同英军出兵,由此点燃了第二次鸦片战争的战火。帮凶是美国和俄国。第二次鸦片战争的过程可拆分为"第一次英法联军之役"与"第二次英法联军之役"。第一次英法联军之役是从 1856 年战争爆发到 1858 年联军抵达天津附近海域为止,英法联军攻占大沽、天津。1858 年 6 月 23 日,清政府被迫与英、法、俄、美四国分别签订了《天津条约》。主要内容:公使进驻北京;开放牛庄、登州、台南、淡水、潮州、琼州、汉口、九江、南京、镇江为通商口岸;外国商船可以自由驶入长江一带通商口岸;外国人可以到内地游历经商;外国传教士可以到内地自由传教;中国对英、法两国赔款 600 万两白银。第二次英法联军之役是从 1858 年爆发第一次大沽口战役到 1860 年签订《北京条约》为止。1860 年 10 月,英法侵略军占领北京。侵略者以焚毁皇宫作为威胁,迫使清政府签订了中英、中法、中俄《北京条约》,作为《天津条约》的补充,续增的条款包括:开天津为商埠;割九龙司地方给英国;准许外国人在中国买卖人口;将已充公的天主教教堂财产发还,法国传教士可以在各省任意租买田地,建造教堂;对英、法两国赔款各增至 800 万两白银。

19 世纪 50 年代至 80 年代,正是俄国资本主义迅速发展的时代。这一时期,它不断蚕食其周边地区。中国成为它掠夺的主要对象。第二次鸦片战争中,与英法不同的是沙俄"选定了一个没有人能与它匹敌的领域——外交领域",采取趁火打劫和外交讹诈的卑鄙手段,把《瑷珲条约》、中俄《北京条约》等不平等条约强加给清政府,抢占了我国北方大片领土。《瑷珲条约》签订后,恩格斯曾指出:俄国"从中取了一块大小等于法德两国面积的领土和一条同多瑙河一样长的河流"。因此"沙俄不要花费一文钱,出动一兵一卒,而能比任何一个参战国得到更多的好处"。从 19 世纪 50 年代到 80 年代,沙俄侵吞了我国北方 150 多万平方公里的领土,相当于中国强盛时期领土的 1/9。

第二次鸦片战争使中国社会半殖民地半封建化的程度进一步加深。政治上,它使中国损失了更多的主权和领土,中国丧失了 100 多万平方公里的土地;清朝统治者开始投靠外国侵略者,开始成为他们的附庸与工具,中外反动势力公开勾结,共同镇压中国人民的反抗。战争结束后,清政府得以腾出手来镇压太平天国,勉强维持了其统治。经济上,外国侵略势力扩张到中国沿海各省,并伸向中国内地,方便了列强倾销商品,掠夺廉价原

材料和劳动力，使中国受到资本主义经济的侵略性冲击；鸦片贸易合法化、华工出国及允许外国人前往内地传教，都使中国的社会矛盾更加激化。思想文化上，第二次鸦片战争，英法联军占领京城，火烧圆明园，对中国文化和心理都造成了沉重打击，地主阶级分化，部分满清统治者痛定思痛，决定“师夷长技以制夷”，从而开始了“洋务运动”。

四、中国边疆地区的新危机

19 世纪 70 年代后，主要资本主义国家逐步向帝国主义过渡。随着资本主义经济的进一步发展，列强一方面仍旧对落后国家进行商品输出，另一方面随着国内投资场所渐趋饱和，他们疯狂地对外资本输出和掠夺殖民地，中国的邻邦和边疆地区就成为他们争夺的主要目标。从国内来看，两次鸦片战争暴露出清政府的腐败无能、投降妥协，进一步刺激了列强的贪欲。所以，中国边疆地区在 19 世纪 70、80 年代出现了严重危机。

西北边疆：1865 年，阿古柏侵略新疆，占领天山南北；英俄勾结支持阿古柏。1878 年，左宗棠击败阿古柏，收复新疆。1881 年，中俄签订《伊犁条约》，中国收回伊犁。1884 年，清政府在新疆建立行省，加强了新疆同内地的联系。西南边疆：1888 年，英国进攻西藏，清政府求和，英国强迫开放西藏的亚东为商埠。东南边疆：1874 年，日本军队在美国支持下侵略台湾，遭到台湾人民的顽强阻击。在英美等国的“调停”下，日本向中国勒索白银 50 万两从台湾撤军。

19 世纪 70 年代至 90 年代的边疆危机呈现出了一些新的特点。首先，比起列强侵华的第一阶段——第一次工业革命后给我边疆造成的危机而言，地域更广。从鸦片战争、第二次鸦片战争至边疆新危机，经历了从东南沿海、北部沿海、东北，再到东南、西北、西南，一个由沿海到内地的过程，促成了中国边疆地区的“危机四伏”。其次，出现了新的侵略国家。鸦片战争，英国充当了急先锋，法美相拥而至；第二次鸦片战争，英法是元凶，美俄是帮凶。其中，英法美是第一次工业革命资本主义发展水平最高的国家，而俄国经济发展落后但侵略成性。19 世纪 70、80 年代的边疆危机中，出现了新的侵略国——日本，1868 年，日本通过明治维新，才走上资本主义发展道路。所以，后起资本主义国家迅速走入侵略者的行列，也成为这一时期的一大特点。再次，列强对中国的侵略方式由以往的商品输出为主逐渐变为以资本输出为主。这个特点，在 19 世纪末发展得更为明显，成为列强的普遍要求。

五、中法战争

19 世纪下半叶，法兰西第二共和国开始侵入中国传统的属国越南。1883 年 12 月，法军进攻驻扎在越南红河三角洲的清军并占领了该地，中法战争自此爆发。1884 年 8 月，法军远东舰队突袭驻福建马尾的福建水师，李鸿章奉行“未可与欧洲列强轻言战事”的退让政策，福建水师全军覆没，马尾海战失败，清政府被迫对法国正式宣战。1884 年

10月初，法舰转而进攻台湾，刘铭传率领清军及台湾乡勇反击，法国远东舰队虽一度攻占基隆，却无法达成拿下台湾全岛的战略目的。1885年2月，法军进攻谅山，广西巡抚不战而退，法军占领谅山，侵占镇南关。老将冯子材赴镇南关整顿部队，部署战守，终将法军击退，阻止了法军对中国边境的窥伺。清军乘胜追击，连破文渊、谅山等地，重伤东部法军统帅尼格里。法军陷入困境。镇南关大捷使清军在中法战争中转败为胜。法军战败的消息导致了法国茹费理内阁的倒台。

镇南关大捷本来使中国在军事上、外交上都处于有利地位，但李鸿章等人主张“乘胜即收”，把镇南关大捷当作寻求妥协的绝好机会，建议清政府立即与法国缔结和约。1885年夏，清政府任命李鸿章为谈判代表，与法国政府代表、驻华公使巴德诺在天津签订《中法新约》。《中法新约》共十款，主要内容是：清政府承认法国对越南的保护权，承认法国与越南订立的条约；中越陆路交界开放贸易，中国边界内开辟两个通商口岸，“所运货物，进出云南、广西边界应纳各税，照现在通商税则较减”；日后中国修筑铁路，“应向法国业者之人商办”；此约签字后六个月内，中法两国派员到中越边界“会同勘定界限”；法军退出台湾、澎湖。从此，中国承认法国吞并安南，中国西南门户大开。

中法战争中法国在军事失利的情况下仍达到侵占越南的目的，并首先获得在中国修筑铁路的权利，这充分暴露了清政府的腐败和无能，助长了列强的侵略气焰。法国侵略势力伸入到我国云南、广西，大大加深了西南边疆的危机，中国西南的门户被打开。中法战争也使清政府认识到台湾地位的重要，于1885年在台湾建立了行省，以刘铭传为巡抚，大力推展现代化防务及新政，并积极筹建北洋水师。

六、甲午中日战争

日本原是与中国情形相类似的封建国家，19世纪50年代开始遭受美、俄、英、法等西方国家的侵略，逐步沦为半殖民地国家。1868年“明治维新”以后，日本开始大力发展资本主义，建立现代化的国家。日本侵略中国是蓄谋已久、准备充分的，早在明治天皇时期就制定了对外侵略扩张的大陆政策。1894年3月，由于日本对中属朝鲜的内政干涉和经济侵略，导致了朝鲜的农民起义，清政府应朝鲜国王邀请率军协助镇压，清军登陆朝鲜并驻屯于牙山，日本也趁机出兵朝鲜。起义平息后，清政府建议中日两国同时撤军，日本不仅拒绝，反而继续大量增兵，蓄意挑起战争。1894年7月，日本海军在朝鲜丰岛海面袭击中国舰队，不宣而战。8月，清政府被迫对日宣战，甲午中日战争爆发。

甲午战争历时9个月，分为陆战和海战两个战场，日军攻下朝鲜的平壤，在黄海海战中大败北洋水师，之后又攻下中国的旅顺、威海，并于1894年11月22日在旅顺进行大规模屠杀，血洗全城。1895年初，日军进犯北洋海军基地威海卫。李鸿章下令不准出战，“如违令出战，虽胜亦罪”。军舰在陆地日军配合下向北洋舰队发动猛烈袭击，海军提督丁汝昌指挥部下奋勇还击，给日军以重创。但部分将领与洋雇员却提出献船投敌，丁汝昌坚决拒绝,被迫自杀殉国。最后,日军占领威海卫,北洋舰队全军覆没。

中日甲午战争爆发后,清政府始终没有勇气将战争进行到底,一直在谋求对日议和。1895年3月,李鸿章等与伊藤博文、陆奥宗光在日本的马关春帆楼进行谈判,屈服于日本的压力,于4月17日与伊藤博文等签订了《马关条约》。《马关条约》的主要内容是:一、清政府承认朝鲜"独立自主",割辽东半岛、台湾及所有附属各岛屿、澎湖列岛给日本。进一步破坏了中国主权的完整,刺激了列强瓜分中国的野心,民族危机进一步加深。二、赔偿日本军费白银2亿两,加重了中国人民的负担。同时,加速了日本军国主义的发展。清政府因此大借外债,致使列强控制了中国的经济命脉。三、开放沙市、重庆、苏州、杭州为商埠,使帝国主义侵略势力深入到中国内地。四、允许日本在通商口岸开设工厂,其他列强引用"利益均沾"的条款,争先恐后地在中国开设工厂,严重阻碍了中国民族资本主义的发展。

《马关条约》签订6天后,沙皇俄国因日本占领辽东半岛,阻碍它向中国东北伸张势力,便联合法、德两国进行干涉,结果是日本于同年5月4日宣布放弃辽东半岛,但要中国以银3000万两将其"赎回"。日本在甲午中日战争后一共勒索了中国两亿三千万两巨额白银。

《马关条约》是继《南京条约》以来最严重的不平等条约,它给近代中国社会带来严重危害,是帝国主义变中国为半殖民地、半封建社会的一个重要的步骤。《马关条约》反映了帝国主义资本输出、分割世界的侵略要求。外国资本主义对中国的侵略进入一个新的阶段,中国社会半殖民地化的程度大大加深了。

七、帝国主义瓜分中国的狂潮

19世纪末,世界主要资本主义国家进入帝国主义阶段,帝国主义对外侵略的特征是资本输出和瓜分世界,即在世界范围内争夺殖民地和势力范围。在这一历史背景下,列强加强了对中国的瓜分:争作中国债主,抢夺路矿和设厂权,掀起强占租借地和划分"势力范围"的瓜分狂潮。这使中国面临着从半殖民地沦为殖民地的严重危机。正是民族危机的加深,先后引发了资产阶级维新派领导的维新变法运动和抗击列强侵略的义和团运动。

做中国的债主:甲午中日战争以后,清政府为了偿付对日赔款和"赎还"辽东半岛的费用,大借外债。为了争做中国的债主,帝国主义列强展开了资本输出的激烈竞争。俄国首先迫使清政府向它和法国借款。接着,英德也迫使清政府两次向它们借款。借款以海关税收和其他税收担保。这些借款,数量之大、归还期限之长,是中国过去所没有过的;借款的回扣盘剥之重,在国际债务史上是罕见的;借款还附有苛刻的政治条件,如两次英德借款合同上都写有保证英国长期控制中国海关行政的权利。通过做中国的债主,列强进一步控制了中国的经济命脉,扩大了在中国的政治势力。而清政府借债越多,欠债时间越长，政治、经济上依赖、受制于列强的时间就越长。

抢夺路权矿权和争相开厂：列强在争做中国债主的同时，又以另一种方式向中国输出资本，即抢夺在中国修筑铁路、开采矿山和建立工厂的权利。先是法国于1896年争得修筑由越南境内至广西的铁路权利。同年秋，俄国与清政府签订合同章程，规定俄国可以修筑由其境内通过中国境内直达海参崴的中东铁路。俄国还从中攫取了铁路沿线的行政权、采矿权和减免商税的特权。这就为俄国把中国东北变成它的“势力范围”提供了条件。到19世纪末，列强争夺路权的斗争更加剧烈，甚至以武力威逼清政府。原打算自己修筑铁路的清政府，在列强争夺面前，束手无策，只得把一条条铁路的修筑权，拱手送给外国。列强在中国投资修筑铁路，除获得巨大的经济利益外，还附有种种条件，包括控制铁路和沿线地区，以及运输军队等。列强还争夺开采中国矿山的权利。最先取得开矿优先权的是法国。1895年，法国迫使中国同意它在云南、广西、广东三省开采矿山的优先权。接着，英、德、俄等相继在中国的一些地区取得采矿权。俄国甚至取得一些地方的金矿开采权。这样，中国的矿藏资源遭到掠夺，重工业也无从发展。列强利用《马关条约》里关于日本在中国开办工厂的规定，又开始在中国大规模投资建厂。外国工厂的生产规模大，产量多，成本低，产品在中国市场处于优势地位。这就使中国民族资本主义的发展受到严重的影响。

帝国主义国家在中国展开投资竞争的同时，又在中国划分“势力范围”，并强占租借地，直接进行殖民统治。首先德国借口两个传教士在山东被杀，于1897年派舰队强占胶州湾。清政府被迫同意将胶州湾租给德国，并允许德国在山东修筑铁路、开采矿山等特权。山东成为德国的“势力范围”。俄国于1897年强占了旅顺口和大连湾，不仅霸占辽东半岛，而且把东北全境划为它的势力范围。法国于1898年迫使清政府答应租让广州湾，划两广和云南三省为其势力范围。英国以俄、法的扩张会妨碍其在华利益为借口，趁机于1898年强租九龙半岛及香港附近的岛屿和威海卫，并宣布广东和云南的一部分地区及长江流域为其势力范围。日本也于1898年胁迫清政府承认福建为其势力范围。中国的领土、主权进一步遭到破坏，独立自主的地位进一步丧失。

美国当时正忙于向中南美洲扩张，无暇东顾，但它并没有放弃对中国的侵略。为了分享侵略权益，1899年，美国政府先后向英、俄等六国政府提出在中国实行所谓“门户开放”、贸易机会均等的照会。美国在承认列强在华“势力范围”和已经获得的特权前提下，要求“利益均沾”。“门户开放”政策的主要内容有：对任何条约、口岸或任何既得利益不加干涉；各国货物，一律按中国政府现行税率征收关税；各国在各自“势力范围”内，对他国船只、货物运费等不得征收高于本国的费用。“门户开放”政策的提出，是美国侵略中国新阶段的标志。从此，美国在侵华政策上，不再追随西方列强，而有了独立的政策，加紧和扩大了侵华的步骤。美国的“门户开放”政策的推行，没有影响到列强的利益，因此也没有遭到列强的公然反对，反而使帝国主义掀起的瓜分中国的狂潮，暂时取得表面上的一致，在一定程度上形成了帝国主义宰割中国的同盟。

八、八国联军侵华战争

19世纪末，西方列强掀起了瓜分中国的热潮。而随着战争赔款的加重，人民不堪重负，终于引起了义和团运动，清政府内忧外患，无力抵抗，因此西方列强更加放肆，趁火打劫，妄图吞并中国。为镇压中国人民的反抗，1900年6月，英、俄、日、法、德、美、意、奥八国联军2000多人，在西摩尔率领下，从大沽经天津向北京进犯。义和团在清军的配合下，在廊坊、杨村一带猛击侵略军，迫使其退回天津。6月下旬，清政府被迫向八国宣战。7月中旬天津失陷后，八国联军又攻陷北京。慈禧太后携光绪帝逃往西安。八国联军进入北京后，烧杀抢掠，无所不为，使中国的奇珍异宝再次遭到洗劫。

八国联军侵华期间，清政府在民众的压力下，表面上向列强各国“宣战”，暗地里却破坏义和团运动，向侵略军妥协投降。1900年7月14日天津失陷后，清政府正式向外国列强求和。1901年9月，清政府被迫同英、俄、德、日、法、美、意、奥、荷、比、西11个国家签订丧权辱国的《辛丑条约》。《辛丑条约》的主要内容有：中国向各国赔偿白银4.5亿两，39年还清，本息共计9.8亿两，用海关等税收作保；拆毁大沽炮台，允许帝国主义派兵驻扎北京到山海关铁路沿线主要地区；永远禁止中国人民成立或加入反帝性质的组织，清政府保证禁止人民反对外国侵略；划定北京东交民巷为“使馆界”，界内不许中国人居住，由各国派兵保护等。

《辛丑条约》签订后，中国完全沦为半殖民地半封建社会，清政府完全成为“西方列强”统治中国的工具，变成了“洋人的朝廷”。战争也引起了列强在华势力的变化，中国内部及辽东（东北平原）的势力平衡，也受重大冲击，间接导致日俄两国为争夺中国东北及朝鲜利益而引发的日俄战争。

课后练习

1. 为什么说鸦片战争是中国近代史的开端？
2.《南京条约》的内容是什么？
3. 试述《马关条约》的内容及影响。
4. 帝国主义对华资本输出有哪些方式？
5. 中国是如何完全沦为半殖民地半封建社会的？
6.《辛丑条约》的内容及影响。

第二章 对国家出路的早期探索

导读：面对外国资本主义入侵造成的严重民族危机和社会危机，不同阶级、不同阶层的中国人开始探索国家出路。太平天国农民运动企图用绝对平均主义方案改造社会；地主阶级中的开明之士进行“师夷长技以制夷”的洋务运动，企图采用中体西用模式求强求富；新兴资产阶级维新派发起变法维新，企图通过政治改良道路救亡图强。历史证明：农民是反帝反封建的重要力量，但没有先进阶级领导，无法克服自身局限性，不可能把反帝反封建的斗争引向胜利；洋务派官僚仅学习西方军事、科技，不愿改变封建统治秩序，也无法使中国独立、富强；资产阶级维新派依靠皇帝进行自上而下的改良道路在中国也行不通。

一、农民群众的斗争

（一）太平天国运动

鸦片战争后清政府为支付战争的赔款，把负担加在劳动人民的身上。在旧税之外，巧立名目，增加捐税。地方官乘机敲诈勒索，使广大劳动人民濒于绝境，许多破产的农民和手工业者走上反抗的道路。由于鸦片走私和五口通商，使中国的白银大量外流，造成银贵钱贱。老百姓完粮纳税都要用银两，使百姓的负担更加沉重。外国资本主义的入侵，加剧了中国社会的矛盾，广大人民对清政府的统治日益不满。1846 年至 1850 年，两广地区自然灾害不断，各地农民起义不断，最终汇集成轰轰烈烈的太平天国革命运动。

1843 年，洪秀全创立拜上帝教，号召建立一个人人平等、“天下一家，共享太平”的大同世界，发动广大农民群众，对抗朝廷。1851 年 1 月，洪秀全在广西桂平县金田村宣布起义，建号太平天国，起义军称太平军。3 月，洪秀全在武宣东乡称天王。9 日，太平军攻占永安，进行封王建制和整顿军纪等工作。洪秀全封杨秀清为东王，萧朝贵为西王，冯云山为南王，石达开为翼王。所封诸王受东王节制。永安建制使太平天国运动初具立国规模。随后，起义军迅猛进军，从广西经湖南、湖北、江西、安徽，直至江苏。1853 年春，太平军占领南京，改名为天京，定为都城，正式建立起与清政府对峙的天京政权。

太平天国定都天京后，洪秀全于 1853 年下半年颁布了以解决农民土地问题为中心，包括政治、经济、军事、文教和社会生活各方面内容的纲领性文件——《天朝田亩制度》。《天朝田亩制度》制定了“凡天下田,天下人同耕”的原则。规定了不论男女,满十六岁以上的人都可以分到一份,田分九等、“好丑各半”的具体办法。《天朝田亩制度》是太平天国的革命纲领,反映了太平天国想要实现“有田同耕,有饭同食,有衣同穿,有钱同使,无处不均匀,无人不饱暖”的理想社会,这实质上是一种以绝对平均主义思想为主导的空想,但强烈地反映了广大农民的愿望。

太平天国定都天京后,先后进行了北伐、西征和天京城外的突围战。到1856年上半年,除北伐失利外,太平军在湖北、江西、安徽和天京附近战场都取得了重大的胜利,控制了大片地区,达到了军事上的全盛时期。1856年9月,太平天国领导集体内部因争权夺势而导致了天京事变的发生。东王杨秀清、北王韦昌辉先后被杀,翼王石达开率部出走后败亡。天京事变是太平天国由盛到衰的转折点。天京变乱后,太平天国的情势十分危急。为此,洪秀全先是自己总理朝政,继而于1858年大胆提拔青年将领陈玉成、李秀成为军中指挥,随后又册封其为英王、忠王;1859年又册封洪仁玕为干王,总理朝政。新领导集团的形成,使太平天国暂时渡过了危机,曾再破江北、江南大营,但无法从根本上扭转已出现的颓势。

为振兴天国,洪仁玕提出了一个改革内政和建设国家的主张——《资政新篇》。其主要内容是:统一政令,依法治国;学习西方,发展工商业,奖励技术发明,反对迷信,提倡兴办新式学校;严禁买卖人口和吸食鸦片;主张同外国自由通商、交流文化。《资政新篇》具有鲜明的资本主义色彩,试图按照西方资本主义模式来改造中国,发展资本主义工商业,反映了一些思想先进的中国人向西方寻找真理和探索救国救民道路的迫切愿望。但由于各种原因,《资政新篇》没有实行。

清军趁天京内乱之际,重建江南、江北大营,重用曾国藩,借助湘军镇压太平天国。

太平天国攻破江南大营之后,李秀成乘胜率军东征苏南,连战连捷。在进攻上海的战役中,由于上海是外国资本主义侵华势力的重要据点,外国侵略者公然直接参战,从此,太平天国勇敢地肩负起了反抗外国侵略者的斗争重任。1861年,安庆失守。1862年春,清军几路围攻天京,李秀成率30万大军与清军激战,未能解除天京之围。1864年6月,洪秀全逝世;7月,天京失陷,太平天国运动失败。

太平天国运动是中国近代史上规模巨大、波澜壮阔的一次伟大的反封建反侵略的农民运动。太平天国坚持战斗14年,势力波及18个省,打击了中外反动势力,建立了农民政权,颁布了《天朝田亩制度》。太平天国起义沉重打击了封建统治阶级,强烈撼动了清政府的统治根基,把中国旧式农民战争发展到最高峰。太平天国起义还有力地打击了外国侵略势力,它和其他亚洲国家的民族解放运动汇合在一起,冲击了西方殖民主义者在亚洲的统治。

太平天国的失败,客观上是由于敌人力量的强大,主观上则是由于农民阶级的局限性造成的。太平天国起义及其失败表明，农民阶级不能担负起领导反帝反封建斗争取得胜利的重任，单纯的农民战争不可能完成争取民族独立和人民解放的历史任务。

(二)义和团运动

戊戌变法失败后，反侵略反洋教的斗争更趋频繁，最终汇成了波澜壮阔、震惊中外的义和团反帝爱国运动。义和团原称义和拳，起源于明末清初，是进行反清活动的民间秘密结社组织，活跃在山东、直隶一带，后来形成以农民为主的受压迫民众抗暴自卫的民间秘密组织。鸦片战争后，义和拳即自发地投入反洋教斗争。自甲午中日战争开始，在帝国主义加紧侵华过程中，山东民众深受其害，散布在山东各地的义和拳，便自然地成为广大民众反帝斗争的组织者和领导核心。

外国教会依仗不平等条约所赋予的侵略特权，或勾结地方官员，或胁迫地方官府，横行不法，欺压乡里。清朝地方官员袒护教会。这在山东又表现得尤为突出。山东除有英、日、德三国在这里激烈争夺外，洋教势力也遍布山东，有教堂1000多处，恣意横行，民怨沸腾。1898年，山东冠县义和拳在赵三多等带领下，攻打当地教堂，揭开了义和团反帝爱国运动的序幕。第二年，山东平原县义和拳在朱红灯等领导下取得平原大捷。山东各地的义和拳，多次与外国教会发生冲突，引起官府恐慌。清廷任用毓贤为山东巡抚，将义和拳改称义和团，采取安抚政策，允许义和团公开活动，妄图加以控制。义和团迅速发展起来，打出了“扶清灭洋”的旗帜。

帝国主义企图镇压义和团，迫使清政府调袁世凯接任山东巡抚。袁世凯一上任，立即对山东地区的义和团进行围剿，义和团运动不仅没有被镇压下去，反而势力越来越强大。1900年春，山东、直隶的义和团连克州县，势力席卷京津地区，直接危及清政府的统治，清政府不得不改变对义和团的策略，即由“剿”改为“抚”。声势浩大的义和团运动，沉重地打击了帝国主义在华利益。西方列强见清政府镇压无效后，英、德、美、法等国公使联合照会清政府，要求清廷限期剿除义和团，于是慈禧太后一面要清军暂时不要剿灭义和团，怕惹起事端；一面又秘密地把董福祥的武卫后军调进北京，企图剿灭义和团。

1900年，八国联军侵华战争爆发，义和团和部分清军与八国联军进行了殊死搏斗。最终，义和团运动在八国联军和清军的共同镇压下失败了。义和团运动是一次自发的反帝爱国的群众运动，它虽然存有笼统排外和宗教迷信等局限性，但它代表了中国的民气，打乱了列强各国瓜分中国的计划，其历史功绩不容否定。

二、地主阶级统治集团的“自救”运动

(一)总理衙门的建立

早在第二次鸦片战争期间，清政府内就有人主张承认外国侵略者的要求，换取外国的军事援助，镇压太平天国。1860年冬，清政府在北京设抚夷局，以后又感到这个名称不

合时宜，于1861年改设总理各国事务衙门，简称总理衙门。总理衙门由恭亲王奕䜣等充任办事大臣。总理衙门的设立，适应了外国侵略者侵略中国的需要，是中外反动势力互相勾结、镇压人民革命的产物。总理衙门最初经营外交、通商、海关等对外事务，后凡涉及外国的一切事务均由其管理。

（二）辛酉政变和“借师助剿”

第二次鸦片战争结束后，外国侵略者从清政府手中攫取大量侵略权益，并认识到要让这些权益变为现实，就要扶植清政府作为驯服的工具。经过二次鸦片战争，清政府内部在对待外国侵略者的态度上发生分歧。奕䜣等认为外国侵略者不过是“肢体之害”，应当保持“和好”，以信义笼络，而太平天国等农民起义才是清政府的“心腹之害”，需要联合外国侵略者才能共同镇压太平天国运动。当时政府实权掌握在咸丰帝及顽固守旧大臣肃顺等手中，在镇压太平天国运动的态度上与奕䜣等人是一致的，但他们仍要维持“天朝”威风，对外国侵略者心存疑忌。咸丰帝之死触发了一场权力之争。慈禧联合奕䜣发动政变，处置了八位辅政大臣，慈禧垂帘听政，从此掌握清政府最高统治权。辛酉政变是清朝统治阶级内部争夺最高统治权的宫廷政变。辛酉政变改组了清政府的中央机构，慈禧等人看到只要向洋人让步，就可以得到很大帮助，于是积极要求“借师助剿”。英法也扯去“中立”面具，设立上海会防局，配合清军共同镇压太平天国，中外反动势力正式勾结起来，中国半殖民地化的程度加深了。

（三）洋务运动

第二次鸦片战争以后，面对太平天国运动和西方列强侵略的内忧外患，清朝统治集团不能不调整统治政策。但在对待“外国事务”态度上，出现了洋务派和顽固派。洋务派主张面对现实，委曲求全，师夷长技以图自强。洋务派在中央以奕䜣为代表，在地方以握有实权的曾国藩、李鸿章、左宗棠、张之洞、沈葆桢、丁日昌为代表，其中李鸿章是洋务派最重要的代表人物。顽固派因循守旧，坚持祖宗成法，盲目排外，仇视一切外洋事物，仇视一切改革。顽固派以大学士倭仁为代表。两派都主张维护清朝的封建专制统治。慈禧太后在内外交困的形势下，要维护清朝的统治，必须依靠洋务派，所以，她采取了暂时支持洋务派的策略。

从19世纪60年代到90年代，为维护清政府封建统治，洋务派打着“自强”、“求富”的旗号，通过采用西方先进的生产技术，创办近代军事工业、民用工业，创建近代海军和新式学堂，企图摆脱内忧外患的困境，进行了一场“师夷长技以制夷”的洋务运动。

1. 兴办近代企业

从19世纪60年代至70年代，洋务派以“自强”为旗号，采用西方先进生产技术，创办了近代军事工业，主要有：曾国藩和李鸿章成立的江南制造总局、左宗棠开办的福州船政局和崇厚经营的天津机器制造局等。这些企业均为官办,使用新式机器生产,带有资本主义的性质。

从19世纪70年代到90年代,为解决军事工业资金、燃料、运输等方面的困难,洋务派又打出"求富"的旗号,兴办航运、煤矿、电讯、纺织等民用工业,创办形式大多为官督商办和官商合办,属于官僚资本。民用工业的代表是李鸿章开办的轮船招商局和开平煤矿、张之洞设立的汉阳铁厂和湖北织布局。民用工业是引进西方先进生产技术和设备的近代化企业,在客观上刺激了中国民族资本主义的发展,生产的产品在客观上对外国经济势力的扩张起到一定的抵制作用。

2. 建立新式海陆军

1861年1月,奕䜣、文祥等奏请训练八旗兵丁使用洋枪洋炮。随后,天津、北京、上海、广州、福州等地纷纷成立洋枪队,使用洋枪洋炮,聘请英法等国军官为教练。李鸿章的淮军、左宗棠的湘军也是用洋枪装备的军队。

从19世纪70年代中期起,洋务派开始整顿海防,筹建新式海军。到19世纪90年代,分别建成福建水师、广东水师、南洋水师、北洋水师。其中,北洋水师是清政府海军的主力,一直由李鸿章管辖。1885年,清政府成立海军衙门,统一海军指挥权。

3. 创办新式学堂、派遣留学生

为了适应洋务运动的需要,从19世纪60到90年代,洋务派创办新式学堂30多所。主要有三种:一是翻译学堂,培养翻译人才,如京师同文馆、广方言馆等。二是工艺学堂,主要培养电报、铁路、矿务、西医等专门人才。三是军事学堂,如福州船政学堂、天津武备学堂等。还派遣留学生出国深造,从而培养了一批翻译、军事和科技人才。

洋务派在30多年的洋务运动中,相继开办几十个近代化的企业,建立了近代化的海军,但洋务运动自身的封建性、对西方列强的依赖性、企业管理的腐朽性限制了它的发展,没有使中国走上富强的道路,中日甲午战争宣告了洋务运动的失败。洋务运动是清政府为挽救其反动统治而进行的一场改革、自救运动。它引进了西方国家的近代生产方式,建立了中国第一批近代企业,培养了一批近代科技人员,在客观上对封建经济起到一定的解体作用,刺激了民族资本主义的发展,对外国经济势力的扩张也起到一定的抵制作用。

三、中国无产阶级和民族资产阶级的产生

鸦片战争后,外国资本主义侵入,一方面,截断了中国资本主义独立发展的道路;另一方面,它又逐步瓦解了封建自然经济,扩大了商品市场和劳动力市场,客观上成为促使中国资本主义产生的催化剂。19世纪60－70年代,在上海、广东、天津等沿海地区,陆续出现了中国资本主义工业,中国民族资产阶级诞生了。中国资本主义工业是在中国社会半殖民地半封建化的过程中产生和发展起来的,决定了中国的民族资产阶级具有两重

性，既有革命的要求，又带有先天的软弱性和动摇性。

19 世纪 40 – 60 年代前后，资本主义列强在华开办的企业和洋务派的官办工厂中，产生了中国近代第一批产业工人。因此，中国无产阶级的诞生要比中国民族资产阶级早近 30 年。他们主要来自破产的农民和家庭手工业者，基本上集中于沿海和长江流域各通商口岸。他们身受外国资本主义、本国封建主义和资本主义三重压迫、剥削，改变自己悲惨境遇的要求最迫切，所以革命性最强。

四、维新运动

早期的维新思想产生于 19 世纪 60 年代以后，它是伴随着中国资本主义和民族资产阶级的产生而产生的，主要代表人物有冯桂芬、王韬、郑观应等；到了 19 世纪末，资产阶级维新思想有了进一步发展，这时的主要代表人物就是康有为。

1891 年，康有为在广州开办万木草堂，招徒讲学，并且组织弟子编撰《新学伪经考》、《孔子改制考》，这两篇文章表面上是作历史考证，实际上是康有为维新思想的理论著作，反映了康有为向西方学习、主张变法改革、发展资本主义的强烈愿望。其特点是“托古改制”，把西方资本主义政治学说同传统的儒家思想相结合。康有为的维新思想在社会上引起极大震动，被称为“思想界之大飓风”和“火山大喷发”。

1895 年春，康有为、梁启超到北京参加会试，时逢《马关条约》签订的消息传来，他们联合参加会试的 1300 多名举人上书光绪帝，提出拒和、迁都、练兵、变法等主张，史称“公车上书”，揭开了变法维新运动的序幕。随后，维新派以各种方式宣传变法主张，制造维新舆论，培养变法骨干。《中外纪闻》的创刊和强学会的成立，对推动维新变法运动在全国范围内的发展起了重要作用。从 1895 年到 1897 年，维新派所设立的学会、学堂、报馆共 50 多所，维新运动在全国蓬勃发展起来。

1897 年 11 月，德国强占胶州湾，康有为深感“亡国无日”，后多次上书光绪帝，痛陈国难深重，应赶快变法图强，同时还联合各省在京举人发起倡设学会。1898 年 4 月 12 日，康有为等在北京成立保国会，制定了章程三十条，确定以“保国、保种、保教”为宗旨，在北京、上海设两总会，各省府县设分会，使保国会初具资产阶级政党的性质和规模。在保国会推动下，各地分会纷纷成立，一时社会风气大变。维新运动的高涨，引起了守旧势力的反对。维新派和守旧派之间围绕着要不要变法，要不要兴民权、设议院、实行君主立宪，以及要不要废除八股、改科举和兴学堂三个问题展开激烈的辩论。这次论战实际上是资产阶级思想与封建主义思想在中国的第一次正面交锋。

1898 年 6 月 11 日，光绪帝在维新派的推动和策划下，颁布《定国是诏》，宣布开始变法。为推动变法实施，光绪帝还先后任命康有为、梁启超和谭嗣同、林旭、刘光第、杨锐等参与新政。在此后的 103 天里，光绪帝颁布了一系列变法上谕，史称“百日维新”。其主要内容有：

政治方面：改革行政机构，裁汰冗员，澄清吏治，提倡廉政，准许创办报纸和上书言事。

经济方面：设立农工商总局和铁路矿务总局，保护、奖励农工商业和交通采矿业；提倡开办实业，奖励发明创造；设立农会，注重发展农业，提倡西法垦殖；改革财政，编制国家预决算等。

军事方面：裁撤绿营，训练新式海军陆军，采用西洋兵制；筹设武备学堂。

文教方面：改革科举制，废除八股文，改试策论；广设新式学堂，创办京师大学堂；提倡西学，设译书局，选派留学生等。

新政的内容有利于推动民族资本主义的发展和资产阶级先进文化科学的传播，给开明绅士和民族资产阶级提供了参与政治的机会，并在一定程度上打击了封建官僚制度。这在当时的历史条件下具有进步意义。但是，新政中未提及维新派所要求的“君主立宪制”，没有触动清朝统治的根基。

变法内容由于触及守旧势力的封建传统和切身利益，引起顽固派对变法的惊恐和敌视，自新政以来，光绪帝面对慈禧太后的进攻也曾予以反击，但毕竟后党手中有权，加紧调兵部署，加强京津防卫，准备政变。光绪帝传出密诏，让康有为等商议对策以防不测，维新派把希望寄托于袁世凯，而又被袁世凯出卖。1898 年 9 月 21 日，慈禧太后发动政变，废除新法，宣布“临朝听政”，将光绪帝囚禁中南海，逮捕维新人士，杀害谭嗣同等“戊戌六君子”，除京师大学堂等被保留外，其余各种新政措施全被取消。戊戌变法宣告失败。

戊戌变法是一次自上而下的资产阶级性质的改良运动。由于维新派自身的局限和以慈禧太后为首的强大的守旧势力的反对，加之民族资产阶级的政治代表维新派的势力非常弱小，他们把自己实行改革的全部希望寄托在一个没有实权的光绪皇帝身上，失败是不可避免的。变法的失败证明，资产阶级改良道路在半殖民地半封建社会的中国是行不通的。

课后练习

1. 试述太平天国运动的历史意义。
2. 试述洋务运动的主要内容及评价。
3. 试述戊戌变法的意义以及失败的原因、教训。

第三章　辛亥革命

导读：19世纪末，中国的民族危机日益深重，社会矛盾日益激化，以孙中山为代表的资产阶级革命派掀起了一场推翻清王朝的革命运动。他们组建资产阶级性质的革命政党，提出建立资产阶级共和国的政治纲领，同改良派展开了论战，发动了一次又一次武装起义。1911年的辛亥革命推翻了封建君主专制制度，是一次比较彻底意义上的资产阶级革命，但它没有改变中国社会半殖民地半封建的性质。辛亥革命的胜利果实最终落在了北洋军阀首领袁世凯手中。资产阶级革命派为挽救共和进行了反对北洋军阀统治的斗争，又屡遭失败。资产阶级领导的旧民主主义革命走到了历史的尽头。

一、辛亥革命

随着帝国主义侵略的不断加深，清政府已完全成为帝国主义侵华的工具。在中外反动派的严重压迫下，各阶层人民的斗争风起云涌，遍及全国。为了摆脱困境，清政府于1901年4月成立督办政务处，宣布实行“新政”。1908年颁布《钦定宪法大纲》。1911年5月，“皇族内阁”的成立，宣告清末“新政”的破产。“新政”未能使清政府摆脱内外困境，反而加重了对人民的剥削，国内矛盾也日益尖锐。

“新政”中奖励实业的政策刺激了民族资本主义的发展，更多的人投资实业，增强了民族工业的实力，使中国民族资本主义得到了初步的发展，民族资产阶级及与它相联系的社会力量也有了较大的发展。民族资本主义的迅速发展为民主革命运动准备了物质和阶级基础。资产阶级革命派的骨干是一批资产阶级、小资产阶级的知识分子。随着19世纪末20世纪初清政府兴学堂、派留学生的浪潮，中国的民族资产阶级接触到近代西方资本主义思想文化，在群众斗争的推动下，走向清政府的对立面，开始探索救国救民的新道路。以孙中山为首的资产阶级革命派首先发动中国资产阶级民主革命。

孙中山，名文，字逸仙，伟大的民主主义革命的先行者。他早期从事革命时，曾以中山为化名，后来人们叫他孙中山。1894年，孙中山在檀香山组织华侨，建立中国第一个资产阶级革命团体——兴中会，提出了“驱除鞑虏，恢复中华，创立合众政府”的口号。兴中会的成立标志着中国资产阶级革命派初步形成。第二年初，孙中山在香港成立兴中会总部。1895 年，兴中会策划了广州起义，但是由于计划泄漏，清政府展开大搜捕，陆皓东在这次起义中被捕，不幸身亡，第一次广州起义宣告失败。孙中山流亡日本及欧美，继续进行革命活动。

20 世纪初，各种宣传革命的书籍报刊纷纷涌现，使民主革命思想迅速传播开来。其中，章炳麟的《驳康有为论革命书》，驳斥康有为的保皇观点，歌颂革命是"除旧布新"的良药，强调中国人有能力建立民主共和制度；邹容的《革命军》，阐述了在中国进行民主革命的正义性和必要性，号召人们推翻清政府统治，建立"中华共和国"；陈天华的《警世钟》、《猛回头》，抨击外国列强瓜分中国的罪恶图谋，号召人们推翻清政府这个"洋人的朝廷"等。

随着民主革命思想的广泛传播，资产阶级革命团体在各地相继成立。其中重要的有黄兴为会长的华兴会、蔡元培为会长的光复会以及科学补习所、岳王会等。革命团体的建立为革命思想的传播和革命运动的发展提供了不可或缺的组织力量，也为成为全国性的资产阶级革命政党奠定了组织基础。

随着中国资产阶级革命形势的迅速发展，孙中山倡议建立全国统一的革命组织，于 1905 年 8 月在日本东京成立了中国同盟会，孙中山为总理。同盟会制定了"驱除鞑虏、恢复中华、建立民国、平均地权"的政治纲领，1905 年 11 月，在同盟会机关报《民报》发刊词中，孙中山将同盟会的纲领概括为三大主义，即民族主义、民权主义、民生主义，后被称为"三民主义"。三民主义成为辛亥革命的指导思想。

民族主义包括"驱除鞑虏，恢复中华"两项内容。一是要以革命手段推翻清朝政府，改变它一贯推行的民族歧视和民族压迫政策；二是追求独立，建立"民族独立的国家"。但是，民族主义没有明确的反帝主张，也没有明确地把汉族官僚、军阀、地主作为革命对象，从而给了这部分人后来破坏革命以可乘之机。民权主义的内容是"创立民国"，即推翻封建君主专制制度，建立资产阶级民主共和国。孙中山一再阐明民族主义必须和民权主义结合起来，民族革命和政治革命必须一次完成。但是，民权主义没有明确广大劳动人民在国家中的地位，也难以保障人民的真正权利。民生主义在当时指的是"平均地权"，也就是孙中山所说的社会革命。基本方案是：核定地价，按价征税，涨价归公，按价收买。但是，民生主义没有正面触及封建土地所有制，不能满足农民的土地要求，难以成为发动群众的理论武器。

孙中山先生的三民主义，明确提出了反对封建统治、建立资产阶级共和国的主张，表达了资产阶级政治上和经济上的利益和要求，提出了一套在中国历史上不曾有过的资产阶级共和国的建国方案，是一个比较完整而明确的资产阶级民主革命纲领。三民主义也反映了中国人民要求民族独立和民主权利的共同愿望，具有广泛的群众基础和号召力，因而推动了资产阶级民主革命的深入发展。但是，三民主义没有明确提出反帝要求；也没有提出彻底的土地革命纲领,因此也就不能彻底完成反帝反封建的民主革命任务。

1905年至1907年间,围绕中国究竟是采用革命手段还是改良方式这个问题,革命派与改良派各自分别以《民报》、《新民丛报》为主要舆论阵地,展开了一场大论战。这次论战主要围绕以下问题展开:第一,要不要以革命手段推翻清王朝。这是论战的焦点。第二,要不要推翻帝制,实行共和。第三,要不要社会革命。这次大论战以革命派的胜利而告终,具有重要的意义。通过这场论战,划清了革命与改良的界限,使人们清楚地认识到实行民主革命的重要性。论战使资产阶级民主革命思想和三民主义思想得到更加广泛的传播,促进了革命形势的发展,为推翻清朝统治的革命斗争奠定了思想基础。

同盟会成立后,以孙中山为首的革命党人把开展武装起义放在首要地位,组织了多次武装起义,其中影响较大的有萍浏醴起义和黄花岗起义等。这些起义虽然都失败了,却沉重打击了清王朝,壮大了革命力量,扩大了革命影响。

1911年,清政府宣布“铁路国有”政策,全国掀起了群众性的保路运动,以四川规模最大,提出了“路存与存,路亡与亡”的口号,四川总督制造了“成都血案”,导致全川的武装暴动,建立革命政府。清政府急调湖北新军赴川镇压。湖北革命团体文学社和共进会乘省防空虚之机,发动了武昌起义。

在同盟会的推动下,10月10日晚,湖北新军工程营的革命党人熊秉坤、金兆龙等打响了武昌起义的第一枪,率领起义军攻占楚望台军械库,夺取枪支弹药。第二天,起义军攻陷总督衙门。汉口、汉阳的新军起义响应,革命在武汉三镇取得了胜利。革命党成立湖北军政府,推举黎元洪担任都督。因1911年是旧历辛亥年,历史上称这次革命为“辛亥革命”。

武昌起义后,各省纷纷响应,掀起了辛亥革命的高潮。武昌起义不到两个月,内地18个省市已有14个省举旗独立,宣布脱离清政府的统治。1911年12月,独立各省代表在南京集会,决定成立临时政府并以南京作为临时政府所在地,选举孙中山为“中华民国”临时大总统,选举黎元洪为副总统。

1912年1月1日,孙中山在南京宣誓就职,宣告中华民国临时政府正式成立,改国号为“中华民国”,以1912年为中华民国元年。南京临时政府是一个资产阶级共和国性质的革命政权。在人员构成上,资产阶级革命派控制着南京临时政府。革命党人和同盟会会员担任着政府重要部门的主要职务。在实行的各项政治经济文化和社会政策措施上,集中体现了中国民族资产阶级的愿望和利益,也一定程度上符合广大中国人民的利益。但是,南京临时政府内政外交方面也有一定的局限性。临时政府承认清政府与列强所定的一切不平等条约和所欠的一切外债,也没有提出可以满足农民土地要求的政策和措施。

1912年2月12日,清王室接受了清帝退位的优待条件,宣布退位,统治中国260余年的清王朝寿终正寝。3月,孙中山在南京颁布了参议院制定的《中华民国临时约法》,

规定"中华民国"的主权属于全体国民;国内各民族一律平等;国民有人身、居住、财产、言论、出版、集会、结社、宗教信仰等自由,有选举和被选举的权利;参议院行使立法权,有弹劾总统的权力。临时约法确立了行政、立法、司法三权分立的政治体制,是中国历史上第一部具有资产阶级共和国宪法性质的法典。它以根本大法的形式废除了两千年来的封建君主专制制度,确认了资产阶级共和国的政治制度。

辛亥革命是一次比较完全意义上的资产阶级民主革命,是中国人民救亡图存、振兴中华的一个里程碑,具有伟大的历史意义。辛亥革命推翻了清王朝在中国的统治,沉重打击了中外反动势力在中国的统治,为中国人民革命斗争的发展开辟了道路。辛亥革命结束了统治中国两千多年的封建君主专制制度,建立了中国历史上第一个资产阶级共和政府,使民主共和的观念开始深入人心。辛亥革命也是一场思想解放运动。辛亥革命开启了思想进步和民族觉醒的大门,促使社会经济、思想习惯和社会风俗等方面发生了新的变化。辛亥革命打击了帝国主义在华势力,推动了亚洲各国民族解放运动的高涨。

由于辛亥革命的领导者资产阶级革命派自身的软弱性,辛亥革命具有显而易见的局限性。革命派没有提出彻底的反对帝国主义和反对封建主义的革命纲领。没有明确的反帝纲领,幻想以妥协退让来换取帝国主义的承认和支持。他们只强调反满和建立共和政体,没有认识到反对整个封建统治阶级,最终把政权交给了同是封建势力代表的袁世凯。没有充分发动和依靠民众,不敢依靠反封建的主力军农民群众,甚至压制人民的革命行动。没有建立坚强的革命政党,发挥团结一切革命力量的强有力的核心作用。同盟会的组织松懈,派系纷杂。辛亥革命后,有的主张解散同盟会,有的另建党派、自立山头。"革命军起,革命党消"。

中国资产阶级革命派的软弱性以及由此而来的辛亥革命的局限性,使辛亥革命难以摆脱失败的命运。辛亥革命只推翻一个清朝政府,而没有推翻帝国主义和封建主义的压迫和剥削,没有完成反帝反封建的根本任务。辛亥革命的失败表明,资产阶级共和国的方案没有能够救中国,先进中国人需要进行新的探索,为中国谋求新的出路。

二、北洋军阀的统治

北洋军阀是中国近代史上代表大地主和买办资产阶级利益的政治集团。从1912年袁世凯掌权到1927年张作霖逃出北京,北洋军阀控制中央政权达十五六年之久。

辛亥革命后,袁世凯以武力压迫革命派,帝国主义列强也转而扶植袁世凯作为他们统治中国的新工具。清政府被迫任命袁世凯为内阁总理大臣,组织责任内阁。在帝国主义的支持下,袁世凯一面武力镇压革命党人,一面逼迫清政府接受南北议和。湖北军政府中的立宪派和旧官僚及部分革命党人也主张停战议和。孙中山被迫妥协,同意让位。1912年3月,袁世凯在北京就任"中华民国"临时大总统。4月1日,孙中山正式卸去临时大总统职务。随后,临时参议院议决将临时政府迁往北京。由袁世凯的老部下唐绍仪出任内阁总理，同盟会会员在内阁中只担任司法、教育、农林、工商等部的部长。军事、财政、外交、内务等要害部门的部长皆由袁世凯的亲信所控制，以袁世凯为首的北洋军阀政权建立了。中国重新落入黑暗的深渊。

在政治上，北洋政府实行军阀官僚的专制统治。

一方面，以袁世凯为首的封建军阀大力扩充军队，建立特务、警察系统，制定一系列反动法令。另一方面，袁世凯毁弃辛亥革命过程中孙中山苦心缔造的资产阶级民主制度。袁世凯建立北洋军阀政府后，破坏《临时约法》，控制内阁，加强北洋军，削弱革命军，实行专制独裁统治，并且派人刺杀宋教仁。1913 年，袁世凯强迫国会选举他为正式大总统，随后解散了革命党和国会，颁布了《中华民国约法》，废除临时约法，改内阁制为总统制，取得终身总统地位。1915 年 12 月，袁世凯宣布实行帝制，自称“中华帝国皇帝”，下令 1916 年为“洪宪”元年，准备在元旦举行登基大典。帝制复辟遭到举国反对，袁世凯只当了 83 天皇帝就被迫取消帝制。不久，袁世凯在恐惧绝望中病死。

袁世凯死后，北洋军阀分化为直、皖、奉三大系：以冯国璋、曹锟为首的直系军阀，势力在江苏、江西、湖北三省，依靠英美帝国主义支持；以段祺瑞为首的皖系军阀，掌握北京政府实权，控制着安徽、浙江、山东、福建等省，是日本侵华的工具；以张作霖为首的奉系军阀，盘踞东北三省，依靠日本帝国主义。除此还有大大小小的军阀在各省各地区割据一方。军阀之间混战不断，中国人民陷入深重的灾难中。

1916 年，黎元洪被推举为大总统，段祺瑞任国务总理，段以北洋正统派首领自居，依附日本军阀，掌握军政大权，与黎元洪分庭抗礼，因一方为总统府，一方为国务院，所以他们间的争斗被称为“府院之争”。1917 年 5 月，因是否解散国会问题，大总统黎元洪和国务总理段祺瑞发生争端。黎元洪被迫召张勋入京调解。张勋趁机拥清废帝溥仪复辟。消息传出，孙中山在上海发表讨逆宣言，各大城市群众团体、社会名流，纷纷集会通电，要求讨伐张勋。段祺瑞借助全国反对复辟的声势和日本政府的财政支援，组成讨逆军，誓师讨伐张勋。张勋兵败，复辟破产，段祺瑞重新执政。

北洋军阀为了巩固专制统治，不惜投靠帝国主义。袁世凯未经国会同意，与列强签订“善后大借款”合同，用盐税作抵押。1915 年 5 月，为取得日本对他复辟帝制的支持，袁世凯基本接受日本提出的严重损害中国权益的“二十一条”。皖系军阀段祺瑞执掌北京政权时，向日本借款充实自己的实力，准备武力统一中国。这些借款以东北金矿、树林、山东及东北铁路、国家烟酒专卖利润等为担保，便利了日本进一步掠夺中国的矿产资源和其他原料。

在经济上，北洋政府竭力维护帝国主义、地主阶级和买办资产阶级的利益。官僚、军阀本身就是大地主，他们以各种手段兼并土地。北洋政府还通过“清丈地亩”，征收各种苛捐杂税。军阀和官僚借助于政治势力，组成官僚买办资本集团，控制铁路和银行。

在文化思想方面，北洋政府尊孔复古。组织尊孔复古团体，发行尊孔刊物，攻击民主共和，宣传封建伦常，甚至要求将孔教定为国教，企图用封建思想遏制人民思想解放的潮流，维护其反动统治。

北洋军阀政府从政治上、经济上和文化思想上对辛亥革命进行了全面的反攻倒算，中国重新落入黑暗的深渊。资产阶级革命派在中国建立一个独立、民主的资产阶级共和国的梦想破灭了。

三、资产阶级革命派维护共和的斗争

（一）二次革命

1912 年 8 月，宋教仁将同盟会改组为国民党，并在第一次国会选举中获胜。为阻止国民党组织责任内阁，1913 年春，袁世凯派人刺杀了宋教仁。孙中山号召武力讨袁，李烈钧在湖口、黄兴在南京宣布独立。随后，广东、安徽等省宣布独立。这次讨袁的军事行动，史称“二次革命”。在袁世凯北洋军的镇压下，二次革命失败。

（二）组织中华革命党

二次革命失败后，孙中山逃亡日本，1914 年 7 月，孙中山在东京正式成立中华革命党。

（三）护国运动

袁世凯复辟帝制激起全国人民的极大愤怒。1914 年夏，孙中山在日本组织中华革命党，发表《讨袁檄文》。1915 年底，蔡锷、李烈钧、唐继尧发动反袁起义，宣布云南独立，组织护国军，进军川、黔、粤、桂四省，各省纷纷响应。1916 年 3 月，袁世凯内外交困、众叛亲离，被迫宣布取消帝制。6 月 6 日，袁世凯在全国人民的唾骂声中死去。

（四）护法运动

段祺瑞操纵北京政府实权后，拒绝恢复《中华民国临时约法》和国会。1917 年 7 月，孙中山在广州举起护法运动的旗帜。孙中山召集原国会部分议员在广州开会，提出“护法”，即维护中华民国临时约法。因到会人数不足，故称“非常国会”。滇、桂军阀为对抗段祺瑞武力统一中国的企图，支持护法运动。护法军政府成立，孙中山任海陆军大元帅，唐继尧、陆荣廷为元帅。孙以大元帅名义通电否认以冯国璋为总统、段祺瑞为国务总理的北京政府，号召北伐。不久，北京政府内部反段势力占了优势，段祺瑞武力统一中国的计划破产，南北军阀合流。第一次护法运动宣告失败。

1919 年 10 月，孙中山将中华革命党改组为中国国民党。1920 年 8 月，孙中山扶植粤军陈炯明部讨伐桂系军阀。11 月，孙中山重返广东，重组军政府，发起第二次护法运动。1921 年 9 月，孙中山平定广西，统一两广，发布北伐令，以捍卫约法，恢复民国。陈炯明却与湖南军阀赵恒惕结成反孙联盟,在后方牵制北伐力量,迫使孙中山回师广东。1922 年 6 月,陈炯明叛变,炮轰总统府,孙中山避入永丰舰,8 月被迫到上海。第二次护法运动失败。这是孙中山遭受的他一生中最惨重的一次失败,标志着中国资产阶级领导的旧民主主义革命的失败。

课后练习

1. 试述孙中山的三民主义革命纲领。
2. 试述辛亥革命的历史意义、失败原因和经验教训。
3. 辛亥革命失败后,孙中山为捍卫辛亥革命果实进行了哪些斗争?

第四章　新民主主义革命的开端

导读：1919年的五四运动是在中国无产阶级力量的壮大和俄国十月革命影响下发生的，是中国新民主主义革命的开端。五四运动后，马克思主义开始在中国得到比较广泛的传播，在具有初步共产主义思想的先进知识分子的推动下，马克思主义同中国工人运动相结合，中国共产党应运而生。中国共产党的成立是中国历史上开天辟地的大事件，使中国的革命面貌焕然一新。

一、新文化运动

辛亥革命后，与政治上反动势力的复辟倒退相呼应，在思想文化领域也出现了一股尊孔复古的逆流，北洋军阀企图利用尊孔复古来大造复辟舆论，借封建的伦理道德毒害广大人民。随着西方资产阶级民权、平等、进化论等思想在中国的传播，一些激进的资产阶级、小资产阶级知识分子在思想文化领域掀起了一场反对封建复古主义和专制主义的斗争，即"新文化运动"。

1915年9月，陈独秀在上海创办《青年杂志》，成为新文化运动开始的标志。陈独秀在《新青年》发表《敬告青年》一文。文章指出，青年如初春，如朝阳，是人生最可宝贵的时期，号召广大青年冲破腐朽社会束缚，以科学和人权并重，反对专制和愚昧，激发广大青年及资产阶级知识分子的反封建热情。1917年1月，蔡元培就任北京大学校长，推行思想自由、兼容并包的办学方针，倡导师生进行学术研究，首次招收女生，聘请有名望的陈独秀、李大钊、鲁迅等人任教、讲学，使北京大学成为全国知识分子集中营，全国学术研究中心。这样，《新青年》编辑部和北京大学成为新文化运动的主要阵地。

作为一场轰轰烈烈的思想革命，新文化运动的主要内容即围绕着"四提倡，四反对"而进行的具体实践活动。其前期实质是资产阶级的新文化反对封建旧文化的斗争，后期则是由先进的知识分子极力宣传马克思主义为主题。

前期新文化运动的主要内容是提倡民主和科学，反对专制、迷信。民主是指资产阶级民主制度和民主思想。科学是指自然科学，倡导以科学的精神和科学方法来研究社会。新文化运动以西方资产阶级文明来批判中国的封建统治，在当时封建主义占统治地位的时代，不仅新鲜，而且反对专制、迷信，对科学事业发展起了推动作用，对激发广大青年及知识分子追求民主、献身科学具有重大进步意义。

新文化运动把攻击的矛头集中指向以维护封建专制为宗旨的孔学，以进化论观点和个性解放思想为主要武器，猛烈抨击封建纲常礼教，大力提倡新道德，反对旧道德。旧道德指以孔子为首的儒家传统的道德，是维护封建专制统治的精神工具，要实现民主政治就必须否定封建礼教。这是中国近代历史上第一次自觉地向封建礼教提出全面挑战。

新文化运动还提倡新文学，反对旧文学；提倡白话文，反对文言文，主张文学革命，文学革命包括文学的内容和形式两个方面的革命。胡适首先倡导白话文学，陈独秀提出鲜明口号，鲁迅成就最突出。1918 年 5 月，鲁迅发表《狂人日记》，这是新文学运动的第一篇白话文。从文学的形式到内容，全面批判旧文学，倡导新文学。把文学创作与反封建、反礼教结合起来。这些文学著作，都是一篇篇反封建的檄文，易为民众所接受，有力唤起民众积极参与反封建斗争。

五四前的新文化运动是一场由民主主义知识分子领导的资产阶级民主主义革命性质的思想启蒙运动，具有重要的历史意义。它是资产阶级民主主义的新文化同封建主义旧文化的斗争，是辛亥革命在思想文化领域的延续，以磅礴的气势沉重打击了封建专制主义。新文化运动大力宣传了民主和科学，启发了人们的理智和民主主义觉悟，将人们从封建专制所造成的蒙昧中解放出来，开启了思想解放的潮流。它还为中国先进分子接受马克思主义准备了适宜的土壤，为以五四运动为开端的中国新民主主义革命创造了思想文化上的条件。

五四前的新文化运动也存在一定的局限性。新文化运动的倡导者没有揭示封建专制主义得以存在的社会根源，把资产阶级共和国方案失败的根本原因归之于思想文化，是错误的。他们把改造国民性置于优先地位，但是又脱离改造产生封建思想的社会环境的革命实践，没有把运动普及到工农群众中去，仅仅依靠少数人的呐喊，其目标难以实现。在思想方法上存在绝对肯定或绝对否定的形式主义偏向。

1917 年，俄国十月革命胜利，一批先进知识分子从中看到了中华民族获得解放的新希望，他们开始宣传十月革命和马克思主义，新文化运动进入了新的阶段。

十月革命推动中国的先进分子从资产阶级民主主义转向社会主义。李大钊最先由民主主义者转变为共产主义者，在中国大地率先举起马克思主义旗帜，陈独秀随后也成为了社会主义的闯将。1918 年，李大钊先后发表了《法俄革命之比较观》、《庶民的革命》、《布尔什维克主义的胜利》，讴歌十月革命是“二十世纪中世界革命的先声”，确信“将来的环球，必是赤旗的世界”。

五四运动促使新文化运动发展到一个新的阶段，马克思主义的传播成为这个阶段的主流。五四运动爆发后，《新青年》出版了《马克思研究》专号，李大钊在上面发表了《我的马克思主义观》，文章比较全面地、系统地介绍了马克思主义。《新青年》逐渐成为宣传马克思主义的阵地。

二、五四运动

1919 年的五四运动是在新的时代条件和社会历史条件下发生的。这一时期，帝国主义的侵略和北洋军阀政府的独裁统治，使中国的民族矛盾和国内的阶级矛盾日益加深，激发了人民反帝反封建的情绪。俄国十月革命的胜利为中国人指明了方向，一大批青年知识分子，受到了马克思主义的影响，迅速成长起来，为五国运动的爆发提供了组织基础。一战期间，中国民族工业进一步发展，促使中国工人阶级队伍迅速壮大起来，又为五四运动的爆发提供了阶级基础。第一次世界大战期间，西方列强忙于欧洲战事，无暇东顾。日本与美国乘机加紧侵略中国，促使中国人民的民族意识觉醒，反帝情绪日益高涨。

五四运动爆发的直接导火线是巴黎和会上中国外交的失败。1918 年第一次世界大战结束，德国战败。1919 年 1 月，战胜国在巴黎召开"和平会议"。北京政府和广州军政府联合组成中国代表团，以战胜国身份参加和会，提出取消列强在华的各项特权，取消日本帝国主义与袁世凯订立的"二十一条"等不平等条约，归还大战期间日本从德国手中夺去的山东各项权利等要求。巴黎和会在帝国主义列强操纵下，不但拒绝中国的要求，而且在对德合约上，明文规定把德国在山东的特权，全部转让给日本。巴黎和会无理拒绝中国人民的正义要求，消息传到国内，群情义愤，成为五四运动爆发的导火线。

1919 年 5 月 4 日，北京大学等学校的三千名学生，在天安门集会，举行声势浩大的示威游行，揭开了伟大的反帝反封建的五四运动的序幕。他们高呼"外争国权，内惩国贼"、"废除二十一条"、"拒绝和约签字"、"还我青岛"等口号。学生的爱国行动受到北洋军阀政府的严厉镇压。6 月 3 日，北洋政府出动大批军警，逮捕千余名学生。此后，运动的中心转移到上海。上海 2 万余工人开始罢工，工人阶级作为一支独立的政治力量登上了历史舞台。五四运动越出知识分子这一狭小的范围，形成了一个以工人阶级为主力，包括城市小资产阶级和民族资产阶级在内的全国规模的具有广泛群众性的爱国政治运动。运动扩展到全国 20 多个省、100 多个城市。

迫于全国各界的压力，北洋军阀政府被迫释放了被捕的学生，罢免了曹汝霖、陆宗舆、章宗祥三个卖国贼的职务，出席巴黎和会的中国政府代表，也未在和约上签字。五四运动取得初步胜利。

五四运动是在新时代和新社会历史条件下发生的，具有以辛亥革命为代表的旧民主主义革命不具备的历史特点和历史意义。首先，五四运动是中国近代史上第一次彻底反帝反封建的革命运动，表现了反帝反封建的彻底性，把中国人民反帝反封建的斗争提升到一个新的水平线上。其次，五四运动是一次进行了广泛地动员和组织的群众性革命运动。运动中，具有初步共产主义思想的知识分子起了重要的领导作用，青年学生起了先锋作用，中国工人阶级开始登上政治舞台，并在运动后期发挥了主力军的作用。再次，五四运动是一次思想解放运动，促进了马克思主义同中国工人运动的结合，为中国共产党的成立做了思想和干部上的准备。最后，五四运动是中国新民主主义革命的伟大开端。五四运动后，中国革命逐渐成为世界无产阶级社会主义革命的一部分，中国的无产阶级逐渐代替资产阶级成为近代中国民族民主革命的领导者。

三、中国共产党的诞生

中国共产党的成立是中国革命运动发展的必然结果。随着民族资本主义的进一步发展，工人阶级的队伍不断壮大，工人运动也不断发展。五四运动后，马克思主义在中国得以进一步传播，并同中国的工人运动相结合。1920 年初，李大钊和陈独秀开始考虑成立中国共产党。在共产国际的帮助下，1920 年 8 月，中国共产党的第一个早期组织在上海成立，陈独秀任书记。随后，北京、武汉、长沙等地相继成立了共产党早期组织。同时在法国和日本也由留学生中的先进分子组成了共产主义组织。

各地共产主义小组建立以后，开展了多方面的革命活动。各地共产主义小组翻译出版马克思列宁主义经典著作，1920 年 8 月，《新青年》杂志改为党的公开刊物；同年 11 月，又创办了《共产党》月刊，这是中国共产党历史上第一个党刊。共产主义小组还创办学习、研究和宣传马克思主义的社团，积极深入工人群众，举办工人夜校，建立工会组织。

1921 年 7 月 23 日，中国共产党第一次全国代表大会在上海法租界望志路 106 号举行。因法国租界的介入和搜捕，最后一次会议被迫转至嘉兴南湖一艘船上进行。参加会议的各地代表共 13 人，分别是李达、李汉俊、董必武、陈潭秋、毛泽东、何叔衡、王尽美、邓恩铭、张国焘、刘仁静、陈公博、周佛海、包惠僧。他们代表全国 50 多名党员，共产国际的代表马林等列席了会议。

中共一大的中心议题是正式建立中国共产党。会议确定党的名称是中国共产党；党的性质是无产阶级政党；党的奋斗目标是以无产阶级革命军队推翻资产阶级的政权，消灭资本家私有制，由劳动阶级重建国家，承认无产阶级专政，直到阶级斗争结束，即直到消灭社会的阶级区分；党的组织方面的规定为，在全党建立统一的组织和严格的纪律，地方组织必须接受中央的监督和指导等。中共一大还确定党成立后的中心任务是组织工会和教育工人，领导工人运动，以共产主义精神教育工人。大会选举产生了由陈独秀、张国焘、李达三人组成的中央局作为党的领导机构，陈独秀担任中央局书记，李达、张国焘分管宣传和组织工作。

中国共产党是一个以马克思主义理论为指导、以实现社会主义、共产主义为奋斗目标的政党，是一个新型的无产阶级革命政党，不仅代表工人阶级的利益，还代表中国广大人民和中华民族的利益。中国共产党的诞生标志着中国革命终于有了一个坚强的领导核心和科学的指导思想，沟通了中国革命与世界革命的联系，把中华民族的解放运动同世界无产阶级社会主义革命运动相连结而成为其中一部分，使中国革命有了新的前途。

自从有了中国共产党,中国革命的面貌就焕然一新了。

1922 年 7 月,中国共产党第二次全国代表大会在上海召开。大会通过了《中国共产党第二次全国代表大会宣言》,制定了党的民主革命纲领。《宣言》分析了国际形势和中国社会半殖民地半封建的性质,阐明当前的中国革命性质是民主主义革命,革命的动力是无产阶级、农民和小资产阶级、民族资产阶级;革命的对象是帝国主义和封建军阀;革命的前途是向社会主义革命转变。宣言实际上制定了中国共产党的最低纲领和最高纲领。党的最低纲领,即党在民主革命阶段的主要纲领是:消除内乱,打倒军阀,建设国内和平;推翻国际帝国主义的压迫,达到中华民族完全独立;统一中国为真正的民主共和国。党的最高纲领是:实现社会主义和共产主义。

中国共产党在中国人民面前,第一次明确提出了反帝反封建的民主革命纲领,为中国革命指明了方向。从鸦片战争到五四运动前,从太平天国到义和团到辛亥革命的纲领口号,都没有认识到中国革命的基本任务,都没有正面地明确地提出反帝反封建的主张,也没有为这个目标而采取的革命步骤。中国共产党虽然是初生的党,但明确提出反帝反封建的民主革命纲领,成为动员、组织、鼓舞人民朝着解放的道路前进的一面旗帜。

课后练习

1. 简述新文化运动的主要内容。
2. 试述五四运动的历史意义。
3. 简述中国共产党成立的历史条件及历史意义。
4. 简述中共第一次、第二次代表大会的主要内容。

第五章　第一次国共合作与国民革命

导读：中国共产党成立后，积极投身于反帝反封建的革命斗争中，二七惨案后，中共正确分析了当时中国的国情，在共产国际的倡议和帮助下，共产党决定同国民党合作，建立革命统一战线，共同进行反帝反封建的斗争。1924年，中国国民党第一次全国代表大会在广州召开，标志着革命统一战线的建立，同时也标志着第一次国共合作的形成。国共两党在中国掀起了一场推翻北洋军阀统治的大革命。由于国民党右派的背叛和中国共产党内的右倾错误，大革命失败。

一、第一次国共合作的形成

中国共产党成立后，首先集中力量从事工人运动。1921年8月，成立了中国劳动组合书记部，作为党领导工人运动的专门机关。书记部出版《劳动周刊》，举办工人夜校，组织产业工会，开展罢工斗争，使党在工人中和整个社会上的政治影响日益扩大。从1922年1月到1923年2月，罢工浪潮席卷全国各重要城市和厂矿，罢工达100多次，参加罢工的人数有30多万，形成了中国工人运动的第一次高潮。其中著名的工人运动有香港海员罢工，这是中国工人阶级第一次直接同帝国主义势力进行的有组织的较量；安源路矿工人罢工；京汉铁路工人罢工，这是第一次工人运动高潮的顶点。京汉铁路工人罢工遭到了军警镇压，制造了震惊中外的"二七惨案"，罢工委员长林祥谦和法律顾问施洋牺牲。在这一时期，中国共产党在集中力量领导工人运动的同时，也开始从事农民运动、青年运动和妇女运动。1921年9月，沈定一等在浙江省萧山县衙前村成立了第一个农民协会。

第一次工人运动高潮是在中国共产党的领导下进行的，显示了党的组织发动能力和工人阶级坚定的革命性、坚强的战斗力，锻炼了工人阶级的队伍，提高了党和工人阶级在全国人民中的威望。这时期的斗争也提供了一些重要的教训：第一，中国革命的敌人是异常强大的。为了战胜强大的敌人，仅仅依靠无产阶级孤军奋战是不够的，必须利用一切可能的机会，大力开展农民运动，争取一切可能的同盟者。第二，在半殖民地半封建的中国，为了争取革命的胜利，没有革命的武装斗争，仅仅依靠罢工这个武器，主要进行合法斗争，是不行的。

年轻的中国共产党正是带着这些经验教训，投入了以国共合作为基础的人民大革命的洪流。当时中国现存的各阶级中，只有国民党是比较真正的民主派，有威信，又建立了革命根据地，因此，成为中国共产党首先考虑的合作对象。1922 年 8 月，中共中央在杭州西湖召开特别会议，专门讨论与国民党合作的具体形式问题。会议决定接受共产国际的建议，同意共产党员以个人身份加入国民党以实行"党内合作"。

1923 年 6 月，中国共产党在广州召开第三次全国代表大会。会议集中讨论了国共合作、建立革命统一战线的问题。会议传达了共产国际关于国共合作的指示，分析了建立革命统一战线的必要性和把孙中山领导的国民党改造成为工、农、小资产阶级与民族资产阶级革命联盟的可能性。最终决定采取共产党员以个人身份加入国民党的形式实现国共合作，同时保持共产党在政治上、思想上和组织上的独立性。中共三大确定了以党内合作形式同国民党建立革命统一战线的方针，促进了第一次国共合作的实现，使共产党活动的政治舞台迅速扩大，加速了中国革命的步伐，为波澜壮阔的第一次大革命作了准备。但中共三大忽视了党对民主革命的领导权问题，为大革命的失败埋下了隐患。

在国民党方面，第二次护法运动的失败使孙中山认识到：中国革命要取得胜利，不能依靠一派军阀打倒另一派军阀，必须寻找新的道路。他开始考虑同苏俄和中国共产党合作的问题。1923 年初，孙中山发表《中国国民党宣言》，强调革命必须依靠民众，表明他实现了从依靠地方军阀到依靠广大民众的转变。随后，孙中山同苏俄政府代表越飞发表《孙文越飞宣言》，正式确立联俄政策。孙中山还吸收共产党人参与国民党的改组工作。

1924 年 1 月，中国国民党第一次全国代表大会在广州召开，中心议题是讨论国民党的改组问题。孙中山以总理身份担任大会主席，并指定李大钊为大会主席团委员，苏联顾问鲍罗廷也出席了大会。大会通过了《中国国民党第一次全国代表大会宣言》，接受共产党员和社会主义青年团员以个人身份加入国民党以及共产党的反帝反封建主张，提出"新三民主义"，并确定了"联俄、联共、扶助农工"三大政策。新三民主义的具体内容是：民族主义主张"一则中国民族自求解放"，即反对帝国主义，"二则中国境内各民族一律平等"，即废除国内的民族压迫。民权主义主张"把政权放在人民掌握之中"，实行民主政治。民生主义主张平均地权，节制资本，反对"土地权之为少数人所操纵"，反对私有资本"操纵国计民生"。新三民主义和中共在民主革命时期的纲领在基本原则上是一致的，成为国共合作的政治基础和革命统一战线的共同纲领。

大会通过了国民党的施政纲领，提出了对内对外的基本政策和实行新三民主义的具体方针。对外政策包括废除清政府及军阀政府同帝国主义订立的一切不平等条约，取消帝国主义在中国攫取的特权，争取国家独立自主等。对内政策规定各项政治经济制度，以反对封建主义保障民权民生主义的实施，规定实行普通选举制，改良农村组织，制定劳工法等。

中国国民党第一次全国代表大会的召开，标志着以第一次国共合作为基础的革命统一战线正式形成。改组后的国民党成为工人、农民、城市小资产阶级和民族资产阶级四个阶级的民主革命联盟。这次大会对中国新民主主义革命具有重大意义,成为新的革命高潮的起点。

1924年5月,国民党在广州创办黄埔军校。军校创办是中国革命进程中国共合作的一大成果,特别为培养杰出的军事人才打下了基础。

二、工农运动的高涨和北伐战争的顺利进展

中国共产党于1925年1月在上海召开了第四次全国代表大会,认真总结了建党以来尤其是国共合作一年来的历史经验,对中国革命问题的认识有了重大进展。党的四大以后,由于党的工作的全面开展,革命形势有了新的发展。1925年春,上海、北京、武汉、广州、唐山、沈阳等城市和重要矿山的工人为反抗日、英等国资本家的残酷剥削和血腥屠杀,相继进行了罢工斗争。

1925年5月15日,上海内外棉七厂的日本资本家开枪打死工人代表、共产党员顾正红,打伤工人10多人,激起工人、学生和广大人民的极大愤怒。中共中央在上海召开紧急会议,并于5月30日发动学生和工人在租界内举行大规模的反帝示威活动,抗议帝国主义屠杀中国人民的罪行。租界的英国巡捕对群众开枪射击,打死学生、工人等13人,伤者不计其数,制造了震惊全国的"五卅惨案"。

惨案发生后,中共中央再次召开会议,决定组织行动委员会,把反帝斗争扩大到各阶层当中去,领导各界人民举行罢工、罢课、罢市,结成广泛的反帝统一战线。6月初,中国共产党领导上海工人罢工、学生罢课、商人罢市,向帝国主义提出惩办凶手、赔款、取消领事裁判权、撤退外国军队等17项交涉条件。全国各大城市人民纷纷响应支持,形成了全国规模的反帝怒潮。帝国主义出动大批军队,进入黄浦江进行恫吓,并勾结买办资产阶级对民族资产阶级施加压力。在帝国主义的威胁利诱下,资产阶级单独停止罢市,破坏了"三罢"斗争。随后,帝国主义指使奉系军阀封闭了工商学联合会和上海总工会。为保存革命力量,工人先后复工。五卅运动严重打击了帝国主义,大大提高了中国人民的觉悟,揭开了大革命高潮的序幕。中国共产党在领导五卅运动的斗争中受到很大锻炼,党组织也得到极大发展。

五卅惨案后,上海的反帝斗争迅速扩展到全国,省港大罢工就是广州、香港工人为抗议帝国主义制造"五卅"惨案,支援上海人民的反帝斗争而举行的政治大罢工。它沉重地打击了帝国主义,对巩固广东革命根据地和准备北伐战争,起了巨大作用。省港大罢工历时1年零4个月,是世界工运史上时间最长的一次大罢工。

在国共两党合作的推动下,革命形势迅速发展。为了扑灭革命势力,在帝国主义支持下,直系吴佩孚和奉系张作霖达成"谅解",组成直奉联军,进攻"南北二赤"。在北方,张作霖进攻冯玉祥的国民军,国民军被迫退往西北。在南方,吴佩孚和孙传芳以及西南

军阀,准备南下进攻广东革命根据地。为打倒帝国主义,推翻军阀统治,统一中国,1926年,广州国民政府决定北伐。

北伐的直接目标是打倒帝国主义支持的吴佩孚、孙传芳、张作霖三派军阀。在苏联军事顾问的帮助下,北伐军制定了正确的行动方针。首先向军阀吴佩孚部队盘踞的湖南、湖北进军。北伐军进入湖北后,1926年8月攻下汀泗桥和贺胜桥,击溃吴佩孚主力,并在9月攻占武昌。在战斗中,叶挺独立团战功卓著,所在的第四军被誉为“铁军”,叶挺更是被誉为北伐名将。与此同时,北伐军向江西进军,11月占领九江、南昌,一举歼灭了军阀孙传芳的主力。北伐顺利进军的同时,福建、浙江等省的军阀也纷纷倒向北伐军。国民革命军誓师北伐仅半年,就取得了惊人的进展,控制了南方大部分省区。国民革命军冯玉祥部也控制了西北地区,五原誓师,响应北伐军。1927年初,国民政府从广州迁到武汉,武汉成为全国革命的中心。武汉国民政府继续北伐,主攻河南,与冯玉祥部队会师郑州。奉军被迫撤退。

北伐途中,中国共产党各级组织在广东、湖南、湖北等省领导工农群众积极参与运输、救护、宣传、联络等工作,为北伐胜利进军提供了有力保障。北伐战争的胜利进军推动了全国范围内反帝斗争和工农运动的蓬勃发展。上海工人阶级为了配合北伐军的进军,在中国共产党的领导下,先后举行了三次武装起义。北伐军经过的农村也爆发了轰轰烈烈的大革命,全国有17个省建立了农民协会,农民有了自己的政权和武装。其中湖南省的农民运动发展最猛烈。中国革命形势的高涨,特别是北伐战争的节节胜利,使帝国主义十分恐慌。他们公开干涉中国革命,先后制造了“万县惨案”,“一三惨案”和“南京惨案”,企图扼杀中国革命。在大革命的浪潮中,各地人民要求废除不平等条约,撤退外国军队,收回英租界。1927年初,收回了汉口、九江的英租界,这是中国人民反帝斗争取得的重大胜利。

三、国民革命的失败

大革命的发展使帝国主义看到北洋军阀的统治已无可救药,于是按照帝国主义一贯的对华政策,他们一方面调派军舰,扬言要武装干涉中国革命,制造“南京惨案”,发出最后通牒等等,企图破坏中国革命;另一方面他们又在积极物色新的代理人,当时担任国民革命军总司令的蒋介石成为他们拉拢的对象。

就在全国革命形势不断高涨、北伐胜利进军之时,蒋介石“反共”的面目暴露出来。1926年5月,蒋介石先后制造了中山舰事件、整理党务案事件,打击共产党员和工农革命力量,成了国民党内新右派的代表。在蒋介石即将发动反革命政变的危急时刻,中共主要领导人陈独秀却表现了严重的右倾麻痹思想。1927年4月初,陈独秀与汪精卫发表联合宣言,这个宣言实际上起了帮助蒋介石解除共产党和革命群众思想戒备的作用。

1927年4月12日,蒋介石在上海发动反革命政变,以“清党”名义捕杀共产党员和革命群众。4 月 18 日，蒋介石在南京成立了与武汉国民政府相对抗的南京国民政府。1927 年 4 月 28 日，中国共产党主要创始人李大钊在北京被奉系军阀张作霖杀害。“四一二”反革命政变使国共合作遭到巨大破坏，共产党遭受重大损失，大革命局部失败。蒋介石成为大地主大资产阶级利益的代表，成为革命的敌人。

7 月 15 日，汪精卫在武汉召开“分共”会议，正式同共产党决裂，并对共产党员和革命群众进行疯狂的屠杀。汪精卫集团的叛变，表明第一次国共合作的完全破裂，轰轰烈烈的国民大革命失败了。

第一次国共合作发动的国民革命，基本上摧毁了北洋军阀的反动统治，沉重打击了帝国主义和封建主义的统治势力，唤醒了人民，使人们在思想上受到了一次革命的洗礼。它扩大了中国共产党在中国人民中的政治影响，宣传了党在民主革命阶段的纲领，锻炼并壮大了党的力量，使中国共产党开始掌握一部分军队，积累了丰富的革命经验，为以后革命的顺利发展创造了条件。

轰轰烈烈的国民革命最后以国民党的叛变而告终，国民革命失败的原因是复杂的，多方面的。客观上，由于帝国主义和中国封建主义势力的联合力量大大超过刚刚兴起的革命联合力量，敌我力量悬殊；革命统一战线内部出现剧烈分化，蒋介石、汪精卫分裂统一战线，制造反共政变，使革命力量遭到严重损失。主观上，当时中国共产党处于幼年时期，缺乏对中国社会和中国革命基本问题的深刻认识，缺乏革命经验尤其是处理同资产阶级的复杂关系的经验，还不善于把马克思主义基本原理和中国革命实践结合起来。以陈独秀为首的中共中央在大革命后期犯了右倾机会主义错误，放弃了无产阶级对于农民群众、城市小资产阶级和民族资产阶级的领导权，尤其是武装斗争的领导权。加上共产国际的错误领导，阻碍和限制了革命力量的发展。

国民革命从兴起到挫折的历史使年轻的中国共产党经受了一场血与火的洗礼，为中国革命提供了极为宝贵的经验和教训。第一，共产党要领导人民取得革命的胜利，就必须坚持无产阶级对革命的领导权。大革命后期，陈独秀右倾投降主义者在统一战线的问题上的右倾政策，以放弃无产阶级领导权，压制工农运动、牺牲工农根本利益的方法来维持国共合作，导致了革命的失败。第二，共产党要领导人民取得革命的胜利，还必须建立革命的武装，坚持武装斗争。中国革命的主要形式，只能是武装的革命反对武装的反革命。

课后练习

1. 试述第一次国共合作是如何实现的。
2. 简述国民党第一次代表大会的主要内容和意义。
3. 试分析总结国民革命失败的原因和经验教训。

第六章 国共两党的十年对峙

导读：1927年8月南昌起义到1937年7月"七七事变"前，是第二次国内革命战争时期，也称十年内战时期或土地革命战争时期。大革命失败后，其基本特征是新军阀取代了旧军阀的统治，国共两党从合作走向对峙；国民党内部由分裂到统一，并实行北伐，在张学良东北易帜后，南京国民政府确立了对全国的统治。1930年新军阀之间的中原大战后蒋介石掌握了国民党的党政军大权，结束了所谓的"军政"时期，开始"训政"。与此同时，中国共产党人在南昌起义后，开始独立领导武装斗争，并在短短几年时间内形成了"工农武装割据"的局面，成立中华苏维埃共和国临时中央政府，与国民党政权形成对峙。由于以王明为首的"左"倾机会主义在中央的错误领导，红军第五次反"围剿"失利，被迫长征。中国共产党人通过遵义会议实现中国革命的伟大转折，取得长征的胜利，由此打开中国革命的新局面。

一、国民党在全国的统治

"四一二"反革命政变后，蒋介石在南京建立国民政府，同汪精卫的武汉国民政府争夺国民党的最高领导权。经过国民党内部派系关系的调整，1927年8月25日，武汉国民政府宣布迁往南京，两个国民政府合并，史称"宁汉合流"。南京国民政府，由国民党一党专政，故又称国民党政府。南京国民政府的建立，标志着国民党反动统治的开始，直到1949年被推翻为止，进行了22年的反动统治。

在"宁汉合流"后，中国同时并存着两个政权：一是南京国民政府；一是张作霖控制的北京政府。为了实现统一，1928年，南京国民政府发动了对北方张作霖的北伐。这次北伐与大革命时期国共合作进行的北伐性质是不同的：后者是推翻帝国主义封建军阀统治的革命战争；前者是新军阀对旧军阀的统一战争。在北伐部队北上占领济南后，为了阻止北伐，日本制造了震惊中外的"济南惨案"。"济南惨案"引起了中国人民的反日怒潮。但蒋介石为取得日本帝国主义的支持，却命令北伐部队撤出济南，绕道北伐。

日本帝国主义支持张作霖出兵阻止北伐的同时，又向张作霖施加压力，企图攫取东北开矿、筑路、设厂、移民等权利，欲占领中国东北。慑于中国人民反日怒潮，张未全部接受，部分进行了抵制。1928 年 6 月初，北伐部队逼近京、津，日本决定抛弃张作霖，另立傀儡。张作霖被迫向东北撤退时被日本预先埋在皇姑屯的炸弹炸死。

张作霖死后，其子张学良继任东北保安总司令。这时蒋介石派人赴沈阳劝说张学良改旗易帜，服从南京国民政府，美国大使也表示支持南京方面的建议。日本则对张学良施加压力，在沈阳附近进行大规模军事演习。张学良于 1928 年 12 月底发表“易帜”通电，表示“遵守三民主义，服从国民政府，改旗易帜”，史称“东北易帜”。至此，南京国民政府实现了形式上的南北统一。

在南京国民政府北伐战争消灭旧军阀的过程中，国民党内部又产生了蒋介石、冯玉祥、阎锡山和李宗仁、白崇禧四派新军阀，此外各地还有诸多小军阀。北伐结束后，蒋介石以裁军为名，排斥异己，削弱其他军阀势力。为了争夺地盘，新军阀间展开了混战。先是李宗仁与蒋介石为争夺湖南而开战，继而又有冯玉祥与蒋介石为争夺山东而开战，均以李、冯相继失败而告终。1930 年 4 月，以阎锡山为首，冯、阎、桂组成庞大的反蒋联盟，与蒋介石进行了历时 7 个月之久的“中原大战”。9 月，张学良发出拥蒋通电，进兵占领天津，10 月，反蒋军彻底失败。中原大战，双方死伤达 30 万人，耗资无数，是我国近代史上最大的一次军阀混战，使蒋介石在各派军阀中确立了优势地位，奠定了其独裁统治的基础。

国民党政府在政治上实行一党专政的军事统治。为了镇压人民和消灭异己力量，国民党建立了庞大的军队和全国性特务系统“中统”“军统”，主要任务是反对共产党，破坏革命运动，绑架或暗杀革命者和异己分子，从而，将广大人民置于国民党武装的严密控制和监视下。为了镇压人民，禁止革命活动，国民党还大力推行保甲制度，广大人民被禁锢在保甲制度之内。国民党政府厉行文化专制主义，控制舆论，剥夺人民的言论和出版自由。国民党政府通过这些方法，来维护帝国主义、封建主义、官僚资本主义的利益，巩固自身统治。

为解决财政危机，巩固统治，国民政府通过整顿税务、控制金融、改革币制等措施，增加中央财政收入，建立了官僚资本对国民经济的统治。官僚资本是中国的垄断资本，它与国家政权、帝国主义、地主阶级密切地结合起来，成了买办的封建的国家垄断资本，最终形成以蒋介石为首的封建买办统治集团，即蒋介石、宋子文、孔祥熙和陈果夫、陈立夫。他们是国民党官僚资产阶级的代表。1927 年，蒋介石在南京建立国民政府以后，四大家族开始与美英等帝国主义相勾结，与本国地主阶级和旧式富农相勾结，利用国家政权，掠夺人民的财富，逐渐垄断了全国的经济命脉，成为蒋介石政权的经济基础。

帝国主义的侵略、封建主义的剥削和官僚资本的垄断，严重阻碍了中国经济与社会的发展，因此，反对帝国主义、封建主义和官僚资本主义，成为中国新民主主义革命的重要任务。国民政府的反动统治代表着帝国主义、封建主义和官僚资本主义的利益，因此，推翻国民政府的反动统治成为当时新民主主义革命的主要目标。

二、“工农武装割据”的形成

大革命失败以后,国民党反动派对革命人民进行了极端残酷的镇压,中国革命进入低潮。为挽救革命和反抗国民党反动派的屠杀,1927 年 7 月中旬,中国共产党成立中央临时政治局常委会,决定以革命的武装来反对反革命的武装。

1927 年 8 月 7 日,中共中央在汉口秘密召开紧急会议,即八七会议。会议由李维汉、瞿秋白主持,瞿秋白和共产国际代表罗明纳兹分别做了报告,毛泽东等做了重要发言。会议通过了《中国共产党中央执行委员会告全党党员书》和其他决议。会议分析了当时的政治形势,总结了大革命失败的经验教训,指出了陈独秀右倾投降主义错误给中国革命事业带来的严重危害。会议讨论了国共两党关系、土地革命、武装斗争等问题,确定了实行土地革命和武装反抗国民党反动派的总方针,决定秋收时发动武装起义。毛泽东在会议上提出了“枪杆子里出政权”的光辉思想。八七会议给正处于思想混乱和组织涣散的中国共产党指明了新的出路,从而为挽救革命、挽救党做出了巨大贡献。但是,这次会议在反对右倾错误的同时,没有注意防止“左”倾情绪的滋长,给后来的中国革命带来危害。

根据 7 月中央临时政治局常委会做出的决定和八七会议确定的方针,中国共产党开始高举武装斗争和土地革命的旗帜,复兴中国革命。

1927 年 8 月 1 日,中国共产党在南昌发动武装起义,起义由周恩来、贺龙、叶挺、刘伯承等人领导。起义胜利后,起义部队南下广东。10 月,在潮汕地区遭优势敌人伏击,损失严重。保存下来的部队,一部分转入海陆丰地区,另一部分在朱德、陈毅的率领下转战湘南。在南昌起义中,为了争取和团结国民党中那些愿意继续革命的人,起义仍然使用了国民党的旗帜,经过整编后的部队仍沿用国民革命军第二方面军番号。南昌起义打响了武装反抗国民党反动统治的第一枪,成为共产党独立领导革命战争、创建人民军队和武装夺取政权的伟大开端,揭开了土地革命战争的序幕。

八七会议后,毛泽东以中央特派员身份回到湖南,成立前敌委员会,领导了湘赣边界秋收起义。起义军在萍乡、老关、醴陵、白沙、东门市等地取得胜利。但由于敌强我弱,缺乏作战经验,后来遭受严重挫折。毛泽东决定放弃进攻长沙的计划,转向敌人统治力量薄弱的农村进军。秋收起义放弃了“左派国民党”运动的旗号,独立树起工农革命军的旗帜。10 月,起义部队在毛泽东率领下到达井冈山,创建了中国第一个农村革命根据地——井冈山革命根据地,为中国革命开辟了“农村包围城市,最后取得全国胜利”的正确道路。

根据中国共产党八七会议精神和中央的指示,中共广东省委决定利用粤系军阀张发奎把主力调往肇庆、梧州一带,抵御桂系军阀黄绍竑,以致广州守敌空虚之机,于 1927 年 12 月举行起义。起义由张太雷、叶挺、叶剑英、周文雍、聂荣臻等领导,成立了广州苏维埃政府,国民党军队在帝国主义支持下大举反扑,起义终因寡不敌众而失败。

这一时期,共产党领导的这些起义大多很快就失败了,它们的失败证明:在半殖民地半封建的中国,在统治阶级占据着中心城市、敌我力量悬殊的情况下,企图通过城市武装暴动或攻占大城市来夺取革命胜利是行不通的。

1928 年至 1930 年间,在全国各地武装起义的基础上,中国共产党相继创立了一系列革命根据地。

最早开辟的是井冈山根据地。井冈山位于湖南、江西两省边界罗霄山脉中段,地势险要,远离中心城市,敌人统治力量薄弱,革命群众基础好。秋收起义后,毛泽东在率领工农革命军转移途中,进行了著名的三湾改编,将原有的一个师缩编为一个团,将党的支部建在连上,部队内部实行民主管理。三湾改编确立了党对军队的绝对领导,成为建设共产党领导的新型人民军队的重要开端。1927 年 10 月,毛泽东率领工农革命军到达井冈山地区,到 1928 年春,初步建立起了井冈山革命根据地。1928 年 4 月,朱德、陈毅等率领南昌起义余部和湘南农民军到达井冈山。两军会合后,组成了工农革命军第四军(随后改称中国工农红军第四军)。井冈山革命根据地的建立具有重大的历史意义。它成功地把革命的退却和革命的进攻结合起来,实现了中国革命的伟大战略转变,从实践上为中国革命开辟了农村包围城市、武装夺取政权的新道路。

除井冈山根据地外,中国共产党在这一时期建立了大小 15 个农村革命根据地,比较重要的根据地有:赣南闽西根据地、湘鄂赣根据地、闽浙赣根据地、鄂豫皖根据地、洪湖湘鄂西根据地、广西左右江根据地、海陆丰革命根据地。根据地遍及十几个省的 300 多个县,革命武装力量壮大到 10 万人。井冈山的星星之火,开始发展为燎原之势。

井冈山等农村革命根据地的创立和发展,表明中国革命已走上了“工农武装割据”的道路。在革命实践的基础上,毛泽东于 1928 年 10 月到 1930 年 1 月,先后写了《中国红色政权为什么能够存在?》《井冈山的斗争》《星星之火,可以燎原》,从理论上说明了中国革命采取建立农村革命根据地,以农村包围城市,最后夺取城市这样一条道路,是中国国情决定的,从而否定了走城市暴动的道路。毛泽东科学地回答了红色政权存在和发展的原因和条件:第一,中国是一个几个帝国主义国家间接统治的经济发展极端不平衡的半殖民地半封建的大国;第二,第一次国内革命战争在广大人民群众中有深刻影响,为革命军队和政权的建立准备了良好的群众条件;第三,全国革命形势继续向前发展,中国红色政权也必然会继续发展;第四,有相当力量的正式红军的存在,是造成工农武装割据的必要条件;第五,共产党组织的坚强有力和各项政策的正确贯彻执行,是红色政权存在的重要条件。

在怎样走农村包围城市的道路问题上,毛泽东提出了“工农武装割据”的思想。其基本内容是:在无产阶级及其政党的领导下,以武装斗争为主要斗争形式,以土地革命为基本内容,以革命根据地为依托,三者紧密结合。这一思想是把马列主义普遍原理同中国革命具体实践相结合的光辉典范，是对马列主义关于武装夺取政权理论的新发展。

三、土地革命的开展和红色政权的建立

农民的土地问题是中国共产党领导的新民主主义革命的一个基本问题。开展土地革命，就是要消灭封建地主的土地所有制，实行农民的土地所有制。1928 年 12 月，毛泽东在井冈山主持制定了中国共产党历史上第一个土地法，以立法的形式，首次肯定了广大农民获得土地的权利。1929 年 4 月，毛泽东在兴国发布第二个土地法，将“没收一切土地”改为“没收一切公共土地及地主阶级的土地”，保护了中农的利益。1931 年 2 月，毛泽东进一步总结根据地土地革命的实践经验，提出了一条完整的土地革命路线：依靠贫农、雇农，联合中农，限制富农，保护中小工商业者，消灭地主阶级，以乡为单位，按人口平分土地，在原耕地的基础上，实行抽多补少、抽肥补瘦的原则，变封建半封建的土地所有制为农民的土地所有制。在这条路线的指引下，土地革命在农村根据地轰轰烈烈地开展，从而极大地调动了农民的生产和革命积极性。中国共产党在革命根据地开展打土豪、分田地、废除封建剥削和债务的土地革命，满足了农民的土地要求，使广大贫雇农政治上翻了身，经济上分到土地，生活上得到保证。为了保卫胜利果实，他们积极参军参战，努力发展生产，使中国革命获得了群众基础和经济基础。

1931 年 11 月，在江西瑞金召开中华苏维埃第一次全国代表大会，宣告成立中华苏维埃共和国临时中央政府。会议制定并颁布了《中华苏维埃共和国宪法大纲》以及土地法、劳动法、经济政策等重要文件，定都瑞金。选举了 63 人为中央执行委员，中央执行委员会以毛泽东为主席，项英和张国焘为副主席。

中华苏维埃共和国是共产党在中央革命根据地建立的中央政权机关，是中国共产党领导下的工农民主专政，是工人、农民和城市小资产阶级联盟的政权。它的建立标志着中国领土内形成了两个性质迥异的政权。中华苏维埃共和国及其各级政权，对广大工农兵实行广泛的民主，对地主阶级、官僚买办阶级实行专政。在政治体制上，它实行苏维埃制度，即工农兵代表大会制度。中华苏维埃临时中央政府领导了各革命根据地的建设，统一和协调了各革命根据地的对敌斗争，在中国历史上占有重要地位。

四、中国革命的历史性转折

红军和根据地的日益壮大，直接威胁着国民党统治，引起了国民党反动派的恐慌。1930 年中原大战结束后，蒋介石就集中全力来“围剿”红军。“围剿”的重点是居于中央革命根据地的毛泽东、朱德率领的红一方面军。

1930 年 11 月，国民党经过先前数月的准备后，调集 11 个师 2 个旅，共约 10 万余兵力，由江西省政府主席兼第 9 路军总指挥鲁涤平组织对红一方面军和中央苏区进行第一次大规模围剿。中国共产党第一方面军总前敌委员会在查明敌情后，同江西省行动委员

会就反“围剿”的方针问题进行了多次讨论，确定了毛泽东提出的“诱敌深入”的战略方针。最终红军歼灭国民党军一万两千多人，活捉敌第18师师长张辉瓒，红军第一次反“围剿”也宣告胜利。

第一次“围剿”失败后，蒋介石于1931年2月派军政部长何应钦代行总司令职权兼陆海空军总司令南昌行营主任，调集18个师另3个旅，20万人的兵力，“以厚集兵力，严密包围及取缓进为要旨”，采取稳扎稳打、步步为营的作战方针，积极部署对红一方面军的第二次“围剿”。中央红军则继续按照毛泽东提出的“诱敌深入”战略方针，连打五个胜仗，歼敌3万余人，打破了敌人的第二次“围剿”。

1931年6月，蒋介石亲自带着德、日、英等国军事顾问到南昌，就任“围剿”军总司令，何应钦为前敌总司令，调集23个师另3个旅，约30万人的兵力，发动第三次“围剿”。这次“围剿”，敌人采取长驱直入的作战方针，企图先击破红军主力，捣毁根据地，再深入进行清剿。红军决定仍采取“诱敌深入”的战略方针，毙伤俘敌3万余人，彻底地粉碎了敌人的第三次“围剿”。

1932年5月，国民党反动派开始准备对各根据地红军发动第四次“围剿”。敌人采取了逐次转移重点、实行各个击破的战略，对中央根据地发动大规模的军事进攻，以达到围歼中央红军的目的。面对国民党来势汹汹的进攻，红一方面军总司令朱德、总政治委员周恩来沉着应战，黄陂、草台冈两仗，共歼敌近3个师，俘敌万余名，基本上打破了敌人的第四次“围剿”。

红军的反“围剿”斗争之所以能够取得胜利，除了贯彻积极防御的方针，实行“诱敌深入”“避敌主力，打其虚弱”等一整套行之有效的战术外，还有一个根本原因就是中国共产党领导农民进行了土地革命，获得土地的广大农民从各方面支持革命战争。

1933年初，日军大举入侵华北，中华民族危机日益严重，蒋介石却置民族危亡于不顾，坚持推行“攘外必先安内”的反动方针，决心消灭共产党及其领导的红军。蒋介石调集100万兵力，发动第五次“围剿”。其中，直接用于进攻中央苏区的兵力达50万人。中央苏区在取得四次反“围剿”胜利后，“左倾”势力占据上风。在第五次反“围剿”中，博古、李德推行王明的“左”倾冒险主义，采取“御敌于国门之外”的错误方针，提出“保守苏区每一寸土地”口号，与国民党军队正面决战，结果损失惨重。

由于第五次反“围剿”的失败，1934年10月，中共中央和中央红军8.6万人被迫实行战略转移，开始了震惊中外的长征。长征初期，博古等人又犯了退却中的逃跑转移错误，在连续突破国民党军队布置的四道封锁线后，红军和中央机关人员锐减到3万多人。在此紧急关头，毛泽东建议红军改向敌人力量薄弱的贵州进军，于是红军强渡乌江，攻占了黔北重镇遵义。

1935年1月15日至17日，中共中央在遵义召开了政治局扩大会议，会议的主要议题是总结第五次反“围剿”的经验教训。会议集中纠正和批判了第五次反“围剿”和长征以来博古、李德在军事上和组织上的“左”倾错误，肯定毛泽东的正确主张；改组中央领导机构，增选毛泽东为政治局常委，取消博古、李德的最高军事指挥权。会后，常委进行分工：由张闻天代替博古负总责，毛泽东、周恩来负责军事。在行军途中，又成立了由毛泽东、周恩来、王稼祥组成的三人军事指挥小组，负责长征中的军事指挥工作。至此，遵义会议以后的中央组织整顿工作基本完成。

遵义会议结束了王明“左”倾错误在中央的统治，在事实上确立了以毛泽东为核心的新的党中央的正确领导。这是中国共产党第一次独立自主地运用马克思主义原理解决自己的路线、方针和政策问题，妥善地处理了党内长期存在的分歧和矛盾，是中国共产党从幼稚走向成熟的标志。这次会议在极其危急的情况下，挽救了党，挽救了红军，挽救了革命，成为党的历史上一个生死攸关的转折点。

遵义会议后，红军在新的党中央领导下，采取机动灵活的运动作战方针，四渡赤水，打乱敌人的追剿计划。接着，又巧渡金沙江，摆脱了几十万国民党军队的围追堵截，取得了战略转移中具有决定性意义的胜利。随后，强渡大渡河，飞夺泸定桥，翻越夹金山，过草地，于1935年6月在四川懋功与红四方面军会师。10月，中央红军在陕北的吴起镇同刘志丹领导的陕北红军胜利会师。1936年10月，红二、四方面军和红一方面军在甘肃会宁胜利会师。至此，红军三大主力完成了战略转移。三大主力会合标志着二万五千里长征胜利结束。

红军长征的胜利，是中国革命转危为安的关键。它粉碎了国民党反动派扼杀中国革命的企图，宣告了用马列主义、毛泽东思想武装起来的中国共产党和中国工农红军具有战胜任何困难的无比坚强的生命力，是国内外任何反动势力所不可战胜的。长征充分表现了中国共产党人艰苦卓绝的斗争精神。中国工农红军的三大主力在极端艰难的条件下，先后在一年左右的时间内进行了战略大转移。长征胜利地跨越了12个省，总行程达2.5万里以上。虽然失去了南方原有的根据地，损失了很大一部分力量，但是保存和锻炼了中国共产党和红军的骨干，沿途播下了革命的种子，广泛宣传了革命主张。长征的胜利使共产党和红军进入了抗日的前沿阵地，打开了新局面。

课后练习

1. 试述毛泽东关于“工农武装割据”的理论。
2. 试述土地革命的意义和中国共产党的土地路线和政策。
3. 试述遵义会议的内容和重要历史意义。
4. 简述红军长征的原因和历史意义。

第七章 中华民族反抗日本侵略的斗争

导读：中华民族反抗日本侵略的斗争，是近代以来中国第一次取得反侵略完全胜利的战争。日本军国主义发动的侵华战争给中国人民带来深重灾难，中国人民经过14年的艰苦抗战，终于打败了日本侵略者。抗日战争时期，中华民族空前觉醒，全国各族各界民众在中国共产党倡导的抗日民族统一战线的旗帜下，投入到伟大的抗日洪流中。国民党正面战场是抗日的重要力量，其地位与作用在不同阶段有所不同。中国共产党坚持全面抗战路线，是全民抗战的中流砥柱。中国抗日战争是世界反法西斯战争的东方主战线。抗日战争的胜利是20世纪中国和人类历史上的重大事件。

一、日本局部侵华战争的开始

1868年明治维新后，日本开始推行独霸亚洲的“大陆政策”，通过不断发动对外侵略战争获得大量发展军事工业的资金。中国东北是日本重要的资本输出和商品输出地，农业、重工业原料供应地，1927年，日本首相田中义一在东京主持召开“东方会议”，会议确立了先占领东北，进而侵占全中国的策略。这是近代日本对外扩张的“大陆政策”的具体体现。1929－1933年的资本主义世界经济危机波及日本，促使其国内阶级矛盾尖锐，日本统治集团急于利用侵略中国东北的对外战争来摆脱国内的经济危机和政治危机。国际上，欧美资本主义各国忙于应付本国经济危机，无暇东顾；中国内部，蒋介石政府集中重兵“围剿”红军，无心北顾。日本趁机发动了武装侵略中国东北的九一八事变。

1931年9月18日，日本关东军自行炸毁“南满”铁路沈阳北郊柳条湖一条路轨，反诬中国军队所为，并以此为借口，炮轰东北军驻地北大营，攻占沈阳，制造了震惊中外的九一八事变。九一八事变是由日本蓄意制造并发动的侵华战争，是日本帝国主义侵华的开端，是日本企图独占中国而采取的重要步骤。中国人民局部抗日战争从此开始。

面对日军的进攻，广大东北军将士义愤填膺，要求坚决抵抗。但是蒋介石却向东北军下达了不抵抗的命令，实行“攘外必先安内”的反动政策。由于蒋介石不准抵抗，十余万东北军不战而退，日军长驱直入，1932年2月，东北三省全部沦陷。

为便于对东北进行殖民统治，日本侵略者欲以“自治”或“独立”的名义，在东北建立一个傀儡政权。1932 年 3 月，日本侵略者宣布伪“满洲国”成立，清朝末代皇帝溥仪在长春就职出任“满洲国”“执政”。同年 9 月，日本政府“声明”，承认伪满洲国为“独立”国家。1934 年 3 月，在日本帝国主义的策划下，又把“满洲国”改为“满洲帝国”，溥仪由“执政”改称“皇帝”。“满洲国”的整个政权由日本外交、行政、军事、铁路等驻东北的机构联合控制。日本借助于伪满洲国傀儡政权，对东北人民进行了长达 14 年之久的奴役和殖民统治，实行了残酷的殖民统治和军事镇压、残酷的经济掠夺和以摧残中国民族文化为目的的奴化教育，使东北 3000 多万同胞饱受亡国奴的痛苦。

九一八事变后，国内阶级关系发生了新的变化，中日民族矛盾上升为主要矛盾，抗日救亡运动在全国兴起，中国共产党积极号召人民武装起来进行民族自卫战。中国共产党及其领导的工农红军和广大的工人、农民成为抗日救亡的重要力量。东北人民和未撤走的东北军纷纷组织抗日义勇军；工人纷纷举行反日大罢工和抗日示威游行，组织抗日救国会；广大农民积极开展游击斗争；青年学生进行罢课、示威、宣传等活动，要求停止内战，一致对外。1932 年 4 月，中华苏维埃共和国临时中央政府宣布对日作战。为抗日救国，中国共产党派出大批干部加入东北军和义勇军，或是在东北各地建立由中国共产党直接领导的抗日游击队，开展抗日游击战争，后逐渐成为东北抗日游击战争的主力。中国共产党把东北的抗日队伍统一起来，组成东北抗日联军。在全国抗日运动的冲击下，国民党内部的斗争也日益激化，国民党反动统治陷入危机。

九一八事变后，日本帝国主义得寸进尺，企图侵占上海作为继续侵略中国的基地。1932 年 1 月 28 日夜，日本侵略军由租界向闸北一带进攻，驻守上海的 19 路军在全国人民抗日高潮的推动下，奋起抵抗，开始了淞沪抗战。在中国共产党领导下，上海日本工厂工人举行抗日同盟罢工，各界人民组织反日救国会，纷纷参加抗日义勇军、运输队、救护队等，积极支援前线。淞沪抗战在上海军民的英勇斗争下，坚持了一个多月，使日本侵略者受到沉重打击，死伤 1 万余人，四度更换司令。由于国民党政府坚持不抵抗政策，破坏淞沪抗战，19 路军被迫撤离上海。在英、美、法等国调停下，国民党政府和日本签订了卖国的《淞沪停战协定》。

日本占领东北后，其侵略野心并没有得到满足，又开始向中国华北地区渗透。1935 年，日本通过《何梅协定》，实际控制了河北省，为了达到把华北变成第二个满洲国的目的，日本又积极策划所谓“华北五省防共自治运动”（华北五省是指河北、山东、山西、察哈尔、绥远）。日本在华北先后蓄意制造的这一连串事件，总称“华北事变”。

华北事变和日本帝国主义侵略的深入，使中国面临着严重的民族危机，华北存亡危在旦夕。在中国共产党“八一宣言”的号召下，在中共北平地下党组织的领导下，北平大学生成立了联合会，并于 1935 年 12 月 9 日举行声势浩大的游行示威，“一二·九”运动爆发。运动中，学生高喊“停止内战，一致对外”等口号，宣传了中国共产党的抗日救国主张。北平学生的爱国行动,得到了全国学生的响应和全国人民的支持,形成了全国人民抗日民主运动的新高潮,推动了抗日民族统一战线的建立。"一二·九"运动后,在共产党的号召和领导下,大批学生走上了同工农相结合的道路,锻炼成为中国革命事业的骨干。

二、国共第二次合作的实现

在全国抗日救亡运动高涨之际,中国共产党及时提出抗日民族统一战线的新政策。1935 年 8 月 1 日,中共驻共产国际代表团就以中华苏维埃共和国临时中央政府和中共中央的名义发表《为抗日救国告全体同胞书》,呼吁停止内战,集中国力,为抗日救国的神圣事业而奋斗。

1935 年 12 月,中共中央政治局扩大会议在瓦窑堡召开。瓦窑堡会议决定建立抗日民族统一战线的策略方针,通过了《中共中央关于目前政治形势与党的任务的决议》。根据会议决议,毛泽东在党的活动分子会议上,作了《论反对日本帝国主义的策略》的报告。报告分析了当时的形势,指出:目前形势的基本特点是日本帝国主义要变中国为它的殖民地。中国国内的阶级关系发生了深刻变化,中日民族矛盾上升为主要矛盾,国内阶级矛盾下降到次要地位。在中华民族面临亡国灭种的危机面前,中国共产党的任务就是要把红军的活动和全国工人、农民、学生、小资产阶级、民族资产阶级的一切活动汇合起未,成为一个统一的民族革命战线。同时,强调了党在统一战线中领导作用的重要性。瓦窑堡会议和毛泽东的报告,从理论上和实践上系统地解决了党的统一战线政策问题,为迎接全国抗日高潮的到来做了政治上和理论上的准备。

1936 年 5 月,中共中央发表《停战议和一致抗日通电》,放弃"反蒋"的口号,第一次公开把蒋介石作为联合的对象,明确提出党的总方针是"逼蒋抗日"。

中国共产党提出抗日民族统一战线的政策后,就致力于争取东北军和十七路军停止内战,一致抗日,首先在西北地区实现联合抗日。张学良、杨虎城受到中国共产党正确的政治主张和全国抗日潮流的推动,红军与东北军、十七路军三方面在抗日的基础上实现联合。

蒋介石坚持"攘外必先安内"的政策,1936 年冬,蒋介石调集二三十万嫡系部队,亲赴西安,逼张学良、杨虎城"围剿"红军。张、杨仍多次劝蒋停止内战,联共抗日,都遭无理拒绝。张、杨于是决定实行兵谏,逼蒋抗日。12 月 12 日,东北军和第十七路军同时行动,扣留蒋介石和一些国民党军政要员,控制西安,通电全国,要求停止内战,联共抗日。这就是震惊中外的西安事变。

西安事变爆发后,在国内外引起了强烈的反响,各种政治势力从各自的利益出发,提出了各种不同的主张,形成了极其复杂的政治局面。中国共产党分析了错综复杂的政治形势,认为存在着两个前途:一是由于处理不当引起新的更大规模的内战,削弱全国抗日力量，造成日本侵略的有利条件；二是由此结束反共内战，使全国抗日民族统一战线迅速地建立起来，使全民族的抗战早日实现。中国共产党从全民族的利益出发，确定促成事变和平解决的基本方针，并派周恩来等组成中共代表团赴西安谈判。最终蒋介石被迫接受停止内战、联共抗日的条件，西安事变得以和平解决。

西安事变的和平解决，粉碎了日本帝国主义和亲日派扩大内战的阴谋；迫使蒋介石放弃“攘外必先安内”的政策，使中共的“逼蒋抗日”方针得以实现。西安事变的和平解决是国共两党由国内战争走向抗日民族战争的转折点，标志着十年内战局面的基本结束和抗日民族统一战线的初步形成。

七七事变后，中共发表抗日通电，号召国共两党亲密合作筑成民族统一战线的坚固长城；蒋介石发表庐山谈话，确定了准备抗战的方针。八一三事变后，国民政府发表自卫宣言，表示抗战。根据国共两党协议，将西北的工农红军主力改编为八路军，由朱德任总指挥，彭德怀任副总指挥；南方八省的红军和游击队改编为新四军，由叶挺任军长，项英任副军长。9月22日，国民党发表《中共中央为公布国共合作宣言》，23日蒋介石承认中国共产党的合法地位，标志以国共两党第二次合作为基础的抗日民族统一战线正式建立。

第二次国共合作的正式实现，标志着抗日民族统一战线的正式建立，具有重大的历史意义。它推动了全民族抗战局面的形成，促进了全民族的团结与进步，为争取抗日战争的最后胜利奠定了基础。

三、全国抗日战争的开展

1937年7月7日晚，驻丰台日军诡称日军在“演习”中，一名士兵失踪，要进城搜查，遭到北平当局严词拒绝。双方正交涉间，日军向城内射击，继而炮轰卢沟桥，中国守军奋起抵抗。这就是卢沟桥事变，又称七七事变，标志着日本帝国主义全面进攻中国的开始，也是中国全国性抗日战争的开始。

抗日战争时期，中国始终存在两个战场，即共产党领导的敌后战场和国民党领导的正面战场。国民党领导的正面战场始终是中国抗战的重要战场，在全民族抗战中具有重要地位。

从1937年7月卢沟桥事变到1938年10月广州、武汉失守，中国抗日战争处于战略防御阶段。在战略防御阶段，日本侵华的战略方针是“速战速决”，妄图在三个月内灭亡中国。在战略部署上，日本以国民党军队为主要作战对象，决定向华北和华东两个方向发动进攻，企图以军事进攻迫使国民政府投降。针对日军的军事进攻，国民政府也制订了相应的作战方针，并且先后组织了淞沪、太原、徐州、武汉等与日军的会战。1938年3月，李宗仁领导的第五战区在台儿庄战役中，歼灭日军1万余人，取得大捷，这是抗战以来取得的最大胜利。正面战场的爱国官兵，英勇抗战，沉重打击了日军的嚣张气焰，鼓舞了全国人民。但由于蒋介石集团害怕群众的广泛动员会危及自身的统治，实行片面抗战路线，只依靠政府和正规军抗日，在战略战术上没有采取积极防御的方针，致使华北、华中、华南大片领土沦入日军之手。

日军速战速决的方针，非但没有达到灭亡中国的目的，反而因为战区扩大和战线延长，致使日军兵力分散，财政开支日露窘态。共产党领导的敌后抗战，使日军后方受到严重威胁。日本国内人民生活日益贫困，反战情绪不断增长。在国际上，日军也不断受到孤立。1938 年 10 月，抗战进入相持阶段。为了应付持久战争，日军开始调整对华政策，改变侵华战略方针。日本政府提出"善邻友好、共同防共、经济提携"的对华三原则，实行"以战养战""以华制华"的政策，集中主要兵力进攻共产党领导的敌后抗日根据地，加强对占领区的殖民统治，对国民党以政治诱降为主，军事打击为辅。

面对日本的诱降，汪精卫集团公开投敌叛国。1940 年 3 月，日本扶植汪精卫在南京成立伪国民政府，成为日本侵略中国的工具。

在日本诱降政策影响下，蒋介石集团反共投降倾向增长。1939 年初，国民党召开五届五中全会，确定"溶共、限共、防共、反共"的反动方针，开始执行消极抗日、积极反共的路线。这次会议标志着蒋介石集团把政策重心由对外转向对内，由抗日转向反共。不久，国民党顽固派在 1939 年冬到 1940 年春掀起了第一次反共高潮。

面对反共浪潮，中共坚决回击。为了既可以粉碎顽固派的进攻，又顾全抗日大局，中共中央在政治上提出"坚持抗战、反对投降，坚持团结、反对分裂，坚持进步、反对倒退"三大口号；在军事上对于顽固派所发动的进攻，坚决予以回击，打退了第一次反共高潮。

1940 年 10 月，蒋介石强令黄河以南的八路军、新四军一个月内撤到黄河以北。新四军遵照国民党军事当局的命令并经中共中央同意，从安徽泾县云岭出发，移师北上。1941 年初，新四军行至安徽茂林时，遭国民党包围袭击，新四军 9000 人血战七昼夜，除少部分突围外，大部分牺牲。军长叶挺在谈判中被扣押，副军长项英被叛徒杀害。这就是震惊中外的皖南事变。随后，蒋介石宣布新四军"叛变"，下令取消其番号。皖南事变后，中国共产党对国民党顽固派的反共罪行，进行了针锋相对的斗争。中共中央立即发布重建新四军军部的命令，任命陈毅为代理军长，继续进行敌后抗战，粉碎了国民党的第二次反共高潮。

1943 年春，国民党顽固派策划发动第三次反共高潮，由于共产党及时进行揭露和斗争而被制止。

日军在对国民党进行政治诱降的同时，为了巩固占领区，对国民党军发动过若干进攻性打击。国民党在正面战场进行了桂南、枣宜、中条山、三次长沙会战等十几次大战役，基本保住了西南、西北大后方地区。1940 年 5 月，在枣宜会战中，第三十三集团军总司令张自忠在激战中殉国。

但是，国民党政策转向反动后，一方面表现为积极反共，以皖南事变为最高表现形式；另一方面则表现为消极抗日，基本上实行保守的收缩战略，在这一政策的指引下，国民党正面战场形势急剧恶化。

中国共产党在抗日战争时期坚持全面抗战的路线，从民族大义出发，积极维护统一战线，并领导人民军队开展独立自主的敌后游击战争。

1937年8月，中国共产党在陕北的洛川召开政治局扩大会议。会议通过了《关于目前形势与党的任务决定》和《抗日救国十大纲领》，制订了争取抗战胜利的人民抗战路线，即全面的抗战路线。洛川会议以后，八路军和新四军深入敌后，开展游击战争和建立抗日根据地。先后在华中、华北和华南开辟了十几个敌后抗日根据地。主要的抗日根据地有：晋察冀、晋绥、晋冀豫、冀鲁豫、苏南、皖东等。陕甘宁边区是全国抗日根据地的指挥中枢和总后方，延安是中共中央所在地。党中央把陕甘宁边区建设成为一个政治先进、经济繁荣的全国模范抗日根据地。

至此，中国的抗日战争逐渐形成战略上相互配合的两个战场：一个是主要由国民党军队担负的正面战场；一个是由共产党领导的人民军队的敌后战场。

1938年5月至6月间，毛泽东发表《论持久战》，系统地阐述了抗日战争的特点、前途和发展规律，阐明持久抗战的总方针。提出中日双方存在四大特点：敌强我弱、敌小我大、敌退步我进步、敌寡助我多助。毛泽东还科学地预测了抗日战争的发展进程分为三大阶段：战略防御、战略相持、战略反攻。毛泽东的持久战的战略思想，对全国抗战的开展起了积极作用。

在战略相持阶段，敌后游击战争成为主要的抗日作战方式。日军逐步将主要兵力用于敌后战场，为打击日本侵略者，人民军队在有利条件下也进行过游击战争 。1940年，彭德怀指挥八路军100多个团，在华北发动了一次大规模对日作战，破坏或截断敌人的交通线，称为百团大战。百团大战是抗战时期华北军民对敌人发动的最大规模的进攻，打击了日军的侵略气焰，大大提高了共产党、八路军的威望，坚定了全国人民抗战胜利的信心。

中国共产党坚持抗战，开辟和扩大敌后战场，使日军不安。为了尽快扫清“南进”障碍，使中国成为太平洋战争基地，日军从1941－1942年对我敌后抗日根据地实行持续的“大扫荡”。为此，中共中央制定各项政策，采取多种措施，加强抗日根据地建设。

第一，加强抗日根据地的政权建设。在政权机关工作人员的名额分配上实行“三三制”原则，即共产党员、非党左派进步分子、中间派各占1/3。1941年经济困难时，接受李鼎铭提出的“精兵简政”，在根据地实施。

第二，开展大生产运动，克服经济困难。1942年底，党中央提出了“发展经济，保障供给”的方针，号召解放区军民自力更生，克服困难，开展大生产运动。大生产运动首先在陕甘宁边区进行，三五九旅将荒无人烟的南泥湾改造成为“陕北的好江南”。大生产运动的开展，使根据地克服了严重的物质困难，粉碎了敌、伪、顽的封锁，为争取抗战胜利奠定了物质基础，密切了党政军民关系，树立了自力更生、艰苦奋斗的延安精神，积累了经济建设的经验，培养了经济工作干部。

第三，发展抗日文化事业，培养抗日骨干。全国抗战开始后，大批知识青年奔向延安。中共中央及时把发展抗日的革命文化事业提到主要议事日程，创办了中国人民抗日军政大学、陕北公学、鲁迅艺术学院等一批干部学校和专门学校。抗日根据地实行新民主主义的政治、经济、文化政策，成为新民主主义中国的雏形。

第四，阐明新民主主义理论，开展整风运动。1938 年 9 月，共产党在延安进行了扩大的六届六中全会，毛泽东提出了“马克思主义的中国化”，并撰写《〈共产党人〉发刊词》《中国革命和中国共产党》《新民主主义论》等文章，系统地阐释了中国共产党的新民主主义理论。毛泽东总结了中国共产党成立以来的经验，指出统一战线、武装斗争、党的建设是战胜敌人的三大法宝。1941 – 1942 年，毛泽东作了《改造我们的学习》《整顿党的作风》《反对党八股》的讲演，开始开展整风运动。整风运动的主要内容是，反对主观主义以整顿学风，反对宗派主义以整顿党风，反对党八股以整顿文风。解决的中心问题是反对教条主义，树立一切从实际出发、理论与实践统一、实事求是的马克思主义的作风。整风采取“惩前毖后，治病救人”和“团结——批评——团结”的方针，认真严肃地开展批评与自我批评，对犯错误的同志不着重追究个人责任，而着重分析其犯错误的环境和原因，以达到“既要弄清思想，又要团结同志”两个目的。整风的方法是学习理论，联系实际，总结经验教训，提高思想认识。整风在我党历史上具有深远的历史意义，它是党的建设史上的一个伟大创举。通过延安整风，使全党确立了一条实事求是的辩证唯物主义的思想路线，使干部在思想上大大地提高一步，使党达到了空前的团结，并进一步成熟起来。

四、抗日战争的胜利

1944 年，世界反法西斯战争取得决定性胜利，敌后根据地开始向日军发起局部反攻。在华北、华中战场，八路军、新四军消灭敌人的有生力量，解放了一些地区，为全面反攻创造了条件。1945 年春，正面战场发动了局部反攻，收复了一些被日军占领的城市，如南宁、柳州、桂林、永兴、赣州、包头、归绥等。

在世界反法西斯战争和中国抗日战争胜利前夕，中国共产党于 1945 年 4 月 23 日至 6 月 11 日在延安召开第七次全国代表大会。出席大会的正式代表 547 人，候补代表 208 人，代表全国 121 万名党员。大会听取并讨论了毛泽东的《论联合政府》的政治报告、朱德的《论解放区战场》的军事报告、刘少奇的《关于修改党的章程》的报告。周恩来、陈云、彭德怀、秦邦宪等同志在大会上作了重要发言。

毛泽东指出，我们的任务就是应当用全力去争取光明的前途和光明的命运，反对另外一种黑暗的前途和黑暗的命运。明确了党在抗战胜利前夕面临的任务是：放手发动群众，壮大人民力量，领导人民打败日本侵略者，解放全国人民，建立一个独立、自由、民主、统一、富强的新民主主义国家。

大会通过的新党章规定：“中国共产党以马克思主义理论与中国革命实践之统一思想

——毛泽东思想，作为自己一切工作的指针”，把毛泽东思想作为党的指导思想。会上还选举了以毛泽东为首的中央委员会，使全党更加紧密地团结在以毛泽东为首的党中央周围。中共七大使全党在毛泽东思想的旗帜下，在思想上、政治上和组织上达到空前的团结和统一，从而为争取抗战的胜利和争取新民主主义革命在全国的胜利作了重要的准备。

1945 年上半年，世界反法西斯战争进入最后阶段。5 月上旬，苏联红军攻克柏林，德国法西斯投降。7 月 26 日，中、美、英三国发表《波茨坦公告》，敦促日本无条件投降。8 月 15 日，日本天皇裕仁以广播“终站诏书”的形式宣布接受《波茨坦公告》，宣布无条件投降。9 月 2 日，日本天皇和政府在东京湾美军军舰密苏里号上签署投降书。9 月 9 日，中国战区受降仪式在南京举行。10 月 25 日，中国在台湾举行受降仪式，被占 50 年的台湾和澎湖列岛由中国收回，这成为抗日战争取得完全胜利的重要标志。中国人民经过八年浴血奋战，终于取得了抗日战争的伟大胜利。

从 1840 年以来，饱受列强奴役的中国人民进行了持续不断的反侵略斗争，但屡遭失败。抗日战争的胜利，是近百年来中国人民进行持续不断反侵略斗争取得的一次完全胜利，洗刷了自鸦片战争以来的民族耻辱，大大增强了中国人民的民族自尊心和自信心。抗日战争是中国近代历史的一个根本转折。在抗战中，中国共产党的威信大大提高，敌后根据地巩固扩大，中国共产党力量壮大并走向成熟，中国人民革命力量得到空前大发展，为中国新民主主义革命的胜利创造了有利条件。中国的抗日战争是世界反法西斯战争的重要战场，中国抗战时间最长，战场开辟的最早，牵制和消灭了日军主力，为世界反法西斯战争作出了重要贡献，也赢得了应有的国际地位。中国在二战后期参加了开罗会议，发表了《开罗宣言》，成为联合国五个常任理事国之一。

抗日战争胜利的原因在于：第一，中华民族的觉醒和凝聚力，同仇敌忾、众志成城；第二，抗日战争是反侵略的正义战争，民心所向，得道多助；第三，抗日民族统一战线成为抗战胜利的基本保证；第四，国共两个战场的相互配合，尤其是相持阶段敌后战场的抗战和抗日军民成为全民族抗战的中流砥柱；第五，中共实行全面抗战路线和持久战的战略方针，是指导全国抗战的伟大纲领和指南。最后，中国人民抗日战争的胜利，同世界所有爱好和平正义的国家和人民、国际组织以及各种反法西斯力量的同情和友好支持也是分不开的。

课后练习

1. 试述抗日民族统一战线的正式形成及其重大意义。
2. 试论敌后战场在抗日战争中的作用。
3. 试论抗战胜利的历史意义。

第八章 为创建新中国而奋斗

导读：抗日战争胜利后，中国展开了两种前途和命运的大决战。这是中国近代以来进步力量同反动势力长期斗争的继续。中国共产党领导人民争取和平民主，国民党统治集团却坚持独裁、内战方针，悍然发动反共反人民的内战，给中华民族和中国人民造成了沉重灾难。中国共产党领导人民进行解放战争。人民解放战争由战略防御转入战略进攻、战略决战，国民党统治集团处于全民的包围之中。各民主党派在斗争中经受考验，一些企图在国共两党中间走"第三条道路"的民主人士终于丢掉幻想，接受中国共产党的新民主主义革命纲领，中国共产党领导的多党合作、政治协商的政治格局初步形成。中国共产党领导的新民主主义革命取得基本胜利。中国近代史以中国共产党和人民的胜利宣告结束。

一、蒋介石阴谋发动内战

世界反法西斯战争的胜利，极大地改变了国际形势。德、日、意被打败，英、法等国被削弱，社会主义的苏联进一步巩固。亚洲、东欧建立了一系列人民民主和社会主义国家，世界民族解放运动蓬勃发展，旧的世界殖民体系日益瓦解。日本帝国主义被赶走，中日民族矛盾已不是中国社会的主要矛盾。

二战后，世界仍然存在着复杂的斗争。美国成为世界最强大的国家，依仗其强大的军事、经济实力，积极向外扩张，企图建立自己在世界上的统治地位。控制中国、扶持建立一个稳定、统一的亲美政府是美国全球战略的重要组成部分，也是美国抗衡社会主义苏联的手段。

在国内，抗战胜利后阶级力量的对比发生了重大变化。国民党的国民政府是一个形式上合法的全国性政权，它有一支400多万人的庞大军队。中国人民在中国共产党的领导下，经过八年抗战的锻炼，觉悟程度和组织程度有了很大的提高。中国共产党已拥有121万名党员，120万人的军队和220万名民兵，以及占全国面积和人口1/4的19个解放区。在美帝国主义的支持下，蒋介石打着"和平建国"的旗号，坚持独裁和内战的方针，妄图以内战消灭共产党。日寇投降后，蒋介石命令国民党军队积极推进，收复失地，抢占原日军占领区，包括我根据地，命令八路军原地驻防待命，命令投降的日伪军维持治安，只准接受国民党军队的改编。国民党在美国空军、海军支持下将大批军队从西南、西北运往华南、华东和华北抢占战备要地。

随着中华民族同日本帝国主义的矛盾的解决，中国共产党代表的中国人民同美帝国主义支持的国民党反动派的矛盾成为中国社会的主要矛盾。在这样的国际与国内条件下，中国的历史开始了由抗日战争向国内战争的转变。

中国共产党深深了解经历了八年残酷战争后的中国人民对和平的渴望，所以力图避免内战，争取经过和平的道路来建设一个新中国。迫于国内外要求和平、反对内战的舆论压力，蒋介石于1945年8月连续三次电邀毛泽东到重庆谈判，尽可能争取准备内战的时间。为争取国内和平，毛泽东率中共代表团抵重庆，谈判从8月29日开始，至10月10日结束，双方签订了《国民政府与中共代表会谈纪要》，即《双十协定》。协定规定：坚决避免内战，建立独立、自由、民主和富强的新中国；国民党结束训政，实施宪政，召开政治协商会议；保证人民享有民主、自由等权益。谈判中，争论最多的是人民军队和解放区民主政权问题，尽管中共作出重大让步，仍未达成协议。

重庆谈判以及《双十协定》的签订，表明国民党不得不承认中共的平等地位，迫使国民党承认和平建国的基本方针，使全国人民了解到中国共产党争取和平的诚意，扩大了共产党在国民党统治区和各民主党派中的影响。

按照《双十协定》的规定，1946年1月，政治协商会议在重庆召开。参加的代表有国民党、共产党、中国民主同盟、青年党、无党派民主人士等五个党派团体代表38人。会议上国民党和共产党围绕着政治民主化和军队国家化两个问题展开了激烈的争论，这实质上是重庆谈判中关于人民军队和解放区政权问题的争论和发展。会议通过了改组国民政府、召开国民大会、整编全国军队、制定宪法、实施和平建国纲领等五项协议，有利于实施民主政治与和平建国，冲破了蒋介石的独裁统治，在很多方面反映了人民的意愿。

蒋介石一方面承认这些协议，企图利用它来进行和平欺骗；另一方面则积极准备发动全国规模的内战，不久就撕毁了全部协议，使这次实现民主统一、和平建国的尝试化为泡影。1946年6月26日，蒋介石出动20余万人的兵力围攻中原解放区为起点向各解放区发动了全面内战。1947年2月，国民党当局限期令中共驻南京、上海、重庆三地代表及工作人员全部撤退，和谈之门被国民党全部关闭，标志着国共关系彻底破裂。

二、国民党政府统治的危机

1946年10月，国民党军队攻占张家口以后，蒋介石被暂时的军事胜利冲昏了头脑。他不顾全国人民的反对，公然破坏政协关于国民大会应由改组后的各党派联合政府负责召集的协议，擅自下令召开国民党一党包办的"国民大会"。中国共产党、民主同盟等民主党派和无党派民主人士都拒绝参加，只有青年党、民社党及少数所谓社会贤达参加。

蒋介石召开“国大”的目的是孤立中国共产党及其他民主势力，用通过所谓宪法的形式，把内战、独裁、卖国的路线“合法”化。大会制定了《中华民国宪法》，故称“制宪国大”。“制宪国大”的召开使全国人民认清了蒋介石坚持内战、独裁的真面目，使以蒋介石为首的国民政府在政治上陷于更加孤立的境地，国民党陷入政治危机之中。

内战爆发后，国民党以出卖中国主权来换取美国的支持。1946 年 11 月 4 日，国民政府与美国在南京签订《中美友好通商航海条约》，通称“中美商约”。条约使美国获取了中国政治、经济、军事、思想、文化等各方面的特权，这个条约及此后签订的一系列卖国条约，四大家族的野蛮掠夺，以及反革命战争的巨大消耗，军费支出剧增，这些都加深了国统区的政治经济危机。面对日益严重的经济危机，国民党虽然采取一些紧急措施，但未能遏制国统区经济的崩溃，反而使人民陷入了更加严重的水深火热之中，加速了国民党反动政权的覆灭。

国民党在发动全面内战的同时，对国统区的爱国民主运动进行了血腥镇压。1946 年 2 月，国民党派遣特务、打手破坏各界协会举行的“庆祝政协成功大会”，李公朴、郭沫若、马寅初等被打伤，600 人失踪或被捕，制造了校场口惨案。1946 年 6 月，上海 10 万群众集会游行反对内战，抗议美国干涉中国内政，遭国民党特务凶殴，多人受伤，制造了“下关惨案”。7 月，国民党特务暗杀了著名爱国人士李公朴、闻一多，制造了“李闻惨案”。

针对蒋介石的高压政策，全国各阶层人民进行了各种形式的反美反蒋斗争。国统区人民在共产党的领导下，掀起了以学生为主的爱国民主运动，形成了与人民解放军相配合的反美反蒋斗争的第二条战线。

国统区人民进行的第二条战线的斗争，以学生运动为发端。1945 年在昆明爆发了以“反对内战，争取自由”为口号的“一二・一”运动。1946 年 12 月，在北平发生了抗议美军强暴北京大学学生的抗暴运动。1947 年 5 月，上海学生掀起了“反饥饿、反内战、反迫害”运动。

此外，中共广泛发动各阶层力量，以合法斗争为主，以各种形式进行斗争。1947 年全国 20 多个大中城市先后有 120 万名工人举行罢工。民主人士和各界群众在内战前后举行了反内战的集会、游行，如 1945 年底在昆明举行的反内战的游行，1946 年 1 月在重庆为庆祝重庆会议召开举行集会。台湾人民则拿起武器，掀起“二二八”起义，反抗国民党反动政府的暴行。国统区的民主运动，有力地配合了解放区军民的斗争。

民主党派是民族资产阶级及其知识分子的代表，他们追求的政治目标是建立资产阶级共和国，为此他们进行了长期努力，而国民党的独裁和暴行，使他们中的一些人认识到：走议会斗争的“中间道路”是行不通的，民盟的遭遇正说明了这一历史结论。于是他们在中共的影响下，转而支持人民革命，与中国共产党并肩战斗。1948 年，沈钧儒、章伯钧等人在香港召开民盟一届三中全会，宣布恢复民盟组织，确定了支持人民革命武装、反对反人民武装、与共产党密切合作的新的政治路线。1948 年 4 月，中共发出召开新政协的号召,得到各民主党派和各阶层人民的拥护。从8月起,各民主党派和无党派民主人士陆续进入解放区,同中共代表共商建立新中国。

三、人民解放战争的胜利

解放战争初期,国民党在军事和经济方面占着明显优势,国民党军有430万人,人民解放军连地方部队在内只有120万人。这种力量的悬殊还表现在国民党有美国支持。为了增强人民战胜反动派的信心,1946年8月,毛泽东提出了“一切反动派都是纸老虎”的著名论断,并预言人民解放军的“小米加步枪”一定能够战胜国民党军队的“飞机加坦克”。针对敌人的进攻,中共中央制定了打败敌人的战略战术,即“以歼灭敌人有生力量为主要目标,以运动战为主要作战方法”。

从1946年6月至1947年6月,人民军队处于战略防御阶段。国民党军凭借其兵力上和装备上的绝对优势,向晋冀鲁豫、晋察冀、华东、东北、中原等各解放区发动全面进攻。人民解放军依靠抗战前后的布局,贯彻中共中央、毛泽东制订的以歼灭敌人有生力量为主、不以保守地方为主的正确的战略方针,通过前8个月机动防御作战,给了国民党军以沉重打击。1947年3月,国民党军将其全面进攻改变为重点进攻,即集中重兵进攻陕甘宁和山东两解放区。1947年5月,华东解放军在山东孟良崮战役中全歼国民党王牌军队七十四师,击毙号称常胜将军的师长张灵甫,从而粉碎了国民党对解放区的重点进攻。经过一年的内线作战,人民解放军共歼敌112万余人,为解放军转入战略进攻奠定了基础。

从1947年6月至1948年9月,人民解放军处于战略进攻阶段。刘伯承、邓小平率晋冀鲁豫野战军主力,于1947年6月30日向南强渡黄河,8月挺进大别山;随后,陈赓、谢富治率晋冀鲁豫野战军另一部于8月挺进豫西;陈毅、粟裕率华东野战军主力于9月挺进豫皖苏边区,三路大军在江淮河汉之间地区实施战略展开,形成“品”字阵势,互为策应,将战争引向国民党统治区,开辟了广大的中原解放区,威胁国民党军后方和腹心地带,与各解放区内线反攻相结合,使国民党军由进攻转入防御,逐步陷入被动。

1948年9月至1949年1月底,解放战争进入战略决战阶段。济南战役拉开战略决战的序幕,尔后从1948年9月到1949年1月,连续组织了辽沈、淮海、平津三大战役,歼灭了国民党军在东北、华北和华东战场上的主力,解放了东北、华北和长江以北广大地区。人民解放军总数达到400万人,国民党军总数则下降到约200万人。国民党统治因为内部斗争和政治腐败已成风烛残局。

解放战争进入第四年,毛泽东在1949年新年献词中指出将革命进行到底,建立无产阶级领导的以工农联盟为主体的人民民主专政的共和国。1949年4月21日,毛泽东、朱德发布“向全国进军的命令”,中国人民解放军发起渡江战役。4月23日,解放军占领南京,延续22年的国民党反动统治宣告覆灭。之后,解放军以秋风扫落叶之势对国民党军进行战略大追击。10月1日，在人民解放军向全国进军途中，中华人民共和国在北京宣告成立。到1950年6月，残存在华东、中南、西南、西北战场上的国民党军被全部歼灭，仅有少量逃往台湾。1951年西藏和平解放。至此，人民解放军完成了解放全国大陆和近海岛屿的任务，中国人民解放军取得第二次国共内战的胜利。

四、新民主主义革命胜利的原因及其经验

中国近代前八十年的斗争历程表明，农民阶级和资产阶级都不能完成领导民主革命取得胜利的任务。这一重任历史地落到无产阶级及其政党身上。抗日战争胜利以后，中国面临着社会主义、资本主义和半殖民地半封建社会三种建国方案，光明与黑暗两种命运的总决战。由于中间阶层独立发展资本主义的建国方案缺乏实现的社会基础，又由于起支配作用的社会主要矛盾，是以美国支持的蒋介石集团为代表的大地主大买办阶级，同以中国共产党为代表的人民大众之间的矛盾，因此，决战在这两大对立阶级之间展开。国民党反动统治的覆灭，新民主主义革命的胜利，使中国走社会主义道路成为历史发展的必然结果。

新民主主义革命胜利的原因在于：首先是由于有了中国共产党的领导。中国共产党作为工人阶级的政党，不仅代表着中国工人阶级的利益，而且代表着整个中华民族和全中国人民的利益。中国共产党是用马克思主义的科学理论武装起来的，以中国化的马克思主义即毛泽东思想作为一切工作的指针，能够制定出适合中国情况的、符合中国人民利益的纲领、路线、方针和政策，为中国人民的斗争指明正确的方向。“没有共产党，就没有新中国。”这是中国人民基于自己的切身体验所确认的客观真理。其次，工人、农民、城市小资产阶级群众成为民主革命的主要力量，民族资产阶级也逐步向共产党靠拢。没有广大人民和各界人士的广泛参加和大力支持，中国革命的胜利是不可能的。此外，中国革命之所以能够赢得胜利，同国际无产阶级和人民群众的支持也是分不开的。

中国共产党在领导中国新民主主义革命取得胜利的过程中取得了丰富的经验。

一是建立广泛的统一战线。统一战线中存在着两个联盟：一个是劳动者的联盟，这是基本的、主要的；一个是劳动者与非劳动者的联盟，这是辅助的、同时又是重要的。必须坚决依靠第一个联盟，争取建立和扩大第二个联盟。巩固和扩大统一战线的关键，是坚持工人阶级领导权，率领同盟者向共同的敌人做坚决的斗争并取得胜利；对被领导者给以物质福利，至少不损害其利益，同时对被领导者给以政治教育；对资产阶级采取又联合又斗争的政策。

二是坚持革命的武装斗争。中国革命只能以长期的武装斗争为主要形式。中国的武装斗争实质上是工人阶级领导的农民战争，必须深入农村进行土地革命，走农村包围城市道路，才能逐步地争取革命的胜利。必须建立一支在共产党绝对领导下的新型人民军队。这支军队必须实行一系列具有中国特点的人民战争的战略战术。

三是加强共产党自身的建设。在农民和其他小资产阶级占人口大多数的中国，建设一个工人阶级先锋队的党，是极其艰巨的任务。毛泽东的建党学说成功地解决了这个难题。中国共产党的建设，是密切地联系着党的政治路线进行的。首先重视党的思想建设，用工人阶级思想克服资产阶级、小资产阶级思想；培育和发扬理论与实际相结合、密切联系群众和自我批评的作风；创造了在全党通过批评与自我批评进行马克思主义思想教育的整风形式等。中国共产党在长期的斗争实践中，成为掌握统一战线和武装斗争这两个武器以实行对敌冲锋陷阵的英勇战士，成为全国各族人民拥戴的领导核心。

课后练习

1. 试述中共七届二中全会的内容和召开的意义。
2. 论述中国新民主主义革命胜利的基本经验。

中国现代史

第一章 中华人民共和国的成立

导读:1949年10月,伟大的中华人民共和国诞生了,人民翻身做了国家的主人,中华民族从此在中国共产党的领导下以独立的姿态屹立于世界民族之林。新中国的诞生壮大了世界和平民主和社会主义力量,极大地改变了世界格局。

一、中共七届二中全会

为了迎接中国革命的胜利,1949年3月5－13日中国共产党在河北省平山县西柏坡召开了第七届中央委员会第二次全体会议,会议确定了促进革命迅速取得全国胜利的各项方针。会议认为,在进行军事斗争的同时,还必须积极开展政治斗争,无论在军事还是政治斗争中,都应把原则的坚定性同策略的灵活性紧密结合起来。为了适应斗争的需要,必须培养大批革命干部,要把人民解放军军队看成培养干部的学校,准备把210万人的野战军全部转化为工作队。全会还着重讨论了党的工作重心的战略转移,即工作重心由乡村转移到城市的问题,并且讨论了如何实现党的工作重心转移的问题。

党的七届二中全会另一项重要工作是确定党在全国胜利后的一系列基本政策。全会指出,中国革命在取得全国胜利后,要迅速恢复和发展生产,使中国稳步地由农业国转变为工业国,由新民主主义国家转变为社会主义国家。为此,全会规定了党在政治、经济、外交等方面的方针政策。本次会议首次提出加强党的建设,并提出"两个务必":务必使同志们保持谦虚谨慎、不骄不躁的作风;务必使同志们保持艰苦奋斗的作风。这为党在新时期加强自身建设做了充分的准备。

在中国革命转折关头召开的七届二中全会,具有重大的历史意义。这次会议描绘了新中国的宏伟蓝图,确定了新中国的大政方针,为促进和迎接全国胜利的到来,为推动和发展新中国的各项建设事业,保证新中国由新民主主义社会向社会主义社会转变,从政治上、思想上和理论上做了充分准备,具有巨大的指导作用。

二、中国人民政治协商会议

1949年秋天,中国人民解放战争势如破竹,迅猛发展,中国大部分地区已经获得解放,建立中华人民共和国的时机已经成熟,1949 年 9 月 21 – 30 日,中国人民政治协商会议第一届全体会议在北平召开,商议成立中华人民共和国事宜,参加会议的有中国共产党、各民主党派、各人民团体、各地区、人民解放军、各少数民族、国外华侨及其他爱国分子的代表 662 人。会议通过了《中国人民政治协商会议共同纲领》(简称《共同纲领》)、《中华人民共和国中央人民政府组织法》、《中国人民政治协商会议组织法》。确定定都北平,并改名为北京;以义勇军进行曲为代国歌;国旗为红地五星旗,象征中国革命人民大团结。选举毛泽东为中央人民政府主席,朱德、刘少奇、宋庆龄、李济深、张澜、高岗为副主席,周恩来、陈毅等 56 人为中央人民政府委员,组成中央人民政府。选举中国人民政治协商会议全国委员会委员 180 人。

会议通过的《共同纲领》是中华人民共和国历史上一个极其重要的纲领性文献,是在一个时期内起着临时宪法作用的大宪章。它作为中央人民政府的施政方针,对刚刚诞生的人民共和国的各项工作具有规范和指导意义。其内容包括序言和总纲、政权机关、军事制度、经济政策、文化教育政策、民族政策、外交政策等 7 章,共 60 条,主要有:

1. 关于新中国的性质

中华人民共和国为新民主主义即人民民主主义的国家,实行工人阶级领导的、以工农联盟为基础的、团结各民主阶级和国内各民族的人民民主专政,反对帝国主义、封建主义和官僚资本主义,为中国的独立、民主、统一和富强而奋斗。

2. 关于人民、国民的权利与义务

人民系指工人阶级、农民阶级、小资产阶级、民族资产阶级及其他爱国民主分子;人民依法享有选举权和被选举权,有思想、言论、出版、集会、结社、通讯、人身、居住、迁徙、宗教信仰及示威游行的自由权。官僚资产阶级和地主阶级中的人们在改造成为新人之前,只称作国民,不能享受人民的权利;国民均有保卫祖国,遵守法律,遵守劳动纪律,爱护公共财产,应征公役兵役和缴纳赋税的义务。

3. 关于政权制度

国家政权属于人民。人民行使国家政权的机关为各级人民代表大会和各级人民政府。各级政权机关一律实行民主集中制。在普选的全国人民代表大会召开以前,由中国人民政治协商会议的全体会议执行全国人民代表大会的职权。全国人民代表大会召开后,政协仍将长期存在,作为协商国家大政方针的机构。

4. 关于经济制度

经济建设的根本方针是公私兼顾、劳资两利、城乡互助、内外交流,以达到发展生产、繁荣经济的目的。国家应在各个经济因素方面调剂国营经济、合作社经济、个体经济、私人资本主义经济和国家资本主义经济，使各种经济成分在国营经济领导下，分工合作，各得其所，以促进整个社会经济的发展。

此外，还确定了军事、文化教育、民族、外交等各方面的政策。

三、开国大典

为了庆祝新中国的诞生，1949 年 6 月的中国人民政治协商会议筹备会议决定于 1949 年 10 月 1 日在北平天安门广场举行开国大典。1949 年 10 月 1 日下午 3 时，大地欢声雷动。刚刚就职的中华人民共和国中央人民政府主席毛泽东和朱德两位伟人一前一后，最先登上天安门城楼。当林伯渠宣布开始后，在代国歌《义勇军进行曲》的乐曲声中，中央人民政府主席、副主席和委员就位。人民领袖毛泽东庄严宣布："同胞们，中华人民共和国中央人民政府在今天成立了！"毛泽东亲手按动电钮，第一面五星红旗在天安门广场上冉冉升起。与此同时，代表参加中国人民政治协商会议第一届全体会议的共 54 个单位的 54 门礼炮齐鸣 28 响。升旗之后，毛泽东宣读了《中华人民共和国中央人民政府公告》，紧接着举行了规模浩大的阅兵式和群众游行。庆祝活动到当天晚上 9 点多钟结束。

中华人民共和国的成立开辟了中国历史新纪元。从此，中国结束了一百多年来被侵略、被奴役的屈辱历史，真正成为独立自主的国家。中国人民从此站起来了，成为国家的主人。新中国的成立，壮大了世界和平、民主和社会主义的力量，鼓舞了世界被压迫民族和被压迫人民争取解放的斗争。

课后练习

1. 简述《共同纲领》的主要内容和意义。
2. 简述新中国成立的意义。

第二章 新中国政权的建设和巩固

导读：新中国成立初期党和政府进行了巩固政权的三大运动：抗美援朝、土地改革、镇压反革命，并取得了巨大的胜利。1951年5月西藏的和平解放标志着我国大陆全部解放。抗美援朝战争的胜利，极大地增强了中华民族的自信心和自豪感。1951年底，基本肃清了国内的反革命残余势力，形成了前所未有的安定的社会秩序。1952年全国大部分地区土地改革顺利完成，农村生产力得到解放，为农业生产的发展和国家工业化开辟了道路。同时合理调整工商业，确立了国营经济对资本主义经济和个体经济的领导地位，为有计划地进行经济建设创造了条件。

一、中国大陆的全部解放

中华人民共和国成立以后，为了肃清国民党残余军队，完成全国的解放和统一，中国人民解放军遵照中央军委的统一部署，继续向华南、西南进军。由于敌军崩溃之势已成，我军采取大迂回、大包围的作战方针，以排山倒海之势，勇猛追击残敌，相继取得歼灭白崇禧集团的衡(阳)宝(庆)战役、广西战役的胜利，歼灭胡宗南集团、宋希濂集团的贵阳战役、重庆战役和成都战役的胜利。1950年4月又取得渡海作战解放海南岛的胜利。在席卷中国大陆的军事胜利的形势下，又相继用和平方式解放了云南和四川、西康的广大地区。到1950年6月，共歼灭敌军130万人，完成了除西藏外的全国大陆的解放。

1950年1月，中央政府正式通知西藏地方当局"派出代表到北京谈判西藏和平解放"。当时控制西藏地方政府的摄政大扎·阿旺松饶等人，在某些外国势力的支持下，在西藏东部昌都一线调集藏军主力，布兵设防，企图以武力对抗。中央政府于1950年10月命令人民解放军渡过金沙江，解放了昌都。昌都解放后，中央政府再次敦促西藏地方政府派代表来北京谈判。以阿沛·阿旺晋美为代表的爱国上层人士力主和谈，提前亲政的十四世达赖喇嘛接受了进行和平谈判的意见。1951年4月，西藏地方噶厦政府派阿沛·阿旺晋美为首席代表到北京谈判。1951年5月23日，中央人民政府和西藏地方政府的代表就西藏和平解放的一系列问题达成协议，签订了《中央人民政府和西藏地方政府关于和平解放西藏办法的协议》(简称"十七条协议")。协议明确规定，有关西藏的各项改革事宜,中央不加强迫,西藏地方政府自动进行改革。和平解放西藏的协议受到西藏各民族人民的赞成和拥护。10月24日,达赖喇嘛致电毛泽东主席,表示“双方代表在友好基础上,已于1951年5月23日签订了《关于和平解放西藏办法的协议》”。班禅和堪布厅也发表声明,指出协议“完全符合中国各族人民,特别是西藏民族人民的利益”。同年10月26日,人民解放军在西藏人民支持下,顺利进驻拉萨。至此,中国大陆全部解放。

二、新中国政权的建设和巩固

新中国成立之初,面临着复杂的国际国内形势,为巩固新生的人民政权,中国共产党领导人民进行了一系列巩固政权的运动。

实行土地改革。长期的封建土地所有制,是中国贫穷落后的根源之一。为了彻底废除封建土地所有制,解决农民的土地问题,建国初期,中国共产党在全国开展了轰轰烈烈的土地革命。1950年6月公布的《中华人民共和国土地改革法》拉开了全国土地改革的序幕。土改总路线是“依靠贫农、雇农,团结中农,中立富农,有步骤地有分别地消灭封建剥削制度,发展农业生产”。经过发动群众、划分农村阶级、没收地主土地分配给农民等步骤,到1953年春,中国大陆除西藏、新疆等少数民族聚居区外,全部完成土改,约有3亿多无地或少地农民无偿分得约7亿亩土地和大量生产资料及其他财产,免除了过去每年向地主缴纳的约700亿斤粮食的沉重地租。

抗美援朝,保家卫国。当中国人民致力于恢复经济工作时,朝鲜战争爆发了,严重威胁到中国的国家安全。在金日成的要求下,中国政府于1950年10月派出中国人民志愿军与朝鲜人民军并肩作战,迫使美国在1953年7月签署《关于朝鲜军事停战的协定》。抗美援朝战争的胜利,保卫了国家安全,极大地增强了中华民族的自信心和自豪感,也鼓舞了被压迫人民争取民族独立解放的勇气,对国际局势产生了深远影响。

镇压反革命。朝鲜战争爆发后,国内遗留和潜伏的反革命分子配合蒋介石反攻大陆的叫嚣,反革命活动更加猖獗。于是,在抗美援朝的同时,国内进行了镇压反革命运动,1950年10月开始的镇压反革命运动,基本上肃清了国民党反动派遗留在大陆的残余势力,使我国社会秩序空前安定,真正达到了“路不拾遗,夜不闭户”,巩固了人民民主专政。

新中国成立初期,通过土地改革、抗美援朝与镇压反革命这三大运动,完成了清除帝国主义、封建主义、官僚资本主义残余的任务,巩固了人民民主专政的国家政权,为国民经济的全面恢复和发展奠定了良好的基础,准备了必要的条件。

三、国民经济的恢复

旧中国留下来的是一个经济凋敝、百孔千疮的烂摊子,恢复国民经济是新中国成立初期的首要任务,1950年6月召开的中共七届三中全会提出,全党全国人民在建国头3年的中心任务,就是争取国家财政经济状况的根本好转,恢复国民经济。

在恢复国民经济中，党和政府把重点放在农业方面。鼓励和帮助农民发展生产，开展互助合作运动；投入大量资金进行农田水利等基本设施建设，并采取了推广新式农具、优良品种和提供贷款等措施，帮助农民恢复和发展农业生产。在工业方面，党领导国营企业实行民主和生产改革，清理国营企业内的残余反动势力，建立和健全职工代表会议，使工人阶级真正成为企业的主人，实现企业管理民主化，并普遍开展劳动竞赛和合理化建议运动，大力提高劳动生产率。为恢复和发展工商业，在私营企业中建立了工人监督并实行了民主改革。

1949 年 4 月到 1950 年 2 月，全国相继发生了四次物价大涨风，党和人民政府采取果断措施平抑了物价。随着物价开始稳定，长期通货膨胀形成的虚假购买力消失，过去为统治阶级服务的行业失去市场。人民政府还进行了工商业调整，包括调整公私关系、劳资关系和产销关系，以调整公私关系为主，使一批濒临歇业、倒闭的私人工商业得以复苏，国营、私营工商业都得到恢复和发展。

在恢复国民经济的过程中，针对干部中发生贪污案件的严重情况，中共中央遂做出“反对贪污、反对浪费和反对官僚主义”的决定。“三反”运动对于加强新中国成立初期的执政党建设和国家政权建设具有非常重要的意义。在“三反”运动中不断发现贪污分子大多与不法资本家的腐蚀拉拢有关，主要是表现为行贿、偷税漏税、偷工减料、盗骗国家财产、盗窃经济情报五个方面，于是，在大城市中开展了“五反”斗争，打击了不法资本家的严重违法行为，在工商业者中普遍进行了守法经营的教育。通过这些运动，惩处了党内的腐败分子，打退了资产阶级的进攻，保证了经济工作的正常进行。

在开展社会改革的同时，人民政府不失时机地进行生产的恢复与发展。兴修水利，防治水旱灾害，迅速恢复农业生产。在财政支出许可的范围内，有重点地进行企业的改造扩建，并新建一些急需项目，国家的财政经济状况开始好转。

四、新中国的外交

新中国成立之时，世界上已经形成社会主义同帝国主义两大阵营对抗的局面，美国在中国人民解放战争时期执行的是从扶蒋反共、助蒋内战到敌视新中国政权的政策，所以中国共产党确定，新中国在对外关系上要实行“一边倒”，即倒向社会主义一边的政策。首先是联合苏联、各人民民主国家和各被压迫民族，站在国际和平民主阵营方面，共同反对帝国主义侵略，以保障世界的持久和平。

“一边倒”的外交政策，使新中国很快就得到了世界人民民主国家的承认。10 月 2 日，苏联首先与新中国建交。中苏两大国建交，带动了保加利亚、罗马尼亚、匈牙利、朝鲜民主主义人民共和国、捷克斯洛伐克、波兰、蒙古、德意志民主共和国、阿尔巴尼亚、越南等 10 个东欧和亚洲的人民民主国家与中国建交。此外，印度、瑞典、丹麦、缅甸、瑞士、印度尼西亚等国也相继与中国建交。

“一边倒”的外交政策也为新中国经济建设争取到所需资金和技术。1949 年 12 月，毛泽东率中国党政代表团访问苏联。1950 年 2 月 14 日，两国政府签订了《中苏友好同盟互助条约》。条约规定，一旦一方受到日本或日本同盟国之侵袭而处于战争状态时，另一方即尽其全力给予军事及其他援助；双方根据巩固和平与普遍安全的利益，对有关中苏两国共同利益的一切重大国家问题，均将进行彼此协商。还规定：“遵照平等、互利、互相尊重国家主权、领土完整及不干涉内政的原则，发展和巩固中苏两国之间的经济与文化关系。”按照这一原则，两国又签订了处理中苏遗留问题的协定，包括归还大连、旅顺及中国长春铁路，以及苏联援助中国 3 亿美元贷款等协定。在此以后，中国从东欧国家也争取到约 7.3 亿美元的贷款。这对亟待恢复国民经济的新中国来说是极其重要的。

新中国外交的另一重要政策是“另起炉灶”。新中国不承认原国民党政府同各国建立的旧外交关系，而要在新的基础上同各国另行建立新的外交关系。鉴于当时一些国家仍支持国民党集团或企图制造“两个中国”，因此，中国政府坚持建交前必须进行谈判，对方必须同国民党集团断绝外交关系，在联合国支持中国恢复自己的席位，并将各国管辖地区内属于中国的财产交给中华人民共和国。与此相联系的还有“打扫干净屋子再请客”的政策，就是不急于得到帝国主义国家承认新中国，先把帝国主义在华残余势力清除一下，把屋子打扫干净了，再请客人进来。上述这些外交政策，终于把旧中国的屈辱外交改造成为新中国独立自主的外交。

课后练习

1. 试述抗美援朝战争的原因和意义。
2. 简述土地改革的主要内容和伟大意义。

第三章　社会主义改造

导读:1953年,根据党的过渡时期的总路线和总任务,制定了1953－1957年发展国民经济的第一个五年计划。1956年,第一个五年计划顺利完成,逐步实现了国家对农业、手工业和资本主义工商业的社会主义改造,我国初步建立起独立的工业体系,为社会主义工业化奠定了初步基础。1954年第一届全国人大第一次会议通过的《中华人民共和国宪法》是一部社会主义类型的宪法,表明社会主义政治制度在我国业已建立。

一、过渡时期总路线

1952年底到1953年初,抗美援朝即将胜利结束;土地改革的任务已在全国范围内基本完成;中国的发展面临新的形势和新的问题,这就需要党和政府制定新的奋斗任务和目标。

1952年以后,毛泽东、周恩来、刘少奇就多次讲过党在过渡时期的总路线。1953年6月15日召开的中共中央政治局会议对此作了较为完整的概括。12月,中共中央批准并转发了《为动员一切力量把中国建设成为一个伟大的社会主义国家而斗争——关于共产党在过渡时期总路线的学习和宣传提纲》,标志着总路线的最终形成。《提纲》指出,党在这个过渡时期的总路线和总任务,是要在一个相当长的时期内,逐步实现国家的社会主义工业化,并逐步实现国家对农业、手工业和资本主义工商业的社会主义改造。1954年2月中共七届四中全会通过决议,正式批准了过渡时期总路线,并于同年9月载入第一部《中华人民共和国宪法》。

总路线指明了中国新民主主义过渡到社会主义的任务、途径和步骤,它的实质是改变生产关系,解决生产资料的所有制问题,为进一步解放和发展生产力创造条件,同时符合全国人民的普遍愿望。

二、第一届全国人民代表大会

1954年,随着社会主义工业化高潮的到来,政治建设和文化思想建设也全面展开。

1954年9月，第一届全国人民代表大会第一次会议在北京召开，会议通过了新中国第一部宪法，选举产生了新一届国家领导人。《中华人民共和国宪法》是一部社会主义类型的宪法，由序言和总章、公民的基本权利和义务、国家机构、中央军事委员会4章组成，共106条。它的主要内容是：

1. 国家的性质是工人阶级领导的、以工农联盟为基础的人民民主国家。

2. 国家的政治制度是人民代表大会制。全国人民代表大会是行使国家立法权的唯一机关，是最高国家权力机关，地方各级人民代表大会是地方国家权力机关。全国人民代表大会、各级人民代表大会和其他国家机关一律实行民主集中制。

3. 具体规定公民的基本权利和义务。

4. 规定了民族区域自治机关的组织、职权、自治权限等。

会议选举毛泽东为中华人民共和国主席，朱德为副主席；刘少奇为人大常委会委员长；任命周恩来为国务院总理。

第一届全国人大第一次会议的召开，结束了新中国成立以来由中国人民政治协商会议全体会议代行全国人民代表大会职权、以《共同纲领》暂代国家宪法的过渡状态，表明社会主义政治制度在我国业已建立。

三、社会主义三大改造基本完成

根据党在过渡时期总路线，1953年底，全国范围内的社会主义改造开始了。

农业社会主义改造大体经历了三个阶段：1953年底以前为第一阶段。以发展互助组为中心，同时试办初级社。1954年至1955年春为第二阶段。由于合作社优于互助组，得到广大贫下中农的欢迎，初级社在全国普遍建立。全国大多数地方的发展是健康的，也有一些地方发展过快过猛，违反了自愿互利原则。中央及时调整步伐，保持了稳步前进的势头。1955年下半年到1956年为第三阶段。农业合作化高潮加速到来，出现了超高速发展状况。1956年底，入社农户达1.17亿户，占全国总农户的96.3%，其中加入高级社的占87.8%，基本上实现了农业合作化。5亿多农民走上了社会主义道路，这是一个历史性的伟大胜利。但也出现了要求过急、工作过粗、改变过快、形式过于单一的缺点和偏差。

手工业的社会主义改造的主要方式也是合作化。手工业合作化的步骤是由手工业生产合作小组、手工业供销合作社到手工业生产合作社。后期受农业合作化的影响，也出现了发展过快、合并过多、统一计算盈亏等不利于手工业发展的缺点和问题，致使某些手工业产品质量下降，品种减少，某些服务行业合并过多，使人民群众生活不方便。

资本主义工商业的社会主义改造是通过国家资本主义的途径实现的。国家资本主义就是社会主义国营经济同私人资本合作的经济，分为初级和高级两种形式。初级形式是国家对私营工商业实行委托加工、计划订货、统购包销、经销代销等；高级形式是个别企业乃至全行业的公私合营。其整个过程有三个阶段:1953 年底以前为第一阶段,通过调整工商业、"五反"运动,对私营工业实行加工订货、统购包销,对私营商业实行经销代销,使它们的生产和经营开始纳入国家计划的轨道。1954 年至 1955 年夏为第二阶段,主要是实行个别企业公私合营,使之具有半社会主义性质。1955 年秋至 1956 年为第三阶段,实行全行业公私合营,到 1956 年底,私营工业户的 99%、私营商业户的 82.2% 实现了公私合营,表明资本主义工商业的社会主义改造基本完成。这标志着资本主义剥削制度和资产阶级已经基本消灭,实现了马克思恩格斯和列宁提出但没有做到的对资产阶级的和平赎买。改造企业和改造资本家相结合,使他们成为自食其力的劳动者,丰富和发展了马列主义关于国家资本主义的学说。

四、第一个五年计划的实行

实现工业化、现代化,改变中国贫穷落后的面貌,是中国共产党人努力奋斗的目标,在领导革命斗争时已经有了这方面的设想,新中国成立以后就很快付诸实践。20 世纪 50 年代初,中国政府依据苏联的经验,设想用 15 年的时间基本实现工业化,于是制定和实行了 1953－1957 年的发展国民经济的第一个五年计划,作为社会主义工业化启动的第一个中期计划。其总体设想是:基本上完成以鞍钢为中心的东北工业基地;积极建设华北、西北、华中的新工业基地,以便在"二五"时期形成以武钢、包钢为中心的新工业基地,同时加强铁路建设;然后,以东北、华北、华中三个工业基地为中心,推进全国工业的发展。其基本任务是:重点发展重工业,相应发展轻纺工业和农业服务工业,集中力量进行以苏联援建的 156 个项目为中心的、由 694 个大中型项目组成的工业建设。

第一个五年计划的实行,为工业化建设奠定了初步基础。5 年中,国家总投资 766.4 亿元,相当于 7 亿多两黄金,成为中国历史上空前的壮举。基本建设投资(包括地方和企业自筹资金)达 588 亿元,新增固定资产 492 亿元,相当于 1952 年的 1.9 倍。一批新兴工业部门,如飞机、汽车、发电、冶金、矿山设备、重型机械、精密仪器制造,以及高级合金钢、有色金属制造、基本化工和国防军工企业均已建立,填补了重工业建设的很多空白,初步改变了旧中国工业过于集中于沿海的不合理布局,初步形成了工业布局的新框架。与 1952 年相比,工业总产值达到 783.9 亿元,增长 128.6%;在工农业总产值中所占比重由 43.1% 提高到 56.7%。重工业生产在工业总产值中的比重由 35.5% 提高到 45%,改变了旧中国重工业落后的局面。主要工业品生产能力大幅度提高,钢产量达到 535 万吨,增长 296%;原煤产量 1.3 亿吨,增长 96%;发电量 193 亿千瓦时,增长 166%。劳动生产率提高 52%,平均年提高 9.9%。交通运输方面,新建铁路 33 条,修复 3 条,通车里程 29862 公里,增加 22%;公路通车里程 25.5 万公里,增加 1 倍。

教育科技也有很大发展。高等院校发展到 229 所,比 1953 年的 181 所增加 26.5%,科研机构 580 多个,研究人员 2.8 万人,比 1952 年增加 2 倍多。人民生活明显改善,居民平均消费水平 102 元,比 1952 年的 76 元提高 33%。

“一五”计划到 1957 年超额完成,奠定了社会主义工业化的初步基础,开始改变我国经济、文化落后的面貌。

课后练习

1. 简述我国对农业社会主义改造的意义。

2. 简述《中华人民共和国宪法》的主要内容和意义。

第四章　全面建设社会主义的开始

导读：1956年党的八大的召开标志着我国开始进入了全面的大规模的社会主义建设时期。但是，由于当时的历史条件和经验不足等多种原因，在1958年至1960年间，中国共产党在全国范围内开展了极"左"路线的"大跃进"和农村人民公社化运动，这些运动不但没有起到发展生产力的作用，反而直接导致了国民经济比例的严重失调，给人民的生命财产带来了不可估量的损失。虽然期间也作了相应的政策调整，但是收效不大。这些运动给我们带来了深刻的教训：发展生产力要从实际出发，做到实事求是。

一、中国共产党第八次全国代表大会

到1956年上半年，全国绝大部分地区基本上完成了对生产资料私有制的社会主义改造，一个崭新的社会主义制度从此在中国建立起来。与此同时，第一个五年计划的许多重要指标已有把握提前完成。在这种形势下，为了加强执政党的建设，探索中国社会主义建设的道路，制定党在新形势下的路线、方针、政策，中共中央决定召开第八次全国代表大会。

中国共产党第八次全国代表大会于1956年9月15日至27日在北京召开。出席大会的正式代表有1026人，59个国家的共产党、工人党、劳动党和人民革命党的代表团以及国内各民主党派和无党派民主人士的代表应邀列席大会。

大会通过了第二个五年计划的建议和新党章。大会正确分析了国内主要矛盾为先进社会制度同落后社会生产力之间的矛盾；规定了今后的主要任务是集中力量尽快把我国由农业国变为工业国；确定了今后经济建设的方针，既反保守又反冒进，在综合平衡中稳步前进；论述了加强执政党建设的相关问题；选举产生了新的中共中央领导集体。

中共八大的召开表明中国共产党在探索适合中国发展状况的社会主义道路，制定了一个符合中国国情的正确路线和方针。八大的经济建设方针较好地解决了发展规模、速度与具体国情这三者之间的有机联系。这是中国共产党政治经济理论的重大突破，是对马克思主义理论的又一贡献。虽然八大路线在实际贯彻时未被真正实行，但是历史的发展证明了它的正确性，对于建设有中国特色的社会主义具有深远意义。

二、“大跃进”运动和人民公社化运动

中共中央和毛泽东认为中国是一个“一穷二白”的国家，社会主义制度的物质基础十分薄弱，不争取在较短时间内拥有现代工业、现代农业和现代文化科学技术，中国的社会主义制度就不能巩固。要改变这种落后状态，有必要在生产上来一个大的跃进。1958年，党的八届二中全会提出“鼓足干劲，力争上游，多快好省地建设社会主义”的总路线，“大跃进”运动就是在总路线指引下迅速发展社会生产力的一次尝试。

“大跃进”运动从农业开始。先是在全国掀起了空前规模的农田水利建设和积肥运动。随后又不断提高和修改粮食生产计划。高指标带来高估产，并引发了各级干部的浮夸风。1958 年 8 月 6 日，报纸报道了河南省遂平县放出的小麦亩产 1052. 5 公斤的“卫星”。以后，“卫星”越放越大，甚至浮夸到小麦亩产高达 4292. 5 公斤，水稻亩产 65217 公斤。高产典型河北省徐水人民公社计划发射“高产卫星”，一亩红薯 60 万公斤、一颗白菜 250 公斤，一亩小麦 10 万公斤，一亩皮棉 2500 公斤。各种完全违反科学规律的所谓“卫星”上天，使人们的头脑更不冷静了，粮棉产量指标越定越高。1958 年 8 月召开的中共中央政治局北戴河扩大会议将“二五”计划末（1962 年）粮食产量从 2500 亿公斤增加到 7500 亿公斤，棉花从 4800 万担增加到 15000 万担，严重脱离了实际。

1958 年 8 月北戴河会议以后，“大跃进”的重点从农业转向工业。北戴河会议认为 1958 年农业生产大跃进将使我国粮食产量比 1957 年增产 1 倍以上，粮食问题已经过关了，从现在起必须加强对工业的领导，并号召全党和全国人民用最大的努力，为在 1958 年生产 1070 万吨钢，即比 1957 年产量的 535 万吨增加 1 倍而奋斗。这个决定和号召，把工业大跃进推向高潮。截至 8 月底，全国钢产量只完成 450 万吨，剩下 4 个月要完成 620 万吨。为达到这个目标，《人民日报》发表社论，号召全国上下一切部门为生产 1070 万吨钢“停车让路”。于是，以“小（小高炉）、土（土法炼钢）、群（群众运动）”为特征的全民炼钢运动迅速掀起。实际完成情况是所产土钢基本上不能用，合格的钢产量不足 800 万吨，不到原计划的 3/4。

毛泽东发动“大跃进”的出发点是要使中国在较短时间内富强起来，因此广大干部群众拥护“大跃进”，他们付出的辛勤劳动也取得了一部分成果，如在农田水利建设、基础工业以及内地工业等方面。但是，“大跃进”运动不但没有加速发展生产力，反而极大地破坏了生产力，造成国民经济比例严重失调，人民生活水平下降。

“大跃进”运动给我们留下了深刻的教训。首先，它说明当时中国共产党对社会主义建设的客观规律还缺乏认识，对社会主义建设的长期性和艰巨性的思想准备不足，背离了党的八大提出的正确的综合平衡地发展国民经济的方针。其次，它说明依靠群众运动的方式快速发展生产力是不切实际的。社会主义现代化建设不同于打仗，也不同于土

改,它有自身的客观规律,单凭主观愿望搞群众运动很容易造成经济秩序的混乱和经济平衡的破坏。再次,它偏离了实事求是的思想路线。“大跃进”运动是在不断批判“右倾保守”及批判反冒进的情况下发起的,甚至提出“真正的左比右好”的口号。“大跃进”中违背经济规律盲目追求高速度,归根结底就是没有始终坚持实事求是。

人民公社最突出的特点是“一大二公”。大,就是规模大,全国平均每个公社合并28个合作社,基本上是一乡一社,还有不少是几乡一社,甚至一县一社;公,就是公有化程度高,把合并起来的几十个合作社的生产资料统一使用,实行统一的财务核算,农民的自留地、家禽家畜统一归公,甚至生活资料也一并归公。此外,还实行了大兵团作战的劳动生产方式;供给制与工资制相结合的分配制度;免费吃食堂饭、上幼儿园、入托儿所、住养老院的集体化生活方式;政社合一的管理体制。

人民公社化的实质就是企图在生产力不发达的基础上,建立一个所谓普遍平等、平均、公平合理的社会。但它违背了经济规律,只能是一种超越阶段的空想,给中国带来了严重的后果:一是大大降低了共产主义在人民心目中的标准,使共产主义理想庸俗化,助长了小资产阶级的平均主义倾向。二是极大地破坏了农业生产。1959年全国农业总产值比上一年下降了13.6%,1960年又比1959年下降了16.2%,结果造成市场供应紧张,人民生活困难,助长了“共产”风、浮夸风、瞎指挥。

三、国民经济的调整与发展

到1960年时,由于接连发生了“大跃进”、人民公社化运动、“反右倾”斗争、苏联单方面撕毁合同等重大问题以及自然灾害,使国民经济出现严重困难。1961年1月中共中央八届九中全会确定实行“调整、巩固、充实、提高”的方针,调整国民经济各部门之间失调的比例关系,巩固生产建设获得的成果,充实新兴产业和短缺产品的项目,提高产品质量和经济效益。1962年初,为了总结经验,认清形势,统一认识,中共中央召开扩大的工作会议(又称七千人大会)和西楼会议,坚决贯彻执行“八字”方针,促进国民经济的恢复。会后采取的主要措施有:压缩基本建设战线,提高建设的经济效益;大幅度降低工业生产发展速度,调整工业内部结构,“关、停、并、转”一批工厂;精简职工和城镇人口;调整农村政策,调动农民积极性,实行以生产队为基本核算单位的三级集体所有制;加强财政金融管理,抑制通货膨胀。

在国民经济调整的同时,政治领域的调整也逐步展开:调整党内外的关系,主要是同民主党派的关系;对在“反右倾”等运动中受过批判和处分的党员干部进行甄别平反;调整知识分子政策,重申知识分子是工人阶级一部分的观点,向知识分子“脱帽加冕”;制定了“科研十四条”“高教六十条”“文艺八条”等工作条例。政治和文化工作的调整,对全国人民团结一致、战胜困难,发挥了巨大的作用。

经过5年努力,到1965年国民经济调整的任务基本完成。工农业总产值有了恢复和发展，商品供应显著改善，财政收支在后 3 年都有结余，其中 1965 年结余 7 亿元，全国物价稳定，市场恢复繁荣。

从 1956 年至 1965 年的 10 年中，尽管社会主义建设受到严重的挫折，但是仍然取得很大的成就。我们建立了独立的、比较完整的工业体系，后来赖以进行社会主义现代化建设的物质技术基础很大一部分是这期间建设起来的，全国经济、文化建设方面的骨干力量和他们的工作经验大部分也是这个期间培养和积累起来的。

四、科学技术与文学艺术事业的发展

科学技术方面，新中国成立后取得了显著进步。从 1952 年到 1955 年，试制成功的新的机械产品已有 3500 多种，少数还达到了当时世界先进水平，远距离自动化装置、每小时烧结 90 吨矿石的烧结机、直径 2.4 米的矿井用轴流通风机、谷物联合收割机等，这些都标志着我国机械工程技术已由修配、仿制走向自行设计制造。冶炼的优质钢和合金钢已达到 240 多种，高炉和平炉的利用系数基本达到苏联当时的水平。医疗水平大大提高，基本上控制了霍乱、天花、鼠疫等传染病；医药的 80% 能够自己制造，能生产的合成药达到 140 多种。

20 世纪 50 年代中期到改革开放之前，我国的政治生活和经济建设虽然遭遇了不同程度的挫折，但是在科学技术上，在反帝反修增强国防力量思想的指导下，若干新兴尖端技术在世界上几个主要发达国家刚刚兴起的时候，我国也及时地抓住了机遇。党和政府采取紧急措施，集中力量发展核技术、电子技术、计算机技术、喷气和火箭技术，在短短的几年时间里，这些新兴尖端技术从无到有，迅速崛起。1964 年成功地爆炸第一颗原子弹，1967 年又成功地爆炸第二颗氢弹。1960 年 11 月，第一枚近程弹道导弹研制成功，1966 年 12 月，中程导弹发射成功，从此有了各种系列的导弹。1965 年 6 月中科院计算所研制成功中国第一台大型晶体管计算机，内存容量为双倍 ZX4K，速度 10 万次/秒。1965 年 9 月，我国成功合成牛胰岛素，成为世界上第一个人工合成蛋白质的国家。

文学艺术方面，新中国成立初期坚持将社会主义现实主义作为文艺创作和批评的基本原则，涌现出一批有影响的作品。小说《铜墙铁壁》《党费》《新儿女英雄传》《黎明前的黑暗》《保卫延安》等，真实地反映了解放战争时期的战斗生活。高玉宝的自传体小说《高玉宝》也受到普遍欢迎。《三千里江山》《上甘岭》《谁是最可爱的人》等抗美援朝作品在社会上产生了广泛的影响。这些作品都使得革命历史题材的写作达到一个新的艺术水准。反映社会改革和火热的生活也是这一时期文学创作的热点。《三里湾》以群众喜闻乐见的风趣幽默的表现手法，描绘了合作化时期农村的复杂斗争和各个阶层人物的内心世界。《前途似锦》《迎春曲》《桥》《运河的桨声》等都是展示农业合作化历程的作品。

一批优秀诗篇从不同角度歌颂了美好的新生活。《心愿》描绘了水电工作者的英姿；《金色的海螺》是深受青少年喜爱的优秀童话诗；《玉门诗抄》《生活之歌》《师徒夜话》再现了社会主义建设场景和石油工人的精神风貌；政治抒情诗《投入火热的斗争》《向困难进军》等在广大青年中反映强烈。少数民族叙事长诗的搜集、整理也取得长足的进展，尤以1954年发表的《阿诗玛》的成就和影响为大。

1959年提出“百花齐放、百家争鸣”方针以后，出现了敢于直面现实、揭露人民内部矛盾的和以家庭、爱情为题材的小说，如《组织部新来的年轻人》《红豆》《布谷鸟又叫了》等。一批在当代文学史上占有重要地位的名作，如小说《红旗谱》《青春之歌》《林海雪原》《红岩》；电影《林则徐》《红色娘子军》《甲午风云》《女篮五号》《早春二月》《小兵张嘎》；话剧《茶馆》《关汉卿》《蔡文姬》《霓虹灯下的哨兵》《年青的一代》；诗歌《将军三部曲》《回延安》《祖国！光辉的十月》《一个纯粹人的颂歌》；散文《雪浪花》《长江三日》等。为庆祝建国15周年，于1964年10月集体创作的大型音乐舞蹈史诗《东方红》，在歌舞艺术革命化、民族化、群众化方面取得了新的成就。

课后练习

简单谈一下你对“大跃进”和“人民公社化”的认识。

第五章　社会主义现代化建设新时期

导读：1978年党的十一届三中全会重新确立了解放思想、实事求是的思想路线，在思想领域开始拨乱反正。1979年党又重新确立发展经济的八字方针，新中国的社会主义现代化建设重新走上了健康之路。改革开放以来，我国社会主义现代化建设在政治、经济、文化、外交等各方面取得了辉煌的成就。

一、拨乱反正与国家战略方针的根本转变

1976年底，虽然"文化大革命"已经结束，但其在政治思想经济文化等范围内造成的恶劣影响还在持续，冤假错案堆积如山，公安、检察等维护社会秩序的机关还处在混乱状态，中央领导人面临的首要任务就是在各个领域拨乱反正。但是当时的中央主要领导人在指导思想上坚持"两个凡是"的原则，严重地阻碍了拨乱反正的进行。邓小平首先旗帜鲜明地批评了"两个凡是"，提出要完整准确地理解毛泽东思想。1978年5月，《光明日报》以特约评论员的名义发表《实践是检验真理的唯一标准》，从理论上根本否定了"两个凡是"的错误方针。在邓小平和中共中央多数领导人支持和指导下，在全国展开了真理标准问题的大讨论，使人们的思想从教条主义和个人崇拜的禁锢下解放出来，为党的十一届三中全会的召开做了思想上和理论上的准备。

1978年12月召开的党的十一届三中全会，重新确立了解放思想、实事求是的思想路线；作出了把党和国家工作重点转移到社会主义现代化建设上来和实行改革开放的战略决策；决定调整国民经济，加快发展农业，发展科技、教育。全会还审查和解决了历史上遗留的一批重大问题和一些重要领导人的功过是非问题；决定加强党的领导机构，强调党中央和各级党委的集体领导，健全党的民主集中制和党规党纪，成立中央纪律检查委员会。十一届三中全会是新中国成立以来党的历史上具有深远意义的伟大转折，也是共和国历史上的一次伟大转折。

1979年4月，中共中央工作会议正式决定对国民经济实行"调整、改革、整顿、提高"的八字方针。到1982年，调整工作虽尚未完成，但已取得显著成效，国民经济重大比例

关系已趋于协调，经济建设开始走上健康发展的轨道。

1980 年 2 月，党的十一届五中全会通过决议，为刘少奇平反，并开展全面的平反工作。到 1982 年底，涉及 300 万名干部的冤假错案得到平反纠正，47 万多名共产党员恢复了党籍，数以千万计的受到株连的干部群众得到解脱。党和政府还采取一系列果断措施妥善解决历史遗留问题，调整各方面的社会政治关系，调动一切积极因素：给 50 多万错划的“右派”分子、400 多万地主和富农分子、1600 多万“反革命分子”和“坏分子”改错或摘帽；为原国民党起义、投诚人员落实政策；把原为劳动者的小商、小贩、小手工业者从原工商业者中区别出来；调整、落实知识分子政策、民族政策、宗教政策、侨务政策、台胞台属政策。

1981 年 6 月，党的十一届六中全会通过了《关于建国以来党的若干历史问题的决议》，对新中国成立 32 年来党的重大历史问题特别是“文化大革命”作了正确的总结，标志着指导思想上拨乱反正的完成。

二、改革开放的迅速发展

1. 家庭联产承包责任制的产生与农村经济体制改革

十年“文化大革命”严重地影响了农业生产，“文化大革命”结束后，农村生产力短时期内并没有得到很好的恢复，于是党和政府一直探索在农村实行改革，以充分调动农民的积极性，更好地解决农业问题。

农村经济体制改革最初在安徽、四川等地兴起。1978 年底 1979 年初，安徽省部分地区的一些生产队实行包产到户，效果极好，其中凤阳县小岗生产队首创包干到户，第一个秋收就比上年增产 6 倍多。四川、贵州、甘肃、内蒙古、河南等省区的一些社队采取类似的做法，效果也很好。但这时还不是包产到户、包干到户的“双包”形式的农业生产责任制，主要的是定额定工责任制和联产到组责任制。1981 年 10 月召开了全国农村工作会议，会议形成的《全国农村工作会议纪要》指出：“全国已有 90% 以上的生产队建立了不同形式的农业生产责任制，大规模的变动已经过去，现在，已经转入了总结、完善、稳定阶段。”家庭联产承包责任制成为农业生产责任制的主要形式。

在稳定与发展农业生产责任制的基础上，从 1985 年开始，我国农村经济第二步改革提上日程。改革农产品统派统购制度，国家不再向农民下达指令性的生产计划，除对粮食、棉花等少数重要产品外，实行尊重农民自主权的国家计划合同收购，合同收购以外的可以自由出售，或以协议价格卖给国家。其余多数农产品逐步放开，自由贸易。农业生产由过去向农民征收实物改为折征现金，使农民获得土地使用权以后，又得到生产经营上的较大自主权，进一步调动了广大农民发展商品生产的积极性，也为农村产业结构趋向合理提供了条件，得以调整产业结构，发展乡镇企业，打破农业经济发展传统格局。这样，就基本上改变了实行 30 多年的统购派购政策，把农村经济纳入有计划的商品经济的轨道,促进农村经济从半自给自足朝着专业化、商品化、现代化方向发展。

农村经济体制改革,有力地促进了农业生产较快发展。与1978年相比,1987年全国粮食总产量4亿多吨,增加了32%;棉花总产量419万吨,增加了93.3%;农业总产值4676亿元,增加了近3倍。与此同时,农村经济结构也发生明显变化,经济作物播种面积从1978年的2.17亿亩增加到1986年的3.04亿亩。一向薄弱的林牧副渔业也得到相应的发展。乡镇企业异军突起,到1987年,从业人员达到8805万人,总产值达到4765亿元,占农村社会总产值的50.8%。

随着农村经济体制改革的深入,对人民公社制度也进行了改革。1983年1月中共中央发出《当前农村经济政策的若干问题》,规定人民公社制度要从两个方面进行改革:一是实行生产责任制,二是实行政社分设。10月,开始撤销人民公社,建立乡、镇政府,撤销生产大队,成立村民委员会作为群众自治组织,到1985年6月全部结束。此后,全国农村基本上都实行了家庭联产承包责任制。

2.城市经济体制改革的历程

城市经济体制改革,以国有大中型企业体制改革为重点,起始于1978年底,大体经过了四个阶段:

(1)从1978年党的十一届三中全会到1984年,是以"放权让利"为主的扩大企业自主权阶段。1978年底开始实行企业基金制度,企业在完成国家计划的前提下可以按工资总额的5%提取企业基金。1979年5月对首钢等8家企业进行扩大企业自主权试点;7月颁布《关于扩大国营工业企业经营管理自主权的若干规定》,允许企业按国家规定的比例提取利润留成,建立生产发展基金、福利基金和职工奖励基金;1981年和1982年推广工业企业经济责任制,企业可以在完成国家计划后,增产短线产品,建议修改指令性计划,适当调整指导性计划,自销一部分产品;1984年5月发布的《关于进一步扩大国营工业企业自主权的暂行规定》,给予企业一定的生产计划权、产品自销权、定价权、物资采购权、技术改造权、固定资产处置权、确定内部机构和人员配备权、劳动人事权、内部分配权、生产经营方式选择权。

(2)从1984年10月党的十二届三中全会到1986年,是以"两权分离"理论为指导,实行"利改税"制度的进一步扩大企业自主权阶段。党的十二届三中全会总结了新中国成立以来特别是十一届三中全会以来经济体制改革的经验,明确了加快以城市为重点的经济体制改革的步伐的任务,标志着城市经济体制改革的全面展开。全会通过的《中共中央关于经济体制改革的决定》,提出了企业改革的两个方向:一是增强企业活力,把生产经营自主权真正落实到企业,使企业获得自我改造、自我发展的能力;二是所有权和经营权可以适当分开,突破了国家行政机构直接经营企业的老框框。这就为企业向独立经营的经济实体转变创造了有利条件,并实行了"利改税"和"调节税"制度,力图给企业创造一个平等竞争的条件。1985 年 9 月,《关于制定国民经济和社会发展第七个五年计划的建议》又提出了改革的三个方向:一是进一步增强企业的活力,使它们真正成为相对独立、自负盈亏的社会主义商品生产者和经营者;二是进一步发展社会主义的有计划的商品市场,逐步完善市场体系;三是国家对企业的管理逐步由直接控制为主转向由间接控制为主。

(3)从 1987 年到 1991 年,是国营企业普遍推行承包经营责任制的阶段。这一阶段企业改革的基本思路从以放权让利、利改税来调整国家与企业的分配关系,转向以契约方式来实行政企职责分开、所有权与经营权适当分离,并颁布了《中华人民共和国企业法》,以进一步落实企业的经营自主权。所采取的具体措施是推行各种类型的承包经营责任制,全国 93% 的全民所有制企业实行了承包经营责任制,对一些小型企业实行租赁经营,并开始了股份制改革试点。

(4)1992 年以后,是转换企业经营机制,建立现代企业制度的阶段。1992 年 7 月颁布的《全民所有制工业企业转换经营机制条例》,给予企业 14 项自主权,以使企业成为"自主经营、自负盈亏、自我发展、自我约束"的商品生产经营者。1993 年发布的《中共中央关于建立社会主义市场经济体制若干问题的决定》中,明确指出了现代企业制度的基本特征:产权关系明晰,企业拥有包括国家在内的出资者投资形成的全部法人财产权,成为法人实体,以其全部法人财产,依法自主经营、自负盈亏,对出资者承担资产保值增值的责任。1993 年 12 月公布《中华人民共和国公司法》,确立公司制为现代企业制度的基本形式。1994 年国家经贸委推出在全国实施"万千百十、转机建制"的规划,现代企业制度建设于此全面展开。从 1997 年起,城市经济体制改革的重点转向国营企业。当年,党的十五大提出要用 3 年的时间使亏损的国有大中型企业转亏为盈,走出困境。劳动部发出《关于"九五"时期企业工资工作的主要目标和政策措施》,提出要在具备条件的国有企业中推行年薪制,以激励经营者。在改进激励机制的同时也加强约束机制,国务院相继于 1998 年出台《国务院稽查特派员条例》;2000 年发布《国有企业监事会暂行条例》;2003 年根据党的十六大有关精神通过《企业国有资产监督管理暂行条例(草案)》,以加强对国有重点企业的监管。

上述这些工业企业制度改革措施,也逐渐扩展到交通、外贸、基建、商业领域,使城市经济体制改革全面铺开,冲破了长期僵化的计划经济体制,为国民经济的发展注入了新的生机和活力。

3. 经济特区的创立与对外开放格局的形成

我国对外开放主要采取了利用外资、引进技术、对外贸易、创办经济特区等基本途径和方式。

创办经济特区是对外开放的战略措施。自十一届三中全会决定对外开放起,到 1980

年5月，先后设立了深圳、珠海、汕头、厦门4个经济特区，在引进外资和先进技术方面，发挥了“窗口”作用。1983年又决定对海南岛的建设开发在政策上放宽，给予较多的自主权，实行经济特区的优惠政策。

随后，开放沿海港口大中城市。1984年2月，邓小平视察深圳、珠海、厦门经济特区后不久，向中央提出，除现在特区之外，可以考虑再开放几个港口城市。5月，全部开放中国沿海港口大中城市，包括大连、秦皇岛、天津、烟台、青岛、连云港、南通、上海、宁波、温州、福州、广州、湛江、北海14个大中港口城市。沿海港口城市开放的主要内容包括：扩大它们的自主权，使之有充分的活力开展对外经济活动；对前来投资的客商给予优惠政策，以利于更好地利用外资和先进技术。1985年2月，将长江三角洲、珠江三角洲和闽南三角地区划为沿海经济开发区，成为实施对外开放具有重要战略意义的布局。1990年，开放浦东，作为以后10年开发、开放的重点。

接着开放沿江及内陆城市和沿边城市。进入90年代，东部沿海省市的经济开放政策沿着长江流域迅速向腹地延伸。1992年6月，开放长江沿岸的芜湖、九江、岳阳、武汉、重庆5个城市。至此，长江沿岸的10个中心城市全部对外开放。此后，又将开放城市发展到全国各省区，合肥、南昌、长沙、成都、郑州、太原、西安、兰州、西宁、银川、乌鲁木齐、贵阳、昆明、南宁、哈尔滨、长春、呼和浩特17个省会为内陆开放城市。同时，还逐步开放内陆边境的沿边城市，包括黑龙江省的黑河、绥芬河、吉林省的珲春，内蒙古自治区的满洲里、二连浩特，新疆维吾尔自治区的伊宁、博乐、塔城，广西壮族自治区的凭祥、东兴，云南省的瑞丽、畹町、河口，西藏自治区的普兰、樟木。

经过十多年的对外开放的实践，我国对外开放由南向北，由东向西层层推进，已经在全国范围内基本形成了“经济特区—沿海开放城市—沿海经济开发区—沿江和内陆开放城市—沿边开放城市”的全方位对外开放格局。到1993年，全国对外开放地带总面积达50万平方公里，包括339个县市，3.2亿人口。

三、中国重返联合国与外交工作的新突破

“文化大革命”初期，由于受极“左”思潮的干扰，我国外事工作一度陷入混乱和困境。周恩来一直设法制止极左错误的做法，毛泽东也多次过问，并提出批评。1969年以后逐步克服混乱局面。进入70年代，国际形势发生变化，毛泽东、周恩来敏锐地抓住时机，采取灵活机动的措施，打破国际关系中的坚冰，开创了对外关系的新局面。

1970年12月，毛泽东会见美国友人斯诺时明确表示，要解决中美之间的问题，就得同尼克松谈。1971年4月，周恩来根据毛泽东的决策，指示有关部门主动邀请美国乒乓球队访华，随后又亲自会见他们。这被称作“乒乓外交”的一着妙棋，使“小球转动了大球”，打开了中美两国人民友好交往的大门，在世界上引起巨大反响。1971年7月，美国总统国家安全事务助理基辛格秘密访华，为尼克松总统访华做了准备。1971年10月，第

二十六届联合国大会以压倒多数票通过决议,恢复中华人民共和国在联合国的合法席位,同时立即驱逐国民党集团的代表。1972 年 2 月,尼克松总统访问中国,其间,中美在上海发表了联合公报。公报确认在相互关系中实行和平共处五项原则,任何一方都不应该在亚太地区谋求霸权;美国对台湾海峡两岸的中国人都认为只有一个中国,对台湾是中国的一部分的立场不提出异议,并确认从台湾撤出全部美国武装力量和军事设施的最终目标。中美联合公报的发表,标志着两国关系正常化的开始。1973 年 5 月,中美双方完成了互设办事处的工作。

中美关系的改善直接促进了中日建交。1972 年 9 月,日本田中角荣首相应周恩来总理邀请访问中国,双方经过会谈,签署了建交的联合声明。声明提出,日本方面痛感过去由于战争给中国人民造成重大损失的责任,表示深刻反省。日本政府承认中华人民共和国是中国唯一合法政府,台湾是中华人民共和国领土不可分割的一部分。1973 年初,两国互设使馆,互派大使。

四、现代化建设的成就

改革开放以来,在党和政府的正确领导下,在全国人民的共同努力下,我国现代化建设取得了极大的成就。

1. 建立社会主义市场经济体制的决定

1992 年初的邓小平南方谈话,破除了市场经济与计划对立以及姓“社”姓“资”的旧观念。10 月召开的党的十四大,明确提出经济体制改革的目标是建立社会主义市场经济体制。1993 年 11 月,党的十四届三中全会通过了《中共中央关于建立社会主义市场经济体制若干问题的决定》,对社会主义市场经济体制的框架作了规定:一是要坚持以公有制为主体,多种经济成分共同发展的方针,进一步转换国有企业经营机制,建立适应市场经济要求,产权明晰、权责明确、政企分开、管理科学的现代企业制度,这是社会主义市场经济建设的中心环节。二是要建立全国统一开放的市场体系,实现城乡紧密结合,国内市场与国际市场相互衔接,促进资源的优化配置;培育市场体系的重点是金融市场、劳动力市场、技术市场、房地产市场和信息市场;改革政府机构,转变政府管理经济的职能,建立以间接手段为主的完善的宏观调控体系,保证国民经济的健康运行,这是社会主义市场经济的调节器。三是要建立以按劳分配为主体,多种分配方式并存,体现效率优先、兼顾公平的个人收入分配制度,坚持让一部分地区、一部分人先富起来,逐步实现共同富裕,这是社会主义市场经济运行的动力机制。四是要建立多层次的社会保障制度,为城乡居民提供同我国国情相适应的社会保障,促进经济发展和保持社会稳定。

2. 宏观调控与国民经济的“软着陆”

从 1992 年第二季度开始,我国经济开始升温,许多地方发生“开发区热”“房地产热”,到年底和1993年初,已明显过热。主要表现是:(1)货币过量投放,金融秩序混乱;(2)投资需求和消费需求都出现膨胀的趋势;(3)财政困难状况加剧;(4)工业增长速度过快,基础设施和基础工业的“瓶颈”制约进一步加剧;(5)出口增长乏力,进口增长过快,国家外汇结存下降较多;(6)物价上涨加快,通货膨胀呈现加速之势。这些情况表明,宏观经济环境已经绷得很紧,如不抓住时机,实施宏观调控,势必导致社会供需总量严重失衡。

国务院根据中共中央的部署,陆续制定和实施了一系列加强宏观调控的政策措施。1993年6月,发出《关于当前经济情况和加强宏观调控的意见》,即通常所说的“十六条”,宏观调控的各项举措全面启动。主要有:严格控制货币发行,稳定金融形势;坚决纠正违章拆借资金;灵活运用利率杠杆,大力增加储蓄存款;坚决制止各种乱集资;严格控制信贷总规模;专业银行要保证对储蓄存款的支付;进一步完善有价证券发行和规范市场管理;改进外汇管理办法,稳定外汇市场价格;强化税收征管,堵住减免税漏洞,等等。金融是现代经济的核心,在国民经济中处于重要的枢纽地位,强化宏观调控就要从整顿金融秩序入手。根据国家产业政策,迅速调整资金投向,确保工农业生产和基础设施建设的需要,解决“瓶颈”的制约问题。金融改革的重点是强化中央银行的职能,建立一个在中央银行监管下的以国家政策性银行和国有商业银行为主体的多种金融机构并存的金融组织体系,建立一个统一、高效、有序的金融市场体系。接着,国务院又召开了全国财政、税务工作会议,提出“整顿财税秩序,严肃财经纪律,强化税收征管,加快财税改革”。此后,宏观调控措施开始在全国实施。

在宏观调控过程中,始终把抑制通货膨胀、控制物价上涨幅度作为首要任务和中心环节,从抑制需求和增加供给两方面入手。一方面,控制固定资产投资过快增长,减少货币发行,促使物价下降;另一方面,大力加强农业,加强基础设施和基础产业,调整经济结构,增加有效供给,使总量平衡状况逐步改善,增强了经济发展的后劲。

经过三年多的努力,到1996年中国经济成功地实现了“软着陆”,有效地抑制了通货膨胀,使商品零售价格涨幅从最高峰的1994年10月的25.2%降低到1996年12月的4.4%。同时保持了经济的快速增长,国内生产总值增长率仍达9.7%,避免了经济的大起大落。这次“软着陆”对中国来说是第一次,在世界经济史上也是罕见的,它为在社会主义市场经济条件下实行宏观调控积累了宝贵经验。

3. 抵御亚洲金融危机的冲击

1997年7月到1998年,亚洲金融危机爆发,亦对我国带来严重影响。1998年5月,我国出口在持续22个月增长之后出现了负增长,出口对经济增长的推动作用明显减弱。面对重重困难,中央政府及时果断地提出“坚定信心,心中有数,未雨绸缪,沉着应对,埋头苦干,趋利避害”的指导思想,作出扩大内需、实施积极的财政政策、加大基础设施建设力度、推动经济发展和保持人民币汇率稳定等重大决策。

在扩大内需方面,一是调整投资计划,扩大投资规模。集中力量加快农林、水利、铁路、公路、通信、环保、城市基础设施建设。二是拓宽投资领域,加大投资力度,增加国家直属储备粮库、城乡电网、城市经济适用住房及生态环境建设投资。三是实施积极的货币政策,落实建设资金。由中央财政发行1000亿元10年期的长期债券,将财政赤字扩大到960亿元,同时吸引商业银行贷款1000亿元。这些措施为实现经济持续增长打下了坚实的基础,从第三季度起经济增长稳步回升。全年实现了7.8%的增长目标。在世界经济增长下降、周边许多国家经济衰退的情况下,中国仍保持增长,这确实是了不起的成就。特别值得一提的是,人民币坚持不贬值,为缓解亚洲金融危机起了重要作用,中国为此付出了巨大代价,展现了一个负责任的大国的宽广胸怀。

尽管困难罕见,但在中央的周密部署下,改革继续推进。国有企业改革进一步深化,兼并破产、减员增效、下岗分流等改革措施走上前台。到1998年9月,国企下岗职工进入企业再就业服务中心的比例达98%,都领到了基本生活费,全年共有600多万下岗职工实现了再就业。职工养老保险、医疗保险等社会保障制度改革也取得进展。

果断推出粮食流通体制改革。针对国内市场粮多、价低、粮食收购企业亏损挂账严重的现状,国务院要求按保护价敞开收购农民余粮,国有粮食收储企业实行顺价销售、粮食收购资金封闭运行,从而有效地抑制了市场粮价的进一步下滑,保护了农民种粮的积极性,初步扭转了粮食收储企业大量亏损的局面。

灵活调整利率,让金融充分发挥经济核心作用。从1996年以来6次降息,减轻企业利息近3000亿元,还促使一部分沉淀于银行体系的资金流向投资、消费领域。在适当增加货币供应量的同时,大刀阔斧地改革金融监管体系,防范和化解金融风险。中央银行的证券、保险监管职能分别划给中国证监会和中国保监会,后两者成为全国证券期货市场和全国商业市场的主管机关。银行、证券、保险三足鼎立、垂直监管的格局初具雏形。中央银行的管理体制也实行重大改革,人民银行撤销了省级分行,跨行政区设立9个分行,有利于摆脱地方、部门的干预,加强金融监管力度。这都更有效地发挥了金融的宏观调控作用,为防范和化解金融风险提供了保证。

五、“一国两制”与港澳回归

1997年中国政府开始对香港恢复行使主权。6月30日午夜至7月1日凌晨,中英两国政府举行了香港政权交接仪式,中华人民共和国国旗和香港特别行政区区旗在香港升起,中华人民共和国主席江泽民庄严宣告:中华人民共和国香港特别行政区正式成立。香港回归后,中国政府将坚定不移地执行“一国两制”“港人治港”“高度自治”的基本方针,保持香港原有的社会、经济制度和生活方式不变,法律基本不变。有全国人民作坚强后盾,香港特别行政区政府和香港同胞一定能够管理和建设好香港,保持香港长期稳定繁荣,创造香港美好的未来。香港特别行政区首任行政长官董建华、特区第一届政府23名主要官员、第一届行政会议14名成员、临时立法会59名议员、终审法院常设法官、高等法院36名法官分批宣誓就职。中国人民解放军驻港部队也于7月1日零时开始履行香港防务职责。

1999年12月19日午夜至20日凌晨,中葡两国政府举行澳门政权交接仪式。中华人民共和国国旗和澳门特别行政区区旗在澳门升起。中华人民共和国主席江泽民发表讲话:澳门回归后,中国政府将坚定不移地贯彻执行"一国两制""澳人治澳""高度自治"的方针,将依法保护所有国家和地区在澳门的经济利益。在中央政府和全国各族人民的支持下,澳门特别行政区政府和澳门同胞一定能把澳门管理好、建设好、发展好。澳门特别行政区行政长官何厚铧、澳门特别行政区政府主要官员、立法会主席、终审法院院长、检察院检察长以及澳门特别行政区行政会议10名委员、立法会23名议员、各级法院23名法官、检察院23名检察官分批宣誓就职。20日13时整,中国人民解放军驻澳门部队顺利进驻。

香港、澳门的回归,是中国政府按照邓小平提出的"一国两制"的伟大构想完成祖国统一大业取得的重大进展。"一国两制"在香港、澳门的实践,为最终解决台湾问题发挥了重要的示范作用。坚持一个中国原则,是发展两岸关系和实现和平统一的基础。世界上只有一个中国,大陆和台湾同属一个中国,中国的主权和领土完整不容分割。1995年1月,江泽民就现阶段发展两岸关系、推进和平统一进程的若干重要问题提出了八项主张。1995年6月李登辉访美,在国际上制造"两国论",使两岸关系出现严重的挫折和倒退。2003年陈水扁又借机提出"一边一国",这都说明"台独"是两岸关系的最大障碍。我们绝不承诺放弃使用武力,不是针对台湾同胞的,而是针对外国势力干涉中国统一和台湾分裂势力搞"台独"图谋的。党的十六大为了推进两岸关系,提出在一个中国原则的基础上,暂时搁置某些政治争议,尽早恢复两岸对话和谈判。在一个中国的前提下,什么问题都可以谈,可以谈正式结束两岸敌对状态问题,可以谈台湾地区在国际上与其身份相适应的经济文化社会活动空间问题,也可以谈台湾当局的政治地位问题,表明祖国大陆致力于祖国完全统一的真诚态度。

六、军队和国防现代化建设

随着党和国家工作重点的转移,国防建设和军队现代化建设也进入一个新时期。和平与发展成为当今世界的两大主题,军队建设指导思想也相应地实行战略性转变,走军民兼容、平战结合的道路。邓小平担任中央军委主席时,提出要建设一支强大的现代化、正规化革命军队的总目标。在中央军委的统一领导和部署下,军队和国防现代化建设取得巨大成就。完成军队的精简整编工作,裁军100万;新组建了陆军航空兵、电子对抗兵,加强特种兵建设;调整军事院校,改革全军的教育训练体制,部队协同作战能力、快速反应能力、电子对抗能力、后勤保障能力和野外生存能力都得到增强和提高。军队还积极支援地方建设,开放了一批军用设施,转军用技术为民用技术;承担架桥铺路、治理江河等国家重点工程;在部队中开展学习科学文化、培养军地两用人才的活动。

江泽民担任中央军委主席时,根据世界战略格局走向多极化和世界军事领域发生革命性变革的新形势,向全军提出“政治合格、军事过硬、作风优良、纪律严明、保障有力”的总要求,确定把新时期军事斗争准备的基点放在打赢现代技术特别是高技术条件下的局部战争上,贯彻科技强军战略,以改革创新的精神推动军队由数量规模型向质量效能型、由人力密集型向科技密集型转变。1997 年在中共十五大上宣布,在今后 3 年内再裁减军队员额 50 万,朝着“精兵、合成、高效”的方向迈进。依靠科技进步推进军队质量建设,在教育训练、作战指挥、后勤保障等各方面,努力用科技进步最新成果增大高科技含量,从 1995 年 7 月到 1996 年 3 月,我军在东南沿海举行了一系列陆海空三军联合演习,作战能力有显著提高。国防科技研究尤其是尖端科技研究取得重大成就,在战略武器方面,潜艇水下发射导弹成功;用机动装置成功发射地地固体战略导弹;核潜艇成功进行极限深潜、水下高速航行、大深度发射鱼雷及发射运载火箭试验等。

人民解放军始终把思想政治工作放在军队建设的首位,继续保持军队的光荣传统,涌现出“鼓浪屿好八连”“深圳特区精神文明好六连”“模范团长李国安”等一大批先进集体和英模人物。特别是在 1998 年抗洪中,全军及武警 30 多万官兵奋战在抗洪第一线,“抗洪英雄高建成”“新时期英雄战士李向群”是其中的代表,谱写了人民军队光辉的一页。

七、科技和教育体制改革的历程

1985 年 3 月,中共中央作出了《关于科学技术体制改革的决定》,把科技体制改革作为中国现代化建设的重大问题提上日程。接着,国务院也陆续发布若干文件,促进科技体制的改革。改革的主要目标是:扩大科研机构自主权,促进人才合理流动。提倡科研机构与生产企业横向联系,推动科学技术的开发和利用,促使科研机构成为面向经济的开发实体。进一步在科研机构推行各种形式的承包责任制,深化科技体制改革。鼓励科技人员深入生产第一线和企事业单位通过横向联合与技术经济合作,促进人才合理流动。改革科研事业费拨款制度,根据科研机构的不同特点,分为技术研究、技术开发、技术公益等类型,分别采取合同制、基金制和包干制等新的经营管理形式,既合理地应用了国家的科研经费,又促使科研机构积极开辟经费来源,走上科研经费自主之路。建立和开发技术市场,明确科学技术也是商品,促使科研成果转化为生产力,积极开展技术转让。改革促进了科技事业的发展。至 1988 年我国自然科学技术人员已发展到 966 万人,县以上独立的科研机构 5200 多个,累计获国家奖励的重大成果 5317 项,为国家增收节支 1500 亿元以上,初步显示了巨大作用。到 2000 年,科技人员增至 2926 万人,县级以上科研单位增至5800个,分别比1988年增加了202.58%和11.54%。

教育体制改革是为了“快出人才,多出人才,出好人才”,以适应改革开放和现代化建设的需要。1985年5月,中共中央发布了《关于教育体制改革的决定》,提出改革的目的是使各级各类教育能够主动适应经济和社会发展的多方面的需要。要扩大学校办学自主权;把发展基础教育的责任交给地方,有步骤地实行九年制义务教育;调整中等教育结构,大力发展职业技术教育;改革高等教育的招生计划和毕业生分配制度,从而加快了教育体制改革的步伐。1986年4月,第六届全国人大第四次会议通过了《中华人民共和国义务教育法》,有步骤地把实施九年制义务教育推向全国。6月,又明确规定了高校拥有办学、财务、基本建设、人员、教师职称评定与职务聘任、教学、科研、对外学术交流的自主权,对高校适应社会和经济发展需要,促进体制改革起了积极作用。此后,国家又出台了一些具体的改革措施,使教育改革的实践逐步发展,取得了很大成就。教育事业经费的来源扩大,除国家财政的教育费支出及其占财政总支出比重逐步增加之外,社会办学的资金快速增加,其占教育经费总量的比重,从1990年的31.03%上升到2000年的45.81%,增长速度已超过财政性经费增速的13%。在教育结构和规模上,中等职业技术学校学生在1987年时占高中阶段学生总数的40%,初步形成了行业配套、结构合理的职业技术教育体系,到2000年各类中等职业学校在校生达到1197万人;高校在校生总规模则从1987年的20多万人增至2002年的903万人,为社会主义现代化建设输送了大批人才。

八、文学艺术的繁荣

1980年,中共中央对文艺政策进行重大调整,提出“文艺为人民服务,为社会主义服务”的总要求。文艺思想观念的更新推动文艺创作活动日趋活跃,逐步走向健康发展的轨道。中、短篇小说大量出版。文坛、舞台、银幕、荧屏佳作迭出,“百花奖”“金鸡奖”“梅花奖”“华表奖”“文华奖”等国家级文艺创作奖项纷纷恢复和设立。小说《班主任》《大墙下的红玉兰》《许茂和他的女儿们》《蹉跎岁月》《天云山传奇》《被爱情遗忘的角落》《人到中年》,报告文学《哥德巴赫猜想》《祖国高于一切》,话剧《丹心谱》《于无声处》等都深刻地反映了极“左”思潮给中国社会带来的灾难,为文学史增添了新的光彩。小说《乔厂长上任记》《沉重的翅膀》《鸡窝洼人家》,报告文学《励精图治》《在这片国土上》等,戏剧《血,总是热的》,电影《黑炮事件》等,从不同角度和层面再现了改革在中国引起的波澜和震动,塑造了一批锐意进取的改革者形象。《受戒》《棋王》《老井》《小鲍庄》等作品,将笔触伸向华夏古老文明的深处,探寻中华文化精神的深厚底蕴,并对民族心理负面意识进行了无情的批判,从文化角度表现了中国改革的必然和艰难。对于改革开放以后的新生活,最能直抒胸臆的表达是歌声。《乡恋》《大海啊,故乡》《让世界充满爱》等抒情歌曲广为流传。台湾校园歌曲《龙的传人》《童年》《乡间的小路》《外婆的澎湖湾》也风靡大陆。

《黄土高坡》、《信天游》等“西北风”为代表的大陆原创流行音乐也逐步发展起来。而《祝酒歌》《年轻的朋友来相会》《我们的生活充满阳光》《北京喜讯到边寨》《春节序曲》等歌曲和乐曲至今仍演唱不衰。

20世纪90年代以后，文艺创作出现了向现实主义的回归，涌现出《天网》《苍天在上》《白鹿原》《尘埃落定》《孔繁森》《天边有一簇圣火》《惊涛骇浪》等优秀作品。由中共中央倡导、中宣部组织实施的精神文明建设“五个一工程”，覆盖了社会科学、文学艺术、新闻出版、广播电视等领域，成为反映时代主旋律、弘扬优秀传统文化的精神文化产品的示范性、导向性工程，表彰思想性、艺术性、观赏性达到高度统一的优秀作品。从1991年到2001年共评选了八次，评选出了一大批优秀作品。电视媒体和电视文化发展迅速。1990年达到千余部(集)，2002年年产已达到近万部(集)。休闲、旅游、娱乐、益智等综艺节目内容越来越丰富，制作越来越精良。电视媒体的发展也给传统艺术形式戏曲、曲艺、评书以及高雅艺术带来了新的生机。网络也成为近年来影响大众文化的一大重要媒体。1995年全国上网计算机只有400台、7000多人，2002年已达到1613万台、4580万人。网络文化、多媒体艺术也应运而生，成为文化新景观。

课后练习

1. 简述十一届三中全会的伟大历史意义。
2. 简述改革开放的伟大历史意义。

世界历史

第一章　亚非文明古国

导读：古代亚非文明也被称为大河文明。古代北非和亚洲的大河流域，沃野千里，灌溉便利，独特的农耕环境为人类的生存创造了良好的条件。古代居民很早便在这些地区生息繁衍，大河流域成为人类文明的发源地。古埃及、巴比伦、古印度和中国便是在大河流域建立和发展起来的。

一、古代埃及

水是生命之源，在世界各地的文明发展史中，水都扮演着极为重要的角色。而位于非洲东北部的尼罗河孕育了古代埃及的文明。2500年前希罗多德就说埃及是“尼罗河的礼物”。

1. 古埃及国家的出现和初步统一

美尼斯是埃及第一王朝的建立者，也是埃及国家的统一者。他于公元前3100年左右，建立了埃及第一王朝，统一了埃及。国王是最高统治者，称为“法老”（意为“宫殿”，相当于中国称皇帝为“陛下”），集军、政、财、神诸权于一身。国王统帅全国军队，任命包括宰相在内的一切高级官吏，视全国的土地为他的私产，他们自命是太阳神之子，宣扬君权神授，以稳固王位。

金字塔是古王国时期中央集权统治的重要象征。它是古代埃及国王的陵墓，建造它是为了让国王的灵魂早日复活升天，埃及人称金字塔为“庇里穆斯”（“高”之意）。从四面望去，它都是上小下大的等腰三角形，很像中文的“金”字，所以，人们就很形象地叫它“金字塔”。现在尼罗河下游散布着80多座金字塔，其中规模最大的是国王胡夫的金字塔，它高147米，边长230米，塔基面积5.29万平方米，用了230万块2.5吨重的石头。他的儿子哈夫拉也建造了一座豪华精致的金字塔，附近建有狮身人面像。希腊人称为“斯芬克斯”，狮身人面像至今已有4500年的历史。

2. 统一王国重建和帝国时期

埃及国势衰落，被征服地区纷纷摆脱了它的统治，外族势力乘机侵入埃及。公元前525年，埃及被东方兴起的波斯强国所灭，古埃及的历史结束了。公元前五世纪，波斯在同希腊的战争中遭到惨败，埃及人乘机反抗但未成功。公元前404年埃及终于获得独立，但公元前343年被波斯再度征服，不过此时波斯已是朝不保夕了。亚历山大东侵灭亡了波斯帝国后，建立了庞大的亚历山大帝国。公元前323年，亚历山大死去，托勒密统治了埃及，史称托勒密埃及。托勒密王朝主要依靠希腊—马其顿的殖民者，他们不仅控制了整个国家的中央政权，而且控制了各州的政权，各地还有由希腊人组成的驻防军。同时，他们也极力笼络埃及的上层奴隶主贵族和神庙祭司贵族。公元前30年，托勒密王朝为罗马所灭。由于埃及的富庶，屋大维把埃及划为他的私人领地，全部土地和收入归其所有。这一时期埃及的土地私有制逐渐发展起来。395年，罗马帝国分裂后，埃及成为东罗马（拜占廷帝国）的一部分。七世纪时阿拉伯帝国兴起，埃及成为其一部分。古代埃及的居民逐渐融入阿拉伯人中，古埃及文字被人遗忘，直到十九世纪才被释读出来。

二、两河流域的古国

当古埃及人在尼罗河流域辛勤耕种的同时，在西亚新月形的土地上也出现了人类文明——两河流域文明。两河流域指底格里斯河和幼发拉底河两河间肥沃的平原，它是人类文明的又一摇篮。古希腊人称“美索不达米亚”，（意思是两河间的土地）。因为两河流域向西到地中海，这一狭长的弧形地带，像一弯新月，所以人们又称这一带为“新月地带”或“新月沃地”。这里先后住过苏美尔人、阿卡德人、希伯来人和腓尼基人。

1. 两河流域的早期国家

两河流域分为南北两部分，北部称亚述（得名于亚述城），南部称巴比伦尼亚（得名于巴比伦城），巴比伦尼亚又分为南北两部分，北称阿卡德，南称苏美尔。两河流域最早文明的创造者是居住在苏美尔地区的苏美尔人，他们讲苏美尔语。约公元前3000年代初，一种与苏美尔人语言完全不同的人到了苏美尔以北的地区，因为后来他们在那里建立了阿卡德国家，所以被称为阿卡德人，他们的语言属于塞姆语系。

从约公元前4300年起，苏美尔各地开始了氏族公社解体向文明时代的过渡过程。在考古学上被称为埃利都·欧贝德文化期（公元前4300－前3500年）、乌鲁克文化期（公元前3500－前3100年）、捷姆迭特·那色文化期（公元前3100－前2700年）。埃利都·欧贝德文化期，苏美尔各地出现了较大的神庙建筑，它可能是经济合作和管理中心。此时苏美尔已经开始了原始社会的解体。乌鲁克文化期，苏美尔开始进入文明时代。捷姆迭特·那色文化期，两河流域南部出现了数以十计的城市国家，简称城邦。城邦兴起后，相互之间不断进行兼并战争，加剧了城邦内部的社会分化和阶级斗争，因此出现了乌鲁卡基那的改革，但由于改革打击了贵族寡头势力，有利于平民，所以受到了本国显贵和邻国贵族的敌视，他们联合起来，推翻了乌鲁卡基那的改革。在统一过程中，北方阿卡德的势力日益强大，经过长期战争，征服了苏美尔各城邦，统一了巴比伦尼亚。

阿卡德国家的创建者是萨尔贡，他组建了一支五千多人的常备军，发动对外侵略战争。经过多年征战，他统一了苏美尔和阿卡德，兵锋远达埃及、两河流域北部以至地中海东岸，自称“天下四方之王”。但是，阿卡德王国的统一很不巩固，最后被东方来的古提人所灭，经历了几十年的外族统治。在与古提统治者的斗争中，苏美尔复兴，最后乌尔城邦统一了苏美尔和阿卡德，史称乌尔第三王朝。这一时期，阶级矛盾十分尖锐，奴隶主阶级不断加强对奴隶的专政，最能反映这一情况的是《乌尔纳姆法典》（这部法典是古代历史上最早的一部成文法）。乌尔第三王朝时期也经常对外进行侵略，但王朝末年，东西两面不断遭受埃兰人和阿摩利人的侵袭，公元前2006年终被埃兰人所灭。

2. 古巴比伦王国

乌尔第三王朝灭亡后，埃兰人不久就退回了东方山地，阿摩利人却居留在巴比伦尼亚，建立了一些城邦，各城邦间的战争，使原来苏美尔、阿卡德的旧贵族受到沉重打击。而奴隶制却在两河流域有了新的普遍发展。公元前1894年，巴比伦成为阿摩利人的一个城邦，它起初比较弱小，到第六代王汉谟拉比（约公元前1792－前1750年）时期才逐渐强大起来，汉谟拉比用了35年时间最后完成了两河流域的统一。为了保护奴隶主阶级的利益和巩固政权，汉谟拉比制订了古代奴隶制社会第一部较完整的法典（这部法典是世界历史上第一部完整保存下来的成文法典）。汉谟拉比法典，共分前言、正文和结语三大部分，刻在一个玄武岩石柱上。前言宣扬他的权力来自神授，同时宣扬他的所谓功绩，结语主要宣称他的法典的所谓“公平”与“正义”，希望垂之后世，正文共有282条。

由于国内阶级矛盾十分尖锐，汉谟拉比建立的统一国家并不巩固。其子统治时期，东北部山区的加喜特人开始侵袭巴比伦并逐渐成为巴比伦的严重威胁，各地的暴动、独立活动也不少。其孙统治时期，巴比伦的内部矛盾更加尖锐，国势日益衰微。古巴比伦王国在这种内外矛盾交迫中日益衰落，公元前1595年终被赫梯人所灭。不久，赫梯人退去，巴比伦又先后出现了若干小王朝，其中有加喜特人建立的巴比伦第三王朝。再次统一两河流域的是随后兴起的亚述。

3. 亚述和新巴比伦王国

亚述国家是以亚述城为中心发展起来的，居民主要是亚述人。亚述城邦大约发生于公元前3000年代末2000年代初，其历史发展可分为三个阶段：早期亚述、中期亚述和亚述帝国。亚述国家在公元前十二世纪末十一世纪初（中期亚述）时曾经十分强大，不仅向南征服了巴比伦，还向西远征黎巴嫩和腓尼基。不久，由于受到阿拉美亚人的入侵和打击，亚述很快就分崩离析，直到公元前十世纪末，亚述人又在西亚重新崛起。亚述历代国王不断扩张领土，到公元前七世纪，建成了一个包括全部两河流域、埃兰、叙利亚、巴勒斯坦以及埃及北部的奴隶制大帝国。公元前八到七世纪是亚述帝国的繁荣时期，但亚述表面上虽然很强盛，实际上内部阶级矛盾和民族矛盾很尖锐，埃及、巴比伦尼亚、埃兰等地不断爆发起义。随着奴隶制经济的发展，非军事贵族奴隶主的力量逐渐壮大，他们同军事贵族奴隶主的矛盾逐渐加深，这样从内部削弱了亚述奴隶主阶级的力量。同时，国际上的情况也发生了变化，埃及建立了第 26 王朝，小亚兴起了吕底亚，伊朗高原西部兴起了米底，早已在巴比伦尼亚地区居住的迦勒底人势力也日益壮大，亚述终于失去了国际上的有利地位。公元前 626 年，迦勒底人占据巴比伦独立，后来又同米底结盟，共同进攻亚述，公元前 612 年，亚述首都尼尼微被联军攻陷，帝国瓦解，残存势力不久也被消灭。

新巴比伦王国的建立者是迦勒底人，所以又称迦勒底王国，它是在与亚述帝国的长期斗争中兴起的。公元前 626 年，巴比伦打败前来镇压的亚述军队，随后建立了国家。公元前 614 年，与米底结成反亚述联盟，两年后联军攻陷亚述首都。此后，巴比伦进行了对外扩张战争，征服了叙利亚、巴勒斯坦地区。这段时期是新巴比伦王国最强盛、最繁荣的时期。但新巴比伦王国强盛的时间很短，伊朗高原兴起的波斯替代了米底人的统治后，便接着向西北征服了小亚细亚，然后沿两河南下进攻新巴比伦，几乎未遇什么抵抗，波斯军队就于公元前 538 年进入巴比伦尼亚，巴比伦城未经战斗就投降了。波斯皇帝居鲁士给自己加了个巴比伦王的称号，把巴比伦并入了他的版图。

4. 腓尼基和巴勒斯坦

腓尼基东连叙利亚，西临地中海，南邻巴勒斯坦，北结小亚细亚，是黎巴嫩山和地中海之间的一个狭长地带。这里最初的居民大概是胡里特人，公元前 3000 年代，说塞姆语的迦南人迁入，并逐渐融合了原先的居民。公元前 3000 年代末，腓尼基产生了一些小的奴隶制城邦。公元前 2000 年代中期，它们落入埃及新王国控制之下，公元前十五世纪末至十三世纪初埃及和赫梯争霸期间，它们成了争夺对象，公元前 1200 年左右，它们又遭到海上民族的入侵，公元前八世纪以后，又接连遭受亚述、新巴比伦王国的侵扰和征服。公元前六世纪，腓尼基被纳入波斯版图。

巴勒斯坦位于地中海东岸南部，北面是腓尼基，西南面是西奈半岛，东面是叙利亚草原。公元前 3000 年代，迦南人已在巴勒斯坦定居。公元前十六世纪后期，埃及新王国向亚洲进行军事扩张，巴勒斯坦陷于埃及达 200 年之久。约在同一时期，游牧的希伯来人部落进入巴勒斯坦，他们在长期的斗争中战胜了迦南人，同时也接受了迦南人的影响，转入定居的农业生活。希伯来人分两大部落联盟，以色列部落联盟在北方，犹太部落联盟在南方。公元前 1200 年左右，海上民族腓力斯丁人侵入巴勒斯坦沿海地区，以后巴勒斯坦之名就是从腓力斯丁一词演化而来的。以色列人和犹太人同腓力斯丁人进行了艰苦斗争，这场斗争加速了以色列犹太国家的形成，也产生了国王。第一任国王扫罗（约公元前 1020－前 1000 年）战死于战场后，犹太人首领大卫夺取了王位，在他率领下，希伯来人终于战胜了腓力斯丁人，建立了统一的以色列犹太国家。在大卫之子所罗门统治时期（公元前 960－930 年）达到极盛。但所罗门死后不久，北方以色列独立，都城为撒马利亚，犹太都城为耶路撒冷。

公元前 722 年，亚述灭亡了以色列，犹太处境也岌岌可危，而且犹太国内阶级矛盾很尖锐，新王约西亚（公元前 637－608 年）的改革也没能挽救犹太衰亡的命运。公元前 586 年，新巴比伦王国攻陷了耶路撒冷，灭亡了犹太，还把城中 4 万多居民掳掠到巴比伦进行奴役，这些被奴役的人，史称“巴比伦之囚”。

5. 波斯帝国和安息帝国

波斯兴起于伊朗高原西南部，在此之前，伊朗高原西部曾先后兴起过埃兰和米底。公元前 7 世纪中叶，埃兰被亚述所灭。米底和波斯同属一个语族，公元前 7 世纪初，米底征服波斯部落，与亚述斗争，此后与新巴比伦一起灭亡了亚述，建立了强大国家，但不久就被新兴的波斯代替。公元前 558 年，出身于贵族氏族的居鲁士领导波斯人反抗米底，公元前 550 年灭亡了米底王国。居鲁士接着向西扩张，公元前 546 年征服了小亚细亚，公元前 538 年征服了新巴比伦王国。他又向东扩张，在中亚细亚战败身死。其子冈比西斯即位后，于公元前 525 年征服了埃及，他从埃及继续向西、向南扩张，都遭失败。于是公元前 522 年，国内各省发生了大规模的人民起义，一个米底祭司高墨塔乘机窃取了政权。当时冈比西斯远在埃及，听到消息急忙回国，途中不知何故自杀而亡。7 个月后，氏族贵族大流士发动了宫廷政变，夺得政权，随后，大流士用了几年的时间把各地的起义镇压了下去。后来，他把镇压起义的经过用波斯、埃兰、巴比伦三种文字刻在贝希斯敦的大石崖上，这就是著名的“贝希斯敦铭文”。之后，他继续对外扩张，向东征服了印度河流域西部。至此，波斯形成一个横跨欧、亚、非三洲的大帝国。

为了加强帝国的专制统治，公元前 518 年起，大流士开始进行了一系列的改革。主要内容有：①实行军政分权的地方行政制度。②废除以前以送礼的形式缴纳贡税的制度，正式规定了各行省纳税的项目和数目，并派员专管税收。③军队由皇帝直接控制，将领一般由皇帝直接任命。皇帝每年亲自检阅附近部队，派使者检阅远处部队。对于波斯军队的核心，即称为“不死队”的 1 万多人的精锐常备军，皇帝亲自指定将领，直接控制。大流士把全国分为五个军区，全国军队编制为万人团、千人团、百人队、十人队四级，并利用腓尼基、巴勒斯坦人建立了海军。④为了加强对全帝国的控制，大流士下令修筑设有驿站的大路，便于调动军队、传达命令。其中最长的一条被称为“御道”，从首都苏撒一直到小亚的以弗所，全程 2400 公里。⑤统一了全国货币，只有皇帝铸造的金币才能通行全国，各省只能铸造银币作为辅币，自治城市可铸造铜币。⑥为维持帝国统一，大流士独尊琐罗亚斯德教（相传创始人是琐罗亚斯德），禁止其他宗教的流行。大流士的改革，加强了帝国的中央集权制度和军事力量，促进了帝国社会经济和文化的发展，暂时巩固了帝国的统一和强盛。

帝国的衰亡从公元前5世纪前半期开始，当时波斯对新兴的希腊城邦发动了侵略战争，结果是庞大的帝国被小小的希腊打败。战争期间，巴比伦和埃及都爆发了反波斯的起义，埃及还一度恢复了独立。波斯从此走向解体。公元前5世纪后半期和公元前4世纪前半期，波斯统治阶级内部争权夺利的斗争十分激烈。马其顿兴起后，亚历山大东侵，波斯帝国终在公元前330年被灭亡。亚历山大帝国解体后，其部将塞琉古割据一方，建立了独立王国，其统治区域基本上在波斯地区，直到公元前64年被罗马所灭。中国史书中称其为条支。

安息是我国史书对帕提亚王国的称呼。帕提亚位于米底以东、里海东南，公元前247年获得独立，公元前2世纪逐渐强大起来，在西面占领了伊朗高原西部和两河流域，东面占领了中亚细亚南部。公元前1世纪，罗马东侵，与安息发生了激烈冲突。公元前53年，克拉苏大举侵犯安息，结果兵败身死，十万大军逃回叙利亚的不足一万。公元前36年，安敦尼入侵安息又以失败而告终。此后两国又有过多次战争，互有胜负，双方大体对峙于两河流域和叙利亚一带。安息为了对抗罗马，于公元前1世纪中叶将首都从里海东南迁至底格里斯河东岸的泰西封城。安息与罗马的斗争虽然阻止了罗马的向东扩张，但也削弱了自己的力量，加上安息王朝内部的斗争，更削弱了中央政权的力量，公元226年，安息王朝被新兴的波斯萨珊王朝所代替。安息历史上和中国关系密切。公元前2世纪后期，张骞通西域，曾派副使到达安息，从此东西方交通有了很大发展，“丝绸之路”西段大部分在安息境内，这促进了安息商业的发展和经济的繁荣。

三、古代印度

古代印度是人类文明的发祥地之一，包括整个南亚次大陆，即今天的印度、巴基斯坦、孟加拉等国领土。

1. 吠陀时代与种姓制度

“吠陀”（原意为知识、学问）是雅利安人的圣书，共有四部，是祭司们在祭神时所用的颂歌、经文和咒语的汇编。《梨俱吠陀》是最古老的一部，它反映的时代被称为“早期吠陀时代”（约公元前1500年－前900年）。其余三部《沙摩吠陀》《耶柔吠陀》《阿达婆吠陀》编纂较晚，合称为“后期吠陀”，他们和“梵书”“森林书”“奥义书”（吠陀的解释书）所反映的时代，史称“后期吠陀时代”（约公元前900年－前600年）。

从公元前2000年代后期起，属于印欧语系的一支部落一批批从西北方侵入次大陆，并持续了几个世纪，他们与原来的土著居民展开激烈争夺，占据了土著居民所居住的土地。他们活动的范围主要集中在印度河上、中游与恒河上游一带，雅利安人是入侵者的自称，意为“高贵”，他们把一切土著居民称为“达萨”（敌人）。在早期吠陀时代，雅利安人仍然存在氏族、部落组织，不过已处于解体过程。后期吠陀时代，雅利安人由西向东、南方面扩张，到达恒河下游和纳巴达河流域。

早期吠陀时代末，雅利安人内部也产生了不同等级，种姓制度开始萌芽。后期吠陀时代，随着社会经济的发展，奴隶制的成长，社会分化的加剧，种姓制度逐渐成为一种严格的等级制度。第一等级是婆罗门种姓，是主管宗教祭祀的氏族贵族，他们不仅垄断了宗教、文化方面的权力，而且其中一些人也参与掌握政权。第二等级是刹帝利种姓，这是由从前的王族发展而来的军事行政贵族集团，刹帝利的基本职业是充当武士，国王通常也属于刹帝利种姓。第三等级是吠舍种姓，吠舍是雅利安人的一般公社成员，主要是从事农、牧、商等职业的平民大众。第四等级是首陀罗种姓，他们原为被征服居民，也有雅利安人和其他失去公社成员身份的人。

早期吠陀时代雅利安人的宗教基本上还是自然崇拜，人们信奉各种各样的神，当时虽有僧侣但没有形成真正固定不变的僧侣等级。后期吠陀时代，伴随雅利安人向奴隶社会的转变和国家的形成，专门的僧侣等级和婆罗门教也形成了。婆罗门教保留和利用了原始宗教的多神崇拜，但神的性质有了改变，如天神成了天上的司法神，战神成了国王和贵族的保护神，而且产生了宇宙的创造者，最高主宰的大神—大梵天。婆罗门教认为只有梵天是真实存在的，而世上一切皆为虚幻，它宣扬“业力轮回”理论（人死后必有轮回，为善者来世善报，为恶者来世恶报），为了让人们有行动的规范，就制订了达摩（法），宣称各个等级只有按达摩行动才能得到善报。婆罗门教终成为维护奴隶制度，种姓制度和氏族贵族特权利益的宗教。

2. 列国时代与佛教产生

公元前六至四世纪是次大陆的列国时代，根据佛教文献记载，公元前六世纪初，次大陆北部有十六大国，到公元前四世纪后期，列国为摩揭陀所统一。又因为佛教产生于同时期，故史学上亦称为“早期佛教时代”。

公元前517年，次大陆西北部被波斯帝国占领，当地居民被外族统治，次大陆历史发展重心转移到了恒河流域，十六大国主要分布在这里。十六国中，跋祇和末罗两国是贵族共和国，其余都是王国。列国之间不断发生兼并战争，在战争中出现了伽尸、居萨罗、摩揭陀等强国。后来，摩揭陀最为强大，逐渐成为统一次大陆的大帝国。摩揭陀在频毗沙罗（公元前544－前493年）统治时，采取远交近攻策略，扩大领土，建都王舍城。其子阿阇世（公元前493－前462年）时继续扩张，开始在列国中称霸，在此后的四个国王时期（公元前462－前430年），迁都华氏城。公元前430年国王被市民发动起义赶走后，大臣希苏那伽登上王位，摩揭陀国势更盛。公元前364年，出身下层的摩诃帕德摩·难陀杀掉希苏那伽的继承者，从此开始了难陀王朝的统治。在难陀王朝时，摩揭陀逐渐统一了次大陆北部。这为后来孔雀帝国的建立奠定了基础。

佛教的创立者是乔达摩·悉达多（约前566－486年），他生于释迦国，后被称为释迦牟尼（释迦族的隐修者）或佛陀，传说他是伽毗罗卫城净饭王的太子，他29岁出家，修行7年，传教40多年，他死后，佛教继续传播，终于成为世界三大宗教之一。

佛教最根本的教义是所谓四谛（四真理），包括苦谛、集谛、灭谛、道谛。“苦谛”宣扬所谓八苦，即一生苦，二老苦，三病苦，四死苦，五所求不得苦，六怨憎会苦，七爱别离苦，八五受阴苦。“集谛”说明产生苦的原因在于有欲爱（渴望），包括对欢乐之欲爱、对长生之欲爱、对权力之欲爱。有欲爱便有行动，有行动便造了业，造了业便造了今后的因，于是因果不断，生死轮回不已。“灭谛”说明佛教的目的在于消灭苦，认为灭苦的关键在于消灭欲望，以达到所谓“不生不灭”的绝对宁静的“涅槃”境地。“道谛”说明佛教修道的主张和途径，包括正见（信仰正）、正思维（决心正）、正语、正业（行为正）、正命（生活正）、正精进（努力正）、正念（思念正）、正定（精神集中、禅定正）等八正道。所谓八正道包括两个方面，一方面从理论上理解佛教宣扬的教义，一方面从静坐中体验佛教所宣扬的境界。此外，佛教的核心是“众生平等”。

3. 孔雀帝国

公元前327年，马其顿亚历山大灭亡波斯后侵入次大陆西北部，很快征服了五河流域，但由于士兵厌战和印度人民的反抗，公元前325年亚历山大撤回到巴比伦，只留下部分驻军。亚历山大撤离后，次大陆北部到处发生人民起义，一个叫旃陀罗笈多的人成为驱逐马其顿驻军的领导者。公元前325年他自立为王，随后他向东进攻灭难陀，从此统一了次大陆北部，建都华氏城。相传旃陀罗笈多出身于一个养孔雀的家族，故称他建立的王朝为孔雀王朝，他所创立的帝国为孔雀帝国。旃陀罗笈多依靠其强大的常备军在次大陆进行扩张和侵略，并于公元前305年击退了塞琉古王国的入侵。其子宾头沙罗时征服了南印度一些地方，至阿育王（公元前273－前236年）时，除次大陆南端外，北起喜马拉雅山南麓，南至迈索尔，东抵阿萨姆西界，西达兴都库什山，都并入了孔雀王朝的版图。

阿育王的统治维持了四十多年，这是孔雀帝国的极盛时期，但这个庞大帝国没有统一的基础，各个地区在政治、经济上保有很大的独立性，阿育王的统治无法消除各地区发展的不平衡和阶级矛盾，统治阶级内部的矛盾也很尖锐，因此靠武力征服而统一的孔雀帝国不可能长期维持下去。阿育王死后不久，帝国便告分裂，大约公元前187年，孔雀王朝的最后一个国王被其部将所杀，孔雀帝国遂宣告灭亡。从此，印度陷入长期的分裂混乱当中，外族乘机入侵，公元一世纪初，印度被大月氏人建立的贵霜帝国统治。

四、古代亚非文化

古代亚非地区是人类文明的发祥地。这些地区在发展的过程中,创造了光辉灿烂的文化成就,对人类文明与进步起了重要的作用。

1. 古老而神秘的文字

文字,是人类文明的标志之一,早在公元前3000多年,文字就在埃及出现。

古埃及人的象形文字为以后字母文字的产生奠定了基础,埃及的象形文字复杂难懂,只有少数祭司和书吏掌握,因而在埃及有专门以抄写、记录为职的书吏。

在古埃及人创造象形文字的同时,两河流域的苏美尔人又创造了楔形文字。楔形文字起源于象形文字,为了书写简便,人们逐渐对一个事物不全画出来。而是只画出其中最能表现出其特征的部分,于是原来的图画逐步转变为直线图形。19世纪中叶,英国人罗林生在波斯发现了刻有古波斯文、埃兰文、巴比伦文三种楔形文字的贝希斯敦铭文。他借鉴前人成果,对照比较三种文字,终于释读了楔形文字。当时,这种文字在西亚地区广泛传播,西亚各民族对它略加修改后,作为自己的文字长期使用。

2. 天文和历法

在农业发展的基础上,古代亚非的人民又制定了天文、历法。

埃及的太阳历早在6000多年前就问世了。马克思曾经说过:“计算尼罗河水的涨落期的需要,产生了埃及的天文学”,指出了天文、历法与生产的关系。埃及人为了不违农时,有效发展农业生产,在长期的生产实践中逐渐掌握了尼罗河泛滥的规律。他们发现两次泛滥之间大约为365天。同时,还发现,每年6月17或18日早晨,尼罗河开始变绿,这是尼罗河泛滥的预兆。当尼罗河水的潮头来到孟斐斯(今天的开罗)附近时,天狼星和太阳同时从地平线升起,埃及人把它作为一年的开始,两次泛滥期间为一年。以此为依据,把一年分为泛滥期、播种期、收获期,生动地反映了天文历法与农业生产之间的密切关系。埃及人又把一年定为365天,分为12个月,每月30天,年终加5天节日,这是世界上最早的太阳历。虽然每隔4年就误差一天,但它使用起来简单方便,后来传入欧洲,经过罗马凯撒和教皇格利哥里不断改进,成为今天通用的公历。

两河流域的人们,通过对月亮圆缺变化规律的观察,制定了太阴历。它将一年分为12个月,每月以刚刚露出月牙来的这一天为开端,以月亮最圆的一天为月中,以月亮又变成月牙的那天为一月的终结。当时,两河流域的人们已经能够区分五大行星和恒星,对五大行星的运行轨道观察得相当准确,他们将星宿和诸神联系起来,星就是神,因此星的符号也就用来表示神的概念。每天有一个星神值勤。七天一轮回,所以把七天作为一周。所谓星期,就是星的日期。后来,随着科学的进步,去掉了加在星期上的迷信色彩。

星期制度一直沿用至今，这就是现在通行的七天一星期制度的来历。

3. 雄伟的古代建筑

古代埃及，除了举世闻名的金字塔外，还修造了大量的神庙，其中最壮观的要算卡尔纳克神庙了。卡尔纳克神庙，就是阿蒙神庙，因为它位于埃及的卡尔纳克村而得名。阿蒙是底比斯的庇护神，后来被尊为太阳神，成为国家的最高神。埃及国王认为自己是太阳神的儿子，每次对外战争的胜利，都认为是阿蒙神保佑的结果。战争结束后，就把大量的战利品献给阿蒙神庙。经过几百年埃及国王的不断添造，阿蒙神庙终于成了一组庞大的寺庙建筑群。

空中花园是新巴比伦时期建造的，新巴比伦国王为讨好王后，下令在首都巴比伦建造空中花园，它实际上是一座假山花园。它采用立体造园的方法，将花园置于高高的平台之上，远远看去，花园就像在天空中一样。空中花园建成以后，成为巴比伦城建设的最主要部分，与金字塔一样，成为古代世界的七大奇迹之一。后来，波斯占领新巴比伦后，空中花园随之被毁。

4. 阿拉伯数字和古埃及木乃伊

除了阿拉伯数字之外，印度人还发明了定位计算的十进位法。由于定位计算，同一个数字处于不同的位置，就表示不同的数值，如果某一位没有数字，就在该位上写“0”。“0”的应用，使十进位法臻于完善，意义重大。这些数学符号尽管是由印度人发明的，却由阿拉伯人传入欧洲，所以称为阿拉伯数字。由于采用十进位法，加上阿拉伯数字笔画简单，书写方便，一目了然，因而很快在世界上流传起来，成为世界各国通用的数字。

两河流域的人们不仅采用十进位法，还采用六十进位法。巴比伦人认为整个天穹每24小时一次回转，每小时60分钟。这种昼夜和时间的划分，以及六十进位法，一直沿用到今天。他们还将圆周划分360°。随着生产的需要，古埃及摸索出计算长方形、三角形、甚至圆形面积的方法，推算出圆周率为3.16。

木乃伊，是希腊语的译音，意为被保存下来的尸体。古埃及人相信人死后还要在冥世生存。古埃及人认为，人们在世时干坏事，他的心就变小，减轻，死后就受到审判和惩罚，但只要保住肉体，灵魂就会依附于肉体万世长存。木乃伊就是经过防腐处理的干尸。制作木乃伊的最好办法是：先用钩子把死者脑浆从鼻孔中取出，再把一些药水灌进去清洗其他部分，接着在尸体腹部割一个口，把内脏全部取出，用和有香料的酒冲洗腹腔，然后用桂皮、乳香等香料把它填满，最后按原样缝好。把尸体泡在小苏打、盐水或其他防腐液中，溶去油脂泡掉表皮，经70天后，把尸体取出冲洗、晾干，用麻布裹紧，外涂树胶，以免尸体接触空气，这样制作成的木乃伊可以保存几千年。

5. 史诗和神话

《摩诃婆罗多》和《罗摩衍那》是世界文化宝库中的著名长诗，起源于人民群众的口头创作。《摩诃婆罗多》梵语的意思是“伟大的婆罗多族”，全诗20万行，讲的是婆罗多族国王的两支后裔的一场大战。古代婆罗多族国王是一个瞎子，国事全由弟弟来处理。国王有100个儿子，组成俱卢族，国王的弟弟有五个儿子组成班度族。国王的弟弟死后，他的儿子全由国王抚养。五个兄弟个个武艺高强，遭到俱卢族兄弟的嫉妒，一次又一次受到他们的迫害。他们找了些盟国进行决战，结果，俱卢族大败。老国王的99个儿子被杀死，太子逃脱后最后也被杀。由于相互残杀，血流成河，尸横遍野，班度兄弟决定和俱卢族讲和，化战争为和平，化仇恨为友谊。这部长诗反映了古代战争的场面和社会生活面貌，是一部印度社会的百科全书，被马克思喻为印度的“伊利亚特”。《罗摩衍那》梵语中的意思是罗摩的漫游。

在古代西亚，也曾经流传着一个关于洪水的故事，即诺亚方舟的故事。诺亚方舟，是《希伯来圣经·创世纪》中的故事，一艘根据上帝的指示而建造的大船，依原说记载为方形船只，但也有许多的形象绘画描绘为近似船形船只，其建造的目的是为了让诺亚与他的家人，以及世界上的各种陆上生物能够躲避一场上帝因故而造的大洪水灾难，记载诺亚方舟花了120年才建成，这段故事分别被记录在《希伯来圣经·创世纪》(《旧约圣经·创世纪》)以及伊斯兰教的《古兰经》中。

课后练习

1. 列举古代埃及文明的成果。
2. 浅谈古代印度的种姓制度。

第二章　古代希腊和罗马

导读：古代希腊是西方文明之源，而希腊文明又渊源于爱琴文明，所以说爱琴文明是欧洲最早的文明，是古希腊历史的开端。

一、爱琴文明

爱琴海区域指以爱琴海为中心的地区，包括希腊半岛、爱琴海各岛屿和小亚细亚半岛西部沿海地区。希腊半岛的划分为北、中、南三部分，中希腊有著名的雅典，南希腊又称伯罗奔尼撒半岛。古希腊最大城邦斯巴达位于伯罗奔尼撒半岛南部的拉哥尼亚。希腊半岛多山，土壤不甚肥沃。

爱琴文明（公元前2000年－前1200年）包括克里特文明和迈锡尼文明。

1. 克里特文明及线形文字A（线形文字甲，未释读）：由非希腊语居民创造，公元前2000年，克里特进入青铜时代。公元前1450年左右，估计被希腊语的阿卡亚人破坏，爱琴文明由以克里特文明为主转入以迈锡尼为主的阶段。

2. 迈锡尼文明及线形文字B（线形文字乙，已释读）：由希腊人阿卡亚人创造，属于发达的青铜文化，以迈锡尼城为代表，还有太林斯和派罗斯城。迈锡尼文明的鼎盛时期在公元前13世纪。公元前12世纪初发生了著名的特洛伊战争，不久，被另一支希腊人多利亚人所灭。

二、希腊城邦与亚历山大帝国

1. 荷马时代（公元前11世纪－前9世纪）

荷马时代因荷马史诗而得名，荷马史诗包括《伊利亚特》和《奥德赛》。尚处于军事民主制阶段的多利亚人公元前12世纪南下（来源于希腊北部的伊庇鲁斯），后来侵入伯罗奔尼撒半岛，灭亡迈锡尼文明，有的还征服了克里特岛、罗得斯岛和小亚细亚。荷马时代属于军事民主制时代，又称英雄时代。与迈锡尼文明相比，荷马时代社会制度确有倒退，但社会经济水平仍有重要进步，希腊已由青铜时代向铁器时代过渡。

2. 希腊城邦的形成(公元前8世纪－前6世纪)

希腊城邦约200多个,特点是常常以一个城市或城镇为中心,包括若干村镇,属于小国寡民,小的城邦只有100平方公里。自发形成的如雅典,有2550平方公里,全盛时期的居民约有40万。征服形成的如斯巴达,有8400平方公里,属较大城邦。希腊人建立海外殖民城邦有130多个,在意大利南部、西西里岛、西部地中海北岸、黑海沿岸等地,如叙拉古,拜占庭、他林顿、西诺普等。

斯巴达居民分为征服者多利亚人,叫斯巴达人,被征服的沿海地区的居民叫皮里阿西人(意为周围地区的人),还有绝大部分被征服的土著居民,叫希洛人。斯巴达人是第一等级,成年男子享有公民权,共有4万人左右。皮里阿西人属于第二等级,约3万人。希洛人属于第三等级,约20万人,是奴隶阶层。斯巴达的这种剥削制度总称为希洛制。

雅典位于中希腊的阿提卡半岛上。最早居民是非希腊语的皮拉斯基人与爱奥尼亚人。前12世纪多利亚人入侵雅典。从公元前8世纪开始,主要通过平民与氏族贵族的斗争形成的。包括提秀斯改革(公元前13世纪)、基伦暴动(公元前632年)、德拉古法典(公元前621年)、梭伦改革(公元前594年)、庇西特拉图的僭主政治(公元前560年、前541年)、克里斯提尼改革(公元前509年)、希波战争(公元前492－前449年)、提洛同盟(公元前478年)、伯里克利时代(公元前443年－前429年)。其中,克里斯提尼改革(公元前509年或前508年)肃清了氏族制残余,结束了平民反贵族的斗争,完成了雅典从氏族社会到国家的过渡。

3. 希波战争与伯罗奔尼撒战争

希波战争(公元前492－前449年)爆发的导火线是小亚细亚的米利都反抗波斯而起,主要经过了马拉松战(公元前490年)和萨拉米海战(公元前480年)。公元前478年,由雅典领导组成提洛同盟,以希腊取胜而结束。

伯罗奔尼撒战争(公元前431年－前404年)于公元前431年正式爆发。战争之中雅典内部出现纷争,双方互有胜负,最后雅典失败。公元前421年双方签订《尼西亚和约》。公元前415年,雅典远征西西里失败。公元前404年,雅典投降,之后出现"三十寡头统治"。

4. 马其顿帝国与希腊化时代

马其顿位于希腊最北部。其居民由色雷斯、伊利里亚和一些与希腊人有血缘关系的部落混合而组成。公元前5世纪后期至前4世纪初,马其顿国家形成。前4世纪中期,马其顿强大起来,国王腓力二世实行了一系列改革,开始向希腊各城邦扩张。雅典亲马其顿派与反马其顿派之间发生激烈斗争,反马其顿派组成的联军于公元前338年在喀罗尼亚败于马其顿。公元前337年科林斯会议的召开,标志着希腊城邦时代的结束。

公元前336年腓力二世遇刺身亡,其子亚历山大继位后,以武力压服马其顿和希腊各地的反抗,加强了王权。接着公元前334年春率领步兵3万、骑兵5000开始远征波斯。战争时机对亚历山大非常有利,其时波斯帝国内部矛盾重重,统治不稳。公元前333年,亚历山大的军队到达叙利亚,波斯皇帝大流世三世率军10万迎击。两军会战于伊苏斯,波斯灭亡。与此同时,亚历山大还占领了小亚细亚、埃及,进军中亚,失败后,于公元前327年侵入印度。公元前325年从印度撤军,回到他的新都巴比伦,东侵结束,至此建立起一个空前庞大的帝国,其领土西起希腊,东到印度河流域,南括埃及,北抵中亚。公元前323年6月亚历山大病死,帝国随即分裂。其将领各据一方,互相混战。公元前301年伊普斯战役后,帝国分裂成三个最大的国家:托勒密埃及王国、塞琉古王国、马其顿—希腊王国。

三、罗马和罗马帝国

1. 王政时代(公元前8世纪-前6世纪)

古罗马的发祥地是意大利半岛,又称亚平宁半岛。公元前2000年代初叶,意大利人的祖先操印欧语的部落从东北多瑙河和喀尔巴千山周围,越过阿尔卑斯山,进入意大利。拉丁人就是这些部落中的一支。公元前14世纪,伊达拉里亚人从小亚细亚进入意大利,人们主要居住在第伯河与亚努河盆地,并建立了一些城市。公元前7世纪,伊达拉里亚已出现有围墙的城市,进入了阶级社会。到公元前6世纪,奴隶制度已有相当发展,其势力北达阿尔卑斯山,南达拉丁平原和坎佩尼亚,并一度统治罗马。到公元前5世纪末,高卢人又从阿尔卑斯山北部进入波河平原。他们占据的地区后来被称为山南高卢。公元前8至6世纪,希腊人向意大利南部和西西里岛进行移民,并在这些地区建立许多城邦,其中较重要的有邱米、他林顿和叙拉古。

罗马城的起源有一个神话传说。罗马人的始祖是特洛伊战争时期特洛伊城的王子、他的后代罗慕路和勒莫,一对被狼哺育过的孪生兄弟,在巴拉丁山岗建筑了新城,该城以哥哥罗慕路的名字命名为罗马。一般认为此事发生在公元前753年4月21日,罗马城便以这一年作为纪元。事实是,拉丁人定居在中部意大利的拉丁平原。在他们的居住地曾经出现一些城市,罗马只是其中一个,罗马城大概出现在公元前8至前7世纪。据考古发掘,约在公元前1000年代初,这里的小丘上出现了原始村落,到公元前8至前7世纪,各村联合成为七丘联盟,以居住在帕拉丁山丘上的拉丁人为主。后来又并入萨宾人的部落。到公元前5至前4世纪,阿汶丁山又被合并起来。可见,最早的罗马城实际上是通过联合、合并附近村落的方式逐渐形成的。

据罗马的历史传说,从公元前753年罗慕路建城起到公元前509年高傲者塔克文的统治被推翻为止,先后有七个王统治罗马,这个时期称为王政时代。其中前四王为拉丁人和萨宾人。这时，罗马人处于氏族社会末期的军事民主制时期。这时的罗马已经有了共同管理的机构，即王、元老院和库里亚（罗马的胞族，当时共有10个）大会。王政时代的后三王为伊达拉里亚人。他们在罗马的统治被称为塔克文王朝。这时，罗马的奴隶制开始形成并发展起来。第六王塞尔维乌斯实行了旨在增强国家实力和调整社会关系的一系列改革。①建立新的地域部落，代替原来的三个血缘氏族部落。②按财产多寡把公民划分为5个等级，并确定其相应的权利和义务。五级以下的贫民为无产者，不列级。③创设森都里亚大会（百人对大会），作为新的公民大会。塞尔维乌斯改革基本上完成了罗马由氏族制度向国家的过渡。

2. 罗马共和国

到最后一个王塔克文统治时，由于苛政暴虐，罗马人民于公元前509年举行暴动，结束了王政时代。此后，罗马每年在森都里亚大会上选出两个权力相等的执政官，作为行政首脑，掌握最高军事权，也兼理民政和司法，这就是共和制的开始。国家大事皆决策于元老院，因此，罗马建立的是贵族共和国。

共和国初期，平民和贵族的斗争是当时的主要矛盾，而其焦点是土地问题和债务问题。平民反对贵族的斗争主要采取的是撤离运动。斗争的结果是，平民有权选举保民官以保障平民的利益。并产生了罗马历史上的成文法典，改变了习惯法。罗马历史上第一部成文法是公元前451年到前450年颁布的《十二铜表法》，但并没有解决好平民与贵族的斗争。公元前376年，李锡尼和塞克斯图担任保民官时，又进行了改革，史称李锡尼－塞克斯图改革，提出了三个重要法案。①全体公民都可以占有和使用公有土地。②平民所欠债务一律停止付息。③规定两名执政官中，必须有一名由平民充任。公元前326年，在平民压力下，又通过了《彼特留法》，它规定禁止将负债的罗马公民变成为奴隶，从此，罗马平民免除了沦为债务奴隶的威胁。公元前287年，平民与贵族的矛盾再次激化，平民出身的独裁官霍腾西阿颁布法令，称《霍腾西阿法》，该法标志着平民与贵族在法律上获得了平等的地位。罗马共和国早期平民反对贵族的斗争至此结束。特别是债务奴隶制的废除，划清了自由民与奴隶的界限，促进了罗马公民公社集体的稳固，从此罗马走上了奴役外籍奴隶的道路。

罗马共和国早期，其外部形势十分严峻。于是罗马开始向北进攻，解除了北方的直接威胁，占领北部意大利。然后开始向南进攻，吞并意大利中部，最后经过艰苦奋战，打败南部意大利的希腊城邦，征服了整个意大利。罗马之所以取得胜利，首要的条件是罗马有良好的军事组织，其次采取了古老的“十一抽杀律”，此外，还执行了分化瓦解的对外政策。对征服的地区，罗马采取“分而治之”的方式。

3. 罗马的扩张及其后果

罗马向地中海的扩张首先就是与地中海的强国迦太基发生战争，一共发生了三次布匿战争(公元前264年－前241年、前218年－前201年、前146年),这三次战争均以迦太基失败而结束。然后罗马向东地中海用兵,经过公元前3世纪末至公元前2世纪初的马其顿战争和公元前2世纪初的叙利亚战争,罗马征服了希腊、马其顿、托勒密埃及、小亚细亚的塞琉古王国等,从而完成了对整个地中海区域的征服。至公元前2世纪中叶,罗马经过长期战争,在被征服地建立9个行省。所谓“行省”,拉丁文就是“委托”或“管辖”,就是把该地区委托给长官管辖。后来罗马在行省实行总督制、贡赋制、包税制。

进入后期共和国以后,罗马社会阶级关系日趋复杂,奴隶与奴隶主,小土地所有者与大土地所有者,罗马和同盟者、被征服者的矛盾,奴隶主阶级上层元老贵族与骑士的矛盾都充分暴露出来,且日益尖锐,相互交织,最后导致激烈的社会斗争。这主要表现在:第一次西西里奴隶起义(公元前2世纪)、第二次西西里奴隶起义(公元前104－前101年)、格拉古兄弟改革(公元前134、124年)、马略军事改革(公元前107年)、同盟者战争、苏拉独裁(公元前82－前79年)、斯巴达克起义(公元前73－前71年)、前三头同盟与凯撒独裁(公元前60年、公元前49年、前45－前44年)、后三头同盟(公元前43年－前30年)。

提比略·格拉古和盖约·格拉古两兄弟先后当选为保民官,分别进行了改革。公元前134年,提比略的改革内容主要是提出土地改革法案,最后失败。公元前124年弟弟盖约的改革也以失败告终。格拉古兄弟改革失败后,罗马社会内部斗争继续发展,形成所谓民主派和贵族派,双方在朱古达战争(公元前111－前105年)期间和战后展开了激烈的斗争。此时,军人出身的马略崭露头角,于公元前107年当选为执政官,实行了军事改革。改征兵制为募兵制,改农民兵为雇佣兵。公元前90－前88年爆发了意大利同盟者城市反对罗马统治者的战争,目的是争取公民权,史称“同盟者战争”。战事席卷意大利中部和南部。同时,小亚细亚本都也发生了反抗罗马的起义。罗马决定派兵镇压,元老派推举苏拉,民主派推举马略,结果元老派获胜,苏拉大肆镇压马略派,于公元前82年建立起第一个军事独裁政权。苏拉独裁是元老贵族为挽救其衰败命运而采取的个人军事专政,给共和制度以沉重打击,为日后恺撒等人独裁开创了先例。公元前73年,色雷斯人斯巴达克率领70多名角斗士,冲出学校,进驻维苏威火山,领导奴隶和破产农民起义。他的军队纵横意大利南北。罗马元老院任命克拉苏为统帅,最后镇压了斯巴达克起义。

公元前1世纪中叶,在罗马政治舞台上出现了三个风云人物,分别是恺撒、克拉苏、庞培,他们活跃并操纵罗马政治,于公元前60年达成了互相支持的秘密协议,历史上称为“前三头政治同盟”。最后,经过角逐,公元前49年,恺撒成为罗马的独裁者,前45年,被元老院任命为终身独裁官。公元前43年恺撒被刺,恺撒养子屋大维、恺撒部将安敦尼和恺撒的骑兵长官雷必达结成后三头同盟,于公元前40年划分势力范围。

4. 罗马帝国

公元前31年,屋大维打败其他两个对手,于公元前29年建立起元首政治,罗马帝国终于取代了罗马共和制度。首先,他获得了“大元帅”(impertor)的称号,后来演变为皇帝之意。随后,他把自己的名字排在元老院名单中的第一位,获得了“元首”称号,意即首席元老和国家第一公民。公元前27年1月13日,元老院又授予屋大维“奥古斯都”的称号,即“神圣、崇高”之意。后世就将他的统治称为奥古斯都元首政治,并把元首制确立的这一年——公元前27年看为罗马帝国的开端。

早期帝国(公元1-2世纪)包括克劳狄王朝(公元14-68年)、弗拉维王朝(公元69-96年)、安敦尼王朝(公元96-192年)。克劳狄王朝由克劳狄建立,他广泛授予行省居民以罗马公民权,允许高卢贵族担任罗马公职和进入元老院。安敦尼王朝由苇帕芗建立,他改组元老院,充实以各行省的大奴隶主,把意大利和各行省的最富裕的公民升为元老和骑士,还授予西班牙所有城市和西方各省许多城市以拉丁公民权。安敦尼王朝时期,行省的政治作用大为提高,后五个皇帝全是行省出身,此时的罗马帝国在历史上被称为“帝国的黄金时代”。安敦尼死后,罗马帝国的黄金时代结束。

公元2世纪末-3世纪末罗马进入后期帝国,罗马奴隶制社会在经济、政治等方面都爆发了严重的危机。公元3世纪,由于经济衰败和政治上的混乱,罗马发生争夺皇位的战争,塞维鲁取代安敦尼王朝,建立了塞维鲁王朝。公元235年,塞维鲁王朝最后一个皇帝被士兵所杀,从此以后,国内发生了长期混战。于是出现争夺皇位,历史进入“三十僭主”时期。长期混战导致人民苦不堪言,意大利本土、北非和高卢等地不断发生人民起义。另外,日耳曼人纷纷入侵罗马帝国。罗马处于内忧外患之境。

四、古希腊罗马文化

(一)古希腊文化

1.文学与历史

《荷马史诗》是欧洲最重要的长篇文学作品,全篇有27000行诗句。《荷马史诗》的具体内容包括《伊利亚特》和《奥德赛》两部长篇叙事诗。描写的都是迈锡尼文明末期希腊人远征特洛伊城(在今土耳其西北查纳卡累省)的故事。《伊利亚特》意思是“伊利昂”的故事,伊利昂是古希腊人对特洛伊的称呼,这篇史诗描写了希腊人攻打特洛伊城第十个年头的情景。《奥德赛》意思是奥德赛的故事,描写特洛伊战争结束后,足智多谋的希腊英雄、伊大卡(在爱奥尼亚群岛)国王奥德赛回乡途中,历险十年,最后和忠贞的妻子团聚的故事。《荷马史诗》是一部不朽文学名作,它再现了古代希腊社会的图景,是研究早期希腊社会的重要史料。

古代希腊是欧洲戏剧的故乡,涌现出许多著名的悲剧和喜剧作家,《俄狄浦斯王》就是悲剧作家索福克勒斯的代表作品之一。著名的喜剧家是阿里斯托芬。希腊最早的文学作品是诗歌,除了荷马史诗外,还有诗人希西阿德、阿启罗卡、莎芙和平达等。另外还有散文。

古希腊历史学成果显著。西方统称所说的“历史”一词就源于古希腊，其本意是“经调查研究的记事”。古希腊第一个著名历史学家是希罗多德，他的《历史》又名《希波战争史》共九卷，他是西方第一个系统叙述历史的学者，他创立的以史事为中心的记述体后来成为欧洲历史著作的正规体裁，因而他在西方有“历史学之父”之称。第二个著名历史学家是修昔底德，他写有《伯罗奔尼撒战争史》。另一个历史学家是色若芬，他是苏格拉底的弟子，著有《苏格拉底回忆录》、《远征记》等。

2. 哲学

西方所用“哲学”一词源于古希腊，其本意为“爱好智慧之学”。唯物主义哲学家有：赫拉克里特、德谟克里特、伊壁鸠鲁。唯心主义哲学家有：苏格拉底、柏拉图、亚里士多德。

3. 自然科学

数学、几何学的著名代表是欧几里得，他的《几何原本》集当时的几何学大成。阿基米德是著名的数学家兼物理学家。

这一时期的古希腊天文学在古埃及和巴比伦天文学的基础上达到了新的高度。阿里斯塔克是当时著名的天文学家，他著有《论月亮及太阳的大小及其与地球的距离》，他最大的贡献是提出了太阳中心说，这可以作为哥白尼学说的先驱。

埃拉托斯特尼首次使用“地理学”这一名称代替“地志”、“海志”、“陆志”等术语，他的《地理学概论》附有世界地图。这一时期植物学和农学方面的著名代表是亚里士多德的学生提奥弗拉斯托。

4. 建筑雕刻

古希腊人在建筑和雕刻艺术方面取得了巨大成就。雅典卫城是希腊建筑的杰出代表，卫城中的主要建筑是奉祀雅典娜女神的帕特农神庙。古希腊的雕刻作品以体态健美、形象逼真和比例匀称而著称。帕特农神庙中的雅典娜像是雕刻大师菲狄亚斯的代表作。雕刻家米隆以雕塑“掷铁饼者”驰名于世。坡里克里特以表现人物恬静状态著称，其杰作为“持矛者像”。

（二）古罗马文化

古罗马文化受希腊文化和东方文化的影响较深，在世界文化史上占有重要地位。

1. 文字

古罗马人对世界文化的最大贡献之一是拉丁字母的创造。希腊人在改造腓尼基字母的基础上创造了希腊字母，罗马人又把希腊字母改造、发展成拉丁字母。拉丁字母是现在世界上最通用的字母，在宗教、法律、医学等领域被广泛使用。

2. 史学

古罗马人留下了比较丰富的史学著作。恺撒著有《高卢战记》，李维著有《罗马史》，塔西佗著有《编年史》和《日耳曼尼亚志》。

3. 文学

罗马诗人维吉尔创作了史诗《伊尼特》，叙述了特洛伊王子伊尼斯在城陷后扶老携幼，历尽艰辛，到意大利建立国家的过程。

4. 自然科学

古罗马知识渊博的学者普林尼著有《自然史》，这是一部百科全书式的巨著。古罗马农艺学的成就较大。加图、瓦罗和科鲁迈拉被称为古罗马“三大农学家”。加图和瓦罗著有罗马第一部农学著作《农业志》。

5. 建筑

罗马人的建筑庄严、厚重，讲求实用，对后世建筑艺术的发展产生了重要影响。古罗马最著名的建筑是高大宏伟、设计巧妙的圆形大剧场和万神殿。

课后练习

1. 论述古代雅典的政治制度。
2. 列举古代希腊罗马文化的成果。

第三章　欧洲封建国家

导读：西欧封建社会是在罗马奴隶制度解体、封建因素产生的基础上逐渐形成的，日耳曼民族大迁徙加速了这一进程。并在基督教的影响下形成了西欧模式的封建制度。封君封臣制是其封建等级制的主要表现，庄园是其基本生产单位。

一、从法兰克王国到查理曼帝国

西罗马帝国灭亡后，日耳曼人在它的领土上建立了几个国家，其中影响最大、存在时间最长的是法兰克王国。法兰克人系日耳曼人的一支，原来居住在莱茵河右岸，4世纪进入高卢北部。法兰克人中的一支萨利克人在首领克洛维率领下，击败罗马人，占据卢亚尔河和塞纳河沿岸地区。486年，克洛维接受基督教，在教会支持下，吞并其他部落，占领罗马高卢全境，建立法兰克王国。因克洛维出身墨洛温家族，他建立的王朝称墨洛温王朝。王朝初期编纂的《萨利克法典》，记载了法兰克人的一些古老情况和封建化萌芽的某些状况，全文共418条。

克洛维死后，法兰克陷入分裂割据状况，国王大权旁落，有"懒王"称号。地方教俗贵族的政治代表"宫相"开始崛起。720年占据西班牙的阿拉伯人侵入高卢，查理·马特任宫相，为了组建一支强大军队，他对王国的土地占有关系进行了重大改革，即实行了"采邑制"。采邑制的推行是中古西欧土地制度上的一大变革，为封建等级制度的构建奠定了牢固的基础，也使自由民进一步农奴化。

751年，宫相矮子丕平在教皇支持下称王，他出身于加洛林家族，他所建立的王朝称之为加洛林王朝。756年丕平赠土给教皇，教皇国建立。丕平死后，其子查理继位，在国王查理（768－814年）统治时，法兰克王国达到鼎盛。其版图空前扩大。800年查理称帝，有"罗马人的皇帝"之称。843年，查理的三个孙子签订凡尔登条约，三分帝国。

二、西欧主要封建国家和欧洲封建社会

1. 西欧主要封建国家

查理曼帝国分裂后，西法兰克王国简称法国。987年加洛林家族的国王路易五世死

后无嗣,加佩家族的法兰西公爵休·加佩被教俗封建主拥立为王,开始了加佩王朝的统治。加佩王朝初期,法国仍处于封建诸侯割据的四分五裂状况之中,法国王室领地仅占全国总面积的1/15。孱弱的王权还受到英国领土扩张的威胁。自12世纪起,法王开始了政治集权的进程。从腓力二世开始了打击地方封建主和英王权力的进程。到腓力四世,于1302年召开了法国历史上第一次三级会议。从此,法国形成了封建等级君主制。1328年,加佩家族绝嗣,由华洛瓦家族的腓力六世继位,开始了华洛瓦王朝。然而,围绕王位之争,终于引发了漫长的英法"百年战争"。战争期间,1358年,法国爆发了中世纪历史上规模最大的一次农民起义,史称"扎克雷起义"(意为乡下佬起义)。

盎格鲁-撒克森人自5世纪入侵不列颠,征服了岛上的土著居民,在6世纪形成了埃塞克斯、威塞克斯等7个小国。它们之间展开兼并战争,到8世纪,各王国都皈依了基督教,9世纪初,威塞克斯统一了各国,"英格兰"一词大约从此时开始使用,英格兰开始走向统一。10世纪末,丹麦人征服了整个英国,建立了所谓"卡纽特帝国"。1066年"诺曼征服"是英国中古史上一次重大的历史事件。1086年"末日审判书"逐渐使封建生产关系得以确立。威廉一世死后,诺曼王朝时常出现王位之争。1135年至1154年出现封建大内战。之后,开始了安茹王朝。在约翰王统治时期,1215年产生了《大宪章》,这是一个按传统封建习惯来维护教俗封建主的封建性文件。《大宪章》全文61条,主要精神并非否定王权,而是要限制王权。它的问世开启了日后英国封建议会君主制之端倪。至1265年,贵族孟福尔一派召开了英国历史上第一次国会,与会者除贵族外,还有地方骑士和城市市民的代表,这是英国封建国会的开端。1295年,国王爱德华一世仿效孟福尔国会,召集了所谓"模范国会",英国的封建议会君主制正式确立。从1343年起,国会分为两个议院,上议院由教俗贵族组成,下议院由骑士和市民代表组成。1381年,英国爆发了瓦特·泰勒起义,起义虽然失败,但加速了农奴制的崩溃。15世纪初,英国农奴逐渐消失。英法百年战争结束后,英国又爆发了长达30年的"红白玫瑰战争"。这是一场兰开斯特家族与约克家族争夺王位的内战。混战的结果,大多数封建的贵族家族覆灭,封建王权强化获得了有利条件,封建议会君主制开始向封建君主专制过渡。

加洛林帝国分裂而成的东法兰克王国后来发展成德意志国家。德意志地区受罗马文明的影响较弱,大部分地区仍不同程度地保留着原始的马尔克公社,封建化过程较为缓慢。911年,东法兰克王国国王路易去世,开始了萨克森王朝。奥托一世在位时,获得教会神权支持,大肆对外扩张。征服了易北河与奥得河之间斯拉夫人居住的广大地区。还数次入侵意大利。962年,他在罗马圣彼得大教堂接受教皇加冕,称"神圣罗马帝国皇帝"。但实际上,他的帝国只包括德意志和意大利北部。为了回报教会,他重申了"奥托特权",结果由此发生了教皇与皇帝对德国教会控制权的争夺。

查理帝国分裂后,罗退尔得到意大利中部、北部和中间的狭长地带。后来称为意大利。中古时代的意大利政治上四分五裂,北部长期是神圣罗马帝国的一部分,1254年,北意大利脱离了帝国，一些城市趁机扩大统治区域，发展成巨大的城市共和国，最著名的有威尼斯、热那亚等。中部意大利是教皇领地。南部意大利在14、15世纪时是法国和西班牙争夺的对象。10－12世纪的意大利分裂割据，经常遭受神圣罗马帝国的侵略。

公元419年，西哥特人在高卢南部和西班牙建立了西哥特王国。587年，西哥特王国正式皈依基督教。封建化过程开始，自由农民进一步分化。711年，西哥特王国被阿拉伯人打败，西班牙归于阿拉伯人统治。750年，后倭马亚王朝在西班牙建立。在拉赫曼三世统治时达到鼎盛。后倭马亚王朝的首都科尔多瓦是西欧最大的城市。

2. 欧洲封建社会

476年西罗马帝国灭亡后，西欧封建制度逐渐形成，9世纪开始确立，西欧封建制度的形成历经数百年。日耳曼人有传统的农村公社，在入侵西罗马帝国时，开始解体。于是"公有私耕"的土地逐渐变成可以转化和买卖的"自由地"，这就为封建化的普遍发生创造了历史前提。同时，自由农民的个体经济也比较脆弱，常常破产，沦为封建主奴役下的依附农民。在大量小农主动依附封建主和教会时，地方封建主势力逐渐扩大，于是法兰克王国普遍推行"特恩权"制，即国王承认封建领主在自己所辖地区内拥有行政和司法权力，王国的官吏不得进入这里实施国家的公共权力。此后，封建主纷纷违背旧制，将采邑传给自己的子孙，到9世纪时，采邑就逐渐演变为世袭的封建领地。领地内封建主对广大农奴和其他劳动者进行剥削，于是农奴阶级形成。经过几个世纪的演进，法兰克国家的封建化过程终于完成。

分封制又称等级分授占有形式。国王将全国土地分封给大封建主，大封建主分封给中等封建主，中等封建主又分封给小封建主。这样层层分封，形成以土地为基础，以封君封臣关系为纽带的封建等级制。封君封臣要履行相互之间的封建义务，主要有效忠、资助、劝谏等。庄园是西欧封建社会的基本生产单位，典型的封建庄园采用劳役地租形式。庄园土地被分为领主自营地和农奴份地。领主自营地与农奴份地相互交织在一起，采用二圃制和三圃制的轮种方式。农民反抗封建奴役的斗争主要有农民夺取土地、农民起义和"公社运动"。

三、基督教

基督教在1世纪时诞生于巴勒斯坦一带。耶稣就是"救世主"。基督教产生后不久，逐渐分化为两派：以希腊语地区为中心的东派和以拉丁语地区为中心的西派。1054年，东西两派教会分裂，东部称正教，即东正教；西部称公教，即天主教。十六世纪时，西部教会在欧洲宗教改革运动中，产生了一些新宗派，称为新教，后又不断分化，形成派系繁多的现象。基督教对欧美许多国家的历史文化有着重要的影响，在现实政治、社会生活中也有相当的影响。

772－804年查理曼大帝通过军事扩张传播基督教，萨克森、斯堪的纳维亚、摩拉维亚、波希米亚等地相继信奉基督教。455年罗马立奥大主教称立奥一世。756年矮子丕平将意大利拉文那至罗马的大片土地赠予教皇，通过“丕平献土”，以教皇为首的政教合一的神权国家——教皇国建立起来。查理帝国分裂后，教皇伪造了《君士坦丁赠礼》，以此为教廷神权支配西欧提供历史证据。教会宣称教皇与国王分别是统治人类社会的宗教领袖和世俗领袖，教皇掌握灵魂，而国王的权利来自“上帝”，宣扬“君权神授”。随着“克吕尼改革”运动，教会开始了反对俗权控制教权、树立教皇权威的斗争。并与德、英等国的君主展开了“授职权之争”。到教皇英诺森三世时，提出了一个新神权主义，教皇权威达到鼎盛。12世纪时法国南部的阿尔比成为中心出现了“阿尔比派异端运动”，后分裂为华尔多派和纯洁派。14世纪开始，教皇权威由盛转衰。14世纪后期的英国也出现了以约翰·保尔为首的“罗拉德派”，还有牛津大学教授威克里夫的市民的异端主张。同时，随着城市的兴起，封建王权开始强化，罗马教皇的权威开始下降。

课后练习

1. 简述西欧封建制度是如何形成的。
2. 简述西欧封建社会等级制度的特点。

第四章　资本主义的兴起

导读：随着社会生产力的发展，在封建生产关系中滋生出资本主义生产关系。圈地运动、原始积累、文艺复兴等进一步促进了封建生产关系的解体。新航路的开辟更是加快了资本主义发展的步伐。但是从资本主义的兴起因素可以看出，资本主义生产关系本身存在着不可协调的矛盾。

一、资本主义的萌芽

1. 十六世纪初社会生产力的发展

16、17世纪西欧各国进入封建制度解体时期，这个时期的主要特征是封建生产关系渐趋瓦解，资本主义生产关系开始产生。而资本主义生产关系的产生，又以社会生产力的发展为前提。在漫长的中世纪社会里，由于人民群众的辛勤劳动，积累了丰富的生产经验，因而不断改进工具、生产技术，推动了生产的发展，到16世纪初，西欧社会生产力有了显著进步。首先，在动力技术上，人们逐渐以自然力取代人力和畜力，风车经过改进在磨粉业中广泛使用。动力技术的进步使冶金和金属制造业发生重大变化。在纺织业中，从十四世纪开始广泛使用手摇纺车，使劳动效率提高了一倍，十五世纪末十六世纪初又发明了小型脚踏纺车和脚踏织布机，使用脚踏纺车可使纺线、缠线两道工序同时完成，这进一步提高了劳动生产率。随着冶金和金属制造技术的进步，逐渐兴起了新的工业部门——军火工业。十四世纪前后，中国发明的火药、火枪传入欧洲，欧洲人开始铸造枪炮，十六世纪他们发明了轮机枪（由小钢轮与燧石相击而发火）和燧发枪（用弹簧作用发射，用燧石引火）。大炮也不断改进，最远射程可达2000多米。由于铸造枪炮需要更多的生铁、铜和钢，反过来刺激了冶金和铸造技术的进一步发展。到十六世纪，西欧各国逐渐形成一些比较大的工业中心：伦敦、阿姆斯特丹、里斯本、米兰、威尼斯、罗马等，人口都在十万以上，巴黎甚至达到20万人。城市生产的发展和人口的增加，引起城市对粮食和原料需要的增长，因而西欧各国出现了一些商品农业区，如荷兰的奶牛和奶制品，德国莱茵地区和法国香槟地区的葡萄和各种酒类，卡斯提的美利努羊毛等地方性农产品远近驰名，农村越来越广泛地卷入商品市场，为城市和市场的需要而进行商品生产,自给自足的自然经济进一步瓦解。

2. 资本的原始积累

资本主义的建立,在社会上和经济上必须具备两个条件:一是货币和商品要转化为资本,二是直接生产者要与生产资料分离。在西欧,资本主义生产的两个条件是在原始积累过程中通过暴力手段实现的,其表现形式为:强制剥夺直接生产者的生产资料,推销国债,提高赋税,实行包税制,在国内外实行武力征服、掠夺等等,在具体国家和地区的表现虽不大相同,但对农民土地的剥夺则是全部原始积累过程的基础。英国的"圈地运动"是资本原始积累的典型形态,马克思在仔细研究和分析了圈地的过程后,把它称之为"生产关系革命"。所谓圈地,主要是用暴力剥夺个体农民的份地。英国的圈地运动经历了两个高潮,一个出现在十五世纪后期,延续至十七世纪初,另一个发生在十八世纪中叶至十九世纪初,前次是对农民分地的最初冲击,后者是最后消灭了小农,使小农赖以存在的份地制化为乌有,从而使封建土地所有制也最终崩溃。殖民掠夺是原始积累的另一要素,西班牙、葡萄牙、荷兰、法、英等国殖民者用最残忍的暴力手段掠夺亚、非、美洲各族人民,从十六世纪起的350多年间,他们从非洲掠夺黑人运往美洲卖为奴隶,奴隶贩子通过黑奴交易谋取暴利,这些金钱源源不断流入宗主国,并在这里转化为资本。此外,原始积累的方式还有商业战争、国债制度、现代课税制度和保护关税制度等,这些原始积累的不同形式,都是通过运用国家权力、运用暴力来促进封建生产方式的瓦解和资本主义方式的产生。

3. 早期的资本主义关系

原始积累为资本主义生产关系的产生创造了条件,工业中资本主义生产的发展,经历了三个阶段,即简单协作、手工工场和机器工业。在西欧,从十六世纪至十八世纪七十年代英国产业革命前夕,手工工场一直是工业生产的基本组织形式,因此这个阶段通常被称为工场手工业时期。资本主义手工工场最初的繁荣是在佛罗伦萨,随后是佛兰德尔,但发展最迅速的是英国。圈地运动加快了英国资本主义工业发展的步伐,其中以毛纺织业最为兴盛。十三、十四世纪时英国还是一个羊毛原料生产国,到十六世纪,英国从羊毛输出国一跃而成为呢绒输出国,由此产生的农村中分散的手工工场发展非常迅速。随着资本主义的进一步发展,集中的手工工场开始出现。十五世纪行会手工业者的竞争使得阶级分化日益加剧,不仅帮工和学徒已沦为事实上的雇工,而且比较贫穷的行东也丧失了独立,富裕的行东运用手中的资本购买厂房、原料和工具,将破产的农民和手工业者集中在工场里,按照统一指挥,从事分工生产,这些富裕行东完全脱离劳动,专靠剥削为生,成为新兴的资本家。手工工场生产的特点是规模大、分工细、劳动生产率高,生产过程的分工、劳动和工具的专门化都有利于技术改进,是向机器生产过渡的重要阶段。

在农业方面,十五世纪的英、法和尼德兰地区,农村的封建生产关系趋于衰落,资本主义关系开始萌芽,这种变化与商品货币关系渗入农村有关,商品经济瓦解了自然经济,劳役地租、实物地租让位于货币地租。早在十三世纪末,货币地租在英国地租总额中就超过了2/3,占据主导地位。随着商品经济的进一步发展,农村的两极分化不断加剧,多数农民陷于破产,被迫出卖劳动力,少数人则富裕起来,购买土地,剥削雇工,变成经营资本主义农场的农场主,这个变革过程由于圈地运动而加速,圈地以后,有的贵族地主把大片土地改为资本主义农场或牧场,有的把土地出租给乡绅、富农或市民,自己坐收地租。这种租地经营农场的人,称为资本主义租地农场主。他们与贵族地主订立的租约一般都是长期的,即使物价上涨、货币贬值时租额仍不变,租地农场主靠这种牺牲贵族地主和雇佣工人利益的方法不断积累资本。

二、文艺复兴

1. 文艺复兴运动的历史背景

文艺复兴运动是一场资产阶级的新文化革命运动。十四、十五世纪西欧封建社会内部出现了资本主义萌芽后,新兴的资产阶级为了发展生产需要科学文化知识,而新文化的发展必须突破教会的束缚,因此社会上兴起了复兴希腊罗马文化的运动,资产阶级学者广泛搜集古代希腊罗马的哲学、文学、艺术作品和历史文物,重新研究已被埋没了千年之久的古典文化。君士坦丁堡陷落后,许多拜占庭学者逃到意大利并在那里讲学,因而意大利迅速形成研究古典文化的中心。资产阶级知识分子研究古典文化在于古为今用,从古典文化中吸取养料,以创造资产阶级新文化,并把它作为反封建的思想武器,为发展资本主义开辟道路。十六世纪意大利艺术史家瓦萨里把这一文化运动称为希腊罗马古典文化的"再生",所以这种新文化运动后被称为"文艺复兴"运动。但文艺复兴绝不是古典学术、艺术的简单恢复,而是资产阶级在意识形态领域反对封建制度的斗争,所以恩格斯认为这个名称"没有把这个时代充分表达出来"。

文艺复兴为什么从意大利首先开始?第一个理由是意大利的古典文化传统比西欧任何其他一个国家更为深厚,在整个中世纪,意大利人始终认为自己是古罗马人的后裔。第三个理由是意大利的城市是东西方贸易的主要受益者,由于它处在东西方贸易的中介地位,自十一世纪以后就垄断了欧洲和西亚各国的贸易,贸易量的增加刺激了它的手工业、商业和银行业的发展,威尼斯、佛罗伦萨等城市在十四、十五世纪先后出现了资本主义性质的手工业作坊或手工工场,新兴的资产阶级掌握了政权,保证了这些城市成为文艺复兴运动的中心。因此,在新的经济基础和在新的阶级关系条件下,文艺复兴运动于十四世纪从意大利开始兴起,至十六世纪中期渐趋衰落。从十五世纪起,文艺复兴运动又在西欧各国先后发展起来,十六世纪达于鼎盛,至十七世纪渐趋衰落。

2. 人文主义思想

人文主义是文艺复兴运动的指导思想,也是资产阶级人道主义的最初表现,它的思想核心是资产阶级个人主义，它的理论基础是资产阶级“人性论”，它是资产阶级反对封建束缚、谋取自身政治经济地位的思想武器。人文主义者首先强调以“人”为中心，反对基督教以“神”为中心的世界观。教会认为上帝是人和宇宙的造物主，全知全能，至高无上，而人生来有罪，卑微渺小，无足轻重，只有把自己的一切奉献给神和教会，才能求得来世在“天国”永生，享受自由和幸福。教会宣扬的这种神性和神的权威实际上是对封建统治阶级的本性和权威的反映，人对神的依附关系实际上是对封建依附关系的反映。相反，人文主义者则全力歌颂人性的高贵，赞扬人的价值和尊严，提高人的权威。人文主义者所说的“人”实际上是资产阶级的抽象化，他们通过颂扬“人”而蔑视“神”、赞美“人性”而贬抑“神性”、提倡“人权”而否定“神权”等，来表明他们要求冲破封建制度下人对土地和人对人的从属关系，斩断使人依附于“天然君长”的形形色色的封建束缚，使资产阶级的“人”变成独立的经营者和平等的商品持有者，从而能够自由地发展资本主义工商业。在人生目的上，人文主义者也同基督教会发生了严重的冲突和对立。基督教会要求人们追求虚无缥缈的来世自由和幸福，而在现实世界上则实行禁欲主义，要人们忍受现世被剥削压迫的苦难，维护封建剥削和封建统治。而人文主义者则认为人生的目的在于追求现世的自由和幸福，人是现世生活的创造者和享受者，人应当追求知识、探索自然、欣赏艺术、享受友谊和欢乐，甚至认为人对发财和享乐的渴望也是一种美德和善行。总之，人文主义者所追求的现世的自由和幸福，归根结底，在于追求现实的统治地位和建立资产阶级的生活方式。文艺复兴是人类历史上一次伟大的文化革命运动，它为近代资产阶级文化奠定了基础，为近代资产阶级革命做了思想上和舆论上的准备，从而迎来了资产阶级革命的新时代。

3. 意大利文艺复兴时期的成就

意大利文艺复兴分为前后两个时期，十四至十五世纪中叶为前期（或早期），十五世纪末至十六世纪为后期。

（1）文学三杰：

①但丁（1265－1321年），是新旧交替时代承上启下的一位作家，马克思、恩格斯称他为“中世纪的最后一位诗人，同时又是新时代的最初一位诗人”。但丁早年受到完备的教育，懂得神学，熟悉古希腊罗马文学，这为他以后的创作打下了坚实基础。他早期的作品《新生》描述的是他青年时代对一位少女碧雅特丽丝的爱恋之情。其代表作《神曲》主要描写作者在梦中由罗马诗人维吉尔和他的恋人碧雅特丽丝引导他遍游地狱、炼狱、天堂三界的故事，这部诗作用托斯坎尼方言写成，为文艺复兴时代文学采用民族语言开辟了道路。

②彼特拉克（1304－1374年），是佛罗伦萨诗人，他在文学上的成就主要是写了大量的十四行抒情诗，他突破了禁欲主义、神秘主义及经院哲学的束缚，直接描写爱情，反映

喜怒哀乐等内心感受，并且赞美大自然，诗中弥漫着浓厚的资产阶级人情味和强烈的反封建色彩，它缅怀古罗马的光荣伟大，渴望意大利的和平统一。他的诗在内容和形式上都开创了一代诗风，他也是最早搜集、研究古典著作的学者，开创了研究古典文化的新风，他反对经院哲学，猛烈抨击罗马教廷，把它称为"野心狼的寺院"，他对欧洲人文主义运动起了巨大的推动作用。

③薄伽丘(1313－1375年)，他根据民间口头传诵的故事，赋予它以现实的生活气息和人文主义思想，创作了《十日谈》，书中主要暴露了教会神职人员的虚伪、贪婪和淫荡，揭露了贵族的昏聩、卑鄙和残忍，并把批判的锋芒指向罗马教廷，它全力歌颂资产阶级所追求的个性自由、感官享受和个人主义。小说发表后，由于受到教会攻击，他转而致力于清理意大利古老寺院的藏书，研究古典文化，推动了研究古典文化和古代历史的风气。

(2)艺术三杰：

①达·芬奇(1452－1519年)，不但是画家，而且是数学家、物理学家和工程师，代表作品有《最后的晚餐》和《蒙娜丽莎》。

②米开朗基罗(1475－1564年)，著名雕塑家、画家和建筑师，代表作品有《大卫像》、《摩西像》，1530年以后教皇让他去罗马专门从事绘画和雕塑，为梵蒂冈西斯廷教堂创作了《创世纪》、《末日审判》等壁画，还担任过罗马圣彼得大教堂的总工程师。

③拉斐尔(1483－1520年)，画有各种圣母像，他笔下的圣母都被塑造成充满母性幸福感的世俗母亲的形象，而不带丝毫神秘主义和禁欲主义成分，这类画的代表作有《草地上的圣母》、《西斯廷圣母》等，他在梵蒂冈宫壁画中的代表作是《雅典学院》。

(3)政治思想：

文艺复兴时期，在反封建的斗争中，产生了近代资产阶级政治思想的萌芽，这种思想的著名代表是马基雅维里(1469－1527年)。1513年，佛罗伦萨美第奇家族的乔凡尼出任教皇，即利奥十世(1513－1521年)，于是他在这一年完成了《君主论》，奉献给声名显赫的美第奇家族，劝他们在意大利危机的特殊历史条件下，实行专制统治，把外国势力驱逐出意大利。他认为君主应当比狮子更凶猛，比狐狸更狡猾，他把国家利益作为一切政治行为的准则，为了国家利益，君主无论采取什么手段都是正当的，包括使用暴力、欺诈、背信、伪善和违背道德准则等，他主张外交依靠实力，无需遵守信义和诺言。马基雅维里的政治思想反映了资产阶级建立民族国家和中央集权的要求，他首创了不遵守宗教和道德规范的资产阶级政治学，他的国家至上、为目的不择手段和对人民实行独裁统治等主张构成了马基雅维里主义，成为以后专制独裁者的理论依据。他还潜心于历史研究，1520年底以后他又创作了《佛罗伦萨史》。文艺复兴时期意大利也产生了空想社会主义思想，代表人物是康帕内拉，代表作为《太阳城》。

4. 文艺复兴运动的扩展

15世纪中期，由于资本主义商业在欧洲其他地区的发展，文艺复兴运动开始由意大利扩展到欧洲其他国家。而中国的活字印刷术在欧洲的传播和改进,则加快了文艺复兴运动在欧洲的扩展。

在文学领域,英国文艺复兴时期著名的文坛巨匠是莎士比亚,他一生著有 37 部剧本和 150 多首十四行诗。他的戏剧分为喜剧、悲剧和历史剧等体裁。其中最著名的喜剧是《威尼斯商人》、《仲夏夜之梦》,悲剧有《罗密欧与朱丽叶》、《哈姆雷特》,历史剧有《亨利五世》等。

莎士比亚的作品深刻地批判了封建伦理观念和社会陋习,集中体现了人文主义精神,取得了空前的巨大成就,在欧洲乃至世界文坛上享有极高的声誉,是人类文化史上一份珍贵的遗产。

法国最著名的人文主义作家是拉伯雷,其代表作是《巨人传》。这是法国文学史上第一部长篇小说。作品以巨人们的神奇事迹为线索,深刻反映了法国现实生活和社会矛盾,嘲弄了教士的愚昧和贵族的腐败,表达了资产阶级的人文主义思想。

西班牙著名作家塞万提斯的小说《堂吉诃德》,讽刺了过时的骑士精神,展现了丰富的社会生活画面,是一部讽刺文学的经典作品。

出生于尼德兰鹿特丹的伊拉斯谟是人文主义文学的集大成者。其作品《愚人颂》借愚人之口,嘲笑教皇、僧侣的贪婪和愚昧,谴责贵族的放荡和虚荣。

在政治思想领域,英国的人文主义思想家托马斯·莫尔独树一帜,他的《乌托邦》,借一个旅行者谈海外见闻的方式,描绘了一个没有私有制和宗教压迫而崇尚学术的理想社会,对大规模圈地运动的英国社会进行了有力的谴责。他的思想对后代产生了深远的影响。莫尔因而成为西欧空想社会主义的奠基人。

在自然科学领域,首先突破神学禁忌的是天文学。波兰天文学家哥白尼所著的《天体运行论》一书,提出了"日心说",否定了教会支持的"地心说",引发了天文学上的一场革命。继承和发展哥白尼学说的有意大利科学家布鲁诺、伽利略和德意志天文学家开普勒等人。布鲁诺把哥白尼的学说推进了一步,他认为太阳也不是宇宙的中心,因为大自然是无限的。他被教会监禁了 7 年,最后受火刑而死。伽利略制造了天文望远镜,用来观测辽阔的星空,证明了新天文学说的正确性。开普勒的三定律是天文学的又一次革命,它彻底摧毁了托勒密繁杂的本轮宇宙体系,完善和简化了哥白尼的日心宇宙体系。开普勒对天文学最大的贡献在于他试图建立天体动力学,从物理基础上解释太阳系结构的动力学原因。经历了"哥白尼革命"以后,科学摆脱了神学和经院哲学的束缚,实验和观察成为知识的源泉和检验真理的标准。伽利略通过一系列有关运动物体的实验,推翻了以亚里士多德为代表的传统运动观念,他用自己制造的望远镜来观察天体,他观察到月球凹凸不平的表面,发现了环绕木星的四颗卫星等许多过去肉眼无法看到的天文现象,为哥白尼的日心说提供了有力的证据。他重视实验和数学工具的做法标志着近代科学的出现。

自然科学中的其他领域同样取得了重大突破，伽利略的“自由落体定律”、比利时医生维塞留斯的解剖学、英国医生哈维的人体血液循环理论，都是自然科学发展的重要标志。

在哲学思想领域，成就最突出的是英国人弗兰西斯·培根。他是近代资产阶级第一个唯物论哲学家。其主要著作是《学术的进展》、《新工具》等。他认为，人们获得知识需要首先通过接触和观察自然，取得知识素材，再通过实验和例证加以检定，最后通过科学的归纳，才能升华为普标知识。这就是培根创立的“归纳法”。他还认为，研究自然、发现规律有助于人类征服自然，从而提出了“知识就是力量”这一著名口号。

三、新航路的开辟和殖民掠夺

1.新航路的开辟

十五世纪末至十六世纪初，欧洲人开辟了通往印度和美洲的航路，从而发现了美洲大陆，历史上习惯称为“地理大发现”。欧洲人开辟新航路有着深刻的社会根源和经济根源。当时欧洲流传很广的《马可波罗行记》对印度、南洋和中国的财富作了夸张描述，进一步激发了欧洲上层分子到东方寻金的热情。十五世纪中叶奥斯曼帝国兴起后，占领了巴尔干半岛和小亚细亚地区，不久又占领了克里米亚，控制了东西方间的传统商路，于是西欧各国贵族、商人和资产阶级急切地想绕过地中海东部，另外开辟一条通往印度和中国的航路，从亚洲直接获得大量奢侈商品。西欧生产力的发展，科学技术的进步，为发现新航路创造了必要的条件，使远洋航行成为可能。

最先探寻通往印度航路的是葡萄牙人，从十五世纪初开始，葡萄牙的贵族阶级在专制王朝的支持下，为了寻找黄金，沿着非洲西海岸向南航行，于1415年占领了非洲西北角的休达城。意大利人哥伦布根据地圆学说，认为从大西洋一直西航可到达印度，西班牙国王采纳了他的意见。1492年8月3日，哥伦布率船队横渡大西洋，于10月12日到达巴哈马群岛中的一个小岛——瓦特林岛，他认为所到的地方是印度，把遇见的土著居民叫作印第安人，然后继续南航，到达古巴、海地，于1493年3月返回西班牙，这是哥伦布第一次航行。而意大利人阿美利哥·维斯普奇考察了南美洲东北部海岸，返回后绘制了最新地图，并出版了《海上旅行故事集》，书中断定这个地方不是印度，而是新大陆，后人用他的名字给新大陆命名为“阿美利加洲”，但哥伦布最先到达的南北美洲间的岛屿后来一直叫西印度群岛。早在1486年，葡萄牙人迪亚士航行到达非洲南端好望角。1497年，达·伽马率船队沿迪亚士走过的路线绕过好望角，沿非洲东岸北上，于1498年5月22日到达印度卡里库特港，新航路终于开辟成功。1519年9月，由于在本国受不到重视而投效西班牙国王的葡萄牙人麦哲伦作环球航行，船队到达南美东海岸后沿岸向南，穿过南端的海峡—后被称为麦哲伦海峡，向西进入一片海洋，由于沿途风平浪静，于是船员称之为太平洋。1521年3月到达菲律宾群岛，麦哲伦企图征服各岛屿，结果被当地居民杀死，其余船员经过印度洋，绕好望角北上，于1522年9月回到西班牙，人类第一次环球航行宣告成功。

2. 早期殖民征服和掠夺

新航路开辟和新大陆发现后，处在原始积累时期的新兴资产阶级、没落贵族和商人，在各国王朝的支持下纷纷涌向亚洲、非洲和美洲，进行殖民征服和掠夺，葡萄牙和西班牙先于其他欧洲国家进行征服和掠夺。

哥伦布到达美洲之后不久，西班牙人就开始侵占美洲大陆。在十六世纪头十年，首先占领了加勒比海和西印度群岛，在海地岛的圣多明各和牙买加、古巴、波多黎各等岛屿建立了殖民据点，然后进一步侵占广大的中南美洲。到十六世纪中叶，除葡属巴西外，北起墨西哥，南至阿根廷南端合恩角，整个中南美洲大陆基本上被西班牙人征服。西班牙人征服中南美洲以后，在那里设立殖民政府，派驻总督，实行直接统治，随后西班牙人大批移民。原来土地上的主人则沦为农奴或奴隶，殖民者在种植园和金银矿中推行奴隶制度，残酷压榨和剥削印第安人，造成印第安人口锐减。葡萄牙是一个经济落后的小国，而它侵略的对象是文化发达人口稠密的东方大国。因此它很难直接占领如此广阔的领土，不得不采取建立军事据点，控制海运，保护商站，以及垄断东方贸易的政策，它不但在公海上抢劫其他国家的船只，还经常劫掠阿拉伯海、印度洋和南海群岛沿岸居民。继西班牙、葡萄牙之后从事殖民侵略的是荷兰、英国、法国，由于他们国内资本主义发展较早，工业发达，国势发达，可用商品和大炮打开西、葡殖民帝国的大门，所以逐渐在亚、非、美各地排除了西、葡势力。

新航路的开辟和美洲大陆的发现，对西欧社会经济的发展产生了深刻影响。它的直接后果，首先是殖民制度的建立，新兴的欧洲资产阶级抱着发财的欲望，纷纷到亚、非、美洲进行殖民，疯狂掠夺资源，侵占土地，建立血腥的殖民统治，用征服、奴役甚至消灭殖民地人民的办法积累资金。他们夺得的财宝，纷纷流入宗主国，并在那里转化为资本，西欧资产阶级利用这些资本扩大工场手工业，发展资本主义生产，但对殖民地来说，殖民统治的建立，使殖民地各国失去了自己的独立和发展，大大滞缓了该地区的社会进步。新航路的开辟在欧洲还引起了两场革命，即商业革命和价格革命。

课后练习

1. 论述新航路开辟的背景及影响。

2. 什么叫人文主义？谈谈文艺复兴的主要成就有哪些。

第五章　资产阶级革命

导读：随着资本主义生产关系的进一步发展，封建生产关系逐渐成为社会发展的绊脚石，方兴未艾的资产阶级为了维护自己的利益，展开了一场反封建的资产阶级革命。英国资产阶级革命几经曲折，最终建立起适应英国资本主义发展的君主立宪制。法国大革命彻底摧毁了法国的封建专制统治，建立起资产阶级的政治统治，并且使民主平等的思想深入人心。北美独立战争使美国摆脱了殖民统治，获得了国家独立，为资本主义发展扫清了道路。

一、英国资产阶级革命

新航路开辟后，欧洲的主要商路和贸易中心由地中海区域转移到大西洋沿岸。英国利用它处于大西洋航路的中心地位，积极开展对外贸易，进行殖民掠夺，资本主义迅速发展起来。但是，当时统治英国的斯图亚特王朝实行封建专制统治，严重阻碍了资本主义发展。要推翻束缚资本主义发展的封建专制统治，必须实行革命。

1. 资产阶级革命的开始

17 世纪中期，英国已经变成拥有广大殖民地的海上强国了。市场扩大了，财富来源增加了，同时国内工场手工业也已经有了很大的发展。资本主义经济的发展大大加强了资产阶级和新贵族的势力。当时英国的封建经济基础瓦解了，但是保护它的上层建筑却不愿自动退出历史舞台，成为资本主义进一步发展的严重阻碍。这是英国爆发资产阶级革命的根本原因之一。

查理一世继位后，仍然独断专行。由于议会不同意他随意收税，多次解散议会。王室生活腐化，挥霍无度，国王征收各种苛捐杂税。农民反对封建压迫，要求取消地租，获得土地，革命运动蓬勃兴起。城市平民和失业的手工业者为生活所迫时常暴动。查理一世的专制统治使英国社会的各种矛盾迅速激化，在人民革命运动的推动下，资产阶级和新贵族为了自己的利益结成联盟，反对封建统治，并取得对运动的领导权。

首先起来反抗查理一世统治的是苏格兰人民。查理一世为了筹划军费，镇压起义，被迫于1640年恢复长期关闭的议会。资产阶级和新贵族联合起来，利用议会同国王进行斗争，他们要求限制王权，取消国王的专卖权，监督国王和大臣的活动。国王和议会最后决裂。1642年，查理一世挑起了内战。1649年内战结束后，在人民的压力下，议会和军队组成最高法庭审判查理一世，判决他为暴君、叛徒、杀人犯和国家的敌人，1649年初，查理一世在白厅（王宫）广场被处决。

2. 克伦威尔的统治

英吉利共和国在克伦威尔领导下，实行的就是一种集权式的专政。它为了巩固刚刚诞生的资产阶级和新贵族的政权，在推行各项政策时基本上采取了高压的形式。这在当时是必要的，因为共和国还面临着种种威胁，包括封建势力复辟的威胁和下层群众以及殖民地人民进行反抗斗争的威胁。于是，独立派把持的共和国政府，便以暴力镇压的手段去消除各种威胁。在镇压平等派运动的同时，克伦威尔政权还镇压了爱尔兰的民族运动，爱尔兰人进行了顽强的抵抗，征服战争持续了3年，到1652年5月英军终于控制了爱尔兰全境。在远征爱尔兰的同时，独立派政府还在国内镇压了带有原始共产主义色彩的掘地派运动。掘地派是在共和国成立之初出现的无地少地农民的群体。他们渴望得到土地，就组织起来开垦荒地，企图在垦荒土地上实行公有制，过平等的日子，因此而得名掘地派，他们则常常自称是“真正的平等派”，掘地派的代表人物是温斯坦莱。1651年，政府派军队将其驱散。共和国政府对平等派、掘地派运动的镇压和对爱尔兰的征服，都是它实行高压政策压制群众反抗与民族运动的表现，是巩固资产阶级、新贵族政权所采取的措施中的一部分。在执行这些政策的同时，共和国政府对来自封建王党势力的威胁也是严厉镇压的。

克伦威尔亲自指挥了对平等派起义的镇压，对爱尔兰与苏格兰的征服以及对荷兰的战争。克伦威尔于1653年4月20日发动政变，解散国会。12月16日他又宣布自己就任英格兰、苏格兰和爱尔兰的“护国主”，建立起独裁统治。克伦威尔的集权统治使政局得到稳定，对巩固革命的成果是有利的。然而，克伦威尔政权也有其脆弱性。他的权力不像正统君主那样是世袭的、“神授”的，而是靠他在革命中的战功取得的。因此，这一权力主要依靠他个人的威信来维持，当克伦威尔1658年死后，继任护国主的克伦威尔之子理查德·克伦威尔无力驾驭局势，高级军官们争权夺势，无法建立新政权。

3. 1688年政变

1660年5月，流亡法国的查理二世被迎为英国国王，斯图亚特王朝复辟了。面对复辟王朝的高压政策，人民群众从不满发展到武装起义，资产阶级和新贵族也无法容忍复辟王朝的倒行逆施，迫切要求改变现状。但是，他们已经脱离了人民，害怕人民，不敢依靠和发动人民通过革命的手段去推翻复辟王朝。他们就向封建贵族妥协，于1688年发动了政变，推翻了詹姆士二世的复辟王朝，荷兰执政威廉当了英国国王。为了限制君主的权力，英国议会在1689年通过了《权利法案》。《权利法案》确定了议会的大权，为限制王权提供了宪法保障，是英国政治史上的重要文件之一。这样，经过半个世纪的斗争，英国终于确立了君主立宪制的资产阶级专政。

二、美国独立战争

1. 英国在北美的殖民和统治

美洲最早的居民印第安人，与从欧洲来的大批移民经过一百多年的开拓，北美13个殖民地资本主义经济开始发展，特别是北部资本主义工商业比较发达，造船工业成为主要的工业部门。南部种植园经济，主要种植烟草、蓝靛、甘蔗为主的经济作物，主要供应欧洲市场。从欧洲到北美殖民地的移民主要是英国人，其次还有德、法、荷兰、瑞典等国人，他们经过长期开拓和经济的频繁交流，初步形成了统一市场，英语成为统一语言，由来自欧洲的移民融合的新民族——美利坚民族就形成了。北美殖民地人民，对英国竭力压制北美经济发展和永远把北美13个殖民地作为它的原料产地和商品市场表示出极大不满，反抗斗争日益高涨。英国政府面对北美人民的反抗采取变本加厉地掠夺、压迫的高压政策，对北美人民的反抗斗争，派军队武力镇压。

2. 独立战争的进程

1775年4月来克星顿的枪声，是北美独立战争的开始。独立战争爆发后，1775年5月在费城召开了第二届大陆会议，会议决定建立大陆军，任命华盛顿为大陆军总司令。大陆会议于1776年7月4日发布了《独立宣言》，《独立宣言》的发表，标志着北美脱离英国独立和美利坚合众国的诞生，7月4日成为美国的独立日。《独立宣言》在当时历史条件下是进步的，因为它反映了殖民地人民摆脱民族压迫的要求，包含了资产阶级对民族独立、民主、自由的主张。

在战争初期，美、英力量相差悬殊，美军处于不利地位。但人民群众在极为困难的情况下，供应粮食，砍伐树木，阻止英军前进，支援美军。在人民群众的支持下，美军采取灵活战术，迫使英军走投无路，美军取得了“萨拉托加大捷”。这次战役不仅增强了美国人民争取战争胜利的信心，也为美国人民的抗英斗争创造了有利的国际条件。从此，美国独立战争由防御进入进攻阶段，成为独立战争的转折点。在人民群众和法国、荷兰等国援助下，美军力量逐渐加强壮大，美军越战越勇，战争形势由战争初期的不利形势变化为对美军的有利形势。1781年美法联军在约克镇又取得了重大胜利，英军被迫投降，战争胜利结束。

3. 美利坚合众国的建立

美国独立后，在1787年制定了一部宪法，历史上称"1787年宪法"。现在的美国宪法，就是1787年制定的。根据宪法的规定成立了联邦政府，华盛顿当选为美国第一任总统。总统既是国家元首，又是政府首脑。美国独立战争推翻了英国的殖民统治，使美国赢得了独立；有利于美国的资本主义发展，为资本主义经济发展开辟了道路；对欧洲和拉丁美洲的革命起到了推动作用。

三、法国资产阶级革命

1. 资产阶级启蒙思想

法国大革命的发生有着深刻的思想根源。18世纪上半叶，著名的思想启蒙运动以不可阻挡之势深入人心。孟德斯鸠、伏尔泰、卢梭、狄德罗等杰出的思想家和哲学家提出了一系列资产阶级的民主思想，抨击封建专制制度，为大革命的爆发准备了条件。

伏尔泰(1694－1778)是法国启蒙运动的泰斗。他激烈抨击天主教会的黑暗统治，认为天主教会是一切进步的障碍。伏尔泰提倡自然权利学说，主张自然赋予人类以自由平等的权利，包括人身、思想、出版、信仰自由和法律面前的平等。孟德斯鸠(1689－1755)最突出的贡献是提出三权分立的政治学说，主张利用权力之间的互相制约避免滥用权力。卢梭(1712－1778)从人天赋自由平等的观点出发，认为人类的不平等是随着私有制和国家的产生而发展起来的，而封建制度使这种不平等发展到顶点，因而用暴力推翻暴政是完全合理的。他主张社会契约和人民主权，宣称一切权力属于人民，政府只是执行公意的机构，一旦政府破坏了与人民订立的契约，人民就有权推翻政府。卢梭主张建立民主共和国，实行直接民主，反对代议制度。狄德罗(1713－1784)为编辑《百科全书》联络了一批先进知识分子。他们宣传无神论和自然神论，主张宗教宽容，反对特权，形成著名的"百科全书派"。

2. 革命的进程

1789年5月由于财政困难，国王被迫召集三级会议，路易十六企图向第三等级征收新税，但第三等级纷纷要求限制王权、实行改革。6月，他们毅然决定将三级会议改为国民议会。路易十六准备用武力解散议会，巴黎人民于7月14日起义，攻占了象征封建统治的巴士底狱，法国大革命爆发。8月26日制宪会议通过《人权与公民权宣言》(简称《人权宣言》)，确立人权、法制、公民自由和私有财产权等资本主义的基本原则。宣布人与人生来是而且始终是自由的，在权利方面是平等的，财产权是神圣不可侵犯的。革命初期，代表大资产阶级和自由派贵族利益的君主立宪派取得政权。1791年6月20日君主立宪派制定了《一七九一年宪法》，召开立法会议，维护君主立宪制，反对革命继续发展。1792 年 8 月 10 日，巴黎人民再次起义，推翻君主立宪派统治，逮捕国王路易十六。9 月 21 日召开国民公会，次日宣布成立法兰西共和国。

8 月 10 日巴黎人民起义后，吉伦特派取得政权。9 月 20 日法国军队在瓦尔密战役中打败外国干涉军。由普选产生的国民公会于 9 月 21 日开幕，9 月 22 日成立了法兰西第一共和国。吉伦特派执政期间颁布法令，强迫贵族退还非法占有的公有土地，将没收的教会土地分成小块出租或出售给农民，严厉打击拒绝对宪法宣誓的教士和逃亡贵族。1793 年 1 月 21 日，国民公会经过审判以叛国罪处死路易十六。吉伦特派把主要力量用于反对以罗伯斯庇尔为首的雅各宾派、巴黎公社和巴黎无套裤汉。从 1792 年秋季起，要求打击投机商人和限制物价的群众运动高涨起来。以忿激派为代表的平民革命家要求严惩投机商，全面限定生活必需品价格，以恐怖手段打击敌人。吉伦特派却颁布法令镇压运动。1793 年 2 – 3 月，以英国为首的欧洲各国组成反法联盟，加强武装干涉；国内也发生大规模保王党叛乱。4 月，前线的主要指挥吉伦特派将领迪穆里埃叛变投敌。在革命处于危急的时刻，巴黎人民于 5 月 31 日 – 6 月 2 日发动第三次起义，推翻吉伦特派的统治，建立起雅各宾派专政。

雅各宾派颁布《雅各宾宪法》，废除封建所有制，平定吉伦特派叛乱，粉碎欧洲君主国家的武装干涉；但仍保持反劳工的《列 · 霞飞法》和《农业工人强迫劳动法》，并镇压忿激派和埃贝尔派。雅各宾派过激和恐怖的政策，也使它走向分裂和内讧，陷于孤立的罗伯斯庇尔也未能完全守护住法国革命的成果，而反法同盟一而再地被各欧洲封建君主拼凑起来，它们一轮轮地围剿法国革命，企图恢复法国波旁王朝的封建政治。1794 年 7 月 27 日，雅各宾派中被罗伯斯庇尔镇压的右派势力发动热月政变，逮捕了罗伯斯庇尔和圣鞠斯特，建立热月党人统治。这时革命最危急的关头已过去，热月党人成立了新的革命政府——督政府，他们清除了罗伯斯庇尔时期的革命恐怖政策和激进措施，建立了资产阶级的正常统治，维护了共和政体，在法国国内维护了资产阶级革命的成果。但国外围剿革命的势力仍是浊浪滔天，此时，督政府中又一个新的政治明星应运而生，在“雾月政变”中，年轻的拿破仑执政，担负起了扫荡欧洲封建势力、巩固大革命成果的重任。

大革命摧毁了法国封建专制制度，促进了法国资本主义的发展；也震撼了欧洲封建体系，推动了欧洲各国革命。

3. 拿破仑帝国

1804 年底，拿破仑加冕称帝，建立法兰西第一帝国。拿破仑在一定程度上保护了大革命的成果，维护了农民所获得的土地。他还进行财政改革，创办法兰西银行，鼓励资本主义工商业的发展。拿破仑公布了《民法典》、《商法典》、《刑法典》，这些法典成为资本主义的立法规范。为了培养人才，他还建立了公立中学和法兰西大学，鼓励科学研究和技术教育。

拿破仑的对外政策是与战争分不开的。从掌权到帝国崩溃,拿破仑多次打败欧洲反法同盟的进攻,扩大了法国的版图,把西欧和中欧的广大地区置于他和他的家族的控制之下。1810 年左右,法兰西帝国达到极盛时期。

拿破仑的侵略扩张野心,使法兰西的民族战争转变为帝国主义战争。法军所到之处虽然起了摧毁当地封建制度的作用,但战争的侵略性质也激起了欧洲民族主义的勃兴。法国经济困难,军事连连失利,特别是远征俄国的惨败,为帝国的瓦解埋下了祸根。1813 年 10 月,欧洲反法联军在德国境内的莱比锡,同法国进行了一场"民族之战",法军大败。第二年春,反法联军进入巴黎,拿破仑被迫退位,法兰西第一帝国灭亡。在外国刺刀的保护下,被推翻的波旁王朝复辟。

拿破仑被流放到地中海的厄尔巴岛。第二年春,在人民仇视波旁王朝复辟统治的情绪中,越狱的拿破仑率领几百人乘机登陆,半月之内重登王位。昔日反法同盟各国匆忙调集百万大军,对付拿破仑。6 月,双方在比利时的滑铁卢会战,拿破仑的军队被彻底打垮。拿破仑被流放到南大西洋的圣赫勒拿岛,直至 1821 年去世。

课后练习

1. 简述英国资产阶级政权是如何建立和巩固的。
2. 简述《独立宣言》发表的背景及其意义。
3. 简述法国思想启蒙运动的主要内容及后果。
4. 简述法国资产阶级革命爆发的历史背景。

第六章　工业革命

导读:18世纪以蒸汽动力为代表的工业革命首先发生在英国,随后遍及整个欧美。这次革命极大地印证了科技就是生产力。革命不仅使生产力有了突飞猛进的发展,使英国成为"世界工厂",也使资本主义固有的矛盾逐渐暴露出来,造成了深刻的社会变革。

一、英国的工业革命

资本主义手工工场阶段从14世纪就在欧洲开始了,持续了大约400多年,当历史发展到18世纪60年代时,促使工场手工业发展到大机器生产的一次革命发生了。这次革命被恩格斯称为工业革命,它是资本主义发展史上的一个重要阶段。这场革命开始于18世纪60年代的英国,到19世纪上半期英国完成了工业革命宣告结束。继英国之后,法国、美国等资本主义国家也先后进行了工业革命。英国最先具备了工业革命的前提:资产阶级统治在英国的确立。工业革命的必要条件有①雄厚的资本;②充足的劳动力;③丰富的资源和原料;④海外贸易的迫切需求。18世纪60年代,一场对人类历史产生重大影响的工业革命就在英国首先开始了。

英国工业革命是从发明和使用机器开始的,机器的发明和使用,最早产生于棉纺织工业部门。1733年机械师凯伊发明了飞梭。飞梭使织布速度大大加快,棉纱顿时供不应求,这就引起了纺织工业各部门各环节的连锁反应。1765年,经过多年的研究,纺织工人詹姆士·哈格里夫斯终于发明了手摇纺纱机,他用女儿珍妮的名字命名这台机器为"珍妮纺纱机",珍妮纺纱机使纺纱一下子提高了16－18倍,被认为是工业革命的第一台机器。

以水力为动力有很大的局限性,这就需要一种更方便而更有效的动力来带动机器。解决机器动力问题的是学徒出身的瓦特,他童年时就善于观察事物,经过20多年的研究,同时吸收前人成果,终于在1785年制成了改良蒸汽机。不仅纺织工业采用机器生产和蒸汽动力,而且在冶金、采矿等部门也都进行了工业革命,到19世纪上半期,大机器生产基本上代替了工场手工业，英国完成了工业革命，随即法、美等资本主义国家也都进行了工业革命。

二、交通运输的变革

英国工业革命从棉纺织业发明和使用机器开始，推动了蒸汽机的发明和改进，新动力又推动了冶金、采矿等重工业部门采用新技术，大机器生产需要运进大批原料并及时把堆积如山的产品运到各地，人力、畜力和简陋的运输工具无法胜任，于是交通运输的革新被提到了日程。这方面的突破首先发生在美国和英国，富尔敦发明了汽船，斯蒂芬逊发明了火车机车。

与运河时代平行的是伟大的筑路时期。道路起初非常原始，人们只能步行或骑马旅行；逢雨季，装载货物的运货车在这种道路上几乎无法用马拉动。1750 年以后，一批筑路工程师——约翰·梅特卡夫、托马斯·特尔福德和约翰·麦克亚当发明了修筑铺有硬质路面、能全年承受交通的道路技术。乘四轮大马车行进的速度从每小时 4 哩增至 6 哩、8 哩甚至 10 哩，夜间旅行也成为可能，从爱丁堡到伦敦旅行，以往要花费 14 天，这时仅需 44 小时。

1830 年以后，公路和水路受到了铁路的挑战。这种新的运输方式分两个阶段实现。首先出现的是到 18 世纪中叶已被普遍使用的钢轨或铁轨，它们是供将煤从矿井口运到某条水路或烧煤的地方用的。第二个阶段是将蒸汽机安装在货车上。这方面的主要人物是采矿工程师乔治·斯蒂芬逊，他首先利用一辆机车把数辆煤车从矿井拉到泰恩河。1830 年，他的机车“火箭号”以平均每小时 14 哩的速度行驶 31 哩，将一列火车从利物浦牵引到曼彻斯特。短短数年内，铁路支配了长途运输，能够以比在公路或运河上所可能有的更快的速度和更低廉的成本运送旅客和货物。到 1838 年，英国已拥有 500 哩铁路；到 1850 年，拥有 6600 哩铁路；到 1870 年，拥有 15500 哩铁路。

蒸汽机还被应用于水上运输。从 1770 年起，苏格兰、法国和美国的发明者就在船上试验蒸汽机。第一艘成功的商用汽船是由美国人罗伯特·富尔敦建造的，他曾前往英国学习绘画，与詹姆斯·瓦特相识后，转而研究工程学。1807 年，他的“克莱蒙脱号”汽船在哈得逊河下水。

工业革命在通讯联络方面也引起了一场革命。以往，人们只有通过运货马车、驿使或船才能将一个音信送到一个遥远的地方。18 世纪中叶，英国人查尔斯·惠斯通与美国人塞缪尔·F·B·莫尔斯和艾尔弗雷德·维耳发明了电报。1866 年，人们铺设了一道横越大西洋的电缆，建立了东半球与美洲之间直接的通讯联络。

三、工业革命的影响

工业革命创造了巨大生产力，促进经济迅速发展，以英国棉加工和生铁产量为例，珍妮机发明的前一年即1764年,英国棉花加工量为380万镑,到1789年就增长至3240万镑;1740年英国生铁产量仅有1.7万吨,1800年增至25万吨。正如马克思、恩格斯在《共产党宣言》中所说的“资产阶级在它的不到一百年的阶级统治中所创造的生产力,比过去一切时代创造的全部生产力还要多……”工业革命使社会生产力迅速提高,也说明科学技术就是生产力。

工业革命不仅给生产领域带来了巨大变化,更重要的是它引起了社会阶级关系的变化,使资本主义社会日益分裂为两大直接对立的阶级:资产阶级和无产阶级,这是工业革命最重要的社会后果。资本家用种种手段,如设法延长工人的工作时间,压低工人的工资,大量使用廉价的女工和童工,使工人们用自己的劳动和发明所创造的巨大财富,落到资产阶级手中,无产阶级却日益贫穷,这就使两大阶级的对立和斗争逐渐明显和尖锐化了。

机器生产代替手工劳动的工业革命以英国为中心,18世纪60年代珍妮纺纱机问世标志工业革命开始,1885年瓦特蒸汽机问世大大推动了机器的普及和推广,将人类推入“蒸汽时代”。19世纪中期,英法美相继完成工业革命,19世纪中后期,一个以欧美资本主义国家为主导的世界市场基本形成,推动了世界经济的发展和社会的进步,改变了世界的面貌。工业革命一方面促进了城市化进程,也引发了工业带来的交通、污染等问题;另一方面,一些欧美资本主义国家成为工业强国后,它们以世界为市场,密切了世界各地之间的联系,同时,对外掠夺和倾销造成了亚、非、拉美许多国家和地区的落后。例如,英国对印度的棉纱输出造成印度棉织工业急剧衰败。

课后练习

1. 简述英国为什么首先爆发工业革命。
2. 简述工业革命的历史作用。

第七章 马克思主义的诞生

导读：随着无产阶级反对资产阶级斗争的深入，科学社会主义应运而生，她凝结着马克思、恩格斯的无限智慧，也为全人类的解放指明了道路。

一、工人运动的兴起

19 世纪三、四十年代有三大工人运动，分别是法国里昂工人两次武装起义；英国的宪章运动；德意志西里西亚工人起义。

1831 年和 1834 年，法国里昂工人发动反对资本主义剥削压迫的两次武装起义。里昂是法国丝织业中心，在工场主和包买商的残酷剥削下，丝织工人和手工业者生活极为困苦。1831 年初里昂工人掀起一场以要求提高工资为主要内容的运动，工人多次举行集会、请愿、游行。10 月间，与包买商谈判达成最低工资协议。但在七月王朝商业大臣的支持下，包买商撕毁协议。1831 年 11 月 21 日工人举行抗议示威，与军警发生冲突，转为自发的武装起义。起义者提出“不能劳动而生，毋宁战斗而死”的口号。经过 3 天战斗，工人一度占领里昂城，起义很快被七月王朝政府调来的军队所镇压。1834 年 4 月 9 日里昂再度爆发丝织工人起义，起义的直接原因是政府逮捕和审判罢工领袖，发布禁止工人结社集会的法令。这次起义具有更鲜明的政治性质，不仅提出经济要求，还提出废除君主制度，建立共和政体的口号。起义者在旗帜上写着：“我们为之斗争的事业是全人类的事业。”工人组织互助社和小资产阶级民主主义者组织人权社、进步社的成员组成总委员会领导这次斗争，起义群众同政府军在里昂郊区和市内进行了 6 天激战，终因力量悬殊被政府军镇压。起义在巴黎和法国许多地区引起强烈反响，推动了法国工人运动的发展。

英国是第一个发生资产阶级革命和进行工业革命的国家。19 世纪时被称为“世界工厂”。多少年来在这个以实行“议会民主”而闻名的国家里，只有缴纳高额所得税的人才有选举权，广大工人被排斥在议会大门之外。《人民宪章》是 1837 年由伦敦工人协会向国会提出的一份请愿书，它提出年满 21 岁的男子都有普选权，选举投票应秘密进行，废除议会候选人的财产资格限制，国会每年举行一次改选，平均分配选区。1840 年 7 月，各地宪章派的代表在曼彻斯特召开了大会，宣告成立全国宪章派协会。1842 年 5 月 2 日，宪章派全国协会的负责人向下院递交了全国宪章派第二次请愿书。请愿人员认为，在人民没有获得政权之前，消灭某一种垄断并不能使劳动者从贫困的状况中解脱出来，而在人民获得政权以后，所有的垄断和所有的压迫形式都应该停止。1848 年，在欧洲大陆革命风暴的推动下，宪章运动再度高涨。第三次全国请愿书进一步提出，劳动是一切财富的唯一来源，劳动者对于自己的劳动果实享有优先权，人民是权力的唯一来源。

1844 年 6 月普鲁士王国所属西里西亚纺织工人起义。当时西里西亚有发达的纺织业。这个地区从事棉麻纺织的工人和家庭手工业者受到工场主、包买商以及地主的残酷剥削。在 40 年代，由于资本家把英国机器纺织品冲击带来的损失转嫁给工人，加剧了他们的贫困。1844 年 6 月 4 日，以争取提高工资被拒绝为导火线，在欧根山麓两个纺织村镇彼特斯瓦尔道和朗根比劳爆发纺织工人自发的起义。起义队伍扩大到 3000 人，集中打击工人最痛恨的工厂主。起义者以简陋武器迎战前来镇压的包括骑兵和炮兵的政府军。坚持到 6 月 6 日，起义被镇压。它推动了工人运动的发展。西里西亚主要城市布勒斯劳的手工业者和学徒，柏林、亚琛的纺织工人，马格伏堡的糖厂工人等等，先后举行罢工以及局部起义，响应西里西亚织工的斗争。

三大工人运动标志着无产阶级已经作为一支独立的政治力量登上了历史舞台。工人阶级所显现出来的巨大革命力量，为科学社会主义的诞生奠定了坚实的阶级基础。无产阶级反对资产阶级斗争的深入发展，用科学的理论指导各国工人运动，已成为历史发展的迫切需要。独立的工人运动的斗争实践，不仅使无产阶级加深了对资本主义剥削制度的认识，同时也为无产阶级革命科学理论的创立提供了丰富的实践经验。

二、马克思和恩格斯创立科学社会主义

无产阶级反对资产阶级斗争的深入发展，迫切需要科学理论的指导。因为“没有革命的理论，就不会有革命的运动”，马克思、恩格斯就是在这种时代的要求下，担负起创立科学社会主义的历史使命。1844 年，马克思、恩格斯在不同的国度里几乎同时完成了世界观的根本转变，成为共产主义者，并密切合作，开始全面创立科学理论的工作。马克思主义的三个直接来源：空想社会主义、德意志古典哲学、英国古典政治经济学。马克思、恩格斯对它们进行吸收、改造，使社会主义理论从空想变成了科学。马克思主义理论主要包括马克思主义哲学、政治经济学和科学社会主义三个组成部分。

1848 年 2 月，马克思和恩格斯撰写的《共产党宣言》在伦敦公开发表。从此以后，这部著作和两位作者的名字就深深地镌刻在人类思想史和革命的丰碑上，历久弥新，永不磨灭，《共产党宣言》是科学社会主义的第一部纲领性文献，它的问世为国际共产主义运动树起了一面旗帜，标志着科学社会主义的诞生。它给呻吟在资本主义重压下的无产阶级和劳动人民指明了争取解放的道路，它有如黑夜里的灯火，大旱中的甘霖，以不可阻挡

之势迅速用多种文字在各国传播开来。

三、巴黎公社

1870 年，普法战争中法国惨败，巴黎人民起义，推翻了第二帝国的统治，建立了法兰西第三共和国；资产阶级先后成立了国防政府和临时政府，对逼近巴黎的普军采取屈膝投降的态度。1871 年临时政府同德国草签条约，同意向德国赔款 50 亿法郎；割让阿尔萨斯全省和洛林省的一部分；同时准备解除巴黎人民的武装。1871 年 3 月 18 日，政府军企图夺取巴黎市内的蒙马特尔高地和梭蒙高地，巴黎人民起义，临时政府逃出巴黎。不久，巴黎公社成立。

巴黎公社是第一个无产阶级政权的雏形，巴黎公社的许多领导人是第一国际的成员。巴黎公社采取了许多革命措施，政权建设方面：废除旧军队、旧警察，取消资产阶级的法庭和议会，代之以国民自卫军和工人阶级的治安、司法和立法机构（实质即打碎资产阶级国家机器，建立无产阶级的国家机器）；规定公职人员由民主选举产生，人民有权监督和罢免。社会经济方面：没收逃亡资本家的工厂，交给工人合作社管理；监督铁路运输和军需生产；规定公社职员的薪金最高不得超过工人的最高工资等。巴黎公社之所以失败，原因在于：没有接管法兰西银行；没有同外省的革命者取得联系；更没有发动广大农民，造成后来财政拮据，孤军奋战。总之，巴黎公社是无产阶级推翻资产阶级统治，建立无产阶级专政的一次伟大尝试；丰富了马克思主义关于无产阶级革命和无产阶级专政的学说；它的经验和教训是国际社会主义运动的宝贵财富；公社战士的英勇不屈、视死如归的精神将永垂史册。

课后练习

简述马克思主义诞生的条件。

第八章　美国内战

导读:1861 年开始的美国内战是继美国独立战争之后第二次资产阶级民主革命,战争中林肯颁布法律解放黑人奴隶,并且顺应了人们对于土地的需求,一定程度上解决了当时社会矛盾的焦点问题。战争的胜利确保了美国国家的统一,美国从此进入了一个迅猛发展的新时期。

一、美国的领土扩张

美国独立后,很快就开始了大规模的领土扩张。1812 年美英间发生战争,战后在 1813 年签订的巴黎和约中规定,英国把 1763 年从法国手中夺来的阿帕拉契亚山以西、密西西比河以东的大片土地割让给美国。1803 年美国政府趁拿破仑忙于应付欧战之机,以每英亩不到 3 美分的价格,从法国手中购买了路易斯安那,使领土扩大了一倍有余。1810 年美国利用西班牙被拿破仑占领的时机,兼并了西属佛罗里达西部,1819 年又廉价购买了佛罗里达其余地区。墨西哥属地得克萨斯的居民多属美国移民,1836 年脱离墨西哥而独立。1845 年美国合并了得克萨斯,并乘机挑起美墨战争(1846 – 1848 年),吞并了墨西哥从加利福尼亚到新墨西哥的广大地区。1846 年,美国通过协议把英国从俄勒冈挤走。到 19 世纪中叶,美国已拥有东起大西洋,西濒太平洋,北接加拿大,南连墨西哥的大片领土。在半个多世纪里,美国领土增加了 7.5 倍。领土的扩张为美国的工业化提供了优越的地理条件和丰富的自然资源,也为美国农业的发展提供了广阔、肥沃的土地。

二、内战的爆发

美国独立战争前存在着两种不同的经济形式,即北方的资本主义工商业经济和南方的奴隶制种植园经济。独立战争中,他们结成同盟,实现了美国的独立。19 世纪上半期,随着南北经济的发展不平衡,尤其是北方开始了工业革命,双方的矛盾在劳动力、原料、市场三方面日益尖锐,北方工商业资本家要求保护国内市场和原料,扩大工业品出口,同时提高关税,限制工业品进口,希望废除奴隶制,增加自由劳动力,在西部建立自由州。

南方种植园主为了谋取高额利润，把棉花等原料大批销往英国，并从英国输入大量工业品，因而他们力主降低关税，扩大进口，扩充奴隶数量，在西部扩展奴隶制。而且按照美国宪法的规定，参议院是由每州派两名代表组成，那么西部新建立的州是自由州还是蓄奴州，直接关系到南北两方谁能控制参议院进而控制国家政权，因此，奴隶制的存废成为双方斗争的焦点。奴隶制的存在，在经济上已阻碍美国经济发展，在政治上成为导致美国国家分裂的潜在因素。

1860 年代表北方资产阶级利益的共和党人林肯当选为美国第 16 任总统。这就意味着美国在政策的制定上，林肯必将行使总统的权力，反对奴隶制的扩张，南方奴隶主把奴隶制扩展到西部的希望将化为泡影。他们决定作最后的挣扎，发动叛乱，脱离联邦。1861 年南方 11 个州建立南方同盟，分裂国家，挑起内战。从南北力量的对比看，北方占有优势。它占有 3/4 的领土，拥有 2200 万人口，工业产值在 1860 年占全国的 92%。南方只占有 1/4 的领土，人口 900 万，其中黑奴占 350 万，工业产值很低。但是，内战初期，南方占有军事优势，且有维护奴隶制的共同目标，因此投入了全部物力和人力；南方早就酝酿分裂，战备比较充分；南方奴隶主为了防范奴隶暴动，平时都有军事方面的训练，联邦军队中许多干练的将领是南方人，林肯当选总统后，他们纷纷南下，参加叛乱。这些条件使南方得势于一时。

三、北方取得战争胜利

林肯政府最初对战争的艰巨性估计不足。4、5 月两次征兵，服役期限仅为 3 个月。7 月，匆忙组织起来的联邦军在进攻中遭到惨败。林肯政府开始清醒。国会授权林肯征召 50 万志愿军，服役期为 3 年或整个战争期间。联邦政府为消除叛乱，维护国家统一，采取了进攻性战略。联邦军一方面实行“长蛇计划”，力图从海上到密西西比河将南方封锁起来，另一方面，“进军里士满”，攻占南部同盟的首都。这样，除海上封锁外，在陆地上主要形成了以波托马克河流域和弗吉尼亚州为中心的东战场和以密西西比河与田纳西河为中心的西战场。美国内战受到欧洲的关注。英、法都想借机干涉。1861 年，英国表示承认南部同盟为交战一方，并准备对北方开战。但是，英国工人在全国各地召开群众大会，反对干涉。英国政府挑起战争的企图未能得逞。

林肯政府在战争开始后奉行的基本政策是反对分裂，维护联邦的统一。这一战争的目标鼓起了北方广大人民群众的爱国主义热情，赢得了北方部分民主党人的支持，并使得西南边境上的 4 个蓄奴州继续留在联邦之内。为了争取战争的胜利，林肯审时度势，果断地采取了一系列革命民主措施。1862 年 5 月，他颁布了北部广大劳动者渴望已久的《宅地法》，规定一切忠于联邦的成年人只要交付 10 美元登记费，即可在西部领取 160 英亩土地，耕种 5 年后就可以成为这块土地的主人。这个法案鼓舞了广大劳动者参战的热情。1862 年 9 月，林肯发表了震动世界的预告性《解放宣言》，宣布自 1863 年 1 月 1 日起，所有南部叛乱各州种植园主的奴隶应当被视为自由人；赋予这些黑人在陆海军服役的权利。从《宅地法》、《解放黑人奴隶宣言》两个文件的内容看出，美国政府满足了广大人民对土地的要求，调动了人民群众的积极性。同时解放了所有叛乱州的奴隶成为自由人，可以参加联邦政府军队。这样，广大工人、农民和黑人积极参加革命战争，使战局得以扭转。

1863 年 7 月初，在东战场上南北两军在葛底斯堡会战，这是内战中最大的一次战役，联邦军歼灭了敌军主攻部队。同时在西战场上，雅克斯堡和哈得逊港的南方守军被迫投降。联邦军完全控制了密西西比河。1865 年初，谢尔曼挥师北上，与格兰特会合，完成了对南部同盟心脏地区的包围。4 月初，面对优势的联邦军，罗伯特・李被迫放弃里士满，但退路已被截断。4 月 9 日，罗伯特・李率残部 3 万余人向格兰特投降。不久，各地南方军队相继放下武器，历时 4 年之久的内战结束了。

内战结束不久，林肯就被刺杀于华盛顿的福特剧院。林肯在内战最危急的关头，顺应了广大人民的要求，以革命的方式摧毁了奴隶制，解决了人民对土地的要求，维护了国家的统一，推动了美国资本主义的发展，因而林肯被称为美国历史上杰出的资产阶级政治家。美国内战北方的胜利，维护了国家的统一，废除了黑人奴隶制度，为美国资本主义的发展扫清了道路，因而被称为第二次资产阶级革命。

课后练习

1. 简述美国内战爆发的原因，及其取胜的关键措施。
2. 美国内战胜利的意义。

第九章　俄国的改革

导读：17世纪彼得一世顺应俄国社会发展的趋势，进行了一系列自上而下的改革，在一定程度上实现了富国强兵，同时为俄国资本主义的发展创造了有利的条件，但是改革后封建农奴制生产关系仍占统治地位。19世纪以沙皇为首的贵族地主阶级政府进行了以废除农奴制为主的一系列改革，资本主义生产方式逐渐代替封建生产关系，由于改革领导者的阶级局限性，使得改革不够彻底。

一、彼得大帝的改革

18世纪初期的彼得一世改革是当时俄国社会提出的要求，也是俄国历史本身发展的必然产物。彼得一世即位以前，俄国无论在政治、经济或文化教育方面，都远远落后于西欧一些国家。17世纪末，尼德兰和英国的资本主义生产关系已经确立，而俄国依然是落后的封建农奴制生产关系，贵族地主是支配一切的统治阶级。俄国经济发展水平十分低下。由于统治阶级上层的内讧和战乱频仍，社会生产力遭到严重破坏。与封建农奴制生产关系相联系的政治机构、军事制度、文化教育也存在着诸多弊端。这种落后状况，严重地阻碍着俄国社会的发展。彼得一世执政后学习西欧，实行了自上而下的全面改革。

彼得一世改革的内容十分广泛，其具体改革措施可归纳为如下几个方面：第一，改革军事，加强国防，夺取出海口。为了击败堪称欧洲强国的瑞典，夺取出海口，早在北方战争前夕，彼得一世就着手改组军队。1700年彼得一世下令废除射击军，实行义务兵役制，规定各阶层不分贵贱，服兵役一律平等。为了提高军队干部的技术和指挥能力，彼得一世把大批贵族青年派往意、法、英、荷等国去学习军事，并以重金聘请外国人在俄国军队中担任要职。同时，在国内还开办了各种军事学校、技术学校和训练班，大力培养军事人才。为了加强军队的组织性和战斗力，彼得一世亲自主持制订重要的军事条令和章程。彼得一世在领导海军建设的同时，注意对陆军的集中统一领导。他根据北方战争的形势发展，几次调整统帅机构。1720年，成立了以缅什科夫为院长的“陆军院”，加强对陆军的领导。同时注重兴建各类兵工厂，生产新式火炮，修筑国防要塞和海军基地。

第二，改革和健全国家行政机构。为了满足城市商人和手工业者的愿望，彼得一世于1699年下令，在莫斯科成立市政院（不久改为市政厅），在其他城市建立地方自治署。1720年在新都彼得堡建立了市政总局，在其他城市成立了市政局。同时，各省还成立了参议会，其成员从地方贵族中选任。对于国家中央行政机构的改革，彼得一世特别重视。1711年2月22日，彼得一世下令建立参政院，取代原来的贵族杜马。重要问题采取投票的办法解决。随着国家机构改革的完成，为了提高国家机构的工作效能，彼得一世政府于1722年1月24日，颁布了"官秩表"的法令。

第三，实行宗教改革，加强皇权。彼得一世不仅在军事、行政方面进行大刀阔斧的改革，而且不顾教会势力的反对，大胆进行宗教改革。1701年彼得一世政府下令将部分教会财产收归国有，主张由世俗官员来管理修道院的领地。把教会完全置于国家的管辖之下，使教会成为国家机器的一部分。1721年颁布了关于宗教事务管理条例，废除了总主教的职衔，建立了管理教会的宗教委员会，后来改名为宗教事务管理总局，宗教事务管理总局的局长及局内其他高级官员由沙皇政府任命。

第四，改革和发展文化教育事业。为了改变俄国文化教育的落后面貌，彼得一世指定各级政府直接管理教育，建立各种类型的学校，全俄各县普遍建立小学，对贵族子弟实行强化教育，派遣留学生到西欧各国学习。同时，彼得政府还通过各种途径，把西欧近代科学著作翻译介绍到俄国来。

第五，兴办近代工业，改变俄国经济落后面貌。彼得一世非常注意扶植工场手工业的发展，彼得一世引进西欧先进技术力量，对全国地下资源、铁矿、铜矿、银矿和煤炭等进行勘察和开采。把国家创办的一些手工工场转让给私人经营的同时，政府又以提供劳力和贷款等优惠办法，奖励本国商人和外国企业主投资，建立起一批炼铁、炼钢、造船、兵工、采煤、制鞋、纺织、锯木等近代场矿企业，为资本主义生产关系奠定了基础。

第六、扶植商业，发展贸易，提高商人政治地位。彼得一世为了促进商业资本的发展，颁布了一系列敕令，并将"城镇居民分为3个行会，第一类是钱庄老板、豪商大贾、医生和大工场主；第二类是小手工业主和商贩；第三类是普通工人、粗活工和自由小市民"。指令各城市建立起有利于商人和工场主的市政制度，规定从第一行会中选出市政长官，由商人管理工商业、税收和民事纠纷，借以提高商人和工场主的政治地位。在经济上又授予商人以贸易特权。彼得一世大力推行重商主义政策，鼓励商人组织公司，发展对外贸易。在国内则实行严格的关税保护政策，限制进口，以保护本国商品在国内市场销售的优势。此外，政府还大力整治交通，兴建通商港口，开凿维什尼、沃罗察克运河，使伏尔加河与涅瓦河互相沟通，从而加强了国内市场联系，使俄国商业贸易迅速发展起来。

彼得一世的改革对俄国社会发展产生了深远的影响，把俄国推进到一个新的历史时代。首先，彼得一世改革大大增强了俄国的军事实力，保证了俄国在北方战争中击败当时欧洲的军事强国瑞典，从而使"俄国在波罗的海沿岸站稳了脚跟"，"进入强国的行列"。其次，彼得一世改革削弱了贵族权力，加强了中央集权，提高了行政管理效能，俄国著名历史学家波克罗夫斯基就曾认为彼得一世的行政改革具有近代资产阶级改革的色彩，在俄国开创了近代议政制度。另外，彼得一世改革推动了俄国逐渐向近代化国家的道路上迈进，客观上为俄国资本主义的发展创造了条件。再次，彼得一世改革促进了俄国文化教育和科学技术的发展。彼得一世改革具有近代化意义。它反映了时代的要求，为俄国资本主义的发展创造了条件。

彼得一世生活在17世纪末和18世纪初，他虽然主张向西方学习，想让俄国摆脱落后状态，但并没有也不可能真正完成这一事业。广大农民从这次改革中没有得到任何利益。彼得一世改革所使用的手段是野蛮的。正如马克思所说："彼得大帝用野蛮制服了俄国的野蛮。"

二、废除农奴制

1. 资本主义的发展和农奴制加速瓦解

农奴制度严重阻碍俄国资本主义的发展和生产技术的提高，使俄国社会经济越来越落后于西欧。1860年，英国生铁产量超过俄国11倍。冶金工业是俄国农奴制工业最典型的部门，因而发展尤为缓慢。尽管在西欧工业革命的影响下，俄国在19世纪上半期也出现了新的交通工具——火车、轮船，但是这种新型交通工具为数极少，到1856年克里木战争结束，俄国才有980俄里铁路，1861年为1500俄里，而当时英国的铁路网已达1.5万俄里，德国有1万俄里。封建农奴制生产关系与资本主义工业发展的矛盾是明显的。资本主义需要自由劳动力，可是俄国农民没有人身自由。一些交代役租的农民虽能外出做工，但地主仍有权随时召回他们；而且他们还要从挣得的低微工资中拿出不少去交代役租。落后的农村也使国内市场十分狭小。经济的落后和农民的斗争也曾迫使沙皇政府不得不研究农民问题，几次颁布法令，要求地主自愿与农奴订立协议，允许农奴交付大量赎金以取得人身自由，然而极少有地主"自愿"解放农民。农奴制危机继续加深。

2. 革命民主主义思潮和革命形势出现

19世纪上半期俄国社会矛盾的日趋尖锐使它处在动荡不宁和孕育变革的环境之中。在此期间，农民暴动不断发生，动摇着建立在农奴制基础上的地主政治和专制统治。这些自发、分散的暴动虽然都遭到镇压，但仍加深了农奴制危机，农民反抗斗争不断。19世纪20年代，俄国贵族革命家十二月党人，提出了解放农民，无偿给予农民土地的要求。他们唤起了新一代革命者起来反对农奴制和沙皇专制制度。从40年代起，俄国解放运动由贵族革命家时期进入资产阶级革命民主主义者时期。他们的代表人物，包括直接在十二月党人影响下成长起来的赫尔岑和以别林斯基、车尔尼雪夫斯基、杜勃罗留波夫为代表的平民知识分子。他们从资产阶级立场出发，利用创办刊物、发表文学评论等形式，宣传自由、平等、博爱和资产阶级人道主义，主张废除农奴制度，推翻沙皇专制制度，建立民主共和国。

1853－1856年的克里木战争是俄国同西方列强为争夺奥斯曼帝国"遗产"而进行的。克里木战争的结局表明，落后的农奴制俄国即使在自己的本土上作战，也不敌先进国英法的远征军。这次惨败使俄国本已存在的社会矛盾更趋尖锐化和表面化。革命民主主义者的抨击加强了，革命形势形成了，进行改革成为唯一的出路。

3. 农奴制度的废除

在巴黎和约订立后12天，刚刚继位不久的沙皇亚历山大二世在接见莫斯科贵族代表时说，与其等待农民自下而上地来解放自己，不如自上而下地来进行改革。1861年俄历2月19日（公历3月3日），亚历山大二世正式批准了改革法令，并签署了废除农奴制的特别文告。2月19日法令包括《关于脱离农奴依附关系的农民的一般法令》等共17个文件，规定在一个时期内分阶段地解放欧俄部分的地主农奴（包括大俄罗斯、白俄罗斯、乌克兰和立陶宛）。

法令主要有以下几个方面的内容：农奴人身得到解放；他们可以自由处理个人和家庭事务；有权拥有动产和不动产；可以自由转换职业，从事工商业活动；并以自己的名字签订契约等。在获得人身解放的同时，可赎取一块份地和宅旁园地，农民有永久使用权（在法律上仍属地主的财产）。在仍然保存村社的地区，赎地和签约由村社和地主而不是由农民和地主之间交涉，农民所得份地，村社要定期重新分配。在订立赎地契约前（法令未规定赎地期限，直到1881年才规定农民必须赎地），农民对地主仍有"暂时义务"，交租和服役依旧。宅旁园地可随时赎取，赎取份地须得地主同意后订契约。

废除农奴制度是一项带根本性质的资本主义改革。随后，沙皇政府又在政治上层建筑领域实行了一些资产阶级性质的改革，主要有：建立地方自治机构；司法改革；1874年还进行了军事改革，实行普遍义务兵役制；在财政、教育等方面也进行了一些改革，包括设立财政稽核厅（署）；颁布初等国民学校条例、中学法规，实行大学教授自治等。俄国农奴制度的废除和随后的一系列改革，是由沙皇政府进行的，但按其内容来说是资产阶级性质的。这次改革是俄国历史上从封建生产方式过渡到资本主义生产方式的转折点。可是这次改革又是不彻底的，它没有摧毁地主土地所有制和沙皇专制制度，国内保有大量封建残余，资本主义发展仍受到一定阻碍。彻底肃清封建农奴制残余，推翻沙皇制度，仍是俄国历史日程上的主要任务。

三、俄国的扩张

早在彼得一世时期，俄国就大力向外扩张。叶卡捷琳娜二世在位时，继续推行这一政策，并通过发动对邻国的侵略战争占领了大片土地。1809年，它从瑞典夺得芬兰，作为一个省并入俄国版图。在1806年－1812年的俄土战争后，俄国夺取了比萨拉比亚，将国境扩张到普鲁特河和多瑙河河口，并获得在多瑙河的贸易航行权。1804年俄国侵入伊朗，于1813年迫使伊朗将里海西南岸地区割让给俄国。根据1815年维也纳会议的有关决议，俄国攫取了原来拿破仑控制的华沙公国的领土，成立了由沙皇兼任国王的波兰王国。

维也纳会议后，俄国的西部边境已同普鲁士接壤，暂时稳定下来。在这之后，它主要着力于向南和向东扩张，不断对土耳其、伊朗、中亚和中国发动侵略战争，扩张领土。1826－1828年，它发动第二次俄伊战争，夺得南高加索，索取赔款2000万卢布。1828－1829年俄土再次爆发战争，俄国夺得多瑙河三角洲岛地和黑海东岸绝大部分地区，黑海海峡对俄国商船开放，还获得在土耳其境内的领事裁判权和对塞尔维亚、多瑙河两公国的保护权。

19世纪初，在中亚的土尔克斯坦形成了浩罕、布哈拉和希瓦等3个汗国。从1864年起，俄国开始向中亚发动大规模进攻，完全侵占了中亚的3个汗国。此外，俄国对中国东北和西北地区领土的扩张活动也在不断加强，到70年代，共抢占中国领土约150万平方公里。在同一时期，它还于1856年援例强迫日本签订不平等条约，取得各种权益。俄国的扩张与西方国家有所不同。首先，它不是占有殖民地，而是直接将所占领土并入本国版图。其次，在它吞并的地区里，并未带来新的资本主义的因素。严格说来，它的扩张活动还不是资产阶级征服世界的组成部分。到俄国进入资本主义时代之后，其性质才逐渐发生变化。

课后练习

1. 你是如何评价1861年俄国农奴制改革的？
2. 俄国1861年改革的内容及意义是什么？

第十章　日本明治维新

导读:19世纪中期,取得倒幕运动胜利的明治政府在政治、经济、文化,军事等方面进行了一些列维新改革,促进了日本资本主义的发展。自由民权运动在一定程度上促进了《明治宪法》的颁布,日本资本主义体制由此确立。

一、幕府的封建统治

19世纪中期,日本处在封建社会末期。天皇是名义上的国家元首,朝廷设在京都,但实权掌握在将军德川庆喜手中,将军的政府设在江户(今天的东京),称为幕府。天皇、将军、大名、武士,构成了日本社会的统治阶级。农民被世世代代束缚在土地上,他们终年辛苦,却要将收获物的一半以上交给封建领主,还要担负名目繁多的苛税和徭役。大大小小的农民起义连绵不断地发生。另外,城市中的手工业者和商人属于封建等级的下层,也受到幕府的歧视和压制。

这一时期,商品经济在日本有了长足的发展,封建经济开始瓦解,资本主义生产关系逐步形成。当时全国雇工十人以上的手工工场有三四百家,有的手工工场雇工达一百多人。大阪、京都等城市成为商业中心。一些商人和高利贷者还在农村把农民抵押过期无力赎取的土地据为己有,并招募农民开垦土地,成为新兴地主。由于封建经济的衰败,大名、武士生活水平下降,一些大名、武士开始经商。这些人的利益相互接近,他们都对幕府的统治不满,特别是政治和军事力量比较大的一些大名和武士由原先封建统治的支柱变成反对幕府的一支主要力量。

长期以来,统治日本的幕府是推行锁国政策的政府,1853年,美国海军舰队闯入日本浦贺港,1854年,强迫幕府签订了不平等的《日美亲善条约》。在这以后,俄、英、法等资本主义国家依仗着军舰和大炮的威力,先后迫使幕府签订了一系列不平等条约。西方列强的入侵激化了日本人民和以幕府为首的封建统治阶级的矛盾,苦难深重的日本人民对幕府的统治更加不满。

二、武装倒幕

幕府的无能表现，引发了早已不满幕府专制统治的强藩大名主要是西南诸藩大名的反幕活动。他们乘机抬出天皇，围绕缔结通商条约和因将军家定后嗣而引起的继承人问题对幕府施加压力，以图改革幕政、参与中央政权，在封建统治阶级的上层发生了公开的对立。一些主张改革的志士和浪人，也标榜“尊王攘夷”，积极配合强藩大名进行反幕活动。但幕府竭力维护它的专制统治，拒绝实行任何让步。1858 年 7 月，主持幕政的井伊直弼一意孤行，未经天皇批准便与美国签订通商条约，同意开港贸易。他还决定由血统最近的德川庆福继任将军（就任后改名家茂）。接着就在 1859 年 10 日（阴历）发动“安政大狱”，逮捕了从事反幕活动的志士百余人，将倒幕维新运动的先驱者吉田松阴等处死。主张幕政改革的一些公卿和大名也受到了处罚。为了替被害者复仇，水户和萨摩两藩的 18 名志士于 1860 年 3 月 24 日（阴历）在江户的樱田门外刺死了井伊直弼，给幕府的专制统治以强烈的打击。“安政大狱”和“樱田门之变”是幕府专制势力同反幕势力之间公开冲突的开端，从此斗争便日趋激化了。

井伊的继任者久世广周和安藤信正为缓和封建统治阶级内部的矛盾，巩固幕府的统治地位，策划将天皇的妹妹嫁给将军家茂，实现以幕府为中心的“公武合体”。强藩大名也接过“公武合体”口号，以萨摩藩主之父岛津久光为首，积极推进他们自己的公武合体运动。目的是利用天皇的权威，迫使幕府进行改革，建立以将军为首的雄藩联合政权，使整个幕藩领主阶级联合起来，共同克服所面临的内外危机。但因受到坚决维护幕府专制制度的反动势力的阻挠，以雄藩大名为主导的公武合体运动虽曾在 1862 年 7 月和 1863 年底迫使幕府作出一些让步，但终于还是破产了。

在两种对立的“公武合体”运动交错展开的同时，以西南强藩的下级武士为主体、得到“豪农豪商”支持的尊王攘夷运动也迅速兴起。对领导这一运动的具有资产阶级倾向的先进分子来说，尊王是借“王政复古”之名，行改革幕府专制制度之实；攘夷则已不是盲目的排外运动，而是为了反对列强的殖民侵略政策，维护国家和民族的独立。他们一方面通过尊攘派公卿三条实美等人把孝明天皇争取过来，并利用他的权威迫使将军同意在 1863 年 5 月 10 日（阴历）开始实行攘夷；另一方面又鼓动天皇“亲征攘夷”，企图借机发动政变，举兵讨幕。5 月 10 日傍晚，长州藩的尊攘派率先实行攘夷，炮击了通过下关海峡的一艘美国商船，随后又炮击了法国和荷兰的军舰。但长州藩很快就遭到美、法两国军舰的报复。1864 年 9 月英、美、法、荷 4 国组成联合舰队，再次炮击长州藩的下关（史称“下关战争”），长州藩惨败后宣告投降。

在攘夷遭到失败的同时，尊攘派的反幕活动也受到挫折。孝明天皇虽然是个狂热的攘夷分子，但他不愿使封建秩序遭到破坏，暗中把尊攘派的政变计划告诉了幕府。于是幕府便联合公武合体派大名，于 1863 年 8 月 18 日（阴历）先发制人，用武力把以长州藩下级武士为主力的尊攘派尽行逐出京都，史称“八一八政变”。而早在同年7月，长州藩尊攘派的著名领袖高杉晋作便被藩政府起用，负责守卫下关以防西方列强进行报复。他建立一支由下级武士和农民、市民组成的武装队伍——奇兵队，到1864年已发展到4000余人，在经济上得到豪农豪商的有力支持。此外，长州藩还出现了一些效仿奇兵队而建立的名目繁多的武装队伍，泛称为“诸队”。随着军事力量的增加，长州藩的尊攘派产生了急躁冒险的情绪。为了报“八一八政变”之仇，他们不顾高杉晋作的反对，于1864年7月（阴历）向京都发起进攻，在宫门外与幕府军发生激战，结果遭到惨败，史称“禁门之变”。幕府随即联合萨摩藩的公武合体派发动第一次征讨长州藩的战争，企图一举消灭尊攘派的势力。长州藩的保守派借机重新掌握了藩政实权，并向幕府谢罪投降。幕府在同尊攘派的斗争中取得了暂时的胜利。

在下关战争、“八一八政变”和“禁门之变”中遭到的挫败，使长州藩尊攘派认识到，在与外国武力悬殊的情况下，实行攘夷是轻率无谋的；只有推翻幕府的反动统治，实行“开国进取”的方针，使日本真正富强起来，才能维护国家和民族的独立。为此，必须“联合草莽志士”，建立巩固的根据地，实行“武装割据”，并进一步在全国范围内组织倒幕阵线，以实现武力倒幕。

1864年12月（阴历），高杉晋作等人以藩内最大的商业城市下关为据点，依靠豪农豪商和人民群众的支持，发动武装起义，夺取了藩政实权。随后，他们就在“富国强兵”、“殖产兴业”和“开港贸易”的近代化方针指导下，大力推行政治、经济和军事等方面的改革，努力把长州藩建设成为“割据倒幕”的根据地。这时，萨摩藩的实权人物西乡隆盛和大久保利通等人也因岛津久光的公武合体路线失败，转化为倒幕派。这就使萨、长两藩开始接近。因此，当幕府打算再次发动征讨长州的战争时，萨摩藩不但表示拒绝参加“私战”，而且经土佐藩坂本龙马从中斡旋，在1866年1月（阴历）与长州藩结成倒幕的军事联盟。萨长联盟的建立改变了幕府与倒幕派之间的力量对比，倒幕派开始占据优势。

幕府一意孤行，于1866年6月（阴历）悍然发动了第二次征长战争。但因萨摩藩拒绝参战，幕府直辖地的农民起义风起云涌，以及长州藩全体军民的奋勇抵抗，幕府遭到失败。在战争进行期间，德川家茂突然去世，德川庆喜继任将军职。1867年初，他接受法国公使的建议，进行军事和财政改革，以图重振幕府的权威。与此同时，萨长两藩也在积极进行讨幕战争的准备。英国看到倒幕势力壮大，决定支持他们倒幕，积极出售武器给他们。不久，安艺藩加入讨幕联盟，土佐藩也约定响应，进一步扩大了倒幕阵营。这时，人民群众的反封建斗争席卷了包括京都、大阪、横滨、江户等大城市在内的幕府管辖区；幕府的根据地关东一带农民起义连绵不断，幕府统治势力薄弱的边远地区斗争更加激烈。这一切使幕府统治发生了根本的动摇。在这种形势下，德川庆喜采取以退为进的策略，于1867年10月24日（阴历）向朝廷提出辞职报告，将“大政奉还”于天皇（孝明天皇已于1866年底死去，15岁的太子睦仁即位，即后来的明治天皇），企图以此来剥夺倒幕派起兵的借口，继续维持其反动的统治。

但是，萨长两藩的倒幕派并未因此而动摇。他们向京都集结兵力，于1867年12月9日（阴历）发动宫廷政变，以天皇名义发布“王政复古”大号令，并正式成立设有总裁、议定和参与3种官职的新天皇政府。当晚新政府举行会议，决定让德川庆喜“辞官纳地”，即交出“兵马之权”和领地、领民。德川庆喜不甘心失败，立即奔赴大阪，纠集幕府军向京都进发，于1868年1月3－4日（阴历）同以萨长为主力的政府军在京都附近的鸟羽、伏见发生激战。幕府军失败后，德川庆喜由海上逃归江户。4月（阴历），政府军兵临江户城下，德川庆喜被迫开城投降。占领江户后，政府军继续征讨东北地方的叛乱诸藩，于10月初（阴历）平定了这一地区。第二年3月（阴历）又出兵北海道，在5月18日（阴历）攻下幕府残余势力固守的军事要塞五棱部。历时一年半的国内战争以政府军的全面胜利而结束，统治日本长达265年的德川幕府终于被彻底推翻，因这场战争发生在农历戊辰年，史称“戊辰战争”。

三、明治维新

1867年12月（阴历）倒幕派在发动“王政复古”政变的同时，建立了以天皇（1868年9月改年号为明治）为首的“三职”政府。从1868年4月（阴历）起，又改行“太政官制”，一直到1885年始为内阁制所代替。在明治政府建立之初，显要职务均由亲王、公卿和藩主担任，但政府的实权并不掌握在他们手中，实际负责处理政务的主要是出身于下级武士的倒幕派领袖。他们在中央政府的不断改组中，逐渐排除了官居显位的公卿和藩主。1871年后，除太政大臣三条实美和右大臣岩仓具视是公卿外，担任参议和省卿（相当于部长）的实权人物，几乎都是萨、长、土、肥4藩的倒幕派领袖。

早在1868年3月（阴历），刚刚成立的明治政府便宣布了它的政治纲领——《五条誓文》，其内容未能完全摆脱封建思想的影响，甚至还具有一些军国主义的色彩，但却表明了新政府改革封建旧制度和积极向西方学习的决心。因此，这是一个引导日本走上资本主义发展道路的资产阶级改革纲领。然而，对于采取什么样的具体步骤，仍然是模糊的。于是明治政府决定到西方去考察。1871年11月（阴历），明治政府派出以岩仓具视为特命全权大使，木户孝允、大久保利通、伊藤博文等为副使的大型使节团赴欧美考察。使节团通过考察加深了对西方社会的了解，进一步认识到，为了日本的独立富强必须实行全面的改革，并找到一条在日本发展资本主义的切实可行的道路。归国后，大久保等人于1873年10月掌握了政府实权，建立起所谓“大久保体制”，进一步推进了资产阶级改革。

明治政府实行的资产阶级改革包括以下几个方面：

1.“奉还版籍”和“废藩置县”

1869年6月（阴历）新政府利用在戊辰战争中获得全面胜利的有利形势，诱使各藩藩主自动“奉还版籍”于朝廷，把藩主变为藩知事（地方官）。剥夺了他们对土地和人民的领有权。1871 年 7 月（阴历）又以武力为后盾，宣布“废藩置县”，免除全国各藩知事的职务，一律迁往东京居住；废除藩制，把全国划分为 3 府 72 县，由中央政府任免知事。这就一举夺得地方政权，消灭了封建割据，形成中央集权的统一国家，并在事实上废除了封建领主土地所有制，成为维新运动中的一次深刻的革命性变革。

2. 废除封建身份制度和取消武士特权

在“奉还版籍”时，新政府就废除了公卿、诸侯之称，改为华族，一般武士改称为士族和卒（后一部分编入士族，一部分编为平民）。1872 年 3 月，正式确定皇族、华族、士族和平民的身份制，在幕藩体制下处于被压迫等级的农、工、商和贱民一律称为平民。随后，又逐渐剥夺了旧统治等级所享有的各种特权，废除了对平民的各种封建性限制，并准许华族、士族与平民通婚，实现了形式上的“四民平等”。

3. 土地改革

在废除封建领主土地所有制的同时，新政府着手确定土地所有权。1868 年 12 月（阴历）新政府宣布：“各村地面均应作为农民占有之土地”。1872 年 2 月（阴历）又明令解除幕府颁布的永世禁止土地买卖的禁令，宣布“自今以后，允许四民买卖和私有”。同年 7 月（阴历），进一步通告在全国丈量土地，发给土地的实际所有者以土地执照，确认其土地所有权。接着在 1873 年 7 月发布“地税改革法令”，规定：取消过去封建贡租按村摊派，由实际耕种者缴纳的办法，改为由持有土地执照的土地所有者交纳；不再以土地收获量作为征收贡租的标准，改为以土地的法定价格为标准；废除贡租按四公六民、五公五民等不同税率征收的规定，新地税的税率一律定为地价的 3%。此外，政府还按地税的 1/3 向土地所有者征收附加税——村费；将旧税法水田交纳实物，旱田交纳货币或实物的规定改为一律用货币交纳。上述一系列土地改革措施，使日本的土地所有制发生了革命性变革，幕藩封建领主的土地所有制被彻底废除，自耕农和新地主成为合法的土地所有者，大体上确立了适应资本主义发展的近代土地所有制。明治政府实行的土地税制也属于近代税制，地税额虽不下于封建时代的贡租，但却成为明治政府初期资本原始积累的重要来源。

4. 殖产兴业

岩仓使团通过对欧美各国的考察认识到：迅速建立近代大工业是日本的当务之急。大久保利通回国后，立即设立内务省，亲自担任内务卿，大力推行殖产兴业的政策。政府利用国家的资金，采用引进外国先进技术和设备的方式，创办了一批官营的“模范工厂”，“示以实例，以诱导人民”，目的是把私人资本引向发展近代工业的道路。为加速工业化的进程，政府在1880年又发布“官业下放令”，将官营企业转让给同它密切勾结并因而拥有特权的大资本家。在政府的大力扶植和保护下，从80年代中期起在日本出现了早期工业革命的热潮。它几乎扩展到一切主要产业部门。特别是以纺织业为中心的轻工业部门发展得异常迅猛。经过10年左右的时间，近代大工业便首先在这一部门占据了统治地位。

5. 文明开化

文明开化是明治政府在19世纪70－80年代推行的学习西方资本主义国家的教育、文化科学、生活方式等，借以改造日本封建文化。为培养建设资本主义新国家所需要的政治家、科技人才、产业工人和军人，新政府取消了以儒学为中心的封建教育，效法西方国家建立了包括小学教育、中学教育、实业教育和高等教育的近代学校体系，并努力在全民范围内普及初等教育。在政府的文明开化政策影响下，一些洋学家和思想教育界名流于明治六年（1873年）成立了研究和传播西方民主思想的学术团体——“明六社”，创办机关刊物《明六杂志》，积极宣传改革思想，提倡自由主义、欧化主义，对日本人民进行启蒙教育。明治政府还采取一系列具体措施，如“改历”“易服”“剪发”等，以改革中世纪的风俗习惯，提倡西方人的生活方式。

6. 制定宪法和召开国会

明治政府虽然在社会经济和文化教育等领域实行了一系列的资产阶级改革，但它的统治方式却是专制主义的，从而引起社会各阶层的不满。从70年代中期至80年代后期，在日本掀起一场要求开设国会、制定宪法的群众性政治运动，即自由民权运动。在人民斗争的压力下，明治政府于1889年颁布了帝国宪法，1890年召开了第一届帝国议会。虽然人民还享受不到一般的资产阶级民主，但毕竟确立了有着君主立宪形式的资产阶级国家体制，使统治者在施政时不得不经过一定的法律程序，比之于“朕即国家”的绝对专制还是一个很大的进步。

总之，通过明治维新运动，基本上完成了资产阶级革命的历史任务，使日本由封建国家转变为资本主义国家。

课后练习

明治维新的内容是什么，你是如何评价1868年日本明治维新的？

第十一章　资本主义向帝国主义过渡

导读:十九世纪晚期,发生了第二次工业革命,人类进入了“电气时代”。在这次工业革命的影响下,资本主义经济发生重大变化,垄断组织形成。十九世纪末二十世纪初,主要资本主义国家相继进入帝国主义阶段。

一、第二次工业革命

1870年以后,科学技术的发展突飞猛进,各种新技术、新发明层出不穷,并迅速被应用于工业生产,大大促进了经济的发展,这就是第二次工业革命。科学技术的突出发展主要表现在三个方面:新能源的开发和利用,新机器和新交通工具的研制,新的通讯手段的发明。

第二次工业革命以电能的开发和广泛使用为显著特点。19世纪早期英国科学家法拉第发现了电磁感应现象,根据这一发现,人们对电做了深入的研究,并着手研究发电机。19世纪六七十年代,实际可用的发电机和电动机问世,电能和机械能互换得以实现,电力得到了日益广泛的应用,电力工业和电力制造业迅速发展起来,人类由蒸汽时代跨入了电气时代。

19世纪60年代德国工程师西门子制成一部发电机,后来几经改进,逐渐完善。70年代初,比利时工程师格拉姆制造出可投入实际应用的发电机。随后,电灯、电车、电钻、电焊机等电气产品如雨后春笋般大量涌现出来。

内燃机的发明和使用是第二次工业革命的又一重大成就。19世纪80年代,以煤油和汽油为燃料的内燃机相继问世,90年代柴油机研制成功。内燃机在工业和交通运输领域得到广泛应用,19世纪末20世纪初,以内燃机为动力的汽车、轮船和飞机相继出现。

1876年德国人奥托制造出了以煤气为燃料的内燃机。80年代德国发明家戴姆勒和卡尔·本茨等人设计出了使用汽油的内燃机。1885年卡尔·本茨成功制造出了第一辆用内燃机驱动的汽车。1903年美国人莱特兄弟发明的以内燃机做动力的飞机试飞成功。在此期间内燃机还被用来驱动其他交通工具,如火车、轮船以及军用装甲车等。

内燃机的广泛应用,大大增加了对液体燃料的需求,促进了石油开采业和石油化工业的发展。石油和电力一样,成为一种重要的能源。

19世纪中期,美国人摩尔斯首次试拍有线电报成功,为近代电讯事业的发展打下了基础。19世纪晚期,定居美国的苏格兰人贝尔研制有线电话成功;不久意大利人马可尼在英法之间成功地拍发了无线电报。从此世界各地的经济、政治和文化联系进一步加强。

第二次工业革命和第一次工业革命相比,有以下特点:首先,新技术发明更多地以自然科学实验为基础,技术进步与科学进步的关系更加密切;第一次工业革命期间,科学和技术尚未真正结合,许多技术发明都来源于工匠的实践经验。其次,第一次工业革命范围较小,发展缓慢,且发展不平衡;第二次工业革命的范围较广,几乎同时发生在欧美强国,发展的进程也比较迅速。第三,第二次工业革命开始时,有些资本主义国家的第一次工业革命尚未完成。对这些后进国家来说,两次工业革命是交叉进行的,这使得它们一方面可以积极地吸收、消化第一次工业革命的技术成果,另一个方面又能直接利用第二次工业革命的新技术,因而发展的速度异常迅速。第四,第二次工业革命涉及的技术领域比第一次工业革命更加广泛,第二次工业革命的重心已从第一次工业革命的纺织业和采掘业转移到重工业,并建立起一系列新的属于制造业的重工业部门。

二、垄断组织的形成

在第二次工业革命的影响下,资本主义经济开始发生重大变化。一方面,科学技术的巨大进步,推动工业生产迅速发展,生产规模越来越大,集中的程度越来越高;另一方面,随着生产和资本的不断集中,大量的社会财富日益集中到少数大资本家手中。生产和资本的高度集中产生了垄断。19世纪晚期,主要资本主义国家出现了垄断组织。垄断资本家通过兼并和联合的方式组成垄断组织,控制商品的生产和销售,赚取高额利润。垄断组织的形式主要有卡特尔、辛迪加和托拉斯。

垄断组织的出现在一定程度上适应了资本主义经济进一步发展的需要,对于缓解在自由竞争中产生的无政府状态、合理地配置和利用资源、改善企业的经营管理等具有一定的积极意义。但是随着经济实力的增长,垄断资本越来越多地干涉国家的政治、经济生活,以攫取更多的利润。资本主义国家逐渐成为垄断组织利益的代表。垄断组织还跨出国界,形成国际垄断集团,要求从经济上瓜分世界,促使各主要资本主义国家加紧了对外侵略扩张的步伐。19世纪末20世纪初,各主要资本主义国家相继进入了帝国主义阶段。

三、主要资本主义国家向帝国主义过渡

19世纪末到20世纪初,主要资本主义国家的经济都有较大程度的发展。但是这个

时期资本主义国家经济发展不平衡的。新兴的资本主义国家如美国、德国发展迅速，而老牌资本主义国家如英国、法国的发展相对缓慢，日本开始崛起，俄国也有所发展。

美国是这一时期工业发展最快的国家。它幅员辽阔，煤、铁、石油的储量极多；西部和南部土地的发展，为工业的发展提供了更坚实的基础；欧亚移民大量涌入，既为经济发展提供了充足的劳动力，又带来了必要的技术和经验；内战废除了南方的奴隶制，为资本主义的发展扫清了道路；内战后，美国政局稳定，没有外患，长期处于和平稳定状态；政府采取措施大力发展教育事业，奖励科技发明，实行关税保护政策。这一切都促进了美国经济的飞速发展。1894 年美国成为头号资本主义工业大国。随着美国变成工业国家，资本和生产急剧集中，托拉斯成为美国最盛行的垄断组织形式。美国被称为“托拉斯帝国主义”。

德国在 1871 年完成统一后，工业生产飞速发展。统一的完成，扫清了资本主义发展的各种障碍，形成了统一的国内市场。普法战争后从法国获得了 50 亿法郎的赔款，吞并了煤铁丰富的阿尔萨斯和洛林，为工业发展补充了必需的资金和丰富的矿产资源。德国是后起的资本主义国家，更易于采用新技术和新设备，加强企业的竞争能力。政府采用了统一法律和货币、保护关税、降低铁路运费、军事订货、发展教育等促进资本主义发展的措施。各种因素促使德国工业在 19 世纪最后 30 年跳跃式地向前发展。其增长速度仅次于美国，德国也进入了帝国主义阶段。在德国的国家政权中，容克地主阶级一直起着重要作用，德国被称为“容克资产阶级帝国主义”。

1870 年，英国的工业生产占世界工业生产总值的三分之一，居世界第一位，但 70 年代后，英国的经济发展缓慢下来，被美国和德国相继赶上和超过。英国丧失工业垄断地位的原因是：英国是老牌资本主义国家，早期工业化留下了大量陈旧的设备，资本家不愿意更新技术和设备，技术革命难以展开；英国拥有广大的殖民地，殖民地有广阔的市场、丰富的原料和廉价劳动力，国外投资比国内投资有利可图，即使在技术水平较低的情况下，英国资本家也能从殖民地获取巨额利润。殖民地对英国的兴衰有极大意义，英国被称为“殖民帝国主义”。

在向帝国主义过渡的过程中，法国的工业生产也有一定发展，但发展速度落后于美国和德国。到 19 世纪末，降到世界第四位。法国经济发展缓慢的主要原因是：法国在普法战争中惨败，割地赔款，元气大伤；小农经济的存在，严重束缚了农业生产的发展，造成了农民的贫困和国内市场的狭窄；此外，法国资产阶级片面追求高额利润，把大量资金投放国外，而不愿进行国内投资，造成了国内生产企业技术和设备的普遍落后。法国国外投资的主要对象是欧洲，并且是以借贷资本的形式输往国外。这种高利贷性质的资本输出，使法国获得了巨额利润，它被称为“高利贷帝国主义”。

日本明治维新后，对外进行武力扩张，开拓市场，掠夺资源，资本主义经济得到了迅速发展。俄国在 1861 年农奴制度改革完成后，资本主义的发展较快。但由于封建农奴制残余势力仍然很大,俄国还落后于其他主要资本主义国家。

课后练习

1. 第二次工业革命在哪些方面取得了突出成就?

2. 19 世纪末 20 世纪初,美国和德国经济为什么能够迅速发展?

第十二章　第一次世界大战

导读：随着资本主义的发展，各国之间的矛盾越来越激烈，1914年爆发了帝国主义强国之间争权夺利的第一次世界大战，这次大战最终以同盟国的失败而告终。大战给参战国带来了极大的破坏和灾难，大战后世界格局发生了很大的变化，欧洲逐渐衰弱，美日逐渐崛起。另一方面大战促进了民族解放运动的发展，同时也为社会主义革命创造了条件，诞生了第一个社会主义国家。

一、三国同盟与三国协约

1. 三国同盟

柏林会议后，俄德关系迅速恶化。俾斯麦为对付俄国并防止俄法接近，决定先发制人，谋求与奥匈缔结反俄同盟，于1879年10月7日在维也纳与奥地利订立了秘密攻守同盟条约。德奥同盟主要是为对付俄国的，但它却加速了俄法协约的产生，并向未来的世界大战迈出了第一步。德奥同盟建立不久，意大利要求加入。原因是意大利在和法国争夺突尼斯的斗争中遭到失败，感到有必要依靠一贯与法国为敌的德国。俾斯麦看到俄法接近的迹象，也欢迎意大利参加同盟以增加反法力量。1882年5月20日在维也纳签订了三国同盟条约。德奥意三国同盟的产生是导致日后两大集团的形成和对抗以及第一次世界大战发生的重要步骤。

继意大利之后，罗马尼亚加入了德奥同盟体系。1883年10月30日，罗马尼亚与奥国在维也纳订立同盟条约，主旨在反对俄国对巴尔干的扩张。同日，德国声明加入。这样便又形成了一个新的三国同盟。

俾斯麦为了孤立法国，建立了一个以柏林为中心的复杂联盟体系，这个体系主要组成部分是三个三国同盟，即俄德奥三帝同盟、德奥意三国同盟和德奥罗三国同盟。这个体系的主旨是反法，但在三个同盟中都具有德国支持奥国对付俄国的含义，这必然促成法俄的接近。俾斯麦不甘心，他还要最后再拉一下俄国，1887年6月签订德俄协定（外交史上称为“再保险条约”）。条约规定：如缔约双方之一与第三国交战，对方应保持善意中立。但德国声明，中立义务不适用于俄国进攻奥国的场合；而俄国声明，中立义务不适用于德国进攻法国的场合。这个条约是俾斯麦独出心裁的“杰作”。所谓“再保险”的意思是：从德国方面说，德奥同盟已经保证了奥匈帝国在德法战争时保持中立，而这个条约又保证了俄国的中立。这便有了双重保险。但俄国的保留条件又使德国不能放心地进攻法国。于是俾斯麦进一步采取对俄国施加压力的措施：削减对俄贷款；对进口粮食征高关税（主要针对俄国地主贵族）；鼓励英奥意三国订立旨在阻止俄国破坏巴尔干现状的“地中海协定”等。德国的压力只能促使俄国与法国更加接近。

实际上，自三国同盟形成后，法俄都感到不安。1887 年法国向俄国提出了结盟的呼吁。1888 年和 1889 年，法国先后向俄国提供 5 亿法郎和 19 亿法郎的贷款，帮助俄国摆脱财政困难，此后法国资本源源不断输入俄国；1888 年还卖给俄国 50 万支步枪，这就奠定了两国结盟的基础。1892 年，法俄缔结了军事协定草案，规定：如法国遭到德国或受德国支持的意大利的进攻，俄国将提供 70－80 万人的兵力对德作战；如俄国受到德国或得到德国支持的奥地利的进攻，法国将提供 130 万军队对德作战。该协定草案于 1893 年正式批准生效。这样在欧洲初步形成了以德奥意为一方，以法俄为另一方的两大军事集团。

这时英国仍置身于两大集团之外，奉行所谓“光辉孤立”政策。均势是英国对欧洲大国政策的一贯指导原则，它惯于利用大国之间的矛盾来维护自己的利益。帕麦斯顿曾经说过：“我们没有永久的盟友和永久的敌人，我们只有经常的、永久的利益，我们应当以这种利益为指针。”在欧洲大陆已形成两个对立的军事集团的情况下，英国自信即便没有同盟国也足以保卫自身的安全。更重要的是它与两个集团都有矛盾。因此它不愿参加任何一方，同时这样也可以保证行动自由，能够利用两个集团的对立，来扩大自己在世界各地的殖民地和势力范围。

2. 三国协约

到 20 世纪初，形势发生了变化。由于德国实力的迅速增长，成为英国的主要竞争对手，英德矛盾上升。英国不得不放弃“光辉孤立”政策，开始结盟。

德国统治集团自 19 世纪 90 年代开始，从争取称霸欧洲的“大陆政策”转向夺取全球霸权的“世界政策”，这对于大英殖民帝国是一个严重的挑战。英、德之间矛盾的尖锐化主要表现在这样几个方面：第一，在中近东，德国修建巴格达铁路的计划，直接触及了英国在中东的利益，并威胁着英属印度。第二，在非洲，德国想沿赤道两旁向外扩张，从东非到西南非建立一个斜断非洲大陆的“赤道非洲帝国”。这与英国的“开罗—开普”计划是尖锐对立的。第三，在制海权方面，德国加紧扩充海军，紧追英国。1898 年，帝国议会通过了庞大的海军建设计划，两年后又把计划扩大一倍。威廉二世说：“德国的未来在海上”，“定叫海神手中的三叉戟掌握在我们手中。”德国海军力量很快增长到居世界第二位，仅次于英国，英国对此是不能容忍的。

由于德国实力的增加和英德矛盾的发展，英国开始寻找同盟者。1902 年，英国在远东与日本缔结了同盟以对付俄国，稳定了自己在远东的阵线。接着就在欧洲大陆两个集团中寻求同盟者，由于法国是德国的宿敌，英国便首先争取和法国接近。法国为对抗德国，也有同样要求。20 世纪初，法国的同盟者俄国正忙于在东方对付日本。一旦德法冲突，法国不能指望俄国的有效帮助。所以英法之间经过一番谈判，在 1904 年 4 月签订协约，调整了两国在殖民地问题上的矛盾：法国放弃几十年来反对英国占领埃及的态度，承认英国的对埃及的统治权；而英国同意法国夺取摩洛哥。同时还就两国在其他地区殖民地问题上的争议达成妥协。从此，两国事实上确立了同盟关系。

英、法协约的缔订也为英俄接近创造了条件。俄国外交大臣拉姆兹多夫宣称："我们朋友的朋友，就是我们的朋友。"英、俄接近还因为德国向中东的推进使过去英俄在这里的矛盾暂时退到次要位置；而且俄国在日俄战争中失败，对于英国已不是主要危险。所以英俄两国就波斯、阿富汗和西藏问题达成妥协，在 1907 年缔结了协约。英俄协约和英法协约一样，是背着这些国家的政府和人民签订的，是一种强盗分赃式的协定。英俄协约的签订，是英法俄三国协约最后形成的标志。这样终于出现了两大军事侵略集团。

二、萨拉热窝事件

20 世纪初，由于两大军事集团各国之间争夺的加剧，在地中海沿岸和巴尔干地区不断出现严重的政治军事危机和局部战争。1905－1906 年和 1911 年，法国和德国为争夺摩洛哥发生两次战争危机，由于英俄等国干预，法德签订协定，德国承认摩洛哥为法国保护国，但以取得法属刚果一部分作为"补偿"。不久又发生 1908－1909 年波斯尼亚危机和 1911－1912 年的意大利—土耳其战争以及 1912－1913 年两次巴尔干战争，巴尔干成为欧洲的"火药库"。

奥匈帝国认为塞尔维亚是它向巴尔干半岛扩张的最大障碍，决意要摧毁它。为了进行军事恫吓，奥国决定在波斯尼亚境内靠近塞尔维亚边界地区组织军事演习，时间定在 1914 年 6 月 28 日，以塞尔维亚为假想敌人，奥国皇储弗兰茨·斐迪南夫妇前去检阅并指挥演习。塞尔维亚秘密爱国军人组织"黑手党"，于 5 月派人潜入波斯尼亚首府萨拉热窝。6 月 28 日上午，斐迪南夫妇乘坐敞篷汽车驶过萨拉热窝狭窄街道的时候，被一个"黑手党"成员、17 岁的爱国者普林西比开枪打死。

萨拉热窝暗杀事件发生后，奥国决定以此为口实，彻底摧毁塞尔维亚。德国保证全力支持奥匈"对塞尔维亚采取军事行动"。协约国集团也在积极活动。7 月 20 日，法国总统普恩加莱访问俄国，保证履行同盟义务。英国则给德国造成一种错觉，似乎它不愿立即卷入战争，引诱德国首先开战。

在德国支持下，奥匈于 7 月 23 日向塞尔维亚发出最后通牒，7 月 28 日正式对塞尔维亚宣战。战争爆发后，俄国在 7 月 30 日宣布全国总动员。德国要求俄国取消总动员令，遭到俄国拒绝,于是德国在8月1日对俄国宣战。8月3日,德军侵入比利时,取道进攻法国,同时对法宣战。英国借口德国破坏了比利时的永久中立国地位(1838年曾得到列强保证),8月4日对德宣战。5日,奥匈向俄国宣战。这样战争便成了两大帝国主义集团之间的战争。

三、重大战役

战争爆发后,在欧洲很快就形成了三条战线:西线从北海往南延伸到瑞士边境,在这里是英、法对德作战;东线北起波罗的海,南至罗马尼亚,由俄国对德奥作战;南线为巴尔干战线,沿多瑙河与萨瓦河展开,主要是奥军对塞尔维亚作战。此外,在亚洲的南高加索,有俄土军队交战;在两河流域和巴勒斯坦有英土军队交战。

战争开始后,德国集中优势兵力在西线上打击法国,企图在4-6个星期内击溃法国,然后调兵东向。德国出动160万大军在从比利时到瑞士的400公里边境上展开进攻,8月3日夜首先以主力侵入比利时。在边境要塞列日遭到比利时军队的有力抵抗,到20日才占领布鲁塞尔。接着,从比利时进入法国北部,向巴黎推进。9月3日,德军前锋到达距巴黎只有15公里处,法国政府被迫迁往波尔多。

法国虽遭暂时失败,但主力未受损失。9月5日拂晓,法、英联军在巴黎—凡尔登一线进行反攻,与德军主力第一、二集团军在马恩河会战。双方投入兵力150余万人,结果法军伤亡14.3万人,德军伤亡21.6万人。9月10日晚德军退守埃纳河。马恩河之战的胜利挽救了巴黎,稳定了西线,粉碎了德军速战速决的攻势。以后几个月,德军和英法军队都力图控制法比边境地区,德军尤其想占领法国北部海岸线,以切断英法联系。于是双方展开了“奔向海岸”的战斗,德军未达到目的。到年底,西线呈胶着状态,双方都在战线上构筑壕堑掩体,在战史上出现了借助于工事的阵地战。

东线从北到南,全长1200公里,分为两个战场,即东普鲁士的俄德战场和加里西亚的俄奥战场。正当西线德军侵入比利时的时候,东线俄军迅速发动了进攻。8月17至18日,俄军分别从西北战线攻入东普鲁士,从西南战线攻入加里西亚。在东普鲁士,俄军两倍于德军,占有优势,曾一度迫使德军后撤。毛奇急忙从西线抽调兵力东援,并任命兴登堡和鲁登道夫指挥东线作战。在8月26至30日的坦能堡战役中,俄军遭到惨败,第二集团军被歼,集团军司令萨松诺夫自杀。不久,俄军退出东普鲁士,德军渡过涅曼河,进入俄属波兰领土作战。在加里西亚的俄奥战场上,俄军以超过奥匈一倍的兵力,迅速击败奥军,于9月底占领东加里西亚和布科维纳,进抵喀尔巴阡山麓。奥匈损兵约40万人。到年底,整个东线战事也沉寂下来,双方进入阵地对峙状态。

在巴尔干战线,8月到11月间奥匈军队曾三次侵入塞尔维亚。塞军装备很差,但士气高昂,接连击退奥军进攻。奥军损兵折将28.16万人,到12月被逐出塞尔维亚领土。

在海上,英国海军对德国实行封锁,切断了德国的海外联系,同时大量抢占德国的海外殖民地。在非洲，英国相继占领了多哥、喀麦隆、德属西南非洲和德属东非等地。

经过1914年的战争，英、法军队初步挫伤了德军的锐气。德军当局认为，东线俄军力量比英法薄弱，可以在那里集中兵力，重点突破，迅速迫使俄国单独媾和，解除东线的威胁。于是德奥在东线集中一半以上的兵力，在1915年5月发动强大攻势，突破了俄军阵线。到9月底，俄军相继退出加里西亚、布科维纳、波兰、立陶宛和拉脱维亚的一部分。但德奥也已无力继续进攻。到9月底，东线转入阵地战，德国未能达到迫使俄国议和的目的。1915年，西线英法联军调整战术，实行局部进攻，但没有进展。德军在4月的一次战役中，首次使用了毒气。此后，双方开始大规模使用毒气。这一年西线英法军队死伤157万人，德军损失61万人，但阵地基本上没有什么大的变化。

1915年9月保加利亚加入同盟国，使塞尔维亚处于两面受敌境地。10月，德、奥、保联军共约65万人对塞尔维亚发动进攻，塞军英勇抵抗，但因众寡悬殊，终至全境陷落，10万人撤退到希腊的科孚岛。同年，意大利对奥宣战后，在欧洲战场上形成了第四条战线。

1916年是大战的关键性一年。双方都企图打破僵持局面，决一胜负。德军参谋总长法尔根汉选择凡尔登作为德国1916年进攻的主要目标，因为凡尔登是巴黎东部门户，又是法军整个战线的支撑点。1916年2月下旬，德军调集27万人，1000门大炮，由皇太子亲自率领，向凡尔登发动猛攻。凡尔登法国守军只有10万人，270门大炮。2月21日，德军集中前线所有大炮，开始向凡尔登猛烈轰击，并使用了燃烧弹和毒瓦斯，在凡尔登附近地区造成了寸草不生的"死亡带"。霞飞命令不惜一切代价死守阵地，并急忙组织增援。战斗一直持续到12月。法军全国70个师中有66个师先后参加了这一战役，德国共投入46个师。双方伤亡人数共达近80万人。其中法军伤亡略多，但挡住了德军进攻，并收复了部分失地，德军攻取凡尔登的行动终于失败。德军总参谋长法尔根汉于8月底被解职，由兴登堡接任。凡尔登战役是德国进攻的高峰，也是第一次世界大战的转折点。

凡尔登战役期间，为牵制德军攻势，英、法发动了索姆河战役，由英军担任主攻。这是一次比凡尔登战役消耗更大的血战。从1916年7月1日联军发动进攻起，到11月结束。在25英里长的战线上，双方损失100多万人，其中英军损失约40万人，法军损失约20万人，德军损失约50万人。9月15日，英军在索姆河北岸发动的一次大规模攻势中，首次使用了36辆新发明的坦克。英、法军队在索姆河战役中虽未达到预定的夺回失地的目标，但它牵制了德国军事力量，迫使它放松了对凡尔登的攻势。这两次战役之后，西线再度进入阵地战。

在海战方面，英国利用海军优势，把德国北海舰队封锁在港口内，以保证海上运输的安全。德国自1915年2月开始使用潜艇战。1916年5月，德国企图突破英国的海上封锁，决定派北海舰队出击。5月31日和6月1日，德、英舰队在日德兰半岛以西海面遭遇，发生激烈海战。这是第一次世界大战中规模最大的一次海上战斗。英国出动了各种舰只151艘，德国出动101艘。战斗结果，英舰损失14艘，死亡6000余人，德国损失11

艘，死亡 2500 余人。尽管英国损失较重，但德国舰只仍不得不退回海港，英国依然保有制海权。直到大战结束，德国主力舰队一直停在军港里，不敢到海上进行较大的战斗。

空军在第一次世界大战前刚刚诞生，但却发展很快。战争开始时，飞机很简陋，还不能用于轰炸。德国齐伯林制成的飞艇，轰炸协约国的军事目标，曾一度造成很大威胁。但飞艇体积大，速度慢，易被击中，又不能抗风暴。因此，各国争相改进飞机的设计和制造，逐渐研制出各种轰炸机、战斗机和侦察机，并迅速投入生产和使用。到第一次世界大战结束时，协约国共有飞机 8000 架之多。大规模空战主要发生在西线，用来配合地面部队作战。因飞机的速度、航程不够，对后方的轰炸较少。到 1918 年 10 月，英国海军第一艘航空母舰下水。

四、战争的结束

1917 年，大战进入了最后阶段。这一年美国等一系列国家参战，俄国爆发革命，使交战双方形势发生很大变化。

大战开始时，美国宣布中立，它利用“中立国”地位同交战各国大做生意，仅向协约国就提供了约 200 亿美元的物资和贷款。在交战双方“和平”攻势期间，特别在俄国二月革命后，美国深恐俄国与德国单独媾和，导致协约国失败，那将严重损害自己的经济利益。而且，当时交战双方都已筋疲力尽，为参与战后分赃和争夺霸权，此时参战正是好时机。于是以德国“无限制”潜艇战攻击了美国商船为理由，在维护公海航行自由的旗帜下，于 1917 年 4 月 6 日对德宣战。

美国参战，加强了协约国阵营。1917 年，中国、巴西、希腊、古巴、利比里亚、暹罗（今泰国）及其他一些中南美洲国家也参加到协约国方面作战，形成了对同盟国的绝对优势。但在欧洲的各个战场上，协约国的优势一时还没有明显表现出来，战斗双方依然各有胜负。

战争中俄国人民所受的灾难极为深重，以列宁为首的布尔什维克党，在战争期间提出了“变帝国主义战争为国内战争”的正确口号。列宁在战争期间提出的社会主义可能在少数或者一国首先胜利的理论，更加鼓舞了俄国无产阶级和广大人民。他们开始把反对帝国主义战争和争取社会主义革命的胜利结合起来。

十月革命的胜利和俄国退出帝国主义战争，在各国引起了巨大反响，加速了第一次世界大战的结束。在十月革命影响下，交战各国的革命运动空前高涨，很多地方发生罢工和起义，要求停止帝国主义战争。而交战各国的统治阶级却企图倾全力击败对方来结束战争。

1918 年 11 月 11 日上午，在巴黎东北的贡比涅（一译康边）森林联军司令福熙的行军列车上，德国代表接受了停战条件，签订了停战协定。德国正式投降。第一次世界大战至此结束。第一次世界大战持续了 4 年多，卷入大战的有 31 个国家的 15 亿人口，占当时世界人口的3/4。这次大战是人类历史上空前的浩劫。交战双方动员的兵力达到889个师,7400万人,约有1000万人死亡,2000万人受伤,造成许多人终身残疾。战争费用总计达3599亿美元,因战争造成的经济损失更是无法统计。

课后练习

1. 第一次世界大战中发生了哪些重大战役?
2. 简述第一次世界大战爆发的原因及其造成的影响。

第十三章　近代文化

导读：欧洲经过文艺复兴的洗礼，资产阶级文化逐渐兴起，确立了以理性主义为核心的思想基础，促进了自然科学和文学艺术的迅速发展。

一、自然科学方面的成就

数学在17世纪的发展突飞猛进。法国数学家笛卡尔和费马创立了解析几何，建立了几何曲线和代数方程之间的对应，实现了几何和代数的有机结合，解析几何成为研究和解决某些运动变化问题的有力工具。英国科学家牛顿和德国数学家莱布尼茨，在许多科学家卓有成效的探索基础上，分别独立建立了微积分，从而使精密的测量和变量计算有了可能。自此以后，整个数学才真正进入了一个全新的发展时期——高等数学的发展时期。这称为近代数学史上的一大成就。

牛顿在科学上的贡献是多方面的，在光学、天文学等反面都有许多发现，但突出的是力学方面，万有引力定律是他对人类的最大贡献。1687年牛顿发表了《自然哲学的数学原理》一书，确立了著名的运动三定律。这些定律构成一个统一的体系，把天上和地上的物体运动概括在一个理论中，从而奠定了经典力学的理论基础，对当时和后世的科学发现产生了巨大影响。

1600年，近代磁学奠基人、英国物理学家威廉·吉尔伯特发现了磁体永远有两个极，地球本身也是一个巨大的磁体。但直到19世纪初大多数人仍旧认为电和磁是毫无相关的两种现象。直到1820年丹麦科学家奥斯特发现了通电导线使磁针发生偏转的现象，人们才认识到电和磁存在一定的联系。19世纪30年代英国科学家法拉第等人苦干了10年，用实验证明：导体在磁场中运动时可以产生电流，并把这一现象定名为“电磁感应”。为制造发电机和电动机创造了可能，从而开辟了人类生活的新时代——电的时代。

17世纪英国科学家波义耳，受培根实验归纳法的影响，第一个把严密的试验方法引入化学中，使化学最终摆脱了炼金术的襁褓，被称为近代化学的奠基人。17世纪末出现的“燃素说”认为：可燃的要素是一种气态的物质，它存在于一切可燃的物质中，这种要素称之为“燃素”。直到18世纪末,法国科学家拉瓦锡经过长达5年的实验分析和理论探索,才提出了燃烧是燃烧物和空气中的氧进行化合的过程,这一观点推翻了统治理论化学长达100多年的“燃素说”。拉瓦锡还最先发现化学反应的质量守恒定律,使近代化学真正进入了新的发展时期。19世纪初,英国科学家道尔顿建立了科学的原子论,他指出原子是组成化学元素的不可再分割的物质粒子。不久意大利科学家阿伏伽德罗提出了分子的概念,从而形成了原子-分子论。19世纪60年代末,俄国科学家门捷列夫注意到,按原子量大小排列起来的元素,在物质上呈周期性。由此他编制了元素周期表。门捷列夫根据元素周期表预言了一些未知元素的化学性质,后来许多科学家的发明证明了这些预言的正确性。周期律的发展,奠定了现代无机化学的基础。

17世纪早期英国科学家哈维否定了盖伦的错误观点,建立了血液循环学说,成为现代生理学的起点。18世纪瑞典生物学家林耐在经过长期的生物分类学的实验与理论探索之后,制定了对动植物的分类法。19世纪早期,德国生物学家施莱登和施旺先后指出:细胞是动植物最基本的结构单位,细胞学说确立。19世纪中期英国科学家达尔文创立了生物进化学说,提出了进化论思想,将“变化”、“发展”等观点引入科学领域,粉碎了神创论,给宗教神学以沉重打击,使人类在认识上发生了新的飞跃。19世纪60年代,法国科学家巴斯德奠定了生物学基础。

19世纪晚期和20世纪初,物理学发生了革命性的变化。1895年德国科学家伦琴发现了一种能够透过固体物质的X射线。居里夫妇在极为艰苦的条件下,终于在1902年从一吨沥青铀矿的残渣中提炼出十分之一克镭,又测定了镭的原子量。由此一门新兴的科学——放射学诞生了,从而推进了原子物理学的发展。1905年,爱因斯坦阐明了狭义相对论,否定了绝对时间和绝对空间,这一理论揭示出原子内部蕴藏着巨大能量,成为现代高能物理学的理论基础。1916年他又发表了广义相对论。

二、近代文学的发展

古典主义是近代欧洲一个主要文学思潮,它发生于法国,流行于整个欧洲大陆,统治欧洲文坛长达200多年。它的特点是崇尚理性和创作的规范性,追求完美和谐的形式。

法国的莫里哀是古典主义戏剧大师。他的《伪君子》是一部猛烈抨击封建宗教的讽刺喜剧,《悭吝人》则讽刺了资产阶级贪婪成性的本质。弥尔顿是继莎士比亚之后最伟大的诗人,他的长诗《失乐园》描写了叛神撒旦对上帝的反抗,体现了英国资产阶级革命时期的思想特点。

18世纪启蒙运动兴起,启蒙思想家强调理性,提倡厚今薄古,揭露封建制度与教会的罪恶,主张自由、平等、博爱。英国小说家笛福的《鲁滨孙漂流记》,反映了资产阶级上升时期个人进取精神。法国是启蒙运动的中心,著名的启蒙思想家有伏尔泰、孟德斯鸠、卢梭、狄德罗。德国最杰出的启蒙思想家是歌德,他用了近60年的时间创作了《浮士德》。

体现了资产阶级知识分子自强不息的进取精神。

18 世纪末到 19 世纪的最初 30 年，是浪漫主义文学在欧洲盛行的时期。英国最杰出的浪漫主义诗人有雪莱和拜伦。拜伦的诗体小说《唐璜》，对欧洲各国的弊端予以辛辣的讽刺和揭露。雪莱的抒情诗剧《解放了的普罗米修斯》，描绘了人人平等、自由自在的人类社会的光明远景。法国浪漫主义的杰出领袖是雨果，他的《巴黎圣母院》揭露了教会的虚伪和阴险，雨果用了长达 20 年的时间创作了长篇小说《悲惨世界》，以高超的艺术手法揭露了资本主义社会的虚伪和残酷，同时也鲜明地表现了作者的人道主义思想。

从 19 世纪 30 年代起，以真实地描写现实生活，揭露并批判社会罪恶为主要特征的现实主义文学，很快风靡整个欧洲，出现了一大批优秀的现实主义作家，形成了继文艺复兴之后的又一个高峰。

司汤达是法国现实主义文学的奠基者之一。他的小说《红与黑》，真实地描绘了波旁王朝复辟时期广阔的社会生活和错综复杂的阶级矛盾。巴尔扎克是法国现实主义大师，他的巨著《人间喜剧》，通过 96 部小说、2400 多个人物，展示了 19 世纪上半期整个法国社会的生活画卷。左拉创作了《卢贡・马卡尔家族》，它包括 20 部长篇小说、1000 多个人物，反映了 19 世纪后期法国的社会生活。莫泊桑是法国最负盛名的中短篇小说家，他的《羊脂球》、《项链》等都是脍炙人口的名篇。

英国最杰出的批判现实主义作家狄更斯，是下层劳动人民的代言人。他在《奥列佛・特维斯特》、《大卫・科波菲尔》等小说中，怀着强烈的同情描绘了穷人的悲惨命运。哈代的小说《德伯家的苔丝》，具体生动地描写了资本主义侵入农村、小农经济解体以及个体农民走向贫困破产的痛苦过程。

19 世纪 30 年代，普希金的创作转向现实主义。他的长篇小说《叶普盖尼・奥涅金》，描绘了 19 世纪早期俄国青年贵族的苦闷彷徨和上层社会的生活，成为俄国文学史上第一部经典性的现实主义作品。果戈理的《死灵魂》展示了农奴主的丑恶嘴脸，有力地批判了腐朽的农奴制。列夫・托尔斯泰是俄国最伟大的批判现实主义作家，他的《安娜・卡列尼娜》、《战争与和平》、《复活》都是享誉世界的作品。

美国作家马克・吐温的作品具有幽默讽刺的特点，他的作品《哈克贝利・费恩历险记》，撕毁了美国资产阶级“民主”、“自由”的假面具，批判了美国的种族压迫和种族歧视，他的《百万英镑》揭露了拜金主义者的丑恶嘴脸。

19 世纪的北欧，取得了巨大成就的作家有丹麦的安徒生和挪威的易卜生，安徒生把他的天才献给了未来的一代，一生写了 168 篇童话和故事。在这些童话和故事中，有深刻地嘲讽统治阶级愚蠢和专横的《皇帝的新装》，有揭示贫富悬殊社会现实的《卖火柴的小女孩》等。安徒生的童话故事感人至深，至今仍有强大的艺术魅力，为世界儿童所喜爱。易卜生的《玩偶之家》《群鬼》等一系列的“社会问题剧”，揭露、抨击了资本主义社会政治、法律、宗教、道德、婚姻、家庭等方面的弊端。

三、近代的音乐和美术

18 世纪初,被誉为“音乐之父”的德国音乐家巴赫,对西欧近代音乐的发展有深远的影响。18 世纪中后期的音乐主流是古典主义音乐，著名的音乐家有:被称为“交响乐之父”的奥地利人海顿,一生创作丰富,仅交响乐就达 107 部;被称为“音乐神童”的奥地利音乐家莫扎特,在短暂的一生中创作作品达到 600 多部;而把古典乐派的成就推到顶点的则是德国的贝多芬。

19 世纪浪漫主义音乐占据了主导地位。贝多芬是浪漫主义乐派开端的伟人。他一生完成作品达 200 件,其中《英雄交响曲》、《命运交响曲》、《田园交响曲》、《第九交响曲》等,具有感人肺腑的感染力。浪漫主义乐派的代表人物还有:被誉为“歌曲之王”的奥地利人舒伯特,一生创作 600 多首艺术歌曲;被称为“圆舞曲之王”的奥地利人约翰·施特劳斯,一生创作了 150 多首圆舞曲,节奏欢快,旋律优美,其中的《蓝色多瑙河》最为著名;德国的门德尔松创作的室内乐,清新典雅,旋律流畅;舒曼的作品善于描写细腻的感情;肖邦的作品表达了对祖国的怀念,喊出了被奴役的波兰民族反抗的声音;李斯特是杰出的钢琴演奏大师。

19 世纪中后期,反映民族特色的民族派音乐在俄国和东欧地区兴起。俄国的民族乐派的奠基人是格林卡。最杰出的作曲家是柴可夫斯基,他为俄罗斯和全世界的音乐文化都做出了宝贵的贡献。他的作品题材广泛,数量繁多,侧重刻画人物丰富的内心世界,旋律、配器富于表现力。他的舞曲《天鹅湖》、《睡美人》等,表现了爱与善能战胜一切的主题思想。

17 世纪巴洛克艺术在欧洲兴起。巴洛克发源于意大利,兴盛于法国,风格符合西欧各国强大的封建君主专制统治的要求:显示威严和力量。代表巴洛克风格的大画家是佛兰德斯人鲁本斯等人,他们都以描绘统治者的肖像著称。

荷兰独立后,经济繁荣,思想自由,适应市民需求的风景、静物、肖像等小幅绘画发展起来。哈尔斯是善于捕捉瞬间表情的画家,代表作有《吉普赛女郎》等。多才多艺的伦勃朗擅长人像画和风景画,代表作有《解剖课》等。

18 世纪显示柔和的曲线美和轻快气氛的洛可可艺术在法国诞生。擅长描绘王室成员、贵族、贵妇奢侈生活和情趣的有布歇等画家,他的代表作有《日出》。以表现平民生活为主的有夏尔丹等画家,夏尔丹的代表作有《洗菜的女人》等。

18 世纪下半期,英国发生工业革命,下层劳动人民的生活更加困苦,人民厌倦了都市生活,向往乡间美好的大自然,风景画在英国应运而生,透纳等是著名的风景画家。

19 世纪古典主义在欧洲流行,法国的大卫和安格尔,使法国古典主义达到顶峰。大卫的代表作有《马拉之死》等。安格尔的代表作有《泉》等。

拿破仑统治结束以后,古典主义绘画逐渐为浪漫主义绘画所取代。浪漫主义偏重发挥艺术家的想象力和创造力，具有鲜明的色彩和激动的笔触。代表人物有西班牙的哥雅和法国的德拉克洛瓦。哥雅的《枪杀马德里市民》和德拉克洛瓦的《自由引导人民》是人们公认的浪漫主义的好作品。

19世纪现实主义绘画兴起，著名的画家有法国的米勒、俄国的列宾等。米勒的《拾穗者》，歌颂了农民勤劳淳朴的性格。列宾的代表作《伏尔加河纤夫》，表现了俄国人民的苦难生活和对美好生活的渴望。

19世纪60年代印象派绘画在法国兴起，不久遍及欧洲。印象派因法国画家莫奈的《日出·印象》而得名。印象派画家关注艺术形式上的“光”与“色”，用外光来描绘对象。代表画家除莫奈外，还有法国的马奈、塞尚和荷兰的梵高等画家。

课后练习

1. 近代自然科学取得了哪些主要成就？
2. 近代史上，世界文学的发展产生了哪些流派？取得了哪些成就？
3. 近代音乐、美术史上产生了哪些重要的音乐家和画家？

第十四章　十月革命与苏联社会主义道路

导读：1917年布尔什维克党领导的二月革命，推翻了沙皇的统治，十月革命推翻了资产阶级临时政府的统治，建立了苏维埃政府，开辟了人类历史的新纪元。随后实行的新经济政策，巩固了苏维埃政权，工业化和农业集体化的建设虽取得了一定成就，但也暴露出一些问题。

一、二月革命及两个政权并存局面的出现

1914 年爆发的第一次世界大战，给俄国人民带来深重的灾难，使国内本就十分突出的阶级矛盾更加激化，一场反对沙皇专制统治的革命风暴日渐酝酿成熟。

沙皇俄国是一个军事封建帝国主义国家。它参加了第一次世界大战，企图以此来巩固自己的统治，结果适得其反。它强征 1500 多万壮丁入伍，几乎占全国男劳力的一半。前线作战接连失利，丧失了波兰、立陶宛的大片土地，伤亡数百万人。后方农田荒芜，企业倒闭，经济濒于崩溃。国家债务从 1913 年的 88 亿卢布增到 1917 年的 500 亿卢布。

1919 年 3 月(俄历 2 月)，彼得格勒的工人和士兵在布尔什维克的领导下，举行武装起义，建立了工兵代表苏维埃，统治俄国 300 余年的罗曼诺夫王朝覆灭。但是，孟什维克和社会革命党领袖认为，俄国无产阶级没有能力管理国家，他们以苏维埃代表名义同资产阶级分子谈判，资产阶级临时政府成立。这样，俄国在二月革命后出现了历史上罕见的两个政权并存的局面。

1917 年 4 月长期流亡国外的列宁回到彼得格勒。列宁在布尔什维克党的会议上做了题为《论无产阶级在这次革命中的任务》的报告，即著名的《四月提纲》。列宁指出，革命的根本问题是政权问题。现在政权已由沙皇贵族阶级转到资产阶级手里，布尔什维克党的任务是“使政权转到无产阶级和贫苦农民手中”。针对当时还在进行的世界大战问题，列宁指出，要摆脱战争，求得和平，必须推翻资产阶级的统治。《四月提纲》为布尔什维克党指明了革命的方向。

二、十月社会主义革命

资产阶级临时政府企图用前线的战斗来转移人民的斗争视线。7 月 1 日，下令俄军

在西线和西南战线发起进攻，十几天的进攻就损失了6万多人。消息传到首都后，工人、士兵群情激昂，要求武装起义推翻临时政府。布尔什维克党考虑到夺取政权的时机尚未成熟，决定引导群众进行和平示威，遭到临时政府的镇压。七月事件后，布尔什维克党有秩序地转入地下。革命和平发展没有了可能，通过暴力革命夺取政权的任务摆在了布尔什维克党面前，为了顺利开展武装起义的准备工作，10月25日，在彼得格勒苏维埃中成立了军事革命委员会，是准备武装起义的公开指挥部。布尔什维克党通过了列宁关于近期举行武装起义的决议。临时政府企图阻止起义的爆发。11月6日清晨，派遣士官生和警察封闭了布尔什维克党机关报《工人之路报》的印刷厂。11月6日半夜，列宁来到斯莫尔尼宫直接指导武装起义。起义者占领了车站、中央发电站、国家银行和电话总局。11月7日上午，彼得格勒苏维埃军事革命委员会发布了列宁起草的《告俄国公民书》，宣告国家政权已转到彼得格勒工兵代表苏维埃。

11月7日晚，彼得－保罗要塞的大炮开始向冬宫开火，停泊在涅瓦河畔的“阿芙乐尔”号巡洋舰也响起了大炮的轰鸣。革命士兵、水兵和赤卫队员从四面八方向冬宫发起冲锋，很快就攻破冬宫。彼得格勒武装起义取得辉煌胜利。由于11月7日这一天是俄历10月25日，所以人们称这次革命为十月革命。

11月7日晚全俄工兵代表苏维埃第二次代表大会在彼得格勒的斯莫尔尼宫正式开幕，大会通过了列宁起草的《告工人、士兵和农民书》，宣告“各地全部政权一律转归工兵农代表苏维埃”，通过了《和平法令》和《土地法令》，批准了苏维埃政府的组成，人民委员会主席是列宁。

十月革命的胜利具有伟大的历史意义。它冲破了世界帝国主义阵线，在占世界1/6的土地上创建了第一个无产阶级专政国家。它不仅激励着各国无产阶级的斗争，而且鼓舞着被压迫人民、被压迫民族的解放斗争。十月革命的胜利是马克思主义基本原理同俄国革命实践相结合的产物，它推动了马列主义在世界的传播，并向各国人民展示了一条崭新的寻求解放的道路。

三、从“战时共产主义”政策到新经济政策

十月革命后，西方大国和苏俄境内的白匪相勾结，向苏维埃政权发动猖狂进攻，开始了长达三年的国内战争。到1918年夏秋之交，苏俄四分之三的领土均已落入敌手，苏维埃政权遂陷入重重包围之中。为了在极端困难的条件下战胜敌人，苏维埃政府一方面加强红军的建设，一方面在经济领域实施战时共产主义政策。即农民必须把手中的余粮，有时甚至是必需的粮食交出来；“对拥有5名雇用工人以上的企业实行国有化”；全国实行配给制，按前线和后方，对所有的人，根据不同的岗位和工种定量配给食品和其他生活必需品。

“战时共产主义”政策在国内战争期间发挥了很大的作用，它帮助苏维埃政权度过了最困难的时期。但余粮征集制使农民的利益受到了很大的损害，当内战结束，农民的不

满情绪迸发出来，酿成了1921年3月的喀琅施塔得事件。

为加强工农联盟，摆脱政治经济危机，巩固苏维埃政权，1921年俄共（布）第十次代表大会做出了从战时共产主义政策过渡到新经济政策的决议。①在农业方面，用粮食税代替余粮收集制，纳税后剩下的粮食归农民自己支配。②在工业方面，涉及国家经济命脉的厂矿企业仍归国有，由国家经营；允许本国和外国的资本家经营中小企业和国家暂时无力兴办的企业；恢复私人小企业。③在流通方面，由最初实行的产品交换转为允许自由贸易。④在分配方面，实行按劳分配。

新经济政策的实施，使被战争严重破坏的苏联国民经济得以顺利恢复，从而为实现工业化打下了坚实的基础。

战争结束后，为了恢复经济和开展社会主义建设，各苏维埃共和国认为有必要建立统一的经济整体，以便充分利用各国的经济财政资源。1922年12月30日，在莫斯科召开了苏维埃社会主义共和国联盟第一次代表大会。大会通过了苏联成立宣言和联盟条约。1924年1月，苏联第二次苏维埃代表大会批准了苏联宪法，从法律上把苏维埃联盟的形式固定下来。

四、工业化和农业集体化

1925年，联共（布）十四大制订了工业化的方针，“使苏联从一个输入机器和设备的国家变成生产机器和设备的国家”，首先发展重工业，到1932年，苏联的工业产值已占工农业产值的70.7%，苏联已成为一个工业－农业国；而到1937年，苏联的工业产值已跃居欧洲第一位，世界第二位，成为仅次于美国的世界第二大工业国。

随着工业化的开展，城市人口的增长，对粮食的需求也就越来越大，1927年粮食收购工作已出现困难，而到1928年初全国缺粮竟达1.28亿普特之多。其主要原因是十月革命后，贫农和中农从革命前的1600万户增至2400－2500万户；与此同时，他们拥有的耕地也从6000万公顷增至1.36亿公顷，然而由于经营的规模太小，他们能提供的商品粮也极有限，仅占其总产量的11.2%。1927年，联共（布）第十五次代表大会确定了农业集体化的方针，而到1937年底，集体农庄已达243700个，参加的农户占全国农户总数的93%，而拥有的耕地已占全国耕地总面积的99.1%，至此农业集体化遂告完成。

工业化和农业集体化是苏联经济模式的两个重要组成部分，它们的出现使这种模式从此具有一大二公的特征。

课后练习

1. 十月革命的伟大意义是什么？

2. 新经济政策的主要内容是什么？

第十五章　凡尔赛—华盛顿体系

导读：第一次世界大战结束后，战胜的协约国召开重新分割世界的巴黎和会，签订了对德等国的《巴黎和约》，暂时调整了帝国主义在西方的关系。列强又召开了华盛顿会议，暂时缓和了在远东和太平洋地区的冲突。构成了帝国主义战后国际关系的新格局，即凡尔赛—华盛顿体系。

一、凡尔赛国际体系的建立

1. 巴黎和会

1919年1月18日，第一次世界大战结束后的和会在巴黎召开，有27个战胜国的近千名代表参加，德国及其盟国、苏联被排斥在会议之外。参加和会的美英法意日等大国把此次会议看作是重新划分势力范围，为自身攫取最大利益的机会。

巴黎和会名义上由27个国家的代表参加，但会议自始至终由几个大国操纵。最初由美国总统威尔逊和国务卿兰辛，英国首相劳合·乔治和外交大臣贝尔福，法国总理克里孟梭和外长皮雄，意大利首相奥兰多和外交大臣桑理诺，以及日本前首相西园寺公望和前外相牧野伸显组成的"十人会议"，裁决和会的大小事务。从1919年3月起，改由美英法意四国首脑在更小的范围内进行幕后决策，经过反复争论，最终拟定了《凡尔赛条约》。中国代表团慑于全国人民的压力，最终没有在《凡尔赛条约》上签字。

2. 凡尔赛体系的建立

《凡尔赛条约》包括两部分，一是《国联盟约》，二是《对德和约》。《国联盟约》除就国际联盟的性质、机构作出具体规定外，还将奥斯曼帝国的属地，德国在中非洲、西南非洲和太平洋的殖民地划分为三类，交付一些大国实行所谓"委任统任"。

《对德和约》的部分内容如下：

领土：阿尔萨斯和洛林归还法国；萨尔的煤矿交由法国开采，行政上则由国联代管15年，期满后通过公民投票决定其归属；莱茵河左岸由协约国占领15年，德国不得在莱茵河左岸及右岸50公里内设防。

军备:解散德国总参谋部;陆军不得超过10万人;限制海军舰只;不得拥有空军和潜水艇。

赔款:德国应进行赔款,赔款之总额由协约国特别委员会予以确定,并于1921年5月1日前向德国政府提出,在此以前德国应先赔偿200亿金马克。

《凡尔赛条约》签订后,协约国又先后和奥地利签订《圣日耳曼条约》,和保加利亚签订了《纳依条约》,和匈牙利签订了《特里亚农条约》,和土耳其签订了《色佛尔条约》,暂时调整了帝国主义在欧洲的关系,从而最终建立了一战后在欧洲重新划分势力范围的凡尔赛体系。

二、亚太模式的华盛顿体系

美国在巴黎和会上的受挫,使美国意识到一时无法在欧洲与英、法争雄;因此把目光转向东方,巩固其在太平洋和中国的势力,弥补在西方遭受的损失。1921年11月12日,美英法中日意荷比葡等九国的代表在华盛顿开会,经过激烈斗争,通过了有关限制海军军备和协调它们在太平洋及中国利益的三个条约。美英日法四国于1921年12月13日签订的《关于太平洋区域岛屿属地领地条约》(简称《四国公约》)规定,"缔约各国同意相互尊重它们在太平洋区域内岛屿属地和岛屿领地的权利",亦即在太平洋上维持现状,并保证通过和平协商来解决彼此间可能产生的争端。条约第四条同时规定,本条约一旦生效,英日同盟即告中止。

1922年2月6日,美英日法意五国又签署了《关于限制海军军备条约》(简称《五国公约》),规定它们的战舰的总吨位之比应为5:5:3:1.75:1.75;还规定航空母舰的总吨位,美英各为13.5万吨,日本为8.1万吨,法意则各为6万吨。至于其他类型的舰艇,因五国之间分歧实在太大,未能达成任何协议。

1922年2月6日,与会九国还共同签署了《关于中国事件应适用各原则受政策之条约》(简称《九国公约》),除声称:"尊重中国之主权与独立,及领土与行政之完整","给予中国完全无碍之机会,以发展并维持一有力巩固之政府"外,又重弹"机会均等"、"门户开放"的老调,表明帝国主义大国将继续奉行控制和剥削中国之政策。

华盛顿会议是巴黎和会的继续,解决了巴黎和会遗留下来的一些问题,暂时调整了帝国主义在中国和在太平洋的关系,从而构成了战后的凡尔赛—华盛顿体系。

三、国联的建立

1919年4月28日,巴黎和会全体会议通过了《国联盟约》,《国联盟约》确定了国际联盟的机构、职能、原则及会员国的义务。最初签署《国联盟约》的有44个国家,其中31个为战胜国,13个为中立国。美国虽为国联的倡导国,但因国会未批准《凡尔赛条约》,

所以未加入国联。《国联盟约》规定国际联盟的主要机构有大会、行政院、秘书处，并附设国际法庭及国际劳工局等，国联总部则设在日内瓦。1920 年 1 月，国际联盟正式宣告成立，先后加入国联的共达 63 个国家。

《国联盟约》宣称："各缔约国为促进国际合作，保证国际的和平与安全，承担不从事战争之义务；维护各国基于正义与荣誉之公开邦交；严守国际公法之规定，以为今后各国政府行为之规范；在有组织之民族间，确立正义并遵守条约所产生之一切义务。"

凡尔赛体系和华盛顿体系是第一次世界大战后帝国主义大国瓜分势力范围的产物，由于内部的矛盾其走向瓦解是必然的。

课后练习

1.《凡尔赛和约》有哪些规定？

2. 华盛顿会议有哪些主要内容？

3. 你如何评价国际联盟？

第十六章　资本主义世界的经济危机和政治危机

导读：1924－1928 是资本主义世界的相对稳定时期，但繁荣背后孕育着危机。1929－1933 年世界性的经济危机爆发，激化了资本主义各国之间的矛盾。法西斯主义盛行；美国实施新政，加强国家对经济的干预，取得了一定的成效。

一、大危机及其后果

1. 大危机的发生

1929 年 10 月 29 日，随着纽约证券所开盘，大批的股票盲目抛售，开盘后半小时交易量即达 300 万股，这一天的抛售达 1600 万股，刷新了历史纪录。到 11 月中旬，纽约交易所的全部有价证券贬值 50%，股票所有人损失超过 260 亿美元。于是，股票市场全部崩溃，信用宣告破产。

美国的股票危机很快蔓延到对美国资本严重依赖的加拿大，随后蔓延到西欧和日本，袭击了几乎所有主要资本主义国家。英法德意日等国生产都急剧下降，贸易锐减、物价暴跌，工商企业和银行纷纷倒闭，失业激增。危机震撼了整个资本主义体系，使资本主义遭受 2500 亿美元的损失，较之一战的 1700 亿损失还多 800 亿美元。

2. 大危机的特征

1929－1933 年的经济危机，是历史上最深刻，最持久的一次经济危机，因而和历次危机相比较，具有一些新的特点。

首先，这次危机中生产下降幅度大，失业人数多。以往的一些经济危机，生产下跌大约在 10% 左右，这一次经济危机使整个资本主义世界的工业生产下降了 40% 以上。1932 年的工业产值与 1929 年相比较，美国为 53.8%，德国为 59.8%，英国为 83%，法国为 69.1%，意大利为 66.8%，日本(1931 年)为 66。6%。危机特别沉重地打击了重工业部门，使它的产值倒退了 20 年以上。1932 年德国的钢产量倒退了 35 年，美国倒退了 31 年，英国倒退了 23 年。在生产大幅度下降的同时，大批企业倒闭，失业人数激增。在危机期间,失业总人数共达5000万,各国失业率达到30%至50%。其中美国失业人数为1700万,德国为800万,英国为300万。此外还有成千上万的半失业者和破产农民。

其次,这次危机持续时间长,范围广。危机持续的时间过去一般是几个月,最长一二年左右,而这次危机却长达4年之久,这是资本主义世界历史上危机拖得最长的一次。从范围看,过去的几次危机一般只发生在主要的资本主义国家,而这次危机波及了所有的资本主义国家和部门。

3. 大危机的后果

这次危机给整个资本主义体系带来了极大的冲击,大大激化了资本主义社会内部的各种矛盾;帝国主义与殖民地和半殖民地之间的矛盾尖锐起来;帝国主义之间的矛盾进一步激化;打破了战后建立起来的赔款制度和债务制度;危机导致国际格局发生急剧变化,将德、意、日推上了对外争霸、称霸、侵略扩张的道路。对世界整体发展进程产生了深远的影响。

二、罗斯福新政与美国的改良型民主

(一)"新政"的历史背景

1. 经济危机的严重后果。1929至1933年资本主义世界经济大危机,美国最为严重。工业生产比1929年几乎下降一半,1932年已有86000家工商业停止生产和营业。在业工人工资削减35%到40%;到1933年初,农业总收入比1929年降低约60%;许多中产阶级也破产。正如《纽约时报》记者卡贝尔·菲利普斯所说,夜间敲门讨饭的人,"可能几个月或一年前在银行里爽快地签发过你的贷款,或者在你所读的报纸上写过社论,或者是某家大地产公司副经理。"

2. 作为垄断资本最高形态的金融资本的统治已濒于瘫痪。1933年2月,全国18569家银行,库存现金不过60亿美元左右,却要应付410亿美元存款;为准备现金应付提款,银行不得不抛出抵押品和证券,因此损失严重,倒闭的超过5500家,千百万美国人多年积蓄成为泡影。

3. 人民群众奋起反抗。从1929至1932年,约发生2700次罢工。人们成群结队,闯进杂货店和肉类市场,把货架上的商品一抢而光,占领议会大楼,闯入银行等。

4. 垄断资产阶级企图利用广大群众的困难与不满进行煽动,法西斯主义抬头,严重威胁到美国的民主进程。

(二)"新政"的主要内容

1933年3月4日,罗斯福就任美国总统,他在就职演说中说道,"让我首先表明我们坚定的信念:我们唯一不得不害怕的东西就是害怕本身。"他的演说给美国人民带来了极大的信心。为了拯救美国经济，罗斯福一上台，从3月9日到6月16日，采用国家干预经济的方式，颁布了一系列紧急法令，这一阶段被称作“百日维新”。

1. 整顿和改革财政金融：对破产银行进行整顿，使银行资本高度集中，对各大银行开业进行补助及贷款，恢复存户对银行的信任；放弃金本位，实行美元贬值；禁止黄金出口，以加强美国商品在世界市场的竞争能力。

2. 调节工业生产：监督生产，调整商业金融；规定工业产量，市场分配价格；以此调节工业生产，避免盲目竞争和生产过剩现象。

3. 限制农业生产：有计划地缩减农业生产规模，销毁“过剩”农产品，以提高农产品的价格，克服农业生产危机。

4. 调节劳资关系，举办公共工程和社会救济：规定工人有组织工会和集体同资本家谈判合同的权利，资本家不得禁止工人罢工；调节劳资纠纷，规定工人每周最高工时和每小时的最低工资额，禁止使用童工；为失业者和老年人提供失业津贴和老年人年金，拨出大批款项兴办公共工程，为大量失业者提供就业机会，增加社会购买力。

（三）新政的作用：

1. “新政”使美国比较顺利地渡过了经济危机，在一定程度上刺激了经济的发展。

2. 保存了资产阶级的民主制度，避免出现法西斯政权。

3. 改善了广大人民的生活，有利于美国无产阶级的发展。

4. “新政”用国家干预来调整经济生活，消除经济萧条和危机，大力加强了国家资本主义，这对以后美国及其他资本主义国家政府的政策产生了不同程度的影响。

三、德、意、日的法西斯化

（一）意大利法西斯运动和法西斯专政

现代法西斯政权最早出现在意大利，法西斯运动的创始人是墨索里尼。意大利被讥讽为乞丐帝国主义国家，在弱肉强食的角逐中处于劣势。一战后，意大利虽挤入战胜国的行列，但在巴黎和会上分赃最少。战后的意大利工农业生产锐减，经济窘困，危机四伏，阶级矛盾激化。内阁更迭频繁，政府的统治力量薄弱。贫弱、动乱的意大利成为滋生法西斯组织的土壤。1919年3月墨索里尼成立“战斗的意大利法西斯”，1921年11月，改成“国家法西斯党”，随即着手夺取全国政权。墨索里尼按军事建制改组全党，指挥法西斯分子对社会党人和其他民主势力大打出手，逐个夺取地方政权。1922年10月，法西斯领导集团开会，决定“向罗马进军”，会后3万名法西斯分子分数路向罗马进发。意大利统治集团内部发生意见分歧，最后国王任命墨索里尼上台组阁。

墨索里尼上台后，对内加强法西斯独裁统治，对外则扩军备战，走上了侵略扩张建立地区霸权的道路。

（二）希特勒法西斯专政的建立

德国是通过三次王朝战争完成统一，走上资本主义道路的，因此保留了大量封建残余，军事封建主义根深蒂固。战争的巨大破坏以及沉重的战争赔款，使德国经济处于崩溃的边缘。1929－1933 年的世界经济危机，对德国的打击十分严重。危机期间，德国工业生产下降了 40.6%，下降幅度仅次于美国的 46.2%，居资本主义世界的第二位。1919 年建立的魏玛共和国软弱无力，面对危机束手无策，人民群众尤其是小资产阶级对现状和政府不满，不断掀起斗争浪潮。德国统治阶级对魏玛政府也日益不满，希望建立一个强有力的政府，可以使德国夺取势力范围和世界霸权，这些都为纳粹党提供了机会。纳粹党进行了有针对性的巧妙宣传，在 1930 年 9 月 14 日的大选中，纳粹党共得选票 6409600 张，获 107 个议席，从国会中原来位居第九的最小党，一跃而成为仅次于社会民主党的第二大党。纳粹党的党员人数也迅速增加。1928 年 9 月只有 8 万人，1929 年 9 月增至 15 万人，1930 年 11 月再增至 35 万人。

1932 年 7 月 31 日举行的新的国会选举中，纳粹党共获议席 230 个，成为国会中第一大党。1933 年 1 月 30 日，兴登堡任命希特勒为总理。从此，魏玛共和国告终，德国进入了法西斯专政时期。

希特勒上台组阁后，首先宣布解散国会；制造了国会纵火案，共产党被迫转入地下；解散一切政党，取消公会；对冲锋队进行清洗。1934 年 8 月 2 日，兴登堡去世，8 月 19 日，经过所谓的公民投票，希特勒成为“元首兼国家总理”，从此集党、政、军大权于一身。

希特勒对外废除凡尔赛条约对德国的束缚，夺取“生存空间”，开始扩军备战。军费开支逐年增加，1933－1938 年间总计约 500－600 亿帝国马克。1935 年 3 月 16 日，德国公开撕毁凡尔赛条约限制德国军备的条款，宣布实行普遍兵役制。到 1939 年 9 月第二次世界大战爆发时，德国陆军实际上已拥有 105 个师，约 270 万人，飞机 4320 架。海军有战列巡洋舰和袖珍战列舰 5 艘、潜水艇 57 艘、巡洋舰 8 艘、驱逐舰 22 艘以及其他一些舰只，为发动第二次世界大战做好了充分准备。

（三）日本的法西斯化

资本主义世界的经济大危机很快波及日本，使经济基础薄弱又缺乏资源市场的日本，遭受了十分惨重的打击，阶级矛盾不断激化。以军部为核心的法西斯势力迅速膨胀。军部要求在天皇的名义下建立法西斯独裁政权，实行对外侵略扩张，以摆脱严重的政治、经济危机。为此，军部法西斯分子制造了一系列暗杀、政变等恐怖事件。

1931 年，日本发动侵略中国的“九一八”事件，占领了几乎整个东北三省，战争刺激了日本经济的发展，也鼓舞了法西斯军人夺取国家政权的野心。

1936 年，一批少壮派军官发动“二二六”兵变，企图建立以他们为中心的军部法西斯政权。这次兵变虽失败了，但是日本的法西斯势力仍在增长。政党政府和国会的权利不断削弱，军部逐渐控制政府。

1936 年 3 月，广田弘毅在军部支持下组阁。广田弘毅内阁的建立标志着以军部为核心的日本天皇制法西斯体制基本形成。1936 年 8 月，日本通过了“基本国策纲要”，确定了日本的基本战略目标是“一方面确保在东亚大陆的地位，另一方面向南方海洋发展”。1937 年 7 月，日本发动了全面侵华战争，世界大战的亚洲策源地形成。

课后练习

1. 1929 – 1933 年经济危机的特点是什么？
2. 罗斯福新政的核心、内容以及作用是什么？
3. 欧洲战争策源地是如何形成的？

第十七章　第二次世界大战

导读：由于大国的绥靖政策，使法西斯的气焰越来越嚣张，终于导致了第二次世界大战的爆发。战争初期，法西斯很快占领北欧、西欧的广大地区。苏德战争和太平洋战争的爆发，使战争的规模进一步扩大，也促使反法西斯国家联合起来。斯大林格勒战役，使战争朝着有利于反法西斯国家的方向发展，意、德、日相继投降。二战给人类带来空前的灾难，对战后世界格局和未来世界的发展产生了深远影响。

一、从局部战争走向全球战争

第二次世界大战的起源经历了一个由局部战争到全面战争的发展过程；1931 年“九一八事变”，日本在中国燃起第一场战火；1935 年，意大利入侵埃塞俄比亚；1936 年，德、意武装干涉西班牙内战；1937 年，日本发动全面侵华战争；1938 年，德国吞并奥地利，并把侵略矛头指向了捷克斯洛伐克的苏台德区。

捷克斯洛伐克境内居住着 300 多万德意志人，大部分居住在该国的苏台德地区。希特勒唆使德意志人要求苏台德区“自治”，德军同时在德、捷边境集结，进行武力威胁。面对纳粹德国的扩张野心，英国、法国政府推行绥靖政策，企图牺牲捷克斯洛伐克国家利益而将德国侵略的矛头引向东方，以缓和与德国的矛盾，维护自身安全。

1938 年 9 月 29 日，张伯伦、达拉第、希特勒和意大利首相墨索里尼在德国慕尼黑举行四国首脑会议，于 30 日凌晨签署《慕尼黑协定》：捷将苏台德地区割让给德国。捷政府在英法的强大压力下被迫接受该协定。

慕尼黑会议和《慕尼黑协定》是英法推行绥靖政策的集中表现，加强了纳粹德国的经济与军事实力，助长了德国、意大利和日本法西斯的侵略气焰。1939 年 3 月，希特勒践踏在协定中承诺的国际保证，出兵占领捷全境。英法背信弃义，拒不履行保证捷新边界的国际义务。慕尼黑会议和《慕尼黑协定》加速了第二次世界大战的爆发。

二、德国进攻波兰与英法参战

1939 年 9 月 1 日，德军使用闪击战术，按计划进攻波兰，以两个集团军群分五路实施钳形突击。前锋部队以每天 30 – 50 公里的速度分割包围波军，9 月 16 日就使波军丧失反击能力,27 日华沙陷落。

英国已将波兰视作对德东线作战的主体力量,9 月 1 日当天即要求德国停止进攻,撤出军队;9 月 3 日,英、法对德宣战。但是英、德两国的战争主要发生在海上,德国潜艇开战不久就击沉英国航空母舰和主力舰各 1 艘,英国则在 8 个月内击沉 27 艘德国潜艇,并迫使德军自行凿沉 1 艘战列舰。但是在陆上,8 个月内没有发生过一次真正的战争,英、法军队静静地坐在钢筋水泥工事后面,眼睁睁地看着德军在前线铁路上起卸军火弹药,毫不干涉,被称之为"奇怪的战争",或"静坐战"、"假战争"、"晦暗不明的战争"。

美、苏、意三国继续保持中立、美国通过新《中立法》,取消武器禁运条款。改为"现金购货,运输自理",使之有利于拥有海上运输能力的英国。苏联按《苏德互不侵犯条约·秘密附属议定书》的规定,出兵进驻波兰东部。英、法希望把战火引向苏联边境,同时打算借运兵之机占领挪威的运输港口,切断德国的铁矿石运输线,彻底断绝德国的铁矿石供应,从北翼威胁德国。

希特勒原计划在 1939 年 11 月就进攻西欧,后因天气等原因一再推迟,当他看出英、法的意图后,1940 年 4 月 9 日 –6 月 10 日,发兵进攻北欧,占领了这丹麦和挪威。1940 年 5 月 10 日,德军动用 136 个师在西线发起进攻,迅速逼降荷兰、比利时,包围英、法军队主力,并在 6 月 22 日迫使法国投降。英法联军通过"敦刻尔克大撤退",撤出近 34 万人,保存了有生力量。

德国侵占西欧诸国后,按预定计划进攻苏联,丘吉尔就任英国首相,采取了不妥协的强硬立场。希特勒企图诱英妥协,暂时保持西线和平,但遭到英方拒绝。随即颁布"海狮作战计划",打算用军事手段逼迫英国投降。德军为筹集必要的舰只,颇费时日,希特勒下令先实施对英空战,于是从 1940 年 8 月到 1941 年 5 月,发生了第二次世界大战期间历时最长、规模最大的"不列颠空战"。

三、德国进攻苏联

进攻苏联是纳粹德国的既定国策和"先大陆后海洋"扩张计划的重要一步,希特勒在争取"逼和"英国的同时,从 1940 年 8 月起向东欧地区调兵,并先后把匈、罗、保和斯洛伐克拉进法西斯侵略集团,为侵略苏联铺垫道路。决定在 1941 年实施进攻苏联的"巴巴罗萨计划",打算在这年入冬前打到欧亚分界线一带。

1941 年 6 月 22 日,德国动用 550 万兵力、3000 架飞机和 4300 辆坦克,分北、中、南三路向苏联发动全面进攻,进攻的重点在中路。10 月中旬逼近距莫斯科不到 100 公里处。苏德战争一爆发,苏联全国上下就紧急行动起来,投入反法西斯的卫国战争中。当德军兵临莫斯科城下时,苏联政府为安全考虑,将部分机关和外交使团迁往古比雪夫,但是斯大林和其他主要军政领导人均留守莫斯科,并照常在 11 月 6 –7 日举行十月革命庆祝大会和阅兵式。

11月15日，德军再次发动进攻，分西北、正西、西南三路扑向莫斯科，先头部队甚至进抵离莫斯科20公里处，能够看见克里姆林宫顶端的红星，但是在苏军的抗击下，再也不能前进一步。苏军抓住战机，趁德军预备队用尽，由进攻转入防御而立足未稳之时，于12月6日发起猛烈反击，首先粉碎包围莫斯科的突击集团，进而将德军战线向西击退100－250公里，重创德军38个师，取得莫斯科战役的胜利，消除了德军对莫斯科的直接威胁。莫斯科战役打破了德军"不可战胜"的神话，鼓舞了苏联和世界人民反法西斯的斗志。

四、太平洋战争爆发

1941年12月7日(夏威夷时间8日)，日本动用60多艘舰船和423架舰载飞机，对美国太平洋舰队所在地珍珠港发动突然袭击，击沉击伤美军大量军舰。同时出动五路陆军，向东南亚各国和西南太平洋岛屿发动进攻。日本在袭击珍珠港后一小时，正式向美、英宣战。同日，美、英对日宣战，以后荷兰、中国、加拿大，澳大利亚、新西兰、哥斯达黎加等近20个国家相继对日宣战。12月11日，德、意对美宣战。以后，美国、古巴、巴拿马、危地马拉、萨尔瓦多和哥斯达黎加等国相继对德、意宣战。至此，第二次世界大战达到最大规模，局部战争发展成了全球战争。

五、世界反法西斯同盟的建立以及战争的战略转折

(一)世界反法西斯同盟的形成

世界反法西斯联盟由社会主义国家、西方民主国家和殖民地半殖民地国家三种力量组成。法国败降后，美国通过《租借法》，以租借或贷款形式向反法西斯国家提供武器、军用物资和粮食，并于1941年3月同英国一起制定"ABC—I计划"，规定了两国的军事和政治战略，共同确定"先欧后亚"战略，这样，英、美两国结成了事实上的反法西斯联盟，开始了世界反法西斯联盟形成的第一阶段。

苏、德战争爆发后，随着社会主义苏联的加盟，世界反法西斯联盟的基础进一步扩大。1941年7月12日，苏、英两国签订《关于对德作战联合行动协定》，30日，美国总统罗斯福遣使访问苏联，苏、美、英之间开始正式合作。同年8月，美、英之间经过协商，发表著名的《大西洋宪章》，提出了保障国际和平与安居乐业、促进一切国家间的经济合作等一系列进步和民主的主张。以后，苏联政府宣布基本同意这些原则。9月底至10月初，苏、美、英三国代表团在莫斯科举行谈判，签订了大战期间第一个三国协定，即《秘密议定书》，俗称《对俄供应第一号议定书》，其中规定了美、英两国扩大对苏供应的具体内容。

太平洋战争爆发后，美国等20多个国家正式加入反法西斯战争，国际关系进一步发生变化：经罗斯福提议，1942年1月1日，美、英、苏、中、加、澳、印等26个反法西斯国家

在华盛顿举行会议,共同签署了《联合国家宣言》。宣告规定各国政府保证运用军事和经济的全部资源对抗法西斯国家,保证互相合作,不与敌国单独停战或媾和。以后又有21个国家陆续加入。宣言的签署标志着世界反法西斯联盟最终形成,以后"联合国家"在政治上互相协商,军事上互相配合,物质上互相支援,对加速取得反法西斯战争的胜利起了重要的作用,并为成立"联合国"奠定了基础。

(二)第二次世界大战各战场的战略转折

世界反法西斯联盟成立之初,联盟成员国处于战争最艰苦的阶段,不论在亚洲太平洋战场、欧洲战场或是北非战场,都处于退却和防御的态势。然而经过1942年的三大战役——中途岛海战、斯大林格勒会战和阿拉曼战役,战争格局发生了根本性的转折。

1. 中途岛海战

中途岛是珍珠港的西北门户和屏障,日军动用了包括8艘航空母舰在内的200余艘舰船和700架舰载飞机,企图占领该岛。作为日本海军航空兵的前进基地,同时诱出美国太平洋舰队进行主力决战,把美国势力赶回太平洋东岸。

美军在珍珠港事件后提高了警惕,通过破译日军电报密码掌握了日军的进攻计划,得以沉着应战。太平洋战区司令尼米兹的手中只有3艘航空母舰、23艘其他作战舰只和233架舰载飞机,兵力明显处于劣势。他决定采取集中兵力、以侧翼伏击日军主要舰队的战术,将全部舰只隐蔽集结在中途岛东北200海里处,并用中途岛巡逻机和潜艇在600海里范围内严密侦察警戒,争取抓住有利时机出奇制胜。

1942年6月3日,中途岛海战开始。日军首先攻击阿留申群岛,但没能诱出美军舰队北上,4日凌晨,负责进攻中途岛的第一机动编队正式发起进攻,但美军早有准备,已经升空的飞机迎击日机,使日军未能取得预期的战果。编队指挥官急令第二波攻击机改装炸弹,准备再次攻击中途岛。美军舰队突然出击,日方舰队失去空防,无力还手,4艘重型航空母舰全都被炸沉。除此之外,日本还损失1艘重巡洋舰、332架飞机和数百名经验丰富的飞行员。而美军只损失1艘航空母舰、1艘驱逐舰和147架飞机,扭转了珍珠港事件后军事实力上的劣势。

中途岛海战是太平洋战场的转折点,之后日军逐渐由战略进攻转为战略防御,而美军逐渐由战略防御转为战略进攻。

2. 斯大林格勒会战

1942年4月,希特勒发布军事命令,决定发动夏季攻势,但是当时德军实力有限,希特勒不得不放弃全线进攻的计划,采取先南后北、逐次进攻的方式,集中兵力进攻斯大林格勒和高加索,于是爆发了斯大林格勒会战。

苏军最高统帅部从全局着眼,不被敌人的局部攻势所迷惑,抓住斯大林格勒保卫者与敌鏖战的有利时机,调集了14个集团军共100多万人部署在战线两翼,准备实施钳形向心突击,围歼斯大林格勒附近的德军主力。战役从1943年7月5日开始到8月23日结束,大体分为两个阶段。7月5日至11日是苏军防御阶段,7月12日至8月23日是反攻阶段。7月12日在普罗霍罗夫卡发生了二战中最大的坦克战,双方投入了约1200辆坦克。德军损失惨重,战役由此转折。苏军经过50天浴血奋战,歼灭德军约12万,坦克师和机械化师约占1/3。苏军完全掌握了战略主动权,并展开全线反攻。

斯大林格勒战役是整个第二次世界大战的转折点。它严重削弱了德军的力量,迫使它在主要进攻方向上转入战略防御;苏军的胜利还鼓舞了世界各国人民,巩固和扩大了国际反法西斯统一战线,并使法西斯集团惊慌失措,离心离德。

3. 阿拉曼战役

1942年10月23日,阿拉曼战役正式开始,英军计划分三路出击,主攻方向在北段,但英军统帅蒙哥马利在南段设置了假的辎重卡车、军火站和输油管,并频繁地使用电台,诱使敌军在南段集中兵力。战斗开始后,蒙哥马利灵活指挥,当德军主力北调,南段只剩下意大利军队时,他一方面命令北段英军继续强攻,突破德军的防线,另一方面在南段也保留一部分兵力,并于11月2日突破意军的防线,转而北上,截击敌军退路。德军统帅降美尔违抗希特勒的命令,于11月4日率部向富卡撤退,蒙哥马利尾随追击,于1943年5月全部肃清北非敌军。

阿拉曼战役不仅使法西斯国家在北非的进攻势头完全丧失,其后续行动还使北非德意军队的生存受到严重威胁,是北非战场的转折点。

4. 意大利投降

1943年7月10日,美、英盟军根据两国首脑做出的决定,开始进攻西西里岛,一个月后取胜。

意大利历经几个战场的失败,主力部队丧失殆尽,国内面临政治经济全面危机,统治集团发生分裂。7月24日,法西斯最高委员会不顾墨索里尼的反对,以绝对多数票通过决议,要求墨索里尼交出一切权力。翌日,国王召见墨索里尼,命令其辞职,由意军参谋长巴多里奥组阁,宪兵囚禁了墨索里尼。

9月上旬,巴多里奥政府同美、英签订无条件投降的停战协定,英、美军队在意大利南部登陆。10月中旬,意大利正式退出法西斯集团,并宣布对德作战。意大利倒戈的政治意义大于军事意义,它标志着法西斯集团开始瓦解。

六、欧洲战争结束

1944年,苏军集中兵力,连续实施了10个高速度大规模的战略进攻,即“十大打击”,歼灭德军138个师共160万人,不仅解放了几乎全部的国土,还协同各国反法西斯力量解放了罗马尼亚、保加利亚、匈牙利和南斯拉夫。

同年6月6日,美、英两国根据德黑兰会议的决定,在法国北部诺曼底登陆,终于开辟了苏联一再要求的欧洲第二战场,对德国形成了东西夹击之势。4月26日,苏军开始强攻柏林,经过几天的殊死搏斗。终于在30日下午把红旗插上了国会大厦的屋顶。希特勒在地下室开枪自尽。5月5日,德方代表正式向苏、美、英、法四国投降,欧洲战争以法西斯国家失败而宣告结束。

七、日本的无条件投降

欧洲战争结束后,反法西斯各国都加强了对日本的打击。美国自1944年6月起即对日本本土实施战略轰炸,1945年春夏又在它周围布雷,试图实施封锁,同年8月6日和9日,美国把刚刚试制成功的原子弹投向广岛和长崎,给当地居民造成极大损失。

8月8日,苏联根据雅尔塔会议的有关规定,对日本宣战。苏、蒙军队在4000多公里长的战线上,分四路对日本关东军发起全线总进攻,关东军原来号称"百万精锐",但随着作战部队和军需物资一再被调往其他战线,战斗力大为削弱,在苏军打击下迅速败降。

中国共产党控制的解放区自1944年起就开始发动局部反攻,收复失地8万多平方公里。1945年,各解放区根据党中央"削弱敌寇,发展我军,缩小敌占区,扩大解放区"的指示,持续进行反击。据不完全统计,到8月10日止,共击毙击伤日伪军12余万人,攻克城市53座,将解放区扩大到19个。8月9日,毛泽东同志发表"对日寇的最后一战"的声明,号召发动全国规模的大反攻,配合苏军和其他同盟国军,向日伪军实施广泛的进攻;以后八路军总部连续发布命令,要求人民武装在各个战场展开全面攻势,人民武装坚决执行命令,歼灭一切拒不投降之敌,扩大了解放区。国民党军队也迅速向大城市推进。

日本完全陷入绝境。在8月9日一天之内,日本统治集团举行了两次最高军事会议和一次内阁会议,讨论无条件投降问题,未能取得一致意见,最后上奏天皇请求"圣断"。天皇选择了在保存天皇制度的前提下实行无条件投降的方案。8月15日,日本天皇向全国发表广播诏书,宣布向同盟国实行无条件投降。9月2日上午,日本代表在美国军舰"密苏里号"上,向美、中、英、苏等同盟国正式签署投降书。

八、战胜国对战后世界的安排

战争格局发生战略性转变之后,战后世界的安排问题就突出起来,从1943年下半年到战争结束,同盟国之间举行了一系列会议,除协调彼此间的作战行动外,主要围绕战后世界安排问题展开协商和争论。

1943年11月下旬,中、美、英三国首脑举行第一次开罗会议,讨论对日作战和战后亚太地区的安排问题。《开罗宣言》明确规定日本所侵占的中国东北、台湾、澎湖群岛等必须归还中国。

同年11月28日-12月1日,苏、美、英三国首脑举行德黑兰会议,讨论了开辟欧洲第二战场、组建联合国、处置德国、划定波兰疆界和苏联参加对日作战问题。

1944年8月21日－10月7日，美、英、苏和美、英、中等国分两段召开敦巴顿橡树园会议，讨论和拟订联合国的组织章程。

1945年2月4－11日，苏、美、英三国首脑在苏联克里米亚半岛举行雅尔塔会议，重点讨论了处置德国、波兰政府和疆界、联合国、苏联对日作战和远东事务安排等问题。这次会议是数次大国会议中最重要的一次，会上发生的争执和达成的协议，对战后世界事务有较大的影响。

同年7－8月，苏、美、英三国首脑在柏林西南举行波茨坦会议，这时，西方国家同苏联之间的矛盾已经很尖锐，会议的气氛并不那么融洽，争论比较激烈，主要讨论了处置德国、波兰西部疆界和组建国际法庭审判战犯等问题。

战争后期大国围绕战后世界安排问题所达成的协议被称为雅尔塔体系，它提倡和平与民主的原则，主张不同社会制度的国家之间实行共处与合作，具有一定的进步性。但是它继承了国际事务中的强权政治原则，承认并划分大国的势力范围，又具有消极的一面，并在一定意义上推动战后两极格局的形成。

九、第二次世界大战的意义

第二次世界大战是一场反法西斯战争，在法西斯势力给人类带来巨大灾难的同时，世界人民联合作战，推动了世界的进步和发展，使世界历史进入了一个新阶段。德、日、意三个法西斯国家被彻底打垮，不仅失去了殖民地、国外投资和世界市场上的份额，而且本土被占领。英法两国虽然是战胜国，但也遭到严重削弱。英国到战争结束时，已从战前的债权国变成负债累累的债务国，经济实力和国际地位降到二流国家的水平。法国的工农业生产在战争期间下降了一半。美国依仗在战争中膨胀起来的经济军事力量，登上资本主义世界霸主的地位。苏联经过战争的洗礼，成为有能力同美国抗衡的军事和政治强国。

课后练习

1. 世界反法西斯同盟是如何建立的？
2. 慕尼黑会议有何恶劣影响？
3. 第二次世界大战有何重大意义？
4. 第二次世界大战后召开了哪些重要会议，有何作用？
5. 第二次世界大战发生了哪些重大战役，有何意义？

第十八章　美国的霸权政策

导读：第二次世界大战改变了国际关系格局，英法等欧洲国家在战争中受到严重削弱，美国的经济、军事实力空前膨胀，成为资本主义世界的头号强国。美国加强了对欧洲国家的扶植和对亚非拉美国家的控制。特别是为遏制社会主义力量的发展，对苏联等社会主义国家推行"冷战"政策，形成了以美国为首的资本主义和以苏联为首的社会主义阵营对峙的局面。两极格局的形成，对整个国际关系的演变产生了深远影响。

一、美国的冷战政策

第二次世界大战后初期，美国的实力空前膨胀，成为资本主义的头号强国，英法等西欧国家不得不唯美国马首是瞻。美国企图把资本主义制度推广到世界各国，并企图操纵联合国，把它作为全球战略的工具。为此美国对社会主义国家采取"冷战"政策，对欧洲资本主义国家加以扶植，并力求控制广大的中间地带，即亚非拉美国家。

首先发出对苏冷战信号的是已经离任下野的前英国首相丘吉尔。1946 年 3 月 5 日，他在杜鲁门陪同下，在美国密苏里州富尔顿威斯敏斯特学院发表名为《和平砥柱》的演说。丘吉尔攻击苏联在东欧实行扩张："从波罗的海的什切青到亚得里亚海边的的里雅斯特，一幅横贯欧洲大陆的铁幕已经降落下来"，这些国家受苏联的"高压统治"，"根本没有真正的民主"，他还提出："没有人知道，苏俄和它的共产主义国际组织打算在最近的将来干些什么，以及它们扩张和传教倾向的止境在哪里，如果还有止境的话。"他呼吁英美两国结成同盟，联合一切英语民族，运用各种力量和手段，对付共产主义"对基督教文明的日益严重的挑衅和危险"。

丘吉尔在富尔顿演说公开散布了美英与苏联之间的相互不信任情绪，从而从根本上动摇了二战后建立的雅尔塔体系的基础。

美国对苏联等社会主义国家的冷战，是指除诉诸武力以外的一切敌对活动。冷战政策在政治上的表现是杜鲁门主义。1947 年 3 月 12 日，杜鲁门在国会参众两院发表咨文，声称希腊和土耳其遭到由共产党人领导的“恐怖主义活动的威胁”,美国负有领导“自由世界”的使命。杜鲁门借希、土危机,趁势抛出了美国的全球战略构想。杜鲁门主义表达了美国称霸全世界的要求和愿望,它的出现,标志着美苏冷战正式开始。

冷战政策在经济上的表现是马歇尔计划。杜鲁门主义的全球扩展战略中,欧洲是重点。但是战后初期西欧满目疮痍,经济濒临崩溃,社会矛盾日益激化。美国要控制欧洲,首先必须稳定、复兴和联合欧洲,于是“马歇尔计划”应运而生。1947 年 6 月 5 日,美国国务卿马歇尔为了达到“欲扬先抑”的目的,选择哈佛大学作为舞台,提出了欧洲复兴计划,即“马歇尔计划”。“马歇尔计划”得到大部分欧洲国家的欢迎。1948 年 4 月 2 日,美国国会通过《1948 年对外援助法》,翌日经杜鲁门签署,马歇尔计划正式实施。在计划实施的四年中,美国共拨款 131.5 亿美元。马歇尔计划是杜鲁门主义的延续和扩大,他以经济手段为美国控制西欧铺平了道路,对西欧经济复兴起到了积极作用。但马歇尔计划实施最严重的后果就是在事实上造成壁垒分明的东、西欧分离与对抗,美苏冷战逐渐深化。

冷战政策在军事上的表现是北大西洋公约组织的建立。1949 年 4 月 4 日,美国与加拿大、英国、法国、比利时、荷兰、卢森堡、丹麦、挪威、冰岛、葡萄牙、意大利共 12 国在华盛顿签订了《北大西洋公约》,宣布成立北大西洋公约组织,公约于 1949 年 8 月 24 日生效。北约规定了缔约国之间的互助和集体区域防务的责任和义务。北约的特点是力图阐明它同联合国宪章并行不悖;另一特点是没有明确规定期限。“北约”的建立,加强了美国对西欧国家的控制,并在欧洲大陆组成一个“遏制苏联、东欧的弧形包围圈”。北约的建立及 50 年代华约的建立,标志着以美苏为首的两大军事、政治集团对峙局面的形成。

美苏两极格局的形成,对世界产生了巨大影响:一方面,两强相争使世界长期不得安宁;另一方面,两大军事集团彼此势均力敌,都不敢轻易动武,在近半个世纪避免了新的世界大战的爆发。

二、德国的分裂

为适应霸权政策的需要,美国采取了分裂德国和扶植西德的政策。1947 年初,美英将他们在德国的占领区首先合并,以后法国的占领区也合并进来,这是分裂德国的开始。1948 年西方国家占领区实行单独的货币改革。作为反击措施,苏联也在占领区发行新货币,并全面切断西方占领区与西柏林之间的水陆交通。这场持续一年的“柏林危机”,是战后东西方关系的第一次冷战高潮。美国利用这次柏林危机造成的紧张局势,加快了分裂德国的步伐。1949 年 9 月,在美国的策划下,德国西部成立了德意志联邦共和国。同年 10 月,在苏联的支持下,德国东部建立德意志民主共和国。两个德国的出现,是美苏争夺世界霸权的结果,也是冷战的产物。

三、美国的侵朝和侵越战争

欧洲是美国扩张的重点,但美国也不放弃亚洲,在中华人民共和国成立后,先后在中国的近邻朝鲜和越南发动了战争。

1. 朝鲜战争

第二次大战末期，苏美双方以北纬38°度线为界，分别占领了朝鲜的北部和南部，1948年8月和9月，南北朝鲜分别成立了“大韩民国”政府和“朝鲜民主主义人民共和国”政府。

1950年6月25日，南北朝鲜之间突然爆发战争。美国为了防止南朝鲜崩溃，并出于遏制苏联的全球战略的考虑，立即插手干预朝鲜战争。在美国的操纵下，联合国安理会在苏联缺席的情况下通过决议，谴责北朝鲜为“侵略者”。7月7日，安理会又通过决议，授权美国组织“联合国军”援助南朝鲜 。“联合国军”以美国第8集团军为主体，加上英、法、澳、加拿大、新西兰、南非、希、荷、比、卢、哥伦比亚、泰、菲、土耳其、埃塞俄比亚15国的军队组成，大举干涉朝鲜内政。9月15日，美军4万余人在200多艘舰艇和大量飞机支援下，在朝鲜中部仁川登陆，截断北朝鲜人民军的后路。此后，形势急转直下，北朝鲜人民军被迫实施战略退却。美韩军队直逼朝鲜北方，10月19日侵占平壤，继而把战火烧到中朝边境。

中国政府面对美国的侵略行径和朝鲜人民的危急处境，决定应北朝鲜的请求，派遣志愿军入朝参战，抗美援朝，保家卫国，1950年10月19日，中国人民志愿军首批部队在司令员彭德怀率领下跨过鸭绿江，进入朝鲜战场。志愿军连续发动五次战略反攻战役，首先挫败美军的攻势，稳定战局；接着收复平壤等地，把敌人主力赶到38度线以南，扭转了战局；然后又顶住敌人的反扑，实施机动防御，使战线稳定在38度线一带。经过五次战役，中朝人民共歼敌23万(美军11.5万)，沉重打击了美国的气焰。

1951年7月10日，朝鲜停战谈判开始举行。此后交战双方边谈边打，谈谈打打，经过2年零1个月的外交和军事斗争，终于在1953年7月27日签订停战协定。中朝人民的胜利打破了美国不可战胜的神话，鼓舞了被压迫民族的反帝斗争。

朝鲜战争是二战后第一次国际大规模常规战争，也是冷战中发生的第一次热战。它本来是发生在朝鲜南北双方的一场内战，但由于美国疑惧是苏联扩张的讯号，大规模兴兵干涉，使其演变成为一场美国入侵朝鲜的侵略战争，一场以朝、中为一方，以美国为首的“联合国军”为另一方的局部国际战争。在朝鲜战争中，苏联虽没有直接卷入，美苏之间没有发生公开对抗，但美国介入朝鲜内战主要是为遏制苏联的扩张，因此它仍然是美苏冷战的产物。

2. 越南战争

1945年日本投降以后，胡志明宣布越南独立。法国不甘心失去昔日的殖民地越南、老挝和柬埔寨，就卷土重来。1954年，中、美、英、法和印度支那三国达成日内瓦协议，在法国承认印度支那三国民族权利的基础上，恢复印度支那和平。法国撤走后，美国乘机插手，在越南南方扶植了它的傀儡政府——吴庭艳政权，并向南越提供军事援助，派遣顾问，为南越建立起拥有三十万人的军队。

1961 年 5 月，美国破坏了“日内瓦协议”，发动了反对越南人民的“特种战争”。“特种战争”是美帝国主义适应新殖民主义政策的新型侵略战争的一种形式。它在经济上利用傀儡政府去剥削人民，而更主要的是帝国主义用提供武器和金钱，派遣“顾问”，指挥傀儡政府的军队去屠杀和镇压革命人民，并在一定程度上投入帝国主义自己的军队参加战斗，以达到殖民掠夺的目的。

在越南南方人民的顽强反击下，美国的“特种战争”惨遭失败。美国于 1964 年 8 月又制造了北部湾事件，把侵略战火扩大到北方。1965 年 3 月美国在岘港登陆，从而把侵略战争升级为以美军为主的“局部战争”。越南人民奋起抵抗，使“局部战争”遭到破产。

1969 年起，美国开始推行“战争越南化”政策。结果，美伪集团在战场上遭到更加惨重的失败，被迫于 1973 年 1 月 27 日在巴黎签订《关于越南结束战争、恢复和平的协定》（简称《巴黎协定》）。美国撤出越南南方以后，阮文绍政权破坏《巴黎协定》，拒绝实现民族和睦，蚕食越南南方解放区。1975 年春，越南军民发动春季攻势，4 月 30 日解放西贡，5 月 1 日，解放整个越南南方，彻底摧毁南越伪政权。至此，越南人民坚持十四年之久的抗美救国战争胜利结束。

课后练习

什么叫“冷战”，试述美国冷战政策的表现。

第十九章　社会主义国家的改革

> **导读**：20世纪50年代初到60年代中期，以探索发展和完善社会主义道路的改革开始在苏联和东欧各国兴起。改革虽多有失误，效果也不明显，但为70年代的改革的深化创造了条件。

一、苏联的改革进程

1. 战后初期苏联经济的恢复与体制问题

苏联在第二次世界大战中经历了严酷的考验，军事实力和国际威望空前提高。但四年多的战争消耗，损失了整个国民财富的1/3。为迅速医治战争创伤，恢复国民经济，联共（布）中央和苏联政府采取了一系列措施，及时把工作重点从战争转向和平建设。到1950年，苏联的工业建设在重工业和军事工业领域取得令人瞩目的进展。1953年3月5日，赫鲁晓夫上台，在1956年2月的苏共二十大上，赫鲁晓夫作的中央工作报告提出了关于国内外形势和党的路线、方针、政策的一些新观点。

政治改革：平反冤假错案，对30年代以来的政治性案件作了全面的重新审查，大部分冤案得到平反，同时释放90%以上尚在押的政治犯，西伯利亚2/3的劳改营被取消。颁布一系列的条例、法规，恢复和加强司法制度，使社会进入有序的轨道。对党和国家的领导体制及其运行机制作一定程度的调整，恢复了党代会和中央全会定期召开的正常制度，地方苏维埃的权限也有所扩大。此外，对各级领导干部（中央最高层除外）的任期和定期更新也作了规定，废除了干部终身制。

经济体制改革：经济体制领域的改革重点放在农业方面。首先，提高农产品的收购价格，取消义务交售制和拖拉机站的实物报酬制，实行统一的农产品采购制度，还放宽了对个人经营副业的限制，扩大了集体农庄的生产自主权。

从总体上看，赫鲁晓夫执政时期在政治体制和经济体制方面的改革是浅层次的，形式的变化远大于内容，它没有突破“斯大林模式”的基本框架，也没有形成系统的改革理论，政策的调整和改革措施的选择带有很大的盲目性和随意性，赫鲁晓夫的个人意志起着重要作用。所以,在赫鲁晓夫执政的后期,随着他本人政策举措的失误、权力集中程度的提高,苏联体制模式所固有的弊端再度凸现,社会政治经济形势又朝着危机的方向发展。

勃列日涅夫上台伊始,政策调整的重点放在加强中央集权、克服地方分散主义、稳定干部队伍上,并把赫鲁晓夫的农业改革推进了一步,使苏联的农业状况有了好转。产量和产值逐年增长,劳动生产率也有所提高。勃列日涅夫的改革存在着保守倾向。

1982 年 11 月接替勃列日涅夫的安德罗波夫对形势的认识比较清楚,认为苏联当前的中心任务是“建立高效率的经济”。按照这一思路,安德罗波夫采取了一些措施以打破僵化的社会机制,推动经济改革。但是,由于安德罗波夫上台时已经身患重病,带病执政 15 个月后即于 1984 年 2 月 9 日逝世,所以未及展开他的改革实践。接替安德罗波夫的是契尔年科,这位上台时已经 73 岁的老人秉承勃列日涅夫时期的保守路线,没有什么新的作为。1985 年 3 月 11 日,戈尔巴乔夫接任苏共中央总书记,苏联历史进入了大变革的新阶段。

戈尔巴乔夫的改革主要体现在以下几个方面:

在社会主义理论上做了一些重大突破;调整领导班子,整顿干部队伍;进行经济改革;提倡公开性,推行体制改革。从 1990 年开始,戈尔巴乔夫改革开始偏离原来的社会主义方向,强调人类的价值高于阶级利益和民族利益,把科学社会主义改变为“人道的民主的社会主义”,从而激化了各种矛盾,造成社会的全面危机,苏联社会陷入动荡之中。

戈尔巴乔夫的改革由于否定共产党的领导、否定社会主义发展道路,因而缺乏正确的理论指导,走向自己改革的尽头,使社会主义发展出现曲折。

二、南斯拉夫“社会主义自治制度”的实践

战后,东欧国家的民族利益与苏联大国利益的冲突首先在南斯拉夫与苏联之间发生。由于南斯拉夫的领导人具有比较强烈的独立自主意识,不愿屈从苏联的指挥和控制,因而招致斯大林的不满,为了防止其他东欧国家也滋长这种独立意识,苏联对南斯拉夫采取严厉的高压措施。面对苏联的压力,以铁托为首的南斯拉夫共产党没有屈服,从 50 年代起,南斯拉夫开始了“社会主义自治制度”的实践。然而,南斯拉夫的“社会主义自治制度”和市场取向的改革,由于缺乏经验和理论认识上的局限,始终没有解决好公有制与市场经济、中央调控与地方分权的关系。不彻底的经济体制改革在南斯拉夫的特定条件下还诱发了地方民族主义。作为战后第一个冲破苏联模式的束缚、展开探索性改革的东欧国家,南斯拉夫虽然没有能够最终走出一条成功的新路,但它在实践中积累的经验和教训为其他社会主义国家的改革提供了借鉴。

三、1956 年匈牙利事件和卡达尔执政时期的改革

在东欧国家中,受苏共二十大影响、政局动荡最为剧烈的是匈牙利。1956 年春,随着

苏联展开对斯大林的批判,匈牙利也兴起了要求民族自主和改革的潮流。3月17日,布达佩斯的一批新闻界、文学艺术界和教育界人士(包括部分党员干部)成立以爱国诗人裴多菲命名的俱乐部,他们组织各种会议,在报刊发表文章,评论时政,批评以拉科西为首的党和政府所推行的照搬苏联模式的路线和政策,要求恢复因提出改革政策而被开除出党的前总理纳吉的职务,在经济和政治领域实行全面改革,但是,拉科西拒不接受党内外的批评,用"反党反人民"的罪名镇压裴多菲俱乐部。10月23日,布达佩斯的大学生首先走上街头,举行示威游行,随即,驻匈苏军的坦克进入布达佩斯。25日,在苏联领导人米高扬和苏斯洛夫直接参与的匈党中央会议上,格罗被迫辞职,卡达尔接任第一书记。这时,事态继续恶化,由于有部分军人和警察加入示威者行列,武器弹药也流入示威者之手,形成了武装群众与苏军及保安部队的对峙,出现了比较严重的流血局面。在此情况下,纳吉政府没有采取有力措施控制局面,而是企图用满足示威者要求的方式缓和局势。10月28日,纳吉政府决定解散原国家保安机关,更改国徽和国庆日,并要求苏军撤出布达佩斯。与此同时,政府还释放了几乎所有在押犯人。这些举措的综合作用下,形势更趋复杂,各种政治势力趁机而起,一些武装暴动者要求国家改变政治制度和脱离苏联阵营,他们把党的机关和共产党人作为攻击对象,布达佩斯市委大楼被占领,市委书记和守卫大楼的保安人员被杀害。10月30日,纳吉宣布结束一党专政,组成多党联合政府,并表示准备就退出华沙条约问题与苏联谈判。纳吉政府的政策取向和匈牙利的局势在苏联和其他社会主义国家的领导层中引起严重不安,为了阻止匈牙利脱离社会主义阵营,并防止匈牙利事态向其他国家蔓延,与阵营各国紧急协商后,苏联决定出兵干预匈牙利。11月1日起,大批苏军开进匈牙利,占领首都布达佩斯和各重要据点,对武装暴动分子和抵抗者进行强力镇压。当天,纳占政府宣布退出华沙条约,并呼吁联合国阻止苏联的入侵。同日,卡达尔宣布解散已瓦解的劳动人民党,成立社会主义工人党,随即离开首都,秘密前往苏联,与纳吉分道扬镳。11月4日,卡达尔在匈牙利东部的索尔诺克通过广播发表《告匈牙利人民书》,宣布成立工农革命政府,并以新政府的名义请求苏军进入,帮助粉碎"反革命势力",恢复秩序。同一天,在苏军进攻下眼看大势已去的纳吉逃入南斯拉夫大使馆避难。11月7日,卡达尔政府迁回布达佩斯,到11月中旬,局势被平定。

在苏联支持下成立的卡达尔政府以稳定局势、恢复秩序为首要任务。为了缓和社会矛盾,减轻十月事件的后遗症,对参与十月动乱的大部分人实行宽容政策。在经济方面,卡达尔政府也采取了宽松政策,修改五年计划,调整轻重工业比例,允许农民退出强制组织的合作社,鼓励农民在自愿基础上搞"第二次合作化",并取消农产品的义务征购,提高收购价格,增加对农业的投资。上述政策使一个本来缺乏社会基础的政权获得了社会的认同,卡达尔的个人威信也有很大提高,此后,卡达尔开始推行渐进的经济体制改革。

四、"布拉格之春"改革

在东欧国家中,捷克斯洛伐克的工业基础比较发达,但由于走上了苏联模式的道路,在高度集中的体制下，经济发展的活力逐步减弱，效益下降。社会的不满情绪滋长，党内外出现要求改革的呼声。但是，当时集党政大权于一身的党中央第一书记、共和国总统诺沃提尼却顽固地坚持保守立场，压制改革，激起了党内外的共愤。在1967年12月至1968年1月召开的捷共中央全会上，经过激烈斗争，诺沃提尼被免除第一书记职务，由原斯洛伐克党的第一书记杜布切克接任。1968年，捷克斯洛伐克共产党中央第一书记杜布切克发起了名为“布拉格之春”的政治体制改革，但在苏联看来，此举有脱离苏联控制的倾向。1968年8月20日深夜，以苏军为主的华沙条约盟军入侵捷克斯洛伐克，迅速占领了其全部领土。

苏联的军事干涉中止了捷克斯洛伐克的改革运动，此后，苏联进一步加强对捷的控制和干预，1969年4月，杜布切克被撤职，由苏联挑选的胡萨克出任捷共中央第一书记，曾积极参与和支持改革以及反对苏军占领的党内外人士均遭到清洗和迫害。但是，“布拉格之春”所激发的改革意识和民族自主意识并没有泯灭，在政治高压下它潜行于人民群众的心底，并积聚起更强的能量，等待着爆发的时机。

课后练习

1. 赫鲁晓夫改革中的农业措施有哪些？
2. “布拉格之春”的出现和中断说明了什么？

第二十章　第三世界的崛起

导读：第二次世界大战后，亚洲、非洲、拉丁美洲地区出现了民族解放运动的高潮，许多国家摆脱了殖民主义枷锁，获得了独立。第三世界国家在国际事务中发挥了越来越重要的作用。

一、战后亚非拉的民族解放运动

二战不仅摧毁了阻碍现代文明发展的极端反动势力—法西斯，而且重创了早期资本主义体系的支柱——英、法等殖民帝国，原来的殖民体系土崩瓦解，殖民地半殖民地的民族解放运动在二战后蓬勃兴起。

在亚洲，除中、朝、越等国走上社会主义发展道路外，其他国家也先后获得了民族独立。比较有代表性的事件是印度尼西亚的独立、印巴分治和独立等。

第二次世界大战后，非洲国家的民族解放运动蓬勃发展。20 世纪 50 年代和 60 年代末，包括阿尔及利亚在内的 37 个非洲国家获得独立。其中仅 1960 年就有 17 个国家取得了独立，这一年作为“非洲独立年”而载入史册。

进入 70 年代，葡萄牙殖民体系在非洲人民长期武装斗争的打击下瓦解，非洲又有一些国家独立。80－90 年代，是帝国主义殖民体系最终崩溃期。1990 年，非洲西南部的纳米比亚独立，标志着欧洲殖民者入侵和奴役非洲长达 500 年历史的结束。1994 年南非第一次举行各个种族都参加的全国大选，非洲国民大会主席曼德拉当选为南非历史上第一位黑人总统，南非历史揭开了崭新的一页。

在拉丁美洲，古巴人民在卡斯特罗的领导下推翻了美国支持的独裁政府，于 1959 年取得革命的胜利，走上了社会主义道路。巴拿马人民掀起了收回运河区主权的斗争。1977 年巴美签署了关于巴拿马运河的新约。1999 年底，巴拿马收回了被美国霸占的运河区的主权和管辖权。

二、亚非会议

随着亚非民族独立国家的纷纷建立，亚非国家之间出现了联合反帝、反殖的新局面。

1955 年,在印度尼西亚的万隆召开了第一次亚非会议,这是亚非国家历史上第一次在没有西方殖民国家参加下自行召开的会议,共有 29 个亚非国家和地区的代表参加。亚非会议排除了美国和西方殖民国家的阻挠和破坏,在中国和大多数国家代表团的努力下,取得了成功。

三、不结盟运动

不结盟运动兴起于 50 年代后半期,它是亚非会议的继续和发展。当时,美苏两大军事集团对峙加剧,对亚非拉广大的中间地带争夺激烈。而广大民族独立国家不愿听任大国的摆布和控制,主张在国际交往中不卷入大国军事集团之间的冲突,走团结合作、反对帝国主义和殖民主义、和平中立和不结盟道路。1961 年第一次不结盟国家元首和政府首脑会议在南斯拉夫首都贝尔格莱德举行,参加会议的有 25 个国家,不结盟运动正式形成。不结盟运动的兴起,标志着第三世界的崛起和作为一支独立的政治力量登上历史舞台。

随着不结盟运动的不断发展,不结盟运动的斗争矛头由最初指向新殖民主义,转向实行霸权主义的超级大国;斗争的领域从政治领域逐渐扩大和深入到经济领域,并为争取建立国际经济新秩序而努力。

四、南南合作

南南合作是发展中国家之间建立在平等、自愿、互利、互助的基础之上的,以建立国际经济新秩序为主要内容的合作。

1955 年的亚非会议揭开了南南合作的序幕。进入 60 年代,随着不结盟运动的形成和七十七国集团的成立,南方国家开始整体性的合作,兴起了拉美自由贸易协会、东非经济共同体、东南亚国家联盟、非洲统一组织等许多区域性经济和政治组织。

进入 70 年代,南南合作有了迅速发展,并取得突出成就。石油输出国组织的作用明显加强。它以石油为武器,通过采取集体行动,同发达国家进行斗争。1974 年联合国大会第六届特别会议通过了由七十七国集团起草的建立国际经济新秩序的宣言,要求提高第三世界国家在世界经济中的地位,加速国民经济的发展。

80 年代后,南南合作地区一体化趋势加强。不结盟运动和七十七国集团继续在国际事务中发挥积极作用;东南亚国家联盟发展壮大;非洲经济一体化和拉美地区经济一体化开始起步。南南合作的领域更加广泛,政治问题、禁毒问题、环境问题等成为合作的新领域。

南南合作促进了发展中国家国民经济的发展,对于改革不公平不合理的国际经济关系、建立国际经济新秩序有重要意义。

课后练习

1. 什么是不结盟运动?

2. 南南合作是怎么回事?

第二十一章　国际格局的变化

导读：1945年成立的联合国，在维护世界和平、促进国际合作方面起了积极作用。50年代后期起，美苏两国竭力在国际范围内扩展自己的势力，称霸世界，造成国际局势动荡不安。发展中国家为建立公平合理的国际经济秩序，同工业发达国家开展对话，使得发达国家做出了一些有利于发展中国家的让步。东欧剧变和苏联解体后，世界形势发生新的变化，地区冲突加剧。两极格局终结后，世界多极化趋势明显。

一、联合国

1945年春，中、美、苏、英等50多个国家代表在美国旧金山筹划建立联合国。10月《联合国宪章》正式生效，联合国成立。联合国总部设在美国纽约，主要机构有联合国大会、安全理事会、秘书处等等。联合国的宗旨是：维护世界和平及安全，促进国际合作，协调各国行动。为此，《联合国宪章》规定了各会员国必须遵守的原则，如主权平等，互不侵犯，互不干涉内政，和平共处等。

联合国成立初期，一度被美国控制和操纵，美国把它当作称霸的工具。20世纪60年代末70年代初，越来越多的第三世界国家加入联合国。1971年在第三世界的共同努力下，中华人民共和国在联合国的合法席位得到恢复。

二、美苏争霸

苏联领导人赫鲁晓夫执政后，谋求在实力落后于美国的情况下，与美国平起平坐，共同称霸世界。50年代后期，美苏争霸格局逐渐形成，当时的战略优势在美国一方。

1962年，美国发现苏联在古巴秘密建立导弹发射场，肯尼迪总统当即下令封锁古巴，并对苏联施加压力，苏联被迫撤走导弹。这一事件证明美国在争霸具有战略优势。

60年代中期勃列日涅夫上台，加紧发展军事力量，对外扩张野心不断膨胀，在美苏争霸中处于攻势。而同时期的美国，经济发展缓慢，又陷于侵越战争中不能自拔，不得不在美苏争霸中处于守势。1969 年尼克松上台,对美国的全球战略进行重大调整,从战略进攻转为战略防御。

80 年代初里根就任美国总统后,对苏联采取强硬措施,提出了"战略防御计划",即所谓"星球大战"计划,打算在新的一轮军备竞争中拖垮苏联。而苏联由于全球扩张带来的负担和自身面临的经济困难,丧失了对外扩张的猛烈势头。戈尔巴乔夫上台后,把放弃美苏对抗、谋求美苏合作的"伙伴关系"作为外交工作的重心。苏联开始裁减军备,以摆脱力不从心的军备竞赛;停止在亚非拉地区的扩张,采取了从阿富汗撤军、同中国实现关系正常化的措施,并放松了对东欧等地区的扩张。

三、南北对话

第二次世界大战后,亚非拉地区的许多国家摆脱殖民统治,获得了独立。但他们的民族经济仍受到发达资本主义国家的控制和剥削,在商品贸易中处于极为不利的地位。为冲破旧的国际经济格局,建立新的公平合理的国际经济秩序,广大发展中国家同发达国家展开了斗争。这场斗争被称作"南北对话","对话"的具体形式是经济谈判,在这场斗争中,西欧、日本对发展中国家让步较大。

南北对话使得一些发达资本主义国家做出了有利于发展中国家的让步,但并没有从根本上改变南北之间经济不平等的关系。

四、东欧剧变和苏联解体

1989 年下半年起,东欧各国风云突变,执政 40 多年的共产党纷纷丧失政权,社会制度发生剧变。

东欧剧变首先是从波兰和匈牙利开始的,随后民主德国、捷克斯洛伐克、保加利亚、罗马尼亚的政局也发生突变。在其后几年里,民主德国同联邦德国合并;南斯拉夫联盟解体;阿尔巴尼亚劳动党失去政权;捷克和斯洛伐克分离。这些国家的国名随之改变,去掉了其中的"社会主义"和"人民"等字,共产党也纷纷改称"社会党"等。

东欧剧变的主要原因是:东欧各国共产党群众基础薄弱,自身建设问题没有得到解决;经济体制僵化,经济状况恶化,人民对社会主义失去信心;苏联对东欧的控制减弱,对各国政局的变化采取支持、纵容态度;西方国家对东欧国家诱压兼施,促使它们向资本主义和平演变。

在东欧剧变的前后,苏联的社会动荡也十分剧烈。戈尔巴乔夫就任总书记后,宣扬要以"人道的、民主的社会主义",用以取代科学社会主义,提倡所谓"民主化"和"公平性",造成各种社会思潮在苏联泛滥,苏联内部出现了分裂。1990 年,立陶宛、爱沙尼亚、拉脱维亚三个加盟共和国宣布脱离苏联独立,其他的加盟共和国也相继发表主权宣言。1991 年 12 月,俄罗斯、乌克兰、白俄罗斯在明斯克宣布建立"独立国家联合体",并宣布苏联停止存在。不久,俄罗斯等 11 个国家领导人签署《阿拉木图宣言》,独联体扩大到苏联绝大部分加盟共和国,苏联完全解体。

五、世界格局的多极化趋势

随着东欧剧变和苏联解体,以美苏两大军事集团对峙为特征的两极格局结束了,世界形势出现了新的变化。世界上出现了地区冲突和民族冲突此起彼伏的局面。如 1991 年的海湾战争,前南斯拉夫地区出现了战争和冲突,其激烈程度为欧洲战后 50 年所罕见。

两极格局解体后,美国成为当今世界唯一的超级大国,但其经济实力相对衰落,对世界事务的影响力和控制力也相对削弱,未来世界不会成为美国的"一言堂"。日本、西欧各国经济力量上升,使得多极化的趋势加强。世界正在迅速走向多极化的新格局,而世界格局的多极化,有利于世界的安全与稳定。

课后练习

1. 联合国的宗旨是什么？它的主要机构有哪些？
2. 苏联解体的原因和教训是什么？

第二十二章 现代文化

导读：从20世纪四五十年代开始，出现了以原子能、电子计算机、航天技术为代表的一系列高新技术，标志着当代科技革命拉开了帷幕。现代文学艺术更呈现出多元化的特点。

一、现代科学技术革命

到了现代，科学技术的发展比任何时期都加快了速度。现代60多年所取得的成就比以前人类取得的全部成就还要大许多倍。这个时代科学技术发展的主要特点是：发展速度大大加快，新发现新发明层出不穷，可谓日新月异。几乎所有的科技领域都有大的突破，并开辟了不少新的领域和门类，科技中心转移。近代世界科技中心在西欧，多数时间英国最为重要；从20世纪初到30年代，中心是德国；30年代德国法西斯上台并发动侵略战争后，世界科技中心转到了美国；同时西欧、苏联、日本、中国等科学技术有了很大或较大的发展。科学上的新发现及时应用于生产，特别是20世纪40－50年代开始出现的原子能技术、航天技术、电子计算机的应用，以及人工合成材料、分子生物学和遗传工程等高新技术，形成了“第三次科技革命”。这场革命迅速地改变着人们的物质生活和精神生活。在地球上相当大的领域内，人们的衣食住行等，与几十年前已大不相同了。但各国各地区科学技术的发展很不平衡，从先进到落后还存在很多、很大的反差，一些不发达国家还很贫穷，因此当代科技革命是一场决定一个国家前进还是落后的严峻挑战。

科学家们对原子的研究，到现代发生了新的飞跃，19世纪末20世纪初，人类发现了原子核里蕴藏着巨大的能量——原子能，又称为核能，这是人类历史上划时代的重要成就。

凡适用于制造武器的最新、最高超的科学技术首先用于制造武器，但随后也会应用于生产。近30年来，利用原子能的生产、生活的事业发展也很快。1949年，苏联建成第一座原子能发电站。1954年，苏联建成第一座核电站。核能除作为能源外，还可用作其他能源与医疗事业。

电子计算机是电子技术和计算能力结合发展的产物。电子计算机具有非凡的功能：非凡的计算能力，这为科学研究方式带来了变革；进行数据处理，应用于各个领域的管理；实行过程管理，用计算机实现生产过程自动化。电子计算机是现代信息技术的核心，它的迅速发展和广泛应用，使信息技术发生了质的飞跃，电子计算机的新技术革命中具有划时代的意义。

二次世界大战后，现代火箭技术和导弹技术的完善为航天技术的发展奠定了基础，使人类实现了遨游太空的夙愿。

二、现代文学艺术

十月革命后，苏联诞生了社会主义现实主义文学。俄国十月革命过程中和苏联建立后，涌现了一大批富有才华的无产阶级文艺巨人，在世界文学史上树立了一座崭新的丰碑。高尔基是苏联无产阶级文学的奠基人，他的小说《母亲》反映了无产阶级革命斗争的风暴。著名诗人马雅可夫斯基的代表作《列宁》，生动体现了列宁的思想。富尔曼诺夫写出了小说《恰巴耶夫》，塑造了国内战争时期恰巴耶夫这位作战勇敢、与广大农民血肉相连的传奇式英雄形象。法捷耶夫的代表作《青年近卫军》，塑造了在苏维埃政权领导下的中学生的崇高爱国主义精神和为人民献身的光辉业绩。肖洛霍夫的《静静的顿河》获诺贝尔文学奖。奥斯特洛夫斯基不仅是一位优秀的作家，而且是一位伟大的共产主义战士。

与文学创作携手并进的还有苏联的电影事业。大量名著被改编为剧本搬上银幕，如《母亲》、《列宁在一九一八》、《伟大的公民》等，这些电影当时曾获得广大观众的喜爱。

现代亚非各国民族民主革命运动的高涨，在文学上有广泛、深刻的反映。虽然亚非各国的文学各有特色，各国的发展水平也不平衡，但反帝反封建是占压倒优势的主题。非洲国家文学的崛起，是现代世界文学发展的一个新特色。现代印度仍然是一个殖民地和半殖民地的国家，这给文学的发展打上了深深的烙印。印度作家、诗人泰戈尔以他充满人道主义精神、情感真挚、语言优美的作品博得了全世界的赞誉。

现代西方世界的文学有不少流派，其中影响较大并有进步倾向的是“批判现实主义派”。德国的代表是布莱希特，其代表作为《卡拉尔大娘的枪》，作品讲述了西班牙内战中一名渔家妇女在思想上从中立到革命的转变。法国作家罗曼·罗兰的代表作《约翰·克里斯多夫》，以贝多芬为原型，描写了这位平民出身的德国音乐家的一生。英国批判现实主义作家首推萧伯纳，代表作《伤心之家》，描写了英国上层社会精神空虚、道德沦丧的一家。高尔斯华绥的名著《福尔赛世家》，描写了一个具有典型意义的资产阶级家族几代人的生活，全面反映了英国的社会生活，展示了英国资产阶级的兴衰过程。美国作家德莱赛的代表作《美国的悲剧》，通过主人公克莱德的爱情纠葛与犯罪经过，深刻地揭示出造成克莱德之死的罪魁祸首就是丑恶的美国社会。

在现代西方的艺术领域里,发展最快、最突出的是电影。美国加利福尼亚州洛杉矶城郊的好莱坞成为厂家集中的电影之城,随之出现了许多著名的编剧、导演和演员。其中特别杰出的是美国现实主义电影艺术家卓别林,他自编、自导、自演并自己发行了许多电影,其传世之作是《城市之光》和《大独裁者》等。

西方现代艺术发展的另一方面是绘画。19 世纪末,出现了一些新的画派,如印象派、未来派、抽象派、立体派等。其中西班牙现代主义画家毕加索,是现代最为著名的绘画大师。

课后练习

1. 第三次科技革命的主要特点是什么?

2. 20 世纪上半期,苏联文学艺术取得了哪些成就?

传统文化与人文地理

第一章　天文历法

导读：《周易》说："观乎天文，以察时变。"中国是世界上天文学发展最早的国家之一，早在商代，甲骨文中已有火、鸟等星名。到周代，《诗经》中更有火、箕、斗、定、昴、参、毕、牛、女等星名。到战国时，有楚人甘德著的《天文星经》，魏人石申著的《天文》（后合为《甘石星经》，为宋朝人所辑录），记录了800个恒星的名字，其中测定了121颗恒星的方位，是我国最早研究天文学的著作，也是世界上最早的恒星表。而古人观测天象的目的，主要是为了掌握时序季节的变化规律，制定历法，更好地为农业生产服务，所谓："审天者查列星而知四时，推历者视月行而定晦朔。"（《吕氏春秋·贵因篇》）因此，古代天文学又与历法紧密相连，甚至历法就是天文学的核心。正因为古代天文学与历法及农业生产密切相关，所以古代天文学知识的普及程度也相当高。

一、天文

（一）何为天文？

《说文》云："文，错画也。象交文"，又说"仰则观象于天"。高诱注《淮南子·天文训》说："文者象也。天先垂文象日月五星及彗学，皆谓以谴告一人。故曰天文。"王逸注《楚辞》："象"字云"法也"。《易·系辞》："天垂象见吉凶，圣人责之。"可见，天文就是天象，就是天法，就是日月星辰在天幕呈现的有规律的运动形式。它不以人的意志为转移，反而影响着支配着人类的各种活动。正因为这样，远古的人就视其为神圣，把天象看成是上帝、上天给人的吉凶预兆，敬若神明。历代君王重视天文，因为它是上天意旨的体现，它直接关系着人类的生产、生活，影响帝王统治权力的基础。

我国是世界上最早进入农耕生活的国家之一，农业生产要求有准确的农事季节，所以古人观测天象非常精勤，这就促进了古代天文知识的发展。

传说在远古时代，燧人氏就曾"观星辰而察五行"，开始了对金、木、水、火、土五大行星的初步观测。

《尚书·尧典》："乃命羲和，钦若（敬顺）昊天（上帝），历象（推算）日月星辰，敬授人时。”

商代，甲骨文中已有五次日食纪录，月食纪录也不少，并且还出现了世界上最早的新星纪录。

到周代，已有关于彗星的记录。据《竹书纪年》记载，周昭王十九年（公元前1034年），“有星孛于紫微”，据《公羊传》解释，“孛”即彗星。可见我国记录彗星之早。

目前世界上公认的关于哈雷彗星的最早记录是我国史书《春秋》上的记载，据该书（鲁）文公十四年记载：“秋七月，有星孛入于北斗。”

世界上最早关于太阳黑子的记录是在我国西汉时期，据《汉书，五行志》载：汉成帝河平元年（公元前28年），“三月己未，日出黄，有黑气大如线，居日中央。”这是目前世界上公认的最早的太阳黑子记录。

古人的天文知识也相当普及。明末清初的学者顾炎武说：“三代以上，人人皆知天文。‘七月流火’，农夫之辞也；‘三星在户’，妇人之语也；‘月离于毕’，戍卒之作也；‘龙尾伏辰’，儿童之谣也。后世文人学士，有问之而茫然不知者矣。”

（二）天文名词知识

1. 二十八宿、四象

古人观测日月五星的运行是以恒星为背景的，这是因为古人觉得恒星相互间的位置恒久不变，可以利用它们做标志来说明日月五星运行所到的位置。经过长期的观测，古人先后选择了黄道、赤道附近的二十八个星宿作为“坐标”，称为二十八宿，亦称“二十八舍”或“二十八星”。所谓“宿”即星宿，是天上某些星的集合体，二十八宿即二十八个星区，实际上是把赤道附近的一周天，由西而东地分成二十八个不等分的星座。早在公元前五世纪时，二十八宿的体系已经形成。二十八宿按方位分为四组，自西而东依次是：

东方苍龙七宿：角亢氐房心尾箕；

北方玄武七宿：斗牛女虚危室壁；

西方白虎七宿：奎娄胃昴毕觜参；

南方朱雀七宿：井鬼柳星张翼轸。

东方苍龙、北方玄武（龟蛇合体）、西方白虎、南方朱雀，这是古人把每一方的七宿联系起来想象成的四种动物形象，叫作四象。

以东方苍龙为例，从角宿到箕宿看成是一条龙，角像龙角，氐房像龙身，尾宿即龙尾。再以南方朱雀为例，从井宿到轸宿可以看成是一只鸟，柳为鸟嘴，星为鸟颈，张为嗉，翼为羽翮。这和外国古代把某些星座想象成为某些动物的形象（如大熊、狮子、天蝎等）很相类似。

古人对于二十八宿是很熟悉的，有些星宿由于星象特殊，引人注目，成了古典诗歌描述的对象。《诗经》“维南有箕，不可以簸扬；维北有斗，不可以挹酒浆”，这是指箕宿和斗宿说的。箕斗二宿同出现于南方天空时,箕宿在南,斗宿在北。将箕宿四星联系起来想象成为簸箕形,将斗宿六星联系起来想象成为古代舀酒的斗形。《诗经》"三星在天"、"三星在隅"、"三星在户",则是指参宿而言,因为参宿有耀目的三星连成一线。至于乐府诗里所说的"青龙对道隅",道指黄道,青龙则指整个苍龙七宿了。

因此后世把兄弟不和睦比喻为参辰或参商。又因为参宿居于西方,心宿居于东方,出没两不相见,所以后世把亲朋久别不能重逢也比喻为参辰或参商。杜甫《赠卫八处士》所说的"人生不相见,动如参与商",就是这个意思。

2. 三垣、七政

除二十八宿星空区域划分外,古人还把在地球上看到的环绕北极和接近头顶上空的恒星分为三个大区,叫作"三垣",即紫微垣、太微垣、天市垣。紫微垣位于北极之北、太微垣与天市垣之间,是三垣的中垣,也叫"紫宫垣",简称"紫垣";又叫作"紫微宫",简称"紫宫",共有三十七个星座。太微垣位于北斗之南,翼、轸、角、亢四宿之北,是三垣的上垣,共有二十个星座。天市垣在房、心、尾、箕四宿之北,紫微垣的东南,是三垣的下垣,共有十九个星座。

我国古代又把日月和金木水火土五星合起来称为七政或七曜。金木水火土五星是古人实际观测到的五个行星,它们又合起来称为五纬。《尚书·舜典》:"在璿(璇)玑玉衡,以齐七政。"孔安国传:"七政,日月五星。"

金星古曰明星,又名太白,因为它光色银白,亮度特强。《诗经》"子兴视夜,明星有烂","昏以为期,明星煌煌",都是指金星说的。金星黎明见于东方叫启明,黄昏见于西方叫长庚,所以《尔雅·释天》:"明星谓之启明", 又《诗经·小雅·大东》:"东有启明,西有长庚"。木星古名岁星,简称为岁。古人认为岁星十二年绕天一周,每年行经一个特定的星空区域,并据以纪年。水星一名辰星,火星古名荧惑,土星古名镇星或填星。值得注意的是,先秦文献中谈到天象时所说的"水"与"火"并不是指行星中的水星和火星,而是指恒星中的定星和大火。《左传·庄公二十九年》"水昏正而栽"和《诗经》"七月流火",就是例子。

3. 北斗

北斗是由天枢、天璇、天玑、天权、玉衡、开阳、摇光七星组成的,古人把这七星联系起来想象成为古代舀酒的斗形。天枢、天璇、天玑、天权组成为斗身,古曰魁;玉衡、开阳、摇光组成为斗柄,古曰杓。北斗七星属于大熊座。

古人很重视北斗,因为可以利用它来辨方向,定季节。把天璇、天枢连成直线并延长约五倍的距离,就可以找到北极星,而北极星是北方的标志。北斗星在不同的季节和夜晚不同的时间,出现于天空不同的方位,人们看起来它在围绕着北极星转动,所以古人又根据初昏时斗柄所指的方向来决定季节:斗柄指东,天下皆春;斗柄指南,天下皆夏;斗柄指西,天下皆秋;斗柄指北,天下皆冬。

4. 十二次与分野

古人为了说明日月五星的运行和节气的变换，把黄道附近一周天按照由西向东的方向分为星纪、玄枵等十二个等份，叫作十二次。十二次的创立当在殷末周初，其名称由西往东，依次是：星纪、玄枵(xiāo)、娵訾(zōu zī)、降娄、大梁、实沈、鹑首、鹑火、鹑尾、寿星、大火、析木。每次都有二十八宿中的某些星宿作为标志，例如星纪有斗牛两宿，玄枵有女虚危三宿，余皆仿此。

外国古代把黄道南北各八度以内的空间叫作黄道带，认为这是日月和行星运行所经过的处所。他们也按照由西向东的方向把黄道带分为白羊、金牛等十二个等份，叫作黄道十二宫。其用意和我国古代的十二次相同，但起讫界限稍有差异。

我国古代创立的十二次主要有两种用途：第一，用来指示一年四季太阳所在的位置，以说明节气的变换，例如说太阳在星纪中交冬至，在玄枵中交大寒，等等。第二，用来说明岁星每年运行所到的位置，并据以纪年，例如说某年"岁在星纪"，次年"岁在玄枵"，等等。

我国古代天文学家把天上的星宿与地面上的地区相配合，这叫作"分野"。《史记·天官书》说："天则有列宿，地则有州域"，又说："二十八舍主十二州，斗秉兼之，所从来久矣。"可见古人是把天上的星宿和地上的州域联系起来看的。在春秋战国时代，人们根据地上的区域来划分天上的星宿，把天上的星宿分别指配于地上的州国，使它们互相对应，说某星是某国的分星，某某星宿是某某州国的分野，这种看法，便是所谓分野的观念。

古人所以建立星宿的分野，主要是为了观察所谓"祥"的天象，以占卜地上所配州国的吉凶。

二、历法

天文学为人类提供了三个计量时间的自然单位——年、月和日。这里的年指回归年(365.2422日)，是季节变化的周期；月指朔望月(29.5306日)，是月相盈亏的周期；日指太阳日(严格地说是平太阳日)，是昼夜交替的周期。三者之中，日是历法的基本单位，必须保持完整，不被分割。因此，历年不同于回归年，历月不同于朔望月。所谓历法，就是如何方便地协调这三种时间单位的方法，即安排年、月、日的法则。作为记载历史和预告未来的记录手段，历法在文明时代伊始就被人们所使用。

(一)观象授时和历法起源

历法首先是为农业生产服务的。古人曾经不得不采用观象授时的办法，来预告农事进程。在这里，授时是指定季节；观象授时就是观测自然现象来判断农事季节。

最原始的观象授时是地象授时，即观察地面物象来判定季节。"野人无历日，鸟啼知四时"。春天闻布谷鸟叫，该是插秧的季节；秋天见野菊花开放，就该种麦。然而，草木鸟兽的季节性活动，并没有准确的时间。后来，地象授时遂由天象授时所取代。

星空有规律地因季节而变化。这种变化比地面物象的变化要准确得多。所谓天象授时，就是观察天空现象来判断农事季节。它的方法有斗柄授时、中星授时和晷影授时。

北斗七星是北天最容易辨认的一组亮星。所谓斗柄授时，就是根据它的斗柄三星在初昏时所指的方向来确定季节。汉代《鹖冠子》一书明确地记载了古人斗柄授时的法则："斗柄东指，天卜皆春；斗柄南指，天下皆夏；斗柄西指，天下皆秋；斗柄北指，天下皆冬。"

中星授时是根据初昏时的中天星宿，来确定春夏秋冬四季。《诗经》载："七月流火，九月授衣"——火指"大火"是天蝎座主星心宿二（不是九大行星中的火星），黄昏时，如"大火"已过中天，标志着新秋到来。《尚书·尧典》中明确记载："日中星鸟，以殷仲春；日永星火，以正仲夏；宵中星虚，以殷仲秋；日短星昂，以正仲冬"。在这里，"日中"和"宵中"是指昼夜等长，"日永"和"日短"分别指昼最长和昼最短；鸟、火、虚、昴是指各季节黄昏中天的星宿。这话的意思是，昼夜等长和鸟星昏中，是仲春到来的标志；白昼最长和大火昏中，是仲夏到来的标志，其余类推。根据这个法则，只要在黄昏时察看一下中天的星宿，便能确定当时的季节。测定中星比判断斗柄指向更准确可靠。

晷影授时就是用日晷测定正午日影长度来定季节。为了观测日、月的变化，古人作过许多努力，后来便确立了利用圭表。所谓"表"就是直立于地面的杆子或柱子，"圭"则是按南北方向平放于地面的尺子，二者垂直，日光照表，投影于圭。当太阳走到北方且位置最高时，杆影最短，即为日北至，即"夏至"，相反，杆影最长时，即为日南至，即"冬至"。两个"冬至"之间的时间就是一个回归年。测定回归年的长度后，人们就有条件制定科学的历法。

历法，实际上就是观象授时的经验总结。

（二）历法分类：阴历、阴阳历、阳历

古代历法总是要同时考虑朔望月和回归年这两个天文周期。所以，它有历月和历年两个侧面：根据朔望月安排历月，又根据回归年安排历年。历法问题的复杂性，全在于自归年和朔望月这两个周期都太零碎，且彼此不能通约。它们同太阳日之间的关系，不像米与分米、厘米之间的关系那样简单。因此，历日制度在朔望月和回归年之间，即在历月和历年之间，总是顾此失彼，必然有所侧重。由于这个原因，世界上的历法主要有三种：

一是"太阳历"（简称"阳历"）。它以太阳运动作为天文依据，采用的基本周期是回归年，即地球绕太阳一周为一年。历史上古埃及历和现行的公历都属于这种历法。

二是"太阴历"（简称"阴历"）。它以月亮运动作为天文依据，采用朔望月作为基本周期。所谓朔望月就是月亮绕地球一周的时间，它和太阳运动没有关系。阴历是世界各民族和国家最早使用的一种原始历法，现在阿拉伯国家中实行的"伊斯兰历"中有一种"太阴年"制度就属于这一类。

三是“阴阳历”。它同时考虑太阳和月亮的运动，把回归年和朔望月同时作为制历的基本周期。我国古代直到现在都还在使用的农历，就是这种历法。比较起来，原始的历法是阴历；历史上曾一度占优势的是阴阳历；当前世界通行的是阳历。

我国使用阴阳历至少已有四千多年的历史。据《汉书·艺文志》记载，早在秦汉以前，我国就有了黄帝历、颛顼历、夏历、殷历、周历和鲁历等六种历法。以后每个朝代都屡次变革，直至清末，先后制定过的阴阳历就有上百种之多。1912年以后，我国开始使用阳历，但广大农村为了农业生产的方便，仍然使用阴阳历。我国的阴阳历虽然一般称夏历或农历。但是，这两个名称都不能确切地表示我国传统使用的阴阳历的含义和性质。

阴阳历的平年为12个月，有六个大月和六个小月；大月各30天，小月各29天，全年共354天，比一个回归年少11.25天。阴阳历既要把月相变化一周作为一个月，又要使一年的平均长度等于太阳运行周期，还要保持名义上一年十二个月的习惯，因而采取设置“闰月”的办法，最后确定在19个阴历年（228个朔望月）中，安插7个闰月，以使阴阳历的平均历年接近回归年。这就是我国最早应用的“十九年七闰”法。

（三）现存的我国古代主要历法

1. 夏小正。夏代的历法是中国现存最早的历法，当时已经依据北斗星斗柄所指的方位来确定月份。保存在《大戴礼记》中的《夏小正》，就是现存的有关“夏历”的重要文献，是中国最早的天文历法著作。这一伟大贡献是在洛阳完成的。

《夏小正》按夏代十二个月的顺序，分别记述每个月的星象、气象、物象以及所应从事的农事和政事。其星象包括昏中星（黄昏时南方天空所见的恒星）、旦中星（黎明时南方天空所见的恒星）、晨见夕伏的恒星、北斗的斗柄指向、河汉（银河）的位置以及太阳在星空中所处的位置等等。

2. 太初历。西汉武帝时天文学家制定出了中国第一部较完整的汉族历书“太初历”，也是当时世界上最先进的历法。其法规定一回归年为一年，一朔望月为一月，所以又称八十一分律历。以夏历的正月为岁首。三统历第一次把二十四节气编入历法，以没有中气的月份为闰月。它还首次记录了五星运行的周期。太初历共使用了188年。

3. 四分历，亦称“后汉四分历”。东汉章帝元和二年（公元85年）开始实施的历法。编欣、李梵等创制。因为当时所用的太初历（八十一分法）比四分历斗分更大，可见疏阔，经使用一百八十几年与天象已明显不符，又由编欣、李梵等编订新历，恢复古法。取汉文帝后元三年庚申岁为历元，上距鲁哀公十四年孔子获麟320年。这就是“后汉四分历”。其数据均比太初历准确。《后汉书·律历志中》：“四分历本起图谶，最得其正。”规定一年（回归年）为365 1/4日，一月（朔望月）为29 499 1/940日，19个太阴年插入7个闰月，因岁余为四分之一日。四分历是以365又1/4日为回归年长度调整年、月、日周期的中国古代历法。冬至起于牵牛初度，则1/4日记在斗宿末，为斗分，是回归年长度的小数，正好把一日四分，所以古称“四分历”。战国至汉初，普遍实行四分历。“四分历”的创制和运用，集中体现了古代中国劳动人民的聪明才智和天文历法水平，在世界范围内具有非常宝贵的价值。

4. 大衍历。唐朝时天文学家僧一行制订的《大衍历》，较为准确地反映了太阳运行的规律，同时他还是世界上用科学方法实测地球子午长度的创始人。

5. 十二气历。十二气历是北宋科学家沈括创制的一种与现今阳历相似的历法。我国传统的历法有两大缺点：一是以 12 个月配春夏秋冬四季，一季 3 个月，有闰月则一季为 4 个月，太不整齐。二是春分、夏至、秋分、冬至等节气，在一年中的位置前后游移达一个月，一般人无法掌握。针对上述情况，沈括提出的新的历法“十二气历”：实行阳历，不用闰月；不以月亮的朔望定月，而参照节气定月。把一年分为 12 个月，一年的第一天为立春。十二气历的原理和现今的阳历是一样的。十二气历既可以和天文实际较好地吻合，又便利了农时的掌握和安排，因此是一种很有科学价值和实用意义的历法。但是，十二气历遭到封建势力的诋毁，并未行用。

6. 授时历。元朝的天文学家、数学家、水利专家和仪器制造专家郭守敬和其他几位科学家，于 1276 年修订历法，经 4 年时间制订出授时历，通行 360 多年，是当时世界上最先进的一种历法，也是我国古代最先进、施行最久的历法。为了编历，他创制和改进了简仪、高表、候极仪、浑天象、仰仪、立运仪、景符、窥几等十几件天文仪器仪表；还在全国各地设立二十七个观测站，进行了大规模的“四海测量”。这部历法，反映了当时我国天文历法的新水平。它有不少革新创造，例如，规定一回归年为 365.2425 日，比地球绕太阳公转一周的实际时间，仅差 26 秒，和现代世界通用的公历完全相同。1981 年，为纪念郭守敬诞辰 750 周年，国际天文学会以他的名字为月球上的一座环形山命名。

（四）古代记录时间的方法

1. 古代的纪日法

干支纪日

我国古代用干支纪日，也用干支纪年、月和时。现在先叙述干支纪日。

何谓干支？干支又名甲子，古书相传，甲子是由黄帝时代的一位名叫大挠的大臣最先创造。“干”，古人又叫天干。即甲、乙、丙、丁、戊、己、庚、辛、壬、癸。“支”，古人又叫地支，即子、丑、寅、卯、辰、巳、午、未、申、酉、戌、亥。

干支纪日，即以十干和十二支依次组合为六十个单位，称之为六十甲子，或六十花甲子。每一天用一对干支表示，逐日进行纪录，六十日之后再重复组合，兹将六十甲子的组合列成一表如下：

六十甲子组合表

甲	乙	丙	丁	戊	己	庚	辛	壬	癸
甲子	乙丑	丙寅	丁卯	戊辰	己巳	庚午	辛未	壬申	癸酉
甲戌	乙亥	丙子	丁丑	戊寅	己卯	庚辰	辛巳	壬午	癸未
甲申	乙酉	丙戌	丁亥	戊子	己丑	庚寅	辛卯	壬辰	癸巳
甲午	乙未	丙申	丁酉	戊戌	己亥	庚子	辛丑	壬寅	癸卯
甲辰	乙巳	丙午	丁未	戊申	己酉	庚戌	辛亥	壬子	癸丑
甲寅	乙卯	丙辰	丁巳	戊午	己未	庚申	辛酉	壬戌	癸亥

六十干支,以第一个组合的干支"甲子"开始纪日,每日一对干支,逐日进行记录,六十日以后再重复从"甲子"开始记数。这种纪日法,在我国使用极早,今所见到的甲骨文中就有大量的记载。例如甲骨文中有一条关于日食的记载,称:"癸酉贞日夕又(有)食佳若",意思是癸酉日这天傍晚有日食。

我国的干支纪日,从现存资料初步考证,至迟从春秋时代的鲁隐公三年(公元前722年)二月己巳日起,已连续以干支纪日,一直到清代的宣统三年(公元1911年)止,计有二千六百多年的历史。这是迄今所知道的世界上历时最长的纪日资料。

数序纪日法

最早的数序纪日法资料是1972年于山东临沂出土的汉武帝七年(元光元年,公元前134年)历谱竹简。这份历谱在三十根竹简顶上标示了从一到三十的数字,这是每月内各个日子的序数。每根简下面写着各个月中这个日子的干支日名。

星期是七天一周的纪日法。按"日、一、二、三、四、五、六"顺次排列。远在古埃及时代就采用了星期纪日法,后来和基督教一起传入希腊和罗马,现在已在全世界通用。星期的每一天,按照罗马占星术的观点,是由当时所知道的七颗行星(日、月和五星)中的一个所庇护的。因此,一星期中每一天的命名就用一个星的名字。这些名字到现代还保留在西欧的语言中。

月相纪日

从一个月来说,有些日子在古代有特定的名称。每月第一天叫朔,最后一天叫晦。如《史记·魏其武安侯列传》:"乃有蜚语,为恶言闻上,故以十二月晦,论弃市渭城。"。又《庄子·逍遥游》:"朝菌不知晦朔"(今译:朝菌朝生暮死,不知月尾和月初)。

初三叫"朏"(fei)。大月十六日,小月十五日叫"望",如鲍照诗《玩月城石门门廨中》:"三五二八时,千里与君同。"就是指望日的圆月说的。近于"望"的日子叫"既望",

如苏轼《前赤壁赋》“壬戌之秋，七月既望”。

2. 古代的计时法

时的概念古今是不一致的。《说文》云：“时，四时也。”指一年春夏秋冬四时。古籍中的“时”，多指季节、时令。《孟子》“斧斤以时入山林”就是。这样理解，时就是一个比年小、比月大的时间单位。文史学家常顺次排列为“年、时、月、日”。

计时法之“时”，是指比日小的时间单位，时辰、时刻之类属此。

①地方时、世界时、北京时、夏令时

地方时。如果没有钟表，人们习惯于把太阳在正南的时刻说成中午12点，此时地球另一面正在背着太阳的地点，必然是夜里12点，也就是午夜0点。这种由观测者所在地，根据太阳位置所确定的时刻叫做地方时。地球绕太阳转动，各地的观测者都有各自正对太阳的时刻，都有各自的正午。只有同一条经线上的地方时才相同。地方时随着地理东西经度的不同而有差别。国际上规定，以通过英国格林尼治天文台的经度（0度）为起点，向东至180度称东经，向西自0度至180度称西经。地球自转一周360度，每小时转过15度（360÷24）；每距经度一度，时差4分钟（60÷15）；每距经度一分，时差4秒钟（60分为一度）。

这就是地方时与经度的关系。这样，地球上东西任意两点同一时刻的地方时差，都可以通过两点的经度差算出来。

世界时。随着人类社会彼此交往的频繁，全人类统一的时间系统的建立就是必不可少的了。公元1884年的一次国际会议上，建立了统一的世界纪时的区时系统。该系统规定，将地球表面分成24个时区。太阳每小时所经过的地方即每15经度范围内为一个时区。东经12区，西经12区。东经180度即西经180度作为国际日期变更线。一日之内，东早西迟。人们沿用时区的区时，即0度经线上的地方时，作为国际通用的世界时。

北京时。我们常用“北京时间”以统一祖国各地的地方时。北京位于东经116度20分，属于东八区。因此规定东八区的区时为“北京时间”。东八区的区时是指东经120度经线上的地方时，并不是北京所在东经116度20分线上的地方时。杭州、常州正好位于东经120度经线上，严格说，“北京时间”与杭州、常州的地方时才正好相当。

夏令时。夏时制（Daylight Saving Time：DST），又称“日光节约时制”和“夏令时间”，是一种为节约能源而人为规定地方时间的制度，在这一制度实行期间所采用的统一时间称为“夏令时间”。一般在天亮早的夏季人为将时间提前一小时，可以使人早起早睡，减少照明量，以充分利用光照资源，从而节约照明用电。各个采纳夏时制的国家具体规定不同。目前全世界有近110个国家每年要实行夏令时。自2011年3月27日开始俄罗斯永久使用夏令时，把时间拨快一小时，不再调回。

1986年至1991年，中华人民共和国在全国范围实行了六年夏令时，每年从4月中旬的第一个星期日2时整（北京时间）到9月中旬第一个星期日的凌晨2时整（北京夏令时)。1992年4月5日后不再实行。

②十二时段计时法(天色计时法)

古人最初主要是根据天色早晚,把一昼夜分为若干时段。一般地说,日出时叫做“旦”“早”“朝”“晨”;日入时叫“夕”“暮”“昏”“晚”。所以古书上常见到“朝夕”并举,“旦暮”并举,“晨昏”并举等等。从甲骨文材料看,殷人对每天各个不同时刻,就已有专门称呼。大体上是将一日分为四个时段:旦(旦、明、大采),午(中日),昏(昏、昃日),夜(夕、小采)。这种粗略的纪时法,在生产力低下的时代,已足够应用了。

十二时辰制在西周时就已使用。十二时由十二个特定的时间名词构成。人们可以从先秦时代的汉族古籍中溯寻出这些词语的渊源。汉代之前,这些称谓多有不同,直到汉代太初年间,中国实行了太初历,“其以一日分十二时,而以干支为纪。”(赵翼《陔余丛考》卷34)才基本定型定名为:夜半、鸡鸣、平旦、日出、食时、隅中、日中、日昳、晡时、日入、黄昏、人定。

古籍涉及时辰者不少。《诗经·女曰鸡鸣》:“女曰鸡鸣,士曰昧旦”(卜辞作未旦、旦);宋玉《神女赋序》:“晡夕之后,精神恍忽”;《淮南子·天文训》:“(日)至于衡阳,是谓隅中;至于昆吾,是谓正中”;《汉书·游侠传》云:“诸客奔走市买,至日昳皆会”;《古诗·孔雀东南飞》:“奄奄黄昏后,寂寂人定初”;杜甫诗“荒庭日欲晡”等等。

③干支计时法

古代用干支纪时不知始于何代,《汉书·艺文志》有“甲夜”之名。魏晋时有“甲夜、乙夜、丙夜、丁夜、戊夜”之分。这与后世的“一更、二更、三更、四更、五更”相似。古代曾经把一日分为百刻,百的公约数是十,故以十干纪时。

在十二时辰计时制使用的基础上,利用起源很早的十二地支定时辰,那也是很自然的。顾炎武《日知录》卷二十载:“自汉以下,历法渐密,于是以一日分为十二时,盖不知始于何人,而至今遵用不废……《左氏传》卜楚丘曰:日之数十,故有十时。”而杜元凯注则以为十二时。顾氏以为“一日分为十二,始见于此”。即:夜半者子也,鸡鸣者丑也,平旦者寅也,日出者卯也;食时者辰也,隅中者巳也,日中者午也,日昳者未也;晡时者申也,日入者酉也,黄昏者戌也,人定者亥也。

可见,大约从汉代开始,以十二支纪一日十二辰,比较普遍。宋代以后,主要是近代又把每个时辰细分为“初”、“正”两部分,子初、子正,直到亥初、亥正。如晚间十一时(23时)为“子初”,晚间十二时(24时)为子正,凌晨一时为“丑初”,凌晨二时为“丑正”,其他亦然。初或正都等于一个时辰的二分之一。这就等于将一昼夜分为二十四小时了,“小时”,之称由此而来。清初引用西法,正式把一日分为廿四小时,并以一辰来称呼其中的每两个小时。夜晚十一时(即23时)至次日一时正称为“子时”,一至三时为“丑时”,余类推。

所谓小时是指时辰之半的意思。

④更点制度

除了常见的分一日为十二时辰外，还有将昼夜各分为五个时段的，那就是"旧之数十，故有十时"。《隋书·天文志》载："昼：有朝、有禺、有中、有晡、有夕。夜，有甲、乙、丙、丁、戊。"由此又称夜为"五更"。《颜氏家训·书证篇》解释道："或问：'一夜何故五更？更何为训？'答曰：'汉魏以来，谓为甲夜、乙夜、丙夜、丁夜、戊夜；或云鼓，一鼓、二鼓、三鼓、四鼓、五鼓；亦云一更、二更、三更、四更、五更，以五为节。……所以尔者，假令正月建寅，斗柄夕则指寅，晓则指午矣。自寅至午，凡历五辰，冬之月虽复长短参差，然辰间，阔盈不至六，缩不至四。进退常在五者之间。更，历也，经也，故曰五更尔。'"颜氏结合星象说五更，是可信的。

⑤百刻制度

与十二时辰同时并行的是昼夜均衡的百刻制度。这应是由"十时"制发展而来的更细致的一种纪时法。百刻制，当以漏壶的产生为基础。漏壶是古人制作的计时仪器，用箭来指示时刻。箭上刻着一条条横道，这就是刻。刻应比箭更早。

《周礼》一书就有关于漏壶及昼夜时刻划分的记载，那时已有报时的制度和专职人员。《周礼》的内容反映了春秋乃至西周的社会礼制。

昼夜漏刻制以太阳出没为基础。秦和西汉规定，冬至日昼漏40刻，夜漏60刻；夏至日昼漏60刻，夜漏40刻；春分秋分则昼夜漏都是50刻。

在钟表传入之前，漏壶一直是我国传统的纪时工具。由于一百刻与十二时辰无整倍数关系，难于协调，于是有改革百刻制的出现。汉成帝、哀帝及新莽时短时间行用过。梁武帝天监六年（公元507年）曾改为九十六刻制，大同十年（公元544年）又改为一百零八刻制，只用了数十年。陈文帝天嘉年间又复用百刻制。明代末期西学传入九十六刻制，清初定为正式制度，废百刻。

一个时辰等于八刻又三分之一。这三分之一刻又称为小刻。

⑥多种纪时法的关联

夜半：又名子夜、中夜，是十二时辰的第一个时辰。北京时间23时至01时。即"三更"。

鸡鸣：又名荒鸡，十二时辰的第二个时辰。北京时间01时至03时。即"四更"。

平旦：又称黎明、早晨、日旦等，是夜与日的交替之际。北京时间03时至05时。即"五更"。

日出：又名日始、破晓、旭日等，指太阳刚刚露脸，冉冉初升的那段时间。北京时间05时至07时。

食时：又名早食等，古人"朝食"之时也就是吃早饭时间，北京时间07时至09时。

隅中：又名日禺等，临近中午的时候称为隅中。北京时间09时至11时。

日中：又名日正、中午等，北京时间11时至13时。

日昳：又名日跌、日央等，太阳偏西为日跌。北京时间13时至15时。

晡时：又名日铺、夕食等，北京时间15时至17时。

日入：又名日落、日沉、傍晚，意为太阳落山的时候。北京时间17是至19时。

黄昏：又名日夕、日暮、日晚等，此时太阳已经落山，天将黑未黑。天地昏黄，万物朦胧，故称黄昏。北京时间19时至21时。即"一更"。

人定：又名定昏等，此时夜色已深，人们也已经停止活动，安歇睡眠了。人定也就是人静。北京时间21时至23时。即"二更"。

3. 古代的纪年法

古人有了关于"年"的概念之后，怎样纪年？这也是历法上的复杂问题之一。我国古代约有以下几种纪年法：

①按帝王即位的年次纪年：史文记载，按王公即位之年次纪年，可能是最早的纪年法，约从西周开始（公元前840年）直至汉景帝止（公元前141年），使用这一纪年法，如：

记载鲁史的《春秋》就用鲁侯在位年数纪年。如《春秋左传・庄公十年》"十年春，齐师伐我"。"十年春"指的是鲁庄公即位第十年。其他诸侯国史虽已不存，但从《国语》中可以看出，各诸侯国都用本国君王在位年数纪年。如：《晋语》记献公事："十七年冬，公使太子伐东山。……二十一年公子重耳出亡。……二十六年献公卒。"

②年号纪年法：秦始皇统一六国，仍用帝王纪年法。到汉武帝元鼎元年（公元前116年）正式建立年号，并将元鼎以前在位的二十四年每六年追建一个年号。按顺次是建元、元光、元朔、元狩，接着元鼎。这是中国皇帝年号纪年的开始。皇帝一般在即位时用新年号，中间根据需要可随时更换。年号换得最多的是武则天，她在位二十年（公元684－704年），先后使用过十八个年号，随心所欲，经常一年换用两个年号。

从汉武帝起，直到清末，中国历史上使用过的年号共计约六百五十个，其中有不少是重复使用的。重复最多的是"太平"年号，先后用过八次——这从《中国历史纪年表・年号索引》中一查即得。年号最多由六个字组成，如西夏景宗"天授礼法祚"，西夏惠宗"天赐礼盛国庆"。一般年号是两个字组成，也有三字、四字的。

明朝基本上一个皇帝一个年号，只有明成祖夺位后先用了一年"洪武"表示继替朱元璋正统，此后才使用年号"永乐"。明英宗先后两次登基，用了两个年号（正统十四年，天顺八年）。清朝皇帝一律一帝一年号。大家习惯于用年号来称呼皇帝本人。说清圣祖、清高宗、清仁宗、清德宗，反而不熟悉，一提康熙、乾隆、嘉庆、光绪，人皆尽知指谁。康熙在位六十一年，乾隆在位六十年，年号使用时间也就最长久。

③星岁纪年法：星，指岁星；岁，指太岁。星岁纪年法又分岁星纪年法和太岁纪年法两种。

岁星纪年法，天文学家确知木星运行一周天用十二个回归年周期，即十二年，便定木星为岁星，用以纪年。这是企望扩大回归年周期的倍数，以与朔望月协调，使年与月的安排能够规律化。为此,古天文学家把天赤道带均匀地分为十二等分,作为起始的一分就叫做“星纪”。星纪者,星之序也。由西往东,依次是:星纪、玄枵、诹訾、降娄、大梁、实沈、鹑首、鹑火、鹑尾、寿星、大火、析木。这正是岁星行进的方向。这天赤道带的十二等分,叫十二次。岁星一年行经一次。岁星纪年就这样与十二次联系起来。岁星纪年法首先出现于《国语》和《左传》。如《周语》“武王伐封,岁在鹑火”。《左传·襄公二十八年》“岁在星纪而淫于玄楞”。

太岁纪年法,木星运行周期不是整十二年,用实际岁星的位置来纪年就不准确,自不会符合创始者的初衷。人们就另外设想了一个理想的天体,与岁星运行方向相反,从东到西,速度均匀地十二年一周天,仍利用分周天赤道带十二等分的方法,将地平圈分为十二等分,只是方向相反:以玄枵次为子,星纪次为丑,析木次为寅……称为十二辰,与岁星纪年的十二次区别。这个理想的天体就称为岁阴、太阴或太岁。太岁和木星保持着大致一定的对应关系。一般是,木星在星纪,太岁在寅;木星在玄枵,太岁在卯……这种用假想的天体——太岁所在的辰来纪年,可以叫做太岁纪年法。

④干支纪年法:干支纪年和干支纪日一样,也是将天干中的一个字摆在前面,后面配以地支中的一个字,构成一对干支。如果天干以“甲”字开始,地支就必按其相应的次序配合以“子”字,是为“甲子”,以下则为“乙丑”,“丙寅”,“丁卯”等,直至六十对干支,用以纪年,周而复始,循环不息。干支纪年法一般认为兴自东汉,六十甲子周而复始,到现在一直没有中断。

⑤十二生肖纪年法:干支纪年到了民间,还略去天干成分,用十二种动物表示十二地支。这就是十二生肖纪年法。根据王充《论衡·物势》及《论衡·言毒》篇载,汉代“十二辰禽”——子鼠、丑牛、寅虎、卯兔、辰龙、巳蛇、午马、未羊、申猴、酉鸡、戌狗、亥豕,与流传至今的十二生肖完全一样。

1949年后我国已采用国际通用的公元纪年法。这是可以长期延续而永不重复的纪年法,优越之处是显而易见的。公元纪年,使用精确度很高的格里历,三千多年才有一日的误差。

4. 纪月法

①以序数及特定名称纪月:古人纪月,通常以序数一、二、三、四、五……十二个数字为记。作为岁首的月份称为正(zhēng)月,秦时避始皇讳,改正月为端月。但秦以十月为岁首。《诗经·小雅·正月》:“正月繁霜,我心忧伤”,这里的正月则是指夏历三月。

在先秦时代,每个月还有特定的名称,据《尔雅·释天》:正月为“陬”,(zou),二月为“如”,三月为“寎”(bing),四月为“余”,五月为“皋”(或作高),六月为“且”,七月为“相”,八月为“壮”,九月为“玄”,十月为“阳”,十一月为“辜”,十二月为“涂”。

以上十二个月的名称都有其解释,此处略。

②月建即干支纪月:古人有所谓“月建”之称,就是将子、丑、寅、卯等十二支与十二个

月份相配，以通常冬至所在之月（夏历）配“子”，称为建子之月，由此顺推，十二月为建丑之月，正月为建寅之月，二月为建卯之月，直至十月为建亥之月。如此每年周而复始。

何谓“建”？前人将“建”解释为“斗建”，意思是斗柄所指。“建”本身是星名，《礼月令》：“仲春之月旦建星中”。《注》：“建星在斗上”。又《史记·天官书》：“建星者，旗也”。《注》：“建星在斗，北临黄道，天之都关也。”古人认为十二支代表北斗七星的斗柄所指的十二个不同方位（例如以子为北，午为南，卯为东，酉为西等等）例如十一月斗柄指北，所以为建子之月，以后斗柄每月移指一个方位，十二个月周而复始。这种说法在过去很普遍，但后来如南北朝天文学家祖冲之，清朝天文学家梅文鼎，均指出月建和斗柄所指的方位无关。

③时节纪月法：见下文四时。

（五）历法名词

1. 四时

一年分为春夏秋冬四时（季），后来又按夏历正月、二月、三月等十二个月依次分为孟春、仲春、季春，孟夏、仲夏、季夏，孟秋、仲秋、季秋，孟冬、仲冬、季冬。这些名称，古人常用作相应的月份的代称。《楚辞·九章·哀郢》“民离散而相失兮，方仲春而东迁”，就是指夏历二月说的。但中国古代对四季的认识有一个过程。再往后才依时序调整为春、夏、秋、冬四季，亦可称“四时”。

2. 二十四节气

我国古人把一周年365.25天分成二十四个等分，用它们来表示季节的更替和气候的变化，叫做“二十四节气”。其名称和顺序如下二十四节气表。我国传统历法自秦汉以来，一直是阴阳历和二十四节气并行。阴阳历虽然以闰月协调历年和回归年，但由于历年长度差异太大（平年354日，闰年384或383日），历月与季节没有可靠的固定关系，仍然不能有效地指导农事进程。为弥补这个缺陷，所以我国传统历法另设二十四节气，成为我国旧历特有的重要组成部分。阴阳历本身用于一般纪事，二十四节气则用来指导农业生产。

我国人民为了方便记忆总结出了各种各样的“二十四节气歌”，下面这一首流传较广：春雨惊春清谷天，夏满芒夏暑相连。秋处露秋寒霜降，冬雪雪冬小大寒。每月两节不变更，最多相差一两天。上半年是六廿一，下半年是八廿三。我国农历将二十四个节气分为十二个节气和十二个中气。

3. 其他杂节

与二十四节气相联系的还有“三伏”、“九九”、“入梅”、“出梅”等杂节。

“三伏”是指初伏（头伏）、中伏（二伏）和末伏（三伏）。所谓“伏”，是藏伏的意思，指阴气受阳气所迫而藏伏地下。按照农历规定，“三伏”从夏至开始算起，用干支纪日法计算，夏至后的第三个庚日起进入初伏，第四个庚日起进人中伏，立秋后第一个庚日起进入末伏。从初伏到中伏是十天，从中伏到末伏有时候是十天，有时候则是二十天。三伏是一年中最热的季节，约相当于阳历七月中旬到八月下旬这段时间。农谚中说：“头伏萝卜二伏菜，末伏有雨种荞麦。”

“九九”是我国北方、特别是黄河中下游一带习用的杂节。它以冬至为起算点，每九天为一段，依次叫一九、二九、三九……九九。按一般规律，冬至后一个月左右正是我国黄河中下游地区全年气温最低的季节，因此人们常说：“冷在三九，热在三伏。”“九九”与农时、物候也密切相关，北方民间广泛流传的《九九歌》，即是明证，其词曰：一九二九不出手，三九四九冰上走，五九六九，沿河看柳，七九河开，八九雁来，九九加一九，耕牛遍地走。

“入梅”和“出梅”是江淮一带的杂节。这个杂节的日期各地每年略有不同，大致是芒种后入梅，小暑后出梅。这个时期，江淮流域阴雨连绵，长达一、二十天。原因是太平洋上的暖湿气流在长江中下游一带与从北方南下的冷空气相遇，暖空气比较轻，爬在冷空气上面，结成厚厚的云层，而冷暖空气势均力敌，谁也赶不跑谁，结果云层越积越厚，雨也就连绵不断。这一时节正是江南梅子黄熟的时候，所以通常叫做“黄梅天”或“梅雨季节”。贺铸《青玉案》：“试问闲愁都几许？一川烟草，满城风絮，梅子黄时雨。”又因雨多潮湿，东西容易发霉，“霉”与“梅”同音，故又叫“霉雨”，“入梅”、“出梅”也叫“入霉”、“出霉”。

课后练习

1. 世界上有哪些基本历法性质？分析我国农历是一种什么类型的历法？
2. 什么是二十四节气？
3. 列举主要的纪年法。
4. 解释四象、二十八宿、北斗。

第二章　古代地理

导读：早在原始社会的初民阶段，人们就积累了很多关于地形、岩石等地理要素的知识，从魏晋时期就已经成熟的制图理论“制图六体”到僧一行的子午线实测，郑和下西洋的实际行动，徐霞客的地理考察等等，都可见出中国古代地理学所取得的卓越成就。本章主要介绍的古代地理学家及其相关著述如《禹贡》、《山海经》等，部门地理著作的萌芽如《管子》、司马迁和他的《货殖列传》、班固和他的《汉书·地理志》、裴秀的“制图六体”、郦道元和他的以水系为地理坐标的《水经注》、法显和他的《佛国记》、玄奘和《大唐西域记》、僧一行的子午线测量和贾耽的“海内华夷图”、沈括及其《梦溪笔谈》、徐霞客和他的《徐霞客游记》、康熙与《皇舆全览图》等。这些著述中涉及众多地区名称、政区名称、城市名称、山川关隘名称等，古代与现在有着不同的地理称谓，了解并掌握古代地理名称称谓及其发展变化，对于我们阅读古籍文献资料、古代文学作品具有重要的参考价值和现实意义，本章对一些常见的古代地理名称称谓做简单的列举。

一、古代地理学成就

（一）概念地理著作的萌芽——《禹贡》

我国古代著作《尚书》中的《禹贡》是我国古代文献中一篇具有系统地理观念的著作。它是中国最古老的区域地理的一个光辉典型。在中国几千年来的传统观念中，《禹贡》是我国第一部系统的地理著作，在世界上也是极古老的区域地理先驱。

关于《禹贡》的成书时代，至今尚无定论。有观点认为《禹贡》是假托大禹之名，记述当时大禹平治水土业绩的古老文献，写于春秋战国之际（约公元前5世纪左右）的一部古老地理作品，它系统地反映了当时人们对区域地理的认识。《禹贡》地理内容简介如下：

1. 明确的地理概念、简洁的文字叙述。《禹贡》在纷然并陈的地理现象中，抓住了最基本、最关键的地理事物，提升为一种概括的地理概念，用简洁明确的文字表达出来，全篇仅有1193个字，就把当时知道的全国地理概貌，如政区区划、疆域轮廓，农业、物产、贡赋的内容，从经济利益出发，分区表达出来了。同时将山脉、河流、土壤、田地、道路也作了系统叙述。最后还通过地理观念表达出作者的大一统山河的政治理想。

2. 分区论述的结构。《禹贡》把全国划分为九州，是原始地理区划的先驱，后代儒家把“九州”认为是“夏制”，对我国几千年来的地理观念，产生了深远的影响。“九州”的行政疆界，实际上是以天然的山（岱、华、荆、衡等），河（河、济、淮、黑等），湖（大陆、雷夏、大野、彭蠡、云梦、荷泽等），海（东海、南海、北海）来作为政区界线的标志的。所以，它较仅按方向、道路来决定位置的地理思想已大大前进了一步。

这九州的叙述从冀州开始，依次是兖、青、徐、扬、荆、豫、梁、雍。每州分叙其山川、湖泊的治理经过，土壤的颜色、性状、肥沃程度、矿产、畜产。手工业品，特殊的物产品，田赋的等级和贡品的名目。运输这些贡品的水运路线。在有的州里还讲到少数民族。陈述有条有理，简明概括。然后以“导山”、“导水”部分和体现当时世界观的四方之极作为结尾。

3. 突出地区特点。自然地理的区域特点是建立在萌芽状态的土壤分类、农业分区、自然景观特点的认识基础之上。并以此决定田地与贡赋等级。

4. 最早对土壤认识和分类的著作。《禹贡》把九州的土壤进行了恰当的分类，指出它们的颜色、性状和肥力及一些州的植被类型，并用统一的标准来规定各州的田赋、肥力等级。

5. 最早最系统的经济地理记载。物产的地理分布与流通情况，是经济地理研究的重要内容。《禹贡》把当时九州范围内，当时生产力水平之下人们加工于自然所出现的典型产品，分区列出，并叙述了流通情况，反映了我国最早的经济地理知识。

6. 我国最早的水运交通系统网络的记载。冀州：夹右碣石（一说在河北昌黎；二说在今北京西山；三说在今河北藁城，渤海之滨）入于河。

7. 全国最早的山系记载。“导山”部分，专论山岳，九州以内的山岳形势，地势高低，记述得很清楚。西高东低，西部山脉集中而东部山体分散。这是《禹贡》叙述山脉的总体特征。

8. 全国最早的河流系统记录。“导水”部分是叙述全国水系的专文。

9. 政治理想的表达。《禹贡》中的“五服”部分：“五百里甸服，五百里侯服，五百里绥服，五百里要服，五百里荒服”。实际是把当时政权所在地设计成世界或宇宙的中心。

10. “四至”说与当时地理视野的极限。在中央政府之外，甸、侯、绥、要、荒各服五百里。最后的地理视野到了“东渐于海”、“西被流沙”、“朔南暨（及、以）声教讫（终止）于四海”，东面是大海，西边是流沙，南方和北方没有明确的界线，仅达到声威和教化终止的地方。这是真实而科学的地理观念。但在陆地的边缘，也即“四方之极”又似乎可以到达、终止于“四海”的边缘。

（二）记述地理著作的萌芽——《山海经》

在我国古代的典籍中，《山海经》是一部具有独特风格的作品，自古被称为“奇书”。

全书虽说只有三万一千多字,却包含着我国古代地理、历史、神话、民族、动植物(包括生态习性、医疗功效)、矿产(包括产地、色泽、性状等)、医学、宗教等多方面的内容,保存着丰富的资料。这些资料是研究我国上古史的重要文献。研究我国古代文学史、神话史、民族史、医学史的学者,探祖寻源都要研究《山海经》这一部书。

《山海经》的成书时代,历史上早有不同的说法。确定其成书时代,对于认清它在中国古代历史及中国地理学史上的地位有重要意义。现在通行的说法,认为它不是出自一人之手,也不是一时之作。对其成书于何时,自西汉刘秀(歆)以来的正统说法,认为此书是大禹、伯益所记。西汉司马迁的《史记》,东汉班固的《汉书》都承继此说。著名的东汉学者王充也说:"禹、益并治洪水,禹主治水,益主记异物。海外山表,无远不至,以所见间作《山海经》。"历代学者都同意《山海经》为禹、益所著。

《山海经》的地理知识与地理观念:

1.《五藏山经》的地理范围:东南至会稽,西南至邛崃,西北至青海、新疆的天山,东至泰山,北边似乎越过河套到内蒙古高原或西伯利亚,中心区域大体包括越、楚、蜀、秦、郑、晋、燕、齐等国疆域。《海内经》主要记海中和沿海边远地区,《海外经》记四海之外的国家和地域。

2.《山海经》中的《五藏山经》,"五藏"意为"五列"或"五域",是分山列和区域来叙述当时所认识的全国山脉的,在作者心目中,以位于今河南西部的"中山经"为世界中心。对这区域的山脉叙述最详细,分为十二次山经来写。大量的古代山名、河名对今天历史地理的研究有重要价值。

3.《山海经》的意义在于从生产中总结出来的经验,从生产中获得的地理知识,也要应用于社会、国家的经济建设。总之,《山海经》是中国古代科学知识的一种带有神话色彩的总结,仅将之归入异闻小说是不够的。

(三)部门地理著作的萌芽——《管子》中的"地员篇"、"地图篇"、"地数篇"和"度地篇"

《管子》一书是我国先秦诸子中著名的典籍之一。其中的一些作品,写成的时间相差可能几百年,此书托名春秋前期的大政治家管仲所作。《管子》一书虽非管仲所作,但它确实保存下了管仲时期政治、经济、军事、哲学、医药、地理以及一些自然科学等多方面的内容。现存《管子》一书是西汉末年刘向校阅宫廷所藏古籍中有关文献,其中主要的地理知识和地理思想如下:

1. 对地图的作用和内容的叙述。在《管子·地图》篇中,一开头就指出地图的重要作用和当时地图中的一些内容。

2. 土地与植物相互关联规律性的记载以及我国最古的生态植物地理记录。

3. 最早的植物与水分环境关系的记载。

4. 关于土壤的认识与分类,最早比较系统的认识,除了《禹贡》外,最具代表性的就是《管子·地员篇》中的论述,后者是世界上最早对土地进行分类的作品。该篇后半部分,专论土壤,把当时全国的上壤分为18种之多,每种又分为5种品色,共计90品色。

5. 河流分类的最早方案。《管子·度地篇》在农业生产和水利事业发展的基础上,对河流提出了早期的分类。把天下的河流依其源泉所出的不同,及流入海、河、江等的不同,划分为经、枝、谷、川、渊五种类型。

6. 最早提出国都城址选择的地理条件。

7. 河曲现象的观察、研究记录。《管子》细致地描述了产生河曲的原因及漩流产生的过程。

8. 关于物候、农日和水利的记载。一年四季之中的气候特点,从农事和工程的角度进行评价,准确而科学。总之,那时从自然崇拜到因生产实践的关系而逐渐地开始认识自然地理规律的萌芽。以分类的方法来认识一些地理现象,是本书的科学水平与特色。表明《管子》中的"地员篇"、"地数篇"和"度地篇"是中国部门地理著作的萌芽。

(四)司马迁和他的《史记·货殖列传》

司马迁是汉代伟大的历史学家和文学家。他生于一个世代掌管"太史"职务的史官家庭,后又继承父职任"太史令",因而被称为"太史公"。他著的《史记》是一部起于黄帝,终于汉武帝太始二年(公元前95年),记录了二千多年史实的通史。此书的宗旨是"究天人之际,通古今之变,成一家之言。"鲁迅先生称《史记》为"史家之绝唱,无韵之离骚"。其创新的纪传体例,考信实录的风格,优美浑厚的文笔堪称中国古史著作的杰出典范。司马迁伟大的成就与青年时期的长途地理考察的旅行活动是分不开的。

《货殖列传》对全国各地的主要经济区作了系统、简明的概括,突出了各区最主要的特征,是极具价值的中国最早的经济地理名著。

《货殖列传》是"人地关系"研究的先驱。侯仁之教授指出,它记述了在一定的生产力水平之下,地理环境提供了社会经济发展的必要条件,是制约社会经济发展的重要因素,但它不是经济发展的决定性因素。

除此之外,"货殖列传"中还记录了当时各地的一些典型土特产。

(五)班固和他的《汉书·地理志》

秦、汉使战国以前的分封制改为郡县制,使各地的行政管理置于统一的中央政府之下,这就为以行政疆域为主体的地理著作的出现,创造了可能的条件。

班固出身于史官家庭。他的《汉书·地理志》是全国最早的一部以疆域政区为主体的地理志。班固首创以全国行政区为纲领,记录当时各政区的自然环境、人文地理与经济地理,为此后正史地理志从内容到体例提供了一个可以仿效遵循的榜样。

《汉书·地理志》内容十分丰富。记载有当时全国户口的总数字、以及全国各行政区的户口数字。这是现存世界上最早的、系统的户口统计数字。据多方面研究,这些数据,基本上是可靠、正确的。《汉书·地理志》还记载了各行政区内自然和人文地理情况。

（六）裴秀的"制图六体"

裴秀是西晋时的地图学家。他官至司空,主管全国的工程、屯田、水利、交通等。由于行政管理工作需要,他一方面注重了解研究各地问题,另一方面从事各种地图的制作。在他的主持下,曾绘制出当时全国古今地图集——《禹贡地域图》18幅,以及全国地图《地形方丈图》。裴秀对前人的制图经验作了理论性的总结,提出了"制图六体"说,即绘制地图时须遵循的六项原则。这些原则是:分率、准望、道里、高下、方邪、迂直。它们是指制图时应确定比例、方位,要标出两地之间的距离和山川的分布、走向、高低,以及校正因地形起伏方向偏差、地物弯曲迂回造成的误差。裴秀的"制图六体"说奠定了中国古代制图学的理论基础,使古老的制图学具备了数学的科学依据。这一理论在中国一直运用了1400多年,直到明朝末年。这一理论在制图学史上具有划时代的意义,英国科技史学家李约瑟教授称裴秀为"中国制图学之父"。

（七）郦道元和他的以水系为地理坐标的《水经注》

《水经注》是我国6世纪初的一部以水系为纲领和坐标来记述全国地理情况的著作。作者郦道元北魏范阳(今河北涿县)人。他一生勤奋好学,清代刘继庄称他"博览群书,识周天壤"。他尤爱读《山海经》、《禹贡》、《华阳国志》等地理书籍,并大量搜阅人物故事、山川风物、金石碑刻、地方图经等文献。广泛而丰富的文献搜集与深入实际的考察研究相结合使他获得了卓越的地理学素养。

郦道元为原《水经》一书作注,对原书作了大幅度的补充和发展,使注文20倍于原文而自成巨著。《水经注》记述了全国1252条大小河流,并对这些河流的流域地区从地理现状一直到历史事迹都选择典型事例作了记录。本书的目的是"因水以证地,即地以存古",因此它是一部全面的、综合性的全国地理著作。

《水经注》不仅是一部著名的地理著作,作者对自然风光的描写,其文笔也十分生动、逼真,使千余年后的读者在阅读本书时,对当时的地理景观,仍能体会入微,历历在目。因此《水经注》也是一部著名的山水文学名著。总之,它体例严谨、内容丰富、文笔绚烂,不但是中国古代杰出的地理、文学著作,在世界文化史上也具有相当突出的地位。

（八）两晋、南北朝时期的地理旅行家——法显和他的《佛国记》

东晋法显平原郡(今山西省临汾县西南)人。

法显于公元414年写了他从长安出发,经河西走廊、凉州、敦煌、鄯善、乌夷、于阗,穿越葱岭、巴基斯坦、阿富汗、尼泊尔，遍游西、北、中、东印度，乘船至斯里兰卡，又南经印度洋、南海、东海，在山东半岛的崂山登陆，至南京的旅途见闻。书名叫做《佛国记》。

此书叙述了西域、印度、巴基斯坦、斯里兰卡等地区30多个国家的山川地理、风土人情、物理气候、宗教文化等多方面的见闻，是我国和上述区域陆、海交通最早的详细记录。此书在我国和印巴次大陆地理学史和航海史上占有极重要的地位。

法显是我国从陆路到达中亚、深入印度，然后取海路返回并留有详细记录的第一人，在世界的地理文献中，此书第一次明确提出和记载了"信风"的概念。总之，《佛国记》是现在能见到的我国记述中亚、印度、南海地理风俗的第一部著作。它不仅是东方，也是世界上一部最古老而内容充实的印度次大陆旅行游记。

(九)玄奘和《大唐西域记》

玄奘和尚洛州缑氏镇(今河南偃师缑氏镇)人。贞观三年(公元629年)秋，他孤身离国，从长安出发，最终到达印度，然后遍游印度110个国家，用了18年的时间，行程5万余里。游踪遍于今日恒河、印度河流域及东、西印度半岛沿岸，除印度南端外，几乎遍游整个印度。回国后，引起瞩目的是他西行的地理见闻，曾写作《大唐西域记》一书记述他亲身经历110国和耳闻得知28个以上城邦、地区和国家的地理见闻，介绍它们的山川地形、城邑关防、交通道路、风土习俗、物产气候、宗教文化等情况，是研究西域历史地理的重要文献，在世界地理学史上占有重要地位。

(十)僧一行的子午线测量和贾耽的《海内华夷图》

公元724年，僧一行等人进行了世界第一次子午线长度实测。约在公元801年贾耽领导编绘了"海内华夷图"。

1. 僧一行及其子午线测量

僧一行唐朝魏州昌乐(河南省南乐县)人。他编了"大衍历"，参加制成浑天铜仪和黄道游仪等。在天文、历法和大地测量上都有卓越的贡献。僧一行和南宫说等人的这次大地测量是世界上第一次子午线长度的实际测量，开创了我国通过实际测量来认识大地面貌的道路。英国的著名科学家李约瑟认为这是科学史上的创举。

2. 贾耽及《海内华夷图》

贾耽唐朝沧州南皮(今河北南皮)人。从小喜好地理。贾耽所编的图，遵循的是裴秀的"制图六体"法则。

他积毕生精力绘成《海内华夷图》，并写成《古今郡国县道四夷述》四十卷。到了晚年，他将毕生研习的地理知识"谨令工人画《海内华夷图》一轴，广三丈，纵三丈三尺，率以一寸折成百里"比例尺在1/50万－1/80万之间。此图一共绘制了17年之久，最后图中标示了汉族和各少数民族的分布，"莫高山大川，缩四极于纤缟，分百郡于作绘。"此图把当时所认识的大地面貌与地理知识都收纳进去了。“宇宙虽广，舒之不盈庭；舟车所通，览之咸在日”。可以说，这是一幅当时人们心目中的世界地图，是当时地理知识集中体现。可惜此图已失传。今仅能从西安碑林的《华夷国》上看到一些《海内华夷图》大概的情况。

（十一）沈括及其对地理学的贡献

沈括北宋杭州钱塘（今杭州市）人。他是一位多才多艺的杰出科学家，在天文、历法、数学、物理、化学、生物、医学、历史考古、音乐、美术、工程技术等许多方面都有着卓越的成就。他晚年写的《梦溪笔谈》一书，被英国科技史专家李约瑟誉为“中国科学史上的里程碑”。

沈括在地理科学的贡献如下：

1. 中国古代文献于1041年就记录了测定方向时磁偏角的校正。沈括在世界上最早经实验证明了磁针“能指南，然常微偏东”，记录了地理子午线和地磁子午线指示的方向并不完全一致。因而他是世界上最早经实验证实并记录了地磁子午线不正南，而微偏东，也是世界上最早发现并记录了地磁偏角的科学家之一。

2. 首创了地形高程测量的方法，主持了世界最早的精密地形测量。

3. 做出了对华北平原成因的最早的科学解释。根据化石来恢复古地理环境，是沈括在地学史上的伟大贡献之一。

此外，沈括是世界上最早的根据化石来研究古气候变迁的科学家；他也是世界上最早记录了石油，并断言石油“必大行于世”的科学预言家；他系统地提出了物候随高度、生物品种、纬度高低、人类生产活动的变化而变化的理论，在世界上也是首创。总之，他对自然地理的研究，在许多方面都走在了世界的前列。

（十二）近代地理学先驱徐霞客和他的《徐霞客游记》

明代地理学发展中的杰出代表是徐霞客。他自22岁起就以惊人的毅力从事科学的地理考察和探险旅行，前后达30余年之久，足迹遍及大半个中国，著有《徐霞客游记》。其主要贡献为：

在流水地貌的考察研究中，是世界上最早提出分水岭、流域面积的科学家之一；对流水侵蚀原理的三种机制——下蚀、旁蚀和溯源侵蚀，已有明确记载，西方最早认识这一原理的郝登（J. Hutton）早了100多年；在世界上首创河流基准面概念，研究并提出了河流的坡降与流速的正比例关系；他是世界上最早广泛而系统地对岩溶地貌进行科学考察的科学家，并对岩溶地貌类型作了系统划分、系统定名，进行了各类地貌形态的描述，《徐霞客游记》也是世界上第一部广泛系统地记载和探索喀斯特地貌的巨著；他在世界上首先对洞穴进行了广泛的考察与系统的研究。

总之，徐霞客在科学文化史上与欧洲的地理学家洪堡和李载尔（C. Ritter，1779－1859

年)地位相当。他们都是近代地理学的创建人,都是由古典地理学到新地理学之间继往开来的人物。很可惜的是,徐霞客逝世之后三年,明朝灭亡。清朝统治者继而采取的阶级压迫和民族镇压政策,严重摧残了明代中晚期以来的资本主义经济萌芽以及在此基础上发展起来的科学文化。徐霞客开创的近代地理学萌芽也随之夭折。

(十三)康熙和《皇舆全览图》

公元1708-1718年,在康熙的主持下,全国进行了空前规模的大地测量,测定了630经纬点,绘制了著名的《皇舆全览图》。在世界上第一次用测量方法证明了地球为扁椭球形,对解决当时世界上关于地球形状的争论产生重大影响。《皇舆全览图》还第一次记载了世界最高峰珠穆朗玛峰,开我国实测经纬度地图之先河,是第一部全国性实测地图。

二、古代地理称谓

(一)山川关隘名

1.三山,(1)一作叁山。即今山东莱州市北五十里三山岛。(2)在今江苏南京市西南长江东岸,以有三峰得名。唐李白《登金陵凤凰台》诗:"三山半落青天外",即此。(3)江苏镇江市长江江滨和江中的金、焦、北固三山夹江相峙,世称京口三山。(4)三神山,三神山又称三山。古代传说东海中有蓬莱、方丈、瀛洲三山,为神仙所居,总称"三神山"。《史记·秦始皇本纪》:"齐人徐市等上书,言海中有三神山,名曰蓬莱、方丈、瀛洲,仙人居之。"《汉书·郊祀志》:"此三神山者,其传在渤海中,去人不远。盖尝有至者,诸仙人及不死之药皆在焉。其物禽兽尽白,而黄金银为宫阙。"战国齐咸王、宣王、燕昭王,及秦始皇皆曾遣人入海访求此三山。(5)福建福州市的别称。(6)新三山:安徽黄山、江西庐山、浙江雁荡山;新三山的另一种说法是:安徽黄山、江西庐山、四川峨眉山。

2.五岳,"岳",一作"嶽"。中国五大名山的总称。传说为群神所居,历代帝王多往祭祀。《礼记·王制》:"天子祭天下名山大川,五岳视三公,四渎视诸侯。"唐玄宗、宋真宗曾封五岳为王、为帝。明太祖尊五岳为神。《尔雅·释山》对五岳有两种说法:篇首云:"河南华、河西岳、河东岱、河北恒、江南衡。"下文又云:"泰山为东岳,华山为西岳,霍山为南岳,恒山为北岳,嵩山为中岳。"后世对此有不同解释,五岳制度实始于汉武帝,谓尧、舜时即已有之,乃汉代经学家的附会。汉宣帝时确定以今河南嵩山为中岳,山东泰山为东岳,安徽天柱山为南岳,陕西华山为西岳,河北恒山(今曲阳县西北)为北岳。其后又改今湖南衡山为南岳。隋文帝后遂成定制。明弘治中于今山西浑源县恒山建北岳庙。清顺治中移祀北岳于此。

3.四渎,对四条独流入海的大川江(长江)、河(黄河)、淮、济的总称。见《尔雅·释水》及《史记·封禅书》。帝王祭天下名山大川,即指五岳与四读,见《礼记·王制》。《史记·殷本纪》:"东为江,北为济,西为河,南为淮,四读已修,万民乃有居。"唐始以大淮为东渎，大江为南渎，大河为西渎，大济为北渎，为金、明各代所沿袭。

4. 五湖，《周礼·职方》扬州："其泽薮日具区"，"其浸五湖"，《国语·越语》：越伐吴，"战于五湖"，《史记·河渠书》："于吴，则通三江、五湖"。历来注家对五湖解释不一，(1)即太湖。韦昭云："湖名耳，实一湖，今太湖是也"(《史记·集解》引)。虞翻云："太湖有五道，故谓之五湖"(《后汉书·冯衍传》李贤注引)。(2)太湖及其附近四湖，或与太湖相通的五个湖湾。韦昭《三吴郡国志》："太湖边有游湖、莫湖、胥湖、贡湖，就太湖为五湖"，又"胥湖、蠡湖、洮湖、滆湖，就太湖为五湖"(《寰宇记》引)。郦道元《水经注》："谓长荡湖、太湖、射湖、贵湖、滆湖也。"李资云："滆湖、洮湖、射湖、贵湖及太湖为五湖，并太湖之小支，俱连太湖，故太湖兼得五湖之名"(《后汉书·冯衍传》注)。张守节《史记·正义》："菱湖、游溯、莫湖、贡湖、胥湖，皆太湖东岸，五湾为五湖，盖古时应别，今并相连"。(3)五个大湖的总称。司马贞《史记·索隐》："郭璞《江赋》云，具区、洮滆、彭蠡、青草、洞庭是也。"王应麟《小学绀珠》列举五湖有"太湖、射阳、青草、丹阳、宫亭"。按《周礼·职方》具区和五湖并举，具区即太湖，可见五湖不是太湖，也不能包括太湖在内。从《国语·越语》和《史记·河渠书》考之，当泛指太湖流域一带所有湖泊。"五"系虚数，意即众多湖泊，可包括太湖，也可不包括太湖。近代一般以洞庭、鄱阳、太湖、巢湖、洪泽为五湖。

5. 四海，(1)指中国四周的"海疆"。《书·禹贡》："四海会同。"本为泛称之词，九州之外，即为四海。《礼记·祭义》具体提到东海、西海、南海和北海，不过是对举而言，没有确指海域。后人因文求实，直以四海为环绕中国四周的海，于是东、南、西、北海，便有方域可指。但亦因时而异，说法不一。如其中西海，因中国西方陆地广远，湖海复杂，无正确海域可定，故古籍中言西海者特多，有五、六处。(2)因古代似为中国四周皆有海，遂称中国为海内，外国为海外。四海，指天下。《孟子。梁惠王上》："故推恩，足以保四海。"《孔子家语·好生》："舜之为君也，其政好生而恶杀，……是以四海承风。"《汉书·高帝纪》："天子以四海为家。"(3)指四邻各族居住地域。《尔雅·释地》："九夷、八狄、七戎、六蛮，谓之四海。"(王文楚)(4)现代中国四海为：渤海、黄海、东海、南海。其中渤海为内海，其余三海为边缘海。

6. 关隘，又称关卡。在交通要道设立的防务设施。《南齐书·萧景先传》：依山筑城，断塞关隘。冯梦龙《东周列国志》第七十二回："(楚)平王悉从其计。画影图形，访拿伍员，各关隘十分紧急。"

(1)山海关，又称榆关、渝关、临闾关，位于河北省秦皇岛市东北15公里，汇聚了中国古长城之精华，明长城的东北关隘之一，在1990年以前被认为是明长城东端起点，有"天下第一关"、"边郡之咽喉，京师之保障"之称。与万里之外的嘉峪关遥相呼应，闻名天下。

2009年4月18日，国家文物局和国家测绘局权威发布了最新的明代长城资源调查数据——明长城东起辽宁虎山，西至甘肃嘉峪关，首次确认明长城东部起点不是山海关。

(2)嘉峪关，在甘肃嘉峪关市向西5公里处，位于嘉峪关最狭窄的山谷中部。是明长城西端的第一重关,也是古代“丝绸之路”的交通要塞,是明代万里长城西端起点。

嘉峪关,始建于明洪武五年(1372年),先后经过168年时间的修建,成为万里长城沿线最为壮观的关城。嘉峪关位于河西走廊中西结合部(中部偏西),距今已有643年的历史。

嘉峪关比山海关早建九年。在万里长城沿线上分布着许多关隘。其中规模最大的有两座:一座是东端的山海关,另一座是西端的嘉峪关。后者较前者犹有过之,所以嘉峪关是长城上的最大的关隘,也是中国规模最大的关隘。

(3)杀虎关,杀虎关古称参合口,位于山西省朔州市右玉县境内晋蒙两省(区)交接处,北倚古长城,西临苍头河。作为一代雄关,闻名遐迩,已有两千多年历史。明朝为了抵御蒙古瓦剌南侵,多次从此口出兵征战,故而起名“杀胡口”。自从明朝隆庆五年,蒙汉“互市”以来,化干戈为玉帛,杀胡堡、得胜堡、新平堡(天镇)马市重新开放。1925年冯玉祥率领的国民军进驻“杀胡口”。是年,冯玉祥任命其十三太保之一的韩多峰为杀胡关镇守使。韩为了缓和民族矛盾,促进中原地区与塞外的贸易,遂沿袭自清朝以来的俗称,正式改名为“杀虎关”。

“走西口”中的西口,即是杀虎口。所谓“东有张家口,西有杀虎口”。作为古代的军事要塞和边贸重镇,杀虎口有较高的知名度和丰富的历史文化遗存。“走西口”不仅承载着晋商商帮的光荣与梦想,成长与艰辛,更铭写了山西人西口移民谋生的血泪悲情。杀虎口是明清山西历史的缩影,是中国近代金融贸易兴衰的实证。

(二)地区名

1. 山东、山西,山左、山右

山,指崤山或华山。战国、秦、汉时代,通称崤山或华山以东地区为“山东”,崤山或华山以西地区为“山西”。例如:“沛公居山东时,贪于财货,好美姬”(《鸿门宴》)。

又春秋时晋国、早期的北魏等,其地域在太行山之西,故称太行山以东为“山东”,称太行山以西为“山西”。跟江东、江西又称“江左”、“江右”一样,山东、山西也分别称“山左”、“山右”。

因崤山、华山在今河南、陕西境内,故当时所谓“山东”与“关东”、“关外”含义一致,“山西”则与“关内”、“关中”含义一致。如《战国策·赵策》:“六国纵亲以摈秦,秦必不敢出兵于函谷关以害山东矣。”又因秦在崤山之西,故文学作品中的“山东”即指秦以外的六个诸侯国。贾谊《过事论》:“山东豪俊,遂并起而亡秦族矣。”但是《汉书·儒林传》说,伏生得《尚书》二十九篇,“以教于齐鲁之间,齐学者由此颇能言《尚书》,山东大师亡不涉《尚书》以教”,这里的山东却指齐鲁一带。

2. 江东(江左)、江西(江右),江表

江,指长江。长江在芜湖、南京间作西南南、东北北流向,汉代以后、隋唐以前,这里是南北往来的主要渡口,习惯上称自此以下的长江南岸地区为“江东”,即今长江下游南京以南地区，而把九江至南京一段河流以北到淮河以南地区称为"江西"，即今安徽中部地区。例如："亮兄瑾也，避乱江东"(《赤壁之战》)。李清照诗云："至今思项羽，不肯过江东。"

古人在地理上以东为左，以西为右。故江东称"江左"，江西又称"江右"。魏禧《日录杂说》："江东称江左，江西称江右，盖自江北视之，江东在左，江西在右耳。"《群英会蒋干中计》："即传令悉召江左英杰与子翼相见。"

而"江表"则是泛指长江以南地区。"表"是外的意思，盖从中原来看，长江以南地区在长江之外，故称"江表"。例如："江表英豪，咸归附之"(《赤壁之战》)。

3. 河东、河西，河内、河外

河，指黄河。黄河流经河套后，是自北而南的流向，古称河套以下的黄河以东地区为"河东"，约相当于今山西西南部地区，而与之相对的黄河以西地区为"河西"，约相当于今山西、陕西两省间黄河南段之西。如《廉颇蔺相如列传》："会于西河外渑池。"《过秦论》："于是秦人拱手而取西河之外。"

又春秋战国时称黄河以北为"河内"，黄河以南为"河外"。《史记正义》："古帝王之都多在河东、河北，故呼河北为河内，河南为河外。"又云："河从龙门南至华阴，东至卫州，折东北入海，曲绕冀州，故言河内云也。"

4. 关西(关中、关内、关右)、关东(关外)、

关，一般指函谷关(在今河南灵宝一带)或潼关(在今陕西境内)。秦、汉、唐等王朝都在今陕西境内建都，故称函谷关或潼关以西地区为"关内"，也叫"关中"、"关西"、"关右"，大体上相当于现在的陕西省。《赤壁之战》："马超、韩遂尚在关西，为操后患。"

古人习惯上也称函谷关以西地区为关中，《过秦论》："始皇之心，自以为关中之固，金城千里，子孙帝王万世之业也。"《鸿门宴》："沛公欲王关中，使子婴为相。"

而称函谷关或潼关以东地区为"关东"、"关外"。如《史记·李斯列传)》："自秦孝公以来，周室卑微，诸侯相兼，关东为六国。""关东"即指函谷关以东地区。曹操《蒿里行》："关东有义士，兴兵讨群凶。"

另外，明清之际，也有以山海关为界，称"关内"、"关外(东)"的，如称辽宁、吉林、黑龙江为"关外"、"关东三省"，即因这三省都在山海关以外，而称今河北山海关以西地区、四川康定以东地区、甘肃嘉峪关以东地区为"关内"。

5. 口外，也称口北，指长城以北地区。包括内蒙古、河北北部的张家口承德大部分地区，乃至于新疆一带的长城以北地区，但不包括东北三省；东三省一般称为"关外"；其中"口"指的是长城的关口，如古北口、喜峰口、杀虎口(西口)等；元代孙仲章《勘头巾》第四折："赵令史枉法成狱，杖一百，流口外为民。"清代纪昀《阅微草堂笔记·姑妄听之三》："文安有佣工古北口外者，久无音问。其父母值岁荒，亦就食口外，且觅子。亦久无音问。"郭小川《平炉王出钢记》诗之二："别看咱是口外的庄稼汉，塞外的红枣骝马名不虚传。"

走西口，西口即杀虎口，位于山西省朔州市右玉县西北部，现为集中展示“西口文化”的著名风景名胜区。西口位于山西省诸长城关口，走出这个西口，山西人的经商地区包括内外蒙的归化与绥远（统称归绥）、库伦和多伦、乌里雅苏台和科布多、新疆地区、关东地区。

6. 中原、中国，在古代中原地区是指黄河流域黄河中下游的中原河洛地带，

7. 西域，古代称我国新疆及其以西地区。《雁荡山》：“按西域书，阿罗汉诺矩罗居震旦东南大海际雁荡山芙蓉峰龙湫。”

8. 岭峤，五岭的别称。五岭，今湘、赣和粤、桂省、区边境上大庾、骑田、都庞、萌渚、越城五岭的总称。《史记·陈余传》：“秦南有五岭之戍”。《采草药》：“岭娇微草，凌冬不雕。”五岭，还见于师古注引邓德明《南康记》、郦道元《水经注》、杜佑《通典》、王应麟《通鉴地理通释》。《索隐》及师古注引裴渊《广州记》有揭阳而无都庞。

9. 百越，又作百粤、诸越。古代越族居住在江浙闽粤各地，统称为百越。古文中常泛指南方地区。《过秦论》“南取百越之地”。《采草药》：“诸越则桃李冬实”。

10. 京畿，国都和国都附近的地区。虞世基《出塞》诗：“鼓吹入京畿”，《左忠毅公逸事》：“乡先辈左忠毅公视学京畿。”唐时在长安附近地区置京畿道。

11. 三秦，秦亡，项羽三分秦故地关中：封秦降将章邯为雍王，都废丘（今陕西兴平县东南），领有陕西中部咸阳（今咸阳市东北）以西和甘肃东部地区，司马欣为塞王，都栎阳（今临潼县北），领有咸阳以东至黄河之地，董翳为翟王，都高奴（今延安市东北），领有今陕西北部地区。合称三秦。《汉书·韩信传》载其向刘邦建议，谓“今王举而东，三秦可传檄而定”，即此。后为潼关以西关中地区的别称。《送杜少府之任蜀州》：“城阙辅三秦，风烟望五津。”

总之，由于历代行政区划的名称、治所、辖境都在不断变化，因此与之对应的地名的含义也是不断变化的。因此我们每遇到一个历史地名，要弄清它在某一历史时期具体指什么地方，而要做到这一点，目前可查阅商务印书馆编印的《中国古今地名大辞典》和上海辞书出版社出版的《历史大辞典·历史地理分册》。

（三）政区名

政区名包括中国别称和行政区名。行政区名在中国历史部分有详细介绍，此处不做介绍，下面只介绍中国别称。

1. 中国

“中国”在古代文献中它是一个多义性的词组。从春秋战国至宋元明清，指天下的“中心”，多用来泛指中原地区——黄河流域黄河中下游的中原河洛地带，中国以外称为四夷，有一句话“中国是居天地之中者曰中国，四夷是居天地之偏者。”在汉人心目中，其直接统治地区是为中国本土，其周围四夷均为臣属之地，所谓“天子有道，守在四夷”。如

孟子《齐桓晋文之事》:"莅中国而抚四夷也。"司马光《赤壁之战》:"若能以吴、越之众与中国抗衡,不如早与之绝。""驱中国士众远涉江湖之间。"

现在"中国"为中华人民共和国的简称。东:黑龙江与乌苏里江主航道中心线的交汇处,(东经135°)。西:新疆乌恰县以西的帕米尔高原(约东经73°40′)。南:南沙群岛南端琼台礁(北纬4°59′,东经112°37′),距离南沙群岛南端曾母暗沙(北纬3°52,东经112°17′)仅117公里。原为暗礁,现在已生长成一个低潮时高出水面十余米的小型无人岛,成为中国最南端陆地领土。北:漠河以北的黑龙江主航道中心线至北点(北纬53°31′)。

2. 中华

中华一词,大约在魏晋时即已出现,南北朝已普遍使用。《晋书·刘乔传》记载刘弘上表给晋惠帝,表文中有:"今边陲无备豫之储,中华有杼轴之困。"《晋书·陈頵传》记载陈頵于东晋初上书给王导,说:"中华所以倾弊,四海所以土崩者,正以取才失所……",这里以"中华"对"边陲",是指郡县地区与全国而言。

至南北朝,裴松之在《三国志·蜀志·诸葛亮传》注中评论说:"若使(亮)游步中华,骋其龙文",必不出曹操诸谋士之下。这里是以中华称中原地区即黄河流域一带,因为华夏族、汉族多建都于此,在四夷之中、文化发达、历史悠久,所以称其地为中华。《三国志》:"其地东接中华,西通西域。"中华民国、中华人民共和国均以此为国号。而已不存在的中华共和国及中华帝国亦以此为名。

虽然目前"中华"一词早已成为对中国文化、地理、民族、饮食等方面的泛称,但直到近代中国才开始出现该词汇的现代意义——1912年中华民国成立后才正式将"中华"纳入国名。

《辞海》的解释是:我国古时多就黄河流域建都,因此称其曰中华。中者,居四方之中也;华者,具有文化之民族,服装华美者也。其后,疆域日广,凡其所属,皆称中华,亦称中国。后来,中华逐渐成为我国的称号。

总之,中华一词,是由中国与华夏二名复合而成,其含义在古代与中国一词相当,在许多场合是同义语,论地域主要是指中原,扩而大之,随着中原各朝疆土渐广,凡所统辖,皆称中华,亦称中国;论民族,一般指汉人,即是对华夏族、汉族的称谓。《北齐书·高昂传》:"于时鲜卑共轻中华朝士,唯惮服于昂。"中华又是文化概念,一般是指古人所称"礼乐冠第"的中原文化。今已成为中国的别称。

3. 九州,传说中的我国古地理区划名。起于春秋战国,说法不一。相传尧时禹平洪水,分天下为九州,州名未有定说。《尚书·禹贡》作冀州、兖州、青州、徐州、扬州、荆州、豫州、梁州、雍州;《尔雅·释地》有幽、营州,而无青、梁州;《周礼,职方》有幽、并州,而无徐、梁州;《吕氏春秋·有始览》有幽州,而无梁州。《汉书·地理志》始以《双方》九州为周制,三国魏孙炎注。《尔雅》,始以《尔雅》九州为殷制。后世遂将《禹贡》、《释地》、《职方》合称为夏、商、周"三代九州"。

九州之说,最早即见于《尚书·禹贡》:“禹别九州,随山浚川,任土作贡”,“东渐于海,西被于流沙”,不仅详细记载了九州的疆界区划,而且把各州内的山川分布、交通物产、水土治理、贡赋等级说得一清二楚,是我国最早、最有价值的地缘文化记录。九州的意义,实际上是古代中国不同部落,不同文明流行区域。这一格局影响到今天都有其脉络可循,如果对《禹贡》这篇文章稍加注意而加以研究,就会不仅对上古时代中国文明会有一深刻了解,而且对于今天也有特殊的指导意义。所以,不少跨国公司在其进入中国市场之前,都要组织专人研究《禹贡》一章。

后来九州泛指全中国。陆游《示儿》诗:“死去元知万事空,但悲不见九州同。”

4. 海内,古人认为中国四面为海水环绕,世界似乎是一个海洋的世界,所以,天下、全国就被称之为“四海”,国境之内为海内。如《尚书·大禹谟》中已提到“文命敷于四海”,《五藏三经》中也明确讲到东西南北四海。讲得比较系统的还是荀子,他认为:“四海之内若一家。”“北海则有走马吠犬焉,然而中国得而畜使之。南海则有羽翮、齿革、曾青、丹干焉,然而中国得而财之。东海则有紫紶、鱼盐焉,然而中国得而衣食之。西海则有皮革、文旄焉,然而中国得而用之。”(《荀子·王制》)。王勃《杜少府之任蜀州》:“海内存知己,天涯若比邻。”司马光《赤壁之战》:“海内大乱,将军起兵江东。”贾谊《过秦论》:“有席卷天下,包举宇内,囊括四海之意”。《赤壁之战》:“遂破荆州,威震四海。”《阿房宫赋》:“六王毕,四海一。”《五人墓碑记》:“四海之大,有几人欤?”

5. 六合,上下和四方,泛指天下。如《过秦论》:“履至尊而制六合”,“然后以六合为家,殽函为宫”。李白《古风》诗:“秦王扫六合,虎视何雄哉?”

6. 八荒,四面八方遥远的地方,犹称“天下”。《过秦论》:“囊括四海之意,并吞八荒之心。”梁启超《少年中国说》:“纵有千古,横有八荒。”

7. 赤县神州,指中国。也简称为“赤县”或“神州”。战国齐人邹衍的大九州地理学说:以为中国为赤县神州,在其外又有如赤县神州者九州,以别于神州内的九州。《史记·孟子荀卿列传》:(邹衍)“以为儒者所谓中国者,于天下乃八十一分居其一分耳。中国名曰赤县神州。赤县神州内自有九州,禹之序九州是也,不得为州数。中国外如赤县神州者九,乃所谓九州也。于是有裨海(小海)环之,人民禽兽莫能相通者,如一区中者,乃为一州。如此者九,“乃有大瀛海环其外,天地之际焉。”这种九州,为《禹贡》九州的八十一倍,后人称之为大九州。

梁江淹《游黄蘗山》诗:“南州饶奇怪,赤县多灵仙。”唐李白《赠宣城赵太守悦》诗:“赤县扬雷声,疆(强)项闻至尊”。

(四)城市

1. 有古称、别称的地名

南京又称建康、建业、金陵、江宁、白下、石头城等。如《阎典史传》:“金陵降,君臣出走。”《梅花岭记》:“吴中孙公兆奎以起兵不克,执至白下。”

杭州又称临安、钱塘、武林等,如《汉书·地理志》:“武林山,武林水所出,东入海。”

上海又称申城。相传春秋战国时期,上海曾经是楚国名相春申君黄歇的封邑。

长沙又称星城。一说因长沙星得名。

武汉又称江城。世界第三大河长江及其最大支流汉水横贯市境中央,将武汉城区一分为三,形成了武昌、汉口、汉阳三镇隔江鼎立的格局。唐朝诗人李白曾在此写下“黄鹤楼中吹玉笛,江城五月落梅花”的诗句。

济南又称泉城。“家家泉水,户户垂杨”,“四面荷花三面柳,一城山色半城湖”。说的就是“泉城”济南。

福州又称三山。如《指南录后序》:“自海道至永嘉来三山为一卷。”

开封又称东京。如《东京梦华录》。

2. 古都并称

20 世纪 20 年代,中国学术界开始出现将中国著名古都成为“大古都”并将几大古都并称的说法,形成五大古都的说法:西安、南京、北京、洛阳、开封。

(1)六大古都:1983 年陈桥驿在《中国六大古都》一书中将杭州列入大古都,自此六大古都被大众接受:西安、南京、北京、洛阳、开封、杭州。

(2)七大古都:1988 年由于谭其骧的鼎力推荐,安阳被认定为大古都,因此就有了七大古都之说:西安、南京、北京、洛阳、开封、杭州、安阳。

(3)八大古都:2004 年 11 月,中国古都学会认定郑州为大古都,因此就有了八大古都之说:西安、南京、北京、洛阳、开封、杭州、安阳、郑州。

(4)九大古都:2010 年 9 月,中国古都学会在大同召开年会并发表“大同宣言”认定大同为大古都,因此就有了中国九大古都之说:西安、南京、北京、洛阳、开封、杭州、安阳、郑州、大同。

(5)中华四京:首都在中国民间又称为京城、京都、京畿、京师等。在民间被按照方位顺序进行分类。

东京:今洛阳(历史上又称“洛京”、“东都”)。

南京:今南京(历史上又称“金陵”、“建康”)。

西京:今西安(历史上又称“长安”、“京兆”)。

北京:今北京(历史上又称“燕都”、“北平”)。

(6)两都两京:笼统地说,两都指周朝至唐朝的东西两都,即西京长安与东都洛阳。具体还有如下界定:①东汉都雒阳,称为东都,以西汉旧都长安为西都,合称两都,又叫“两京”。班固有《两都赋》。②唐都长安,自显庆二年建洛阳为东都后,与长安合称“两都”。③另外五代梁以开封府和河南府为东、西两都。

两京指明朝的南北两京,即南京应天府和北京顺天府。

(7)三都,①《左传》定公十二年(前498):“仲由为季氏宰,将堕三都。”杜预注:“三都,费、郈、成也”②东汉称雒阳为东都、长安为西都、宛为南都,合称“三都”。③晋左思作《三都赋》,指三国时的蜀都成都、吴都建业、魏都邺为“三都”。④三国蜀以成都、广都(今成都市南)、新都为“三都”(《华阳国志》)。⑤唐都长安,显庆二年(657)建洛阳为东都,天授元年(590)建晋阳为北都,与长安合称“三都”。

(8)三辅,西汉景帝二年(前155)分内史为左、右内史,与主爵中尉(中元六年改为主爵都尉)同治长安城中,所辖皆京畿之地,故合称“三辅”。《汉书·景帝纪》:诏“三辅举不如法令者,皆上丞相、御史请之”。武帝太初元年(前104)改左、右内史与主爵都尉为左冯翊、京兆尹、右扶风,辖境相当今陕西中部地区。以后政区分划虽有更改,但直至唐代,习惯上仍称这一地区为“三辅”。

(9)畿,古代王都所在处的千里地面。后多指京城管辖的地区。如《左忠毅公逸事》:“乡先辈左忠毅公视学京畿。”

(五)古代中国的世界地理观

中国古代认为中国是世界的中心,因此,称为“中国”,周围有海洋环绕,分别为北洋、东洋、南洋、西洋。

北洋:指渤海、黄海,朝鲜半岛附近。如“北洋水师”、“北洋军阀”、“北洋政府”、“北洋通商大臣”。这些词均源自以李鸿章为创始者的政治力量在北洋地区的军事、商业活动。

西洋:古代是指今文莱以西的东南亚和印度洋沿岸地区,泛指包括欧洲的整个西方。

南洋:一般是指现在的东南亚,具体是指现在的新加坡、马来西亚、泰国、印度尼西亚等东南亚国家。下南洋事件:中国历代封建王朝的末年,不堪战乱的普通百姓和权力失落的前朝贵族纷纷移居海外,由于地缘上的毗邻关系,东南亚成为中国移民的迁徙地和避难所,因此这种迁徙历史上称为“下南洋”。

东洋:古代一般笼统地将中国东部沿海称为“东洋”,近现代主要是指日本。

清末至民国时期,划分我国沿海地区为南北两洋区,称山东以南的江苏、浙江、福建及广东各省为南洋;江苏以北的山东、河北、辽宁各省为北洋。

课后练习

1. 介绍玄奘和《大唐西域记》。

2. 简述沈括对地理科学的贡献。

3. 简述徐霞客对岩溶地貌的认识。

4. 按东、西、南、北、中的顺序,写出“五岳”的名称。

第三章　古代称谓与传统习俗

导读：中国是一个礼仪之邦，在称谓方面很讲究，主要有姓名称谓，年龄称谓，别称、尊称、谦称、贱称、死亡称谓等特殊称谓，总览中国人的古代称谓，实质上就是一部中国文化的发展史，其中蕴含着中华民族悠久的文化历史的沉淀与变迁；古人把一年中一些特殊的日子作出特殊规定，称为节日，各有不同的风俗习惯和活动方式。我国古代主要有元旦、人日、上元、社日、花朝、寒食、清明、上巳、端午、伏日、七夕、中元、中秋、重阳、冬至、腊日、小年、除夕等传统节日，还有傣族的泼水节、蒙古族的那达慕大会、维吾尔族的古尔邦节和肉孜节、藏族的藏历年等少数民族节日，同时古人还发明了十二生肖文化。

一、古人的姓名称谓

人的称谓不管有多少种，姓名是其最基本、最重要的称谓。姓名是一个人在社会生活中用以区别于其他社会成员的识别符号。今天，我们每个人都有一个姓、一个名，合起来就是姓名。古人（特别是有文化的上层人士）可不是如此简单。单从“姓”来讲，就要比今天复杂得多。所以，我们对古人称谓的讨论，就从“姓”开始。

（一）古人的姓氏

姓亦称姓氏，但在先秦时期姓与氏是有严格区别的。姓是代表有共同血缘关系种族的称号，氏则是由姓衍生的分支。周代的姓和氏是当时盛行的封建宗法制度中的一个重要组成部分，有一套严密的规定。姓是与生俱来的，稳定不变，而氏则是有变化的。姓在周代主要的作用是用来区别婚姻的。古人早已认识到近亲通婚不利于后代的健康，故周代已规定同姓之间不许通婚。为了辨别男女姓的异同从而决定可否嫁娶，女子都要称姓。尽管贵族女子在婚前婚后、生前死后，有种种不同称呼的方法，但无论怎么称呼，都要带上姓。如一姜姓女子，出生于齐国公族，一般叫“齐姜”；若嫁给鲁国国君，则可称“鲁姜”。鲁桓公之妻即姓姜，死后谥号为“文”，故又称“文姜”。

氏的主要作用是为了别贵贱，故只有贵族男子才有氏，通常只称氏而不称姓。氏的来源比较复杂，一般情况，诸侯以受封的国名为氏，如陈氏、宋氏。诸侯子孙的氏有具体规定，诸侯之子称公子，公子之子称公孙，公孙之子以其祖父的字为氏。卿大夫有的以职官为氏，如师氏、史氏、司马氏、司空氏；有的以所受封的邑名为氏，如晋国的韩氏、魏氏、赵氏。另外，还有以居处为氏的，如东郭氏、柳下氏等。但是周代的姓氏制度，在战国时期随着氏族贵族的日趋瓦解，至秦汉时期姓与氏就不再区别，合而为一了。

这里需说明的是，先秦时期只有贵族才有姓氏，不仅奴隶无资格立姓，就是一般平民也有名无姓。所以先秦的“百姓”是指贵族而言。秦汉之后，每人都有了一个姓，因为普通人数量大，所以才逐步把下层人称为平民百姓。

（二）古人的基本称谓

1. 基本称谓：

称名和字：古人按礼仪是“幼名冠字”（《礼记·檀弓》），即出生三个月后由父亲命名；字是人的别名，有小字和表字之分。

小字，又称小名、乳名，初生时即取。取小字比较随意，且多带有亲昵意味。如曹操小字阿瞒；刘禅乳名阿斗等。也有人认为小字或小名是独立于名与字之外的称谓，如左思《娇女》诗：“小字为纨素，口齿自清丽”，就是说左思女儿的小名叫“纨素”。古人小名一般都有点“贱”，因为“贱”才好带，不至多灾多病。直到今天，农村中取小名如“狗娃”、“牛儿”之类十分常见，可谓仍存此俗。宋代著名书法家米友仁小名“虎儿”，故而包世臣在著名的书法理论著作《艺舟双楫》论书二《跋荣郡王临快雪内景二帖》中有“《旱燥帖》，虎儿书”之载。

表字，是古人的成年名。男子二十岁成人，举行结发加冠的冠礼，这时才取字；女子十五岁许嫁，举行结发加笄礼，随之取字。字与名相为表里，所以字又叫表字。字是由名滋生的，与名在意义上往往有联系，是对名的解释或补充。字与名的关系有意义相同的，如东汉创制地动仪的张衡，字平子，“衡”与“平”同义；有意义相辅的，如唐代诗人白居易，字乐天，因“乐天”故能“居易”；有意义相反的，如元代书画家赵孟頫（fǔ），字子昂，“頫（同俯）”与“昂”反义；再如韩愈，字退之。古代只有贵族或士族才有表字，一般平民是没有字的。如西汉初年跟随刘邦打天下的功臣中，除了张良等少数六国贵族的后代外，大部分出身平民，所以如陈平、韩信、樊哙等都是有名无字。

一般说来，名是由父亲或长亲起的，是供尊长叫的，而字是为了“敬名”由来宾取的，是给别人叫的。因此，只有尊者对卑者、长辈对晚辈才可以称名。朋友及平辈之间则互相称字，以表亲近和恭敬。另外，尊长对于卑幼者，为自表谦虚也常称对方的字；在先秦及封建社会早期卑幼者也可对尊长称字。因此字的运用较为广泛。由于称字有表恭敬的意思，所以自称时不论对方是尊长、平辈或卑幼者，均只能称名而不能自称字。当然也有一种特殊情况，即本名犯了皇帝的忌讳，不得已也可自称字。

称号：除了名、字外，古代的中上层人物，特别是文人雅士往往还以居处、境况、志趣等为自己取号。号是一种固定的别名，又称别号。名和字是由尊长代取，别号则往往是自己取的，表达了一定的思想情趣，故对人称号也是尊敬的表示，以至于古代一些受人尊敬的文豪，其别号比名字更为响亮。如北宋大文学家、书画家苏轼，自号东坡居士，人们多尊称为苏东坡。

常见的别号一般是两个字，如陆游，号放翁；也可以是三个字或三个字以上的，如李白自号青莲居士，陶潜自号五柳先生。

自取别号者常自称布衣、居士、处士、道人、山人、散人、先生和子、叟、翁等，有的以书斋和居地为号，故其号常缀有斋、房、堂、轩、庵、庐、阁和村、庄、山、川、坡、谷等字。不少别号表达了个人的志尚爱好或某些特殊感情。如欧阳修晚年有一万卷书、一千卷古金石文、一张琴、一局棋、一壶酒，而自己又是一位上了年纪的老翁了，故自号六一居士。别号若由他人所取，又为大家所认可的，一般叫外号或绰号。如春秋时期秦国人百里奚曾为楚人所执，秦穆公用五张黑公羊皮将其赎回，后任大夫，故有“五羖大夫”之号；唐代李林甫口蜜腹剑，为人阴险，有人为他取外号叫“李猫”。

称诨号：诨号，又称为诨名、混号、混名、绰号、外号，最早出现这种名目是在宋代，如《京本通俗小说·拗相公》：“官人难道不知王安石即当今之丞相？拗相公是他的诨名。”《水浒传》第二十九回：“那厮姓蒋名忠，有九尺来长身材，因此江湖上起他一个诨名，叫做蒋门神。”不过，在更多的场合，则只称为“号”，如《宣和遗事》：“姓晁名盖，人号唤他做铁天王。”在《宣和遗事》中，已有了梁山聚义的宋江等三十六人之名，都有“号”，如豹子头林冲、九纹龙史进、黑旋风李逵、神行太保戴宗、拼命三郎石秀、浪里白条张顺等。在《宣和遗事》故事基础上不断发展而成的《水浒传》中，不仅一百零八将都有“号”，而且更多的人都有“号”，当然，有时也称为“诨号”之类。直到今天，人们仍常说“号称”什么，就是如此来的。

称谥号：我国古代帝王、后妃、文武官员、宏儒耆宿和有所谓“忠勇义烈”行为的人死以后，朝廷或私家会根据其生平行事，赐给或赠给他一个特殊的称号，这种称号叫做“谥号”。一般说来，谥号大体可分为美谥、平谥与恶谥三类。如神、君、圣、贤、文、武、成、康、宣、明、昭、正、敬、恭、庄、肃等字为美谥，以褒扬文治武功或美德懿行者；怀、悼、哀、愍、隐、息等为平谥，以哀怜登位夭折或志向未申者；厉、荒、桀、炀、戾、丑、僭、专等为恶谥，以批评丑行恶迹者。《白虎通义》卷二《谥》说过：“谥别善恶，所以劝人为善，戒人为恶也。”一个人如果得了恶谥，子孙都会抬不起头的。例如：南宋著名奸臣秦桧死时，权势仍存，故得谥“忠献”。直到他死后51年，终于被“追夺王爵，改谥缪丑”。他是我国古代获最恶之恶谥的代表人物之一。唐代以前，谥法还具有一定的劝戒和褒贬作用，但到了宋代以后，美谥泛滥，对于死者，几乎只有美谥与平谥，很少见有恶谥了。

霍去病，谥“景桓”；三国时期的诸葛亮，谥“忠武”。另外，六朝以前，谥号与爵号往往并称,如刘彻谥“孝武”,爵号为“帝”,故称“孝武帝”,简称“武帝”;诸葛亮谥“忠武”,爵号为“侯”,故称“忠武侯”,简称“武侯”。六朝以后,谥和爵号,已不相联系了。如清代林则徐,人称林文忠公,“文忠”为其谥号,“公”只是人们对他的敬称,并非“公”爵。

称室名:古代的室名,严格来说有广义和狭义之分。广义者,凡为私家(即非宫苑、庙堂、官舍之类)居处、房舍、园林所命之名均可称为室名;狭义者,仅指文士为自己的书房、书斋所命之名,故而又称为斋号。古人于此区别不太严格,但在大多数情况下,是指书房之名,但又可以以书房之名代指整个居处。我们在下面的讨论中,也就未再作区分,而是统而言之的。不过,既然古人主要指书房,所以我们在下文所指的室名,也就主要是指的书房之名了。

到了唐代,室名的使用就比较常见了,我们可以列举唐代若干知名人士的室名如下:杜甫的“草堂”、杨国忠的“四香阁”、李林甫的“月堂”、司空图的“休休亭”、李龟年的“绿野堂”、王维的“竹里馆”、韦应物的“永定斋”、虞世南的“北堂”、樊宗师的“绛守居”、李泌的“端居室”、陆贽的“读书台”、顾况的“读书台”、郑谷的“仰山书屋”、裴度的“午桥庄”、李德裕的“平泉庄”、牛僧孺的“归仁园”、刘禹锡的“陋室”、段文昌的“炼珍堂”、宗室李约的“萧斋”。

唐代以后,取室名之风愈来愈盛,犹如可以将姓加在别号之前称呼宋人,如苏东坡、黄山谷、李易安、陆放翁一样,清代也可以将姓加在室名之前作为对别人的称呼,如称卢文弨为卢抱经(卢之室名为“抱经堂”),称姚鼐为姚惜抱(姚之室名为“惜抱轩”),称王闿运为王湘绮(王之室名为“湘绮楼”)。当然如果在室名之后加上“主”、“主人”之类,就完全与别号无异了,如曾国藩号“求阙斋主人”,溥侗号“红豆馆主”,这都是人们比较熟悉的。室名与别号一样,不是长辈决定,而是自己决定,只有在个别情况下,才是由师长辈所定的。

称官爵名:自从有了比较稳定的职官制度,就出现了官称。殷代的卜辞中,如“雀臣正”、“小臣咏”、“卜宾”、“大吏弋”等,就是最早的官称(详见陈梦家《殷虚卜辞综述》第十五章《百官》)。到了周代,在有关文献中就颇为普及了,如金文中的“师望”、“司土毛叔”、“司马井伯”、“史述”、“作册益”、“小臣单”等(详见张亚初、刘雨《西周金文官制研究》)。当时的官称都是官衔在前,人名在后。

秦汉时期,对人以官称相称者逐渐增多,魏晋以后,以官称称人蔚为风气。我们在各种文献中所见到的种种官称,大约有以下几种情况:

直接以官衔相称,如《史记》中有《萧相国世家》、《曹相国世家》、《陈丞相世家》,就是汉初开国大臣萧何、曹参、陈平三人的传记,因为萧何、曹参曾任相国,陈平曾任丞相,故而司马迁以萧相国、曹相国、陈丞相相称。

用省称,如上所述,古人以官衔相称时,在大多数情况下都是用二字省称,如杜甫《春日忆李白》诗:“清新庾开府,俊逸鲍参军”。这里,“庾开府”指的庾信,他曾任西魏和北周的骠骑大将军、开府仪同三司。“开府”二字，就是“开府仪同三司”这一散官称号的省简。“鲍参军”指鲍照，他曾任南朝刘宋的临海王前军参军，“参军”二字就是“前军参军”的省简。这类称呼在古代十分普遍，但对今天的初学者却深感陌生或难解，所以我们在这里举出一批古代著名的文学家为例作点解释：

阮籍，曾任步兵校尉，世称阮步兵，他的诗文集也就叫《阮步兵集》；

嵇康曾拜中散大夫，世称嵇中散，他的诗文集也就叫《嵇中散集》；

潘岳曾任黄门侍郎，故称潘黄门，其诗文集也就叫《潘黄门集》；

王羲之曾任右军将军，世称王右军，至今犹然；

丘迟曾任司空从事中郎，故称丘司空，其诗文集也就叫《丘司空集》；

王维曾任尚书右丞，世称王右丞，他的诗文集也就叫《王右丞集》；

高适曾任散骑常侍，世称高常侍，他的诗文集也就叫《高常侍集》；

杜甫曾任左拾遗，故而被称为“杜拾遗”；又因他当过检校工部员外郎，故又被称为杜工部，他的诗文集也就被称为《杜工部集》；

钱起曾任考功司郎中，世称钱考功，他的诗集也就被称为《钱考功集》；

张籍曾任国子司业，世称张司业，他的诗集就叫《张司业集》，又因他任过太常寺太祝，故而孟郊又称他为“张太祝”；

刘禹锡曾任太子宾客，人称刘宾客，他的诗文集就叫《刘宾客集》；

柳永曾任屯田员外郎，故称柳屯田；

苏轼曾任端明殿翰林学士，故称苏学士。

这些简称当然也常见于诗文之中，如欧阳修给苏轼的诗中有这样的名句：“翰林风月三千首，吏部文章二百年。”这里的“翰林”，即是李白，李白当过翰林学士，人称李翰林，其诗文集也叫《李翰林集》。这里的“吏部”，即是韩愈，他最后官居吏部侍郎，故以吏部称之。

称爵名的情况，古代一些高级官员或大贵族，不仅有官职，还有爵位，所以在官称之外还有爵称，爵称应当视为官称的一部分，如在《史记》中，因为韩信曾封为淮阴侯、张良曾被封为留侯，故而司马迁为他们分别列了《淮阴侯列传》和《留侯世家》。淮阴侯、留侯是爵位，在这里也就是爵称。又如我国至今在成都、襄樊、南阳、勉县、奉节等地都保留着后人祭祀诸葛亮的祠庙，可是都不叫诸葛丞相祠，而都叫武侯祠，这是因为诸葛亮曾被封爵武乡侯（死后又谥忠武侯），故而后人都以诸葛武侯相称。再如著名的《武经七书》中有《李卫公问对》一书，或称《卫公兵法》，乃是托唐初名将李靖之名的兵法，李靖封卫国公，故人称李卫公。与李卫公相类的唐宋著名历史人物如名相魏征曾封郑国公，故人称魏郑公；大书法家褚遂良曾封河南郡公，故人称褚河南；大政治家王安石曾封荆国公，故人称王荆公；大史学家司马光曾封温国公，故人称司马温公。明清时期，封爵者不多，故而以爵号相称者也少，但也有一些常见者，如明初朱元璋的重要谋士刘基曾封诚意伯，故而他的文集就被称为《诚意伯集》。清代用作称谓最多的是满蒙王公的宗室封爵，如睿亲王多尔衮、恭亲王奕䜣、庆亲王奕劻，醇亲王奕譞等，各种文献中多以“恭亲王”、“醇亲王”这样的爵号相称。

地望称：地望称，也是一种不直呼其名的尊称，就是以地名作为对人的称谓。这其中又可以分为出生地、族望、为官之地这三种不同的来源，故统称为“地望称”。以某人的出生地地名为某人的代称，这在古代是比较常见的一种称谓。以唐宋文学家为例：

孟浩然是襄阳人，故而人称孟襄阳，他的诗文集就叫《孟襄阳集》；

柳宗元为河东人，故而人称柳河东，他的诗文集就叫《柳河东集》；

张九龄为曲江人，人称张曲江，他的诗文集就叫《曲江集》；

王安石为临川人，人称王临川，他的诗文集就叫《王临川集》；

梅尧臣是宣城人，宣城古称宛陵，故人称梅宛陵，他的诗文集就叫《宛陵集》。

古代以地名为人的称呼的第二种情况，是不以出生地地名为称，而以郡望为称。郡望是魏晋南北朝时期兴起的一种社会风尚，本指某一地区（多指某郡）最有名望的豪门大族，时称“望族”，著名者如颍川荀氏、颍川陈氏、平原华氏、河东裴氏、河东卫氏、山阳郗氏、扶风苏氏、京兆杜氏、琅玡王氏、陈郡谢氏、清河崔氏、范阳卢氏、荥阳郑氏、太原王氏、陇西李氏等，都是著名的“望族”。由于当时北方一般以某郡论某姓，所以某郡的望族又称为某郡的“郡望”、“郡姓”，东南吴地则又称为“吴姓”，东晋时由北方南迁的望族又称为“侨姓”。

上述这种情况，就是我们今天已很难理解的古人的“郡望”。用“郡望”相称，也就是以古人的郡望所在地的地名相称，是古人以地名相称的一个部分。例如大家所熟悉的杜甫在诗中常自称“杜陵布衣”、“杜陵野老”、“杜陵野客”、“杜陵诸生”等，别人也以“杜陵”称他，如陆游《感旧诗》：“我思杜陵叟，处处有遗迹”。清人陈廷焯《白雨斋词话》：“诗至杜陵而圣，亦诗至杜陵而变”。其他如称“杜陵老”、“杜陵老翁”、“杜陵杰”、“杜陵子”等，都是围绕着“杜陵”这一地名。与此同时，杜甫还自称为“襄阳杜甫”。可是，杜甫既不生于关中杜陵，也不生于湖北襄阳，而是生于河南巩义。他所以自称“杜陵布衣”，旁人所以称他为“杜陵老”，都是以郡望相称的。从汉代起，京兆杜陵的杜氏就是当地的名门望族，晋代名将兼学者的杜预就正是杜陵人。又如人们所熟悉的韩愈，自称“昌黎韩氏”，旁人也多称他叫“韩昌黎”，韩愈并不生于河北昌黎，而是生于河南河阳。关于以郡望代指某人之姓的最著名的一个例子，是关于“河东狮子吼”的典故。

古代以地名为人的称呼的第三种情况，是对某些曾较长时间在某地作过地方官的人，以他为官之地的地名称之。我们还是以著名的文学家为例：

孔融曾任北海相，故称孔北海，后人辑其诗文为《孔北海集》；

陆机曾任平原内史，故称陆平原；

谢朓曾任宣城太守，故称谢宣城，后人辑其诗为《谢宣城集》；

陶渊明曾任彭泽县令,故称陶彭泽;

骆宾王曾任临海县丞,故称骆临海,其诗集就叫《骆临海集》;

岑参曾任嘉州刺史,故称岑嘉州,其诗文集就叫《岑嘉州集》;

刘长卿曾任随州刺史,故称刘随州,其诗文集就叫《刘随州诗集》和《刘随州文集》;

韦应物曾任江州和苏州刺史,故称韦江州,又称韦苏州,其诗文集既称《韦江州集》,又称《韦苏州集》;

柳宗元曾任柳州刺史,故称柳柳州;

贾岛曾任长江县主簿,故称贾长江,他的诗集就叫《贾长江集》。

称庙号、年号、尊号、谥号:在这四种称谓中,庙号是帝王所专有的;谥号不是帝王所专有的,前文已述,但帝王的谥号在古代文献中使用得最多;尊号基本上是帝王与帝后才有,只不过除慈禧等个别之外,在历史上无多大影响;年号不仅帝王有,一些农民起义领袖也有,但当时他们也就是一个新政权的帝王。所以,可以这样说,以上四种称谓在古代基本上就是对帝王的称谓(只有谥号使用范围稍广一点),下面介绍除谥号外的其他三个称谓。

封建皇帝死后,在谥号之前还有庙号。原来,皇帝死后要在太庙立室奉祀,要定一个名号,如某祖、某宗,这个名号就叫庙号。一般说,开国皇帝称祖,其余嗣位者称宗,如称李渊为高祖,称继位的李世民为太宗。但也有例外,将一个朝代的前几个皇帝均称为祖的。如称清代努哈赤为太祖,称顺治为世祖,又称康熙为圣祖。

庙号和谥号可以连称,一般是庙号居前,谥号在后。如汉武帝的全号是太宗孝武皇帝,唐宪宗的全号是宪宗昭文章武大圣至神孝皇帝。

从唐代起,皇帝还有尊号,是生前奉上的。如唐玄宗开元二十七年,受尊号为开元圣文神武皇帝。也有死后追尊的,如唐高宗死后,朝廷于唐玄宗天宝十三载,上尊号为神尧大圣大光皇帝。死后追加的尊号,也可以说是谥号,同一个皇帝,可以受尊号好几次。所以导致了谥号越来越长。如唐太宗李世民初谥“文”,称“文皇帝”,到唐玄宗时,改为7字谥,称“文武大圣大广孝皇帝”。清代皇帝的谥号更长,如清高宗(乾隆)的谥号为“法天隆运至诚先觉体元立极敷文奋武钦明孝慈神圣纯”,多达23字。由于谥号加长,不便称呼,所以唐宋以来的皇帝,都改称庙号了,如称唐太宗、宋太祖。到了明清,改为用年号称呼。

年号是封建皇帝纪元的名号。汉武帝于公元前140年即位,称为建元元年,是我国采用年号的开始。此后新君即位,都要改变年号,称为改元。同一个皇帝,也可以多次改元,如汉宣帝在位26年,改元6次;武则天在位21年,改元17次。从明太祖朱元璋开始,一个皇帝一般只用一个年号,因此明清两代可以用年号来称呼皇帝。如称明神宗朱翊钧为万历皇帝,称清高宗弘历为乾隆皇帝。

二、古代的特殊称谓——别称、敬称、谦称、讳称

(一)别称

1. 父母的别称:父母是所有亲属中最重要、关系最密切的亲属,在有些场合往往要父母并称,如杜甫《新婚别》:"父母养我时,日夜令我藏。"对于"父母"的总称,除了古今通用、不用解释的"双亲"、"二老"、"爹娘"之类以外,还有"高堂",这是以高大的厅堂为拜见父母之所,引申为父母之称,如李白《送张秀才从军》诗:"抱剑辞高堂,将投霍冠军",高堂一称,一直到现代仍有使用。

"严君",《易·家人·彖传》:"家人有严君焉,父母之谓也"。不过,古人以父严母慈之别,后来多以严君专指父亲,如李白《忆旧游寄谯郡元参军》诗:"君家严君勇貔虎,作尹并州遏戎虏。"

"亲",如《孟子·尽心上》:"孩提之童,无不知爱其亲者。"这里的"亲",即双亲。《公羊传·庄公二十三年》:"君亲无将。"何休注:"亲,谓父母。"亲又可称为"二亲"、"两亲",如杨万里《龚令国英小集》:"两亲问消息,敢道不平安。"

"闱",是古代宫室内的小门,故而常用作室中的代称,父母所居处即称"庭闱"。由此就可称父母为"亲闱"、"重闱"、"庭闱",如杜甫《送韩十四江东觐省》:"我已无家寻弟妹,君今何处访庭闱?"

"萱堂",或作"堂萱",这是古代文士中对母亲的一种代称,也可看作一种敬称。萱草又写作谖草,是古人认为可以忘忧的一种草,就是今天将其花蕾用为蔬菜的金针菜(或称黄花菜)。《诗·卫风·伯兮》:"焉得谖草,言树之背。"毛《传》:"谖草令人忘忧;背,北堂也。"诗意是说在北堂种萱草,可以忘忧。而北堂是母亲所居之处,故而后人就以"萱堂"或"堂萱"、"萱闱"作为母亲居室的代称,又以为母亲的代称,如范成大《致政承奉卢君挽词》有"眼看庭玉成身后,身及堂萱未老时"之句。不仅萱堂可以称母,还可以因为"北堂"而简称以"堂"代母,如陆士衡《赴洛二首》有"感物恋堂室,离思一何深"之句,这里"堂"即指母亲,而"室"指妻子。后来,经常出现的尊称对方母亲为"令堂"、"尊堂"、"堂老",就是来源于此。

"椿庭",这是古代文人笔下对父亲的一种代称。《庄子·逍遥游》:"上古有大椿者,以八千岁为春,八千岁为秋。"于是"椿"或"椿年"成为后人祝人长寿之词,或成为长寿之人的代称。《论语·季氏》载,孔子的儿子伯鱼"趋而过庭",接受他父亲的教诲。后人遂将"椿"与"庭"合起来,作为对父亲的代称。如明代朱权在《荆钗记》第二折中,就有"不幸椿庭殒丧"之句。

由于母亲可称"萱堂",而父亲又可称"椿庭",故而古人又以"椿萱"或"萱椿"为父母的代称,如唐代牟融《送徐诰》诗:"知君此去情偏切,堂上椿萱雪满头";汤显祖《牡丹亭·闹殇》:"当今生花开一红,愿来生把萱椿再奉。"

2. 妻父(母)的别称:自古以来,人们习惯称呼妻子的父母为丈人、丈母或岳父、岳母,以及泰山、泰水,这些称谓也都是一种敬称。古时,丈、杖相通,拄杖者多为老人,于是称老人为"丈"。在泰山上有一山峰,名为丈人峰。以山峰之名代称,具有健康长寿的祝愿之意,所以说唐代以后,"丈人"便用来专称妻父,妻母自然也因此被尊称为"丈母"。其实在南北朝时,"丈人"就已成为对于妻之父(古又称为舅或岳父)之称。《三国志·蜀书·先主传》:"献帝舅车骑将军董承辞受帝衣带中密诏",裴注:"董承,汉灵帝母董太后之姪,于献帝为丈人,盖古无丈人之名,故谓之舅也。"这就是说,在裴松之作注时,已将"丈人"作为岳父之称。岳,山也,称呼岳父、岳母,与丈人、丈母同样含有祝愿之意。至于"泰山"这一敬称,除因泰山有丈人峰而得名之外,还与唐开元十三年,唐玄宗封禅泰山,宰相张说趁机将自己的女婿郑鑑官升四级的典故有关。正是由于伶人黄繙绰"此泰山之力也"的解释,便有了以"泰山"专指妻父的说法。山为阳,水为阴,所以妻母也增添了一个新的敬称,即"泰水"。

3. 兄弟的别称:兄又称为"昆"(古作翼),《尔雅·释亲》:"昆,兄也",郭注:"今江东人通言昆。"这种称呼早在《诗·王风·葛藟》中就有:"终远兄弟,谓他人昆;谓他人昆,亦莫我闻。"但是,古人称兄为昆的记载却很少见。由于古人以伯、仲、叔、季排兄弟行,故而又作"昆仲"、"昆季",如《旧唐书·王维传》:"维以诗名盛于开元、天宝间,昆仲宦游两都",唐代罗隐有《寄京阙陆郎中昆仲》诗,鲁迅先生在著名的《狂人日记》中一开始就说:"某君昆仲",正是沿用古语。

棠棣,《诗·小雅·常棣》篇,是一首申述兄弟应该互相友爱的诗。"常棣"也作"棠棣"。后常用以指兄弟。三国魏曹植《求通亲亲表》:"中咏《棠棣》匪他之诫,下思《伐木》友生之义。"唐张九龄《和苏侍郎小园夕霁寄诸弟》:"兴属蒹葭变,文因棠棣飞。人伦用忠厚,帝德已光辉。"宋苏轼《生日王郎以诗见庆次其韵并寄茶二十一片》:"棠棣并为天下士,芙蓉曾到海边郛。"

手足,《梁书·邵陵王纶传》:"岂可手足肱支,自相屠害!"苏辙《为兄轼下狱上书》:"臣窃哀其志,不胜手足之情。"

4. 女婿的别称:晋代以后,在文中有一组常见的对女婿之称,叫"东床"或"东坦"、"坦床"。如刘长卿《登迁仁楼酬婿李穆》诗:"赖有东床客,池塘免寂寥";王定保《唐摭言》卷三《散序》:"曲江之宴,行市罗列,长安几于半空,公卿率以其日拣选东床";宋代丁谓《谈录》:"晋公即参政之东坦也";宋代江休复《嘉裕杂录》:"张貂,耆之坦床,始成婚,资妆甚盛"。这一组称呼本来不是亲属称谓,而来自一个著名的历史故事:东晋太傅郗鉴向丞相王导家求婿,王家的青年"诸子皆饰容以待客,羲之独坦腹东床,啮胡饼,神色自若"。郗鉴知之,说"此真吾子婿也","乃妻之"(《太平御览》卷八六引王隐《晋书》,《世说新语·雅量》、《晋书·王羲之传》亦载,文字略有出入)。此后,遂以"东床"、"东坦"、"坦床"为女婿之称。如果是称别人之婿,还可以称为"令坦"。

娇客也是对女婿的爱称。宋黄庭坚《次韵子瞻和王子立风雨败书屋有感》:“妇翁不可挝，王郎非娇客。”任渊注:“按今俗间以婿为娇客。”《水浒传》第五回:“帽儿光光，今夜做个新郎;衣衫窄窄，今夜做个娇客。”

5. 媒人的别称:(1)媒人，婚姻介绍人称为“媒人”。媒人在中国的婚姻制度中占有重要的地位，早有孟子把“父母之命，媒妁之言”放在同等重要的地位。媒妁:媒，谓谋合二姓;妁，谓斟酌二姓。一说男曰媒，女曰妁。《孟子·滕文公》下:“不待父母之命，媒妁之言，钻穴隙相窥，逾墙相从，则父母、国人皆贱之。”(2)月老，唐人小说记载，唐代人韦固夜经宋城，遇一老人倚囊而坐，向月检书。固问所检何书。答曰:天下之婚牍。又问囊中赤绳何用?答曰:以系夫妻之足。虽仇家异域，此绳一系，终不可避。传说这位老人是主管婚姻之神，故以“月老、月下老、月下老人”作为媒人的别称。(3)红娘，唐代元稹作《莺莺传》，写张生与崔莺莺相爱，经崔的侍女红娘从中设谋撮合，使这对有情人终成眷属，元代王实甫据此改编为《西厢记》杂剧。此后，“红娘”便成了媒人的别称。

6. 老师的别称:在先秦文献中，“先生”之称，最早见于《论语》。而且在不同地方有并不完全相同的含义。陆以湉《冷庐杂识》卷八《先生》条有简要的概述:“经书‘先生’之称，名义各别:《论语》‘先生馔’，谓父兄也;‘见其与先生并行也’，谓成人也。《孟子》‘待先生如此其忠且敬也’，谓师也;‘先生将何之’，谓学士年长者也。《仪礼·士相见礼》‘若先生异爵者’，谓致仕者也。今人称师曰‘先生’，而凡当尊称之者亦曰‘先生’，盖其所由来远矣。”

应当进一步指出，在诸多关于“先生”的含义中，“古者称师曰先生”(《初学记》卷十八引《释名》，今本人《释名补遗》)、“先生，老人教学者”(《礼记·曲礼上》“从于先生”郑注)，这是最主要、最基本的含义。

对于德高望重，特别是学问精深的男子可敬称为夫子。春秋时期凡大夫以上的官员可称夫子，其“夫”即指大夫，“子”是对男子的尊称。孔子当过鲁国司寇，也是大夫，所以被其弟子等人称为夫子。后来，孔子被尊奉为万世师表，所以夫子成了对孔子的尊称。孔子是教育家，从而引申为对老师或可奉以为师的男子也称夫子，如齐宣王就敬称孟子为夫子。

7. 学生的别称:“门生”，“门生”之称汉代就已出现，如《后汉书·贾逵传》:“皆拜逵所选弟子及门生为千乘王国郎，朝夕受业黄门署。”很明显，这里的“弟子”与“门生”是不同的。顾炎武在《日知录》卷二十四《门生》中，根据汉《孔庙碑阴题名》中数人的题名材料分析，认为“汉人以受学者为弟子，其依附名势者为门生”。正因为如此，所以汉代不少高官，包括黄门令郎宦官王甫在内，都有不少“门生”为之奔走活动。到南北朝时“所称门生，今之门下人也”(同前)。隋唐以后，“门生”又有了新的含义。成了新兴的科举制度的产物。自唐代开始，凡考中之士子均尊称考官为“座主”，而自称为“门生”。于是，“门生”成为一种常见的谦称。

8. 对逝者的别称："先"和"亡"都含有哀痛、怀念之意，因此，古人将这两个字用于称谓已故的家人，同样在使用时也有长幼之分。先，用于比自己辈分高或年长的已故家人，如先祖指祖父，先父、先人则同指父亲，先母、先妣同指母亲。亡，则用于辈分比自己低或年幼者，如亡友、亡弟、亡儿等。

(二)敬称、谦称和贱称

古代在人际交往中，为了表示对人的尊重，凡提到自己时用谦称，称呼对方时则用敬称。由于自己的身份不同，以及表示尊敬的对象不同，谦称与敬称的用词也就有所不同。

1. 谦称

当面对话及书信往来的直接谦称：古代帝王或诸侯谦称自己为寡人、孤家、不谷。"寡"与"孤"同义，都有表示自己缺少德行的意思。寡、孤本为贬义，但由于被帝王专用，后来"称孤道寡"反倒成了"称帝称王"的同义语。不谷是不善的意思，主要为先秦时期的国君用于谦称，秦以后废而不用。官吏一般自称谦词用臣、下官、末官、卑职等。臣是面对国君时官员表示谦卑的自称；下官、末官、卑职都是谦称自己职位低微。文人雅士自谦习惯用小生、晚生、晚学、后学、末学等，以示自己是新学后进之辈，学识尚很浅陋，也常用不才、不佞、不肖（贤）、鄙人等词，谦指自己没有才能和见识。在尊贵者面前，谦称多用在下，这是因为古代座席尊者在上，位卑者居于下席。面对长辈，除谦称晚辈外，年幼者还常自称小子。老年人自谦时，常称老朽、老鄙、老夫、老拙，表示自己年老愚笨，已衰朽无用。而妇女则以小奴、下妾等词自谦。谦称的运用，是通过贬低自己而抬高对方的身份，实际表达的是对对方的尊敬，也显示出一种修养和礼貌。

在交谈中谈到自己一方亲属时用的间接谦称：谈到比自己尊长的亲属用谦辞"家"，如家父（家尊、家严、家君、家翁）、家母（家慈）、家兄、家姐、家叔等；提及自己的卑幼亲属用谦辞"舍"，如舍弟、舍妹、舍侄等。家、舍带有普通、平常的含义，可表谦逊。提妻子谦称贱内、贱荆、寒荆，谈儿子多称贱息、犬子，自贬示谦的意味更浓。

2. 敬称

当面对话及书信往来的直接敬称：敬称的词语很多，均带有尊重、敬仰的意义。对古代最高统治者，常尊称为天子、皇上、主上、圣上、圣主、万岁。"天子"据《白虎通义》所说，是古代认为帝王之父为天，其母为地，是上天所生，"故谓之天子"。"皇"词义为大，"圣"指智慧超群，"上"有至高无上之意，这些词都显示了皇帝的特殊地位。"万岁"在先秦时期是臣下对王侯贵族通用的祝语，秦汉之后专用于祝福皇帝，后来便也尊称皇帝为万岁了。此外皇帝还被敬称为"陛下"。据唐代段成式《酉阳杂俎》载："秦汉以来，于天子言陛下，皇太子言殿下，将军言麾下，使者言节下、毂下，二千石长史言阁下，通类相与言足下。"陛的本义是宫殿的台阶，陛下原指皇帝设在台阶下以防不测的近臣。以陛下作为对皇帝的尊称，东汉蔡邕《独断》卷上解释为："群臣与天子言，不敢直斥，故呼在陛下者告之、因卑达尊之义也。”名为对陛下近臣言，实际上是直接对皇帝说、故陛下便成了皇帝的代称。也就是说在古代森严的等级制下，地位低者在与地位很高者谈话时，不敢直接呼其名号，而用称呼其身前地位较低的侍从、僚属的办法来指代，称卑以达尊、因卑达尊等。

殿下、麾下、节下、毂下、阁下的含义与陛下相同，都是由于不敢直称对方，故通过侍从转呼以示尊重，从而转化而成的敬称。其中“殿”指殿堂，起初天子、诸侯、皇太后、皇后、亲王等均可尊称殿下，唐代之后才主要用于皇太子与皇后。“麾”是指挥军队的旗帜，故尊称将军为麾下。“节”指使者所持的符节；“毂”本为车轮中心的圆木，用作车轮的代称。使者奉命出使必持节乘车，故可尊称其为节下或毂下。另外，奉皇帝之命出使的官员还被尊称为天使。“阁”比殿小，古代郡太守按照规定有资格比照三公开阁治事，故尊称阁下。但这一敬称使用较宽泛，不仅用于尊长，平辈亦可使用。唐代之后，对州郡的长官则多尊称府主、府公、府台等。

至于足下一词，出现时间最早，战国时期已有较广泛的使用，而且多用为君主之称。《日知录》卷二十四《足下》条云：“战国时人主之称也，如苏代遗燕昭王书、燕毅报燕惠王书、苏厉与赵惠文王书，皆称足下。又如苏秦谓燕易王、范睢见秦昭王、苏代谓齐滑王、齐人谓齐滑王、孟尝君舍人谓卫君、张丐谓鲁君、赵郝对赵孝成王、郦生说沛公、张良献项王，亦皆称足下。”此外，也有用于非君主之称者，如《国策·韩策二》：“严仲子辟人，因为聂政语曰：……闻足下义甚高”。从汉代开始，“足下”则少用以称帝王，多作为同辈间的尊称，如《史记·季布传》：“足下亦楚人也，仆游扬足下之名于天下，顾不重邪？何足下距仆之深也。”李陵《答苏武书》称“子卿足下”，司马迁《报任少卿书》称“少卿足下”。

为什么会以“足下”为尊称？传统的说法认为来自春秋时晋文公与介子推的故事。此一说最初见刘宋时刘敬叔的《异苑》卷十：“介子推逃禄隐迹，抱树烧死。文公附木哀嗟，伐而制履，每怀割股之功（按：介子推曾为晋文公割股疗疾），俯视其履曰：‘悲乎，足下！’‘足下’之称，疑起于此。”也就是说春秋时介之推追随晋文公出亡十九年，后晋文公返国执政，对随其流亡者一一封赏，惟介之推“不言禄”，隐居绵山，晋文公令其出山。介之推执意不从。晋文公令放火烧山，意欲逼其出山，结果介之推抱树不出，被火烧死。晋文公念其功绩，将树砍回，制成木屐，每当想起他当年割股之功，就俯视木屐叹道：“悲乎足下！”以后人们相沿以“足下”作为一种尊称。

古代对老人除称为老伯、老叔，还可尊称为老丈、丈人，其义取于持杖。《淮南子·道应训》汉高诱注说：“老而丈于人，故称丈人。”丈与杖通，丈人犹言杖人，即持杖之人。有资格在人前持杖必为老人，故丈人泛指老年长辈和尊者。至于丈人指岳父，是在唐代以后才成为专名。

在交谈中提及对方亲属时用的间接敬称：提及对方亲属时，则多冠以令、尊、贤等赞美的字眼。如令尊（令父）、令堂（称对方母亲）、令妻（令阃）、令姐、令兄、令郎、令爱等；再如尊祖（称对方祖父），尊上（称对方父母），尊公、尊君、尊府（皆称对方父亲），尊堂、尊萱、尊慈(皆称对方母亲)、尊亲(对方亲戚)、尊驾(称对方)、尊命(对方的嘱咐)、尊意。

贤,用于称平辈或晚辈,如贤家(称对方)、贤郎(称对方的儿子)、贤弟、贤内助。兄弟为贤兄、贤弟,子为贤郎,婿为贵婿等。

谦称、敬称用词还有很多,不再列举。

3. 古代贱称

表示轻慢斥骂的态度。如《荆轲刺秦王》:"今往而不反者,竖子也。"《毛遂自荐》:"白起,小竖子耳。"《鸿门宴》:"竖子不足与谋!"《孔雀东南飞》:"小子无所畏,何敢助妇语!"

(三)对死亡的特殊称谓

中国文化源远流长,汉语词汇丰富无比,据调查历代史书及文学作品中表达"死"——消尽无余这一意思的别称有两百多个,仅《红楼梦》就有49个。按死者的身份、职业、死的意义、区域、年龄、亲疏关系不同,死的称谓亦不同。

按死者的身份划分:

1. 古代帝王或王后死

古代帝王或王后死称之为"崩"、"驾崩"、"崩殂"、"山陵崩"、"天崩地坼"、"大薨"、"大行"等。

崩、山陵崩:皇帝死了叫作"崩","崩"这个字形容高山倒塌,气势不可比拟,而山岳倒塌自然是大事,按照尊卑思想就把这个"崩"字用在皇帝身上。"天子死曰崩。"(《礼记·曲礼下》);山陵,帝王的坟墓。"秦名天子冢曰山,汉曰陵,故通曰山陵矣。"(《水经注·渭水》);用"山陵"来比喻王侯的地位尊高及其崩塌影响之巨大可谓形象生动。《战国策·秦策五》:"王之春秋高,一日山陵崩,太子用事,君危于累卵,而不寿于朝生。"《战国策·赵策四》:"一旦山陵崩,长安君何以自托于赵?"

此外,千秋万岁和万岁千秋也是帝王和王后死的讳称。《北史·隋房陵王勇传》:"每思东宫无正嫡,至尊千秋万岁后,遣汝等兄弟向阿云儿前再拜问讯,此是几许大苦痛邪!"《新五代史·唐臣传·郭崇韬》:"俟主上千秋万岁后,当尽去宦官。"《战国策·楚策一》:"于是楚王游于云梦,……仰天而笑曰:'乐矣,今日之游也。寡人万岁千秋之后,谁与乐此矣?'"

2. 古代王侯、夫人死

古代王侯、夫人死称之为"薨"、"薨逝"。"薨"这个字有雷鸣的意思,与山崩塌相比差一点,但声势也很壮大。例如:"(楚武王)薨于行,国之福也。"(《左传·鲁庄公四年》,"薨",龙奄了,即奄然亡也,借喻侯王、王后之死。唐代以后,称二品以上官员的死也叫"薨"。)"七十二日而毕,睹壬子水行御,天子决塞功大水,王后夫薨。"(《管子·五行》)。

薨,《春秋·隐公二年》:"十有二月,乙卯,夫人子氏薨。"唐代韩愈《曹成王碑》:"太妃薨，王弃部，随丧之河南葬。”明代小说《英烈传》第十一回：“德崖因说：‘滁阳已薨，兵权无统，以义论之，应属不才掌管，故借此酒相烦。’”

薨逝，清代袁枚《随园诗话》卷八：“余已未同年，多出任封疆，内调鼎鼐者，可谓盛矣。近都薨逝，惟余以奉母故，空山独存。”欧阳予倩《黛玉焚稿》第二场：“（贾政）还有一层难处，贵妃薨逝，宝玉应有九个月的功服，此时也难娶亲。”贵妃指宝玉的姐姐。按古丧制，居丧期根据亲属的关系规定有五种丧服，简称五服。“功服”即五服中的“大功”“小功”的通称，在此期间是不能娶亲的。

3. 古代大夫死，称之为“卒”。例如：“庄襄王卒，子政立，故为秦始皇帝。”（《史记·秦本纪》），卒〈醉〉，终也，终人生之事也。因以称大夫之死。亦称高寿为卒。

4. 古代士人死，称之为“不禄”。例如：“又重之以寡君之不禄。”（《国语·晋语》），禄，奉禄。生方有禄，死则无禄。故以之为士人死的讳称。亦常称有爵位的显贵之死。

5. 唐以后六品以下官员及庶人死，称之为“死”。例如：“孟明稽首曰：‘……寡君之以为戮，死且不朽。’”（《左传·殽之战》）

以上“死”的别称反映了奴隶社会、封建社会严格的等级观念。

按死者的职业划分：

1. 教徒死，称之为“化”、“物化”、“羽化”、“亡化”、“顺化”、“坐化”“坐脱”、“化鹤”、“鹤驭”、“寂”、“示寂”、“圆寂”、“ 登仙 ”、“登极乐”、“归天”、“升天”、“飞升”、“尸解”、“形解”、“涅禁”、“园毗”、“反真”、“无常”、“恬退隐忍”等。

圆寂是佛教用语，音译“涅槃”称僧尼之死。佛家修行，以圆寂为最终目的，即诸德圆满俱足，诸恶寂灭净尽之意。如释义净《大宝积经》：“我求圆寂，而除欲染。”

坐化，佛教以此称和尚安坐而死。如《资治通鉴·后晋开运三年》：“深意卒，方简用行其术，称深意坐化。”

羽化，意为飞升成仙。道家学仙，故用以称道士之死。如《晋书·许迈传》：“玄自后莫测所终，好道者皆谓之羽化矣。”

2. 文人死，称之为“修文”、“修文地下”或“地下修文”、“玉楼赴召”或“玉楼修记”。例如：

“修文将管辖。”（杜甫《哭李尚书》）

“颜子渊、卜子商，死为地下修文郎。”（《幼学·释道鬼神》）

“相传‘李贺将死，昼见绯衣人传玉帝诏令，谓白玉楼成，召使作记，随卒。’”（李商隐《李贺小传》，后因此称文人早死为“玉楼赴召”或“玉楼修记”。）

3. 伟人、要人死，称之为“泰山颓”、“树木坏 ”、“山颓木坏 ”、“兰摧玉折”。

4. 贤才死，称之为“蝗玉”。例如：“亮将葬，何充会之，叹曰：‘埋玉树于土中，使人情何能已！’”（《晋书·庾亮传》）

按死者的亲疏关系划分：

1. 母丧,称之为"失恃"。语出《诗·小雅·蓼莪》:"无父何怙,无母何恃。""生有甥女,早失恃,遗生鞠养。"(《辫斋·公孙九娘》)

2. 父丧,称之为"失怙"。《诗·小雅·蓼莪》:"无父何怙?"后称父亲死去为"失怙"。

3. 父母丧,称之为"艰"。"又以居艰去官。"(王俭《褚渊碑文》),又称之为见背、孤露、弃养。

见背:见背即背离我,离我而去。谓父母或长辈去世。晋李密《陈情表》:"生孩六月,慈父见背。" 明夏完淳《狱中上母书》:"痛自严君见背,两易春秋。" 周立波《山乡巨变》下十一:"她一把眼泪,一把鼻涕,先哭去世多年的爷爷,后哭新近见背的妈妈。"

孤露:孤单无所荫庇,指丧父,丧母,或父母双亡。嵇康《与山巨源绝交书》:"少加孤露,母兄见骄,不涉经学。"陈自昂《为义兴公求拜扫表》:"臣祸衅所钟,早日孤露。"

弃养:动词,书面语。父母逝世的婉词。谓父母死亡,子女不得奉养。亦泛指尊者、长者死亡。词语出自唐苏颋《章怀太子良娣张氏神道碑》:"粤景龙二载孟夏之月,遘疾弃养於京延康第之寝。"

(四)其他特殊称谓

主要有以下三种:

百姓的称谓,常见的有布衣、黔首、黎民、生民、庶民、黎庶、苍生、黎元、氓等。

职业的称谓,对一些以技艺为职业的人,称呼时常在其名前面加一个表示他的职业的字眼,让人一看就知道这人的职业身份。如《庖丁解牛》中的"庖丁","丁"是名,"庖"是厨师,表明职业。《师说》中的"师襄"和《群英会蒋干中计》中提到的"师旷","师",意为乐师,表明职业。《柳敬亭传》中的"优孟",是指名叫"孟"的艺人。"优",亦称优伶、伶人,古代用以称以乐舞戏谑为职业的艺人,后亦称戏曲演员。

古代交友的称谓,贫贱而地位低下时结交的朋友叫"贫贱之交";情谊契合、亲如兄弟的朋友叫"金兰之交";同生死、共患难的朋友叫"刎颈之交";在遇到磨难时结成的朋友叫"患难之交";情投意合、友谊深厚的朋友叫"莫逆之交";交友不嫌贫贱,叫"杵臼之交",亦称为"杵臼交"。从小一块儿长大的异性好朋友叫"青梅竹马之交";以平民身份相交往的朋友叫"布衣之交";辈分不同、年龄相差较大的朋友叫"忘年交";不拘于身份、形迹的朋友叫"忘形交";不因贵贱的变化而改变深厚友情的朋友叫"车笠之交";在道义上彼此支持的朋友叫"君子之交";幼年就相认的朋友叫"总角之交"。心意相投、相知很深的朋友叫"神交"("神交"也指彼此慕名而未见过面的朋友)。

三、古代的年龄称谓

(一)男女共有的年龄称谓

"初度",最早见于《离骚》:"皇览揆余初度兮,肇锡余以嘉名。"意为婴儿出生之时,后称生日为“初度”。

“襁褓”，最早见于《列子·天瑞》：“人生有不见日月，不免襁褓者，吾既已行年九十矣，是三乐也。”本意为捆裹婴儿的带子和被子，后借指婴儿未满周岁。

“百晬”，即婴儿出生一百天，这时要举行贺宴，俗称“做百岁”；

“周晬”，指婴儿满周岁，最早出自《东京梦华录·育子》：“生子百日，置会，谓之‘百晬’。至来岁生日，谓之‘周晬’。”

“孩提”，最早见于《孟子·尽心上》：“孩提之童，无不知爱其亲者。”赵岐注：“孩提，二二岁之间，在襁褓，知孩笑，可提抱者也。”“孩通咳，小儿笑，提是抱，“孩提”是指幼儿两三岁，这时他们会笑了，在襁褓里发出可爱的笑声，张开小手要人来抱，所以称为“孩提”。“孩提”最初的范围是2-3岁，最大可放宽到6岁，大于6岁的儿童再使用“孩提”就不合适了。

“垂髫”，古时候七八岁儿童前额下垂的头发称为髫，后称童年为“髫发”“垂髫”，源于《后汉书·伏湛传》：“髫发厉志，白首不衰。”和潘岳《藉田赋》：“被褐振裾，垂髫总发。”

“龆龀之年”，源于《韩诗外传》：“故男八月生齿，八岁而龆齿……女七月生齿，七岁而龀齿”。如：“有遗男，始龀。”（《列子·汤问》）龆龀即换牙，男孩女孩换牙称谓不同，合起来称为龆龀，指小孩七八岁时。男孩七八岁亦称“垂髫”，指男孩下垂的头发。

“总角”，《诗·卫风·氓》：“总角之宴，言笑晏晏”，古代儿童将头发分作左右两半，在头顶各扎成一个结，形如羊角，故称总角，童年便称为“总角”，如陶渊明《荣木诗序》：“总角闻道，白首无成。”

“竹马之年”，李白诗《长干行》：“郎骑竹马来，绕床弄青梅。”男孩骑着竹马，为女孩折取青梅，两小无猜，无拘无束地一起玩耍，“竹马之年”就是天真无邪的童年时代。

（二）古代女子适用的年龄称谓

童年的年龄称谓，基本上是男女通用的，从少年开始，男女称谓有了区别。

金钗之年——12岁（女）：12岁预示着童年的结束，女孩到了12岁，进入青春期，在头上佩戴金钗之类饰物表现出女孩爱美的天性。因此，12代表了成熟和美，这样自然就与美的代言物金钗联系起来，南朝乐府民歌《河中之水歌》：“头上金钗十二行，足下丝履五文章”最早将金钗和十二并列在一起，《红楼梦》中的十二金钗，更是强化了二者之间的联系，所以用“金钗之年”来称谓女孩12岁。

豆蔻年华——13岁（女）：“豆蔻年华”源于杜牧《赠别》：“娉娉袅袅十三余，豆蔻梢头二月初。”此诗是诗人给相好歌妓的分别之作。豆蔻，是一种多年生草本植物，产于南方，二月初的豆蔻含苞待放、随风摇曳，十分可爱，而十三余的女孩姿态美好，就像梢头初开的豆蔻一样，聘聘袅袅，摇曳生姿，故称女孩十二四岁为“豆蔻年华”。

及笄之年——15岁（女）：“及笄之年”源自《礼记·内则》：“十有五年而笄”。笄是古代女子用来插住头发的簪子，先秦的女子15岁许嫁后，要绾发戴簪，表示已经成人。

碧玉年华——16岁(女)：女子16岁称为"破瓜之年""碧玉年华"。俗语中破瓜二字，是女子的初夜破处，诗文中的破瓜指拆字义，是将瓜字拆开，破开来正好是两个八，一般指女子16岁。破瓜与碧玉连在一起最早见于东晋孙绰的《碧玉歌》："碧玉破瓜时，相为情颠倒。"

桃李年华——20岁(女)：女子20岁被称为"桃李年华"，源自《诗·召南·何彼襛矣》："何彼襛矣？华如桃李。"文王的孙女下嫁齐侯的公子，出嫁时正是桃花李花竞相开放的春天，诗人用桃李喻女子美貌。

花信年华——24岁(女)：女子24岁叫"花信年华"。花信风，简称花信，人们把花开时吹来的风叫做花信风，后由风指花，意为应花期而开带来花期消息的花。24岁的女子，沉鱼落雁，闭月羞花，是女子一生中最漂亮的时候，用花信之美来比喻女子美到极致，极为恰当。

半老徐娘——30岁(女)：女子30岁称为"半老徐娘"，有时也泛指三四十岁的中年女士。徐娘原名徐昭佩，是南朝梁萧绎的妃子，据《南史·元帝徐妃传》记载，徐昭佩婚后备受冷落，当萧绎来时，她一半脸画浓妆，另一半不施粉黛，故意气瞎一只眼的萧绎，从而产生了半面妆的典故。步入中年，徐娘与萧绎的侍从季江偷情，季江向人炫耀："徐娘虽老，犹尚多情。"徐娘半老一词于是流传开来。

(三)古代男子适用的年龄称谓

关于男子的年龄代称，《礼记·曲礼上》有这样的说法："人生十岁曰幼学，二十曰弱冠，三十曰壮有室"。孔子《论语·为政》："吾十有五而志于学，三十而立，四十而不惑，五十而知天命，六十而耳顺，七十而从心所欲，不逾矩。"

幼学：《礼记·曲礼上》："人生十年曰幼，学"因古代文字无标点，人们便截取"幼学"二字作为10岁的代称。

舞勺之年：指的是男孩子13－15岁期间。根据《礼记》的记载：勺，一种乐舞，古未成童者习之，舞勺指未成童者学习勺舞。《礼记·内则》："十有三年学乐诵诗舞勺。成童舞象学射御。"孔颖达疏："舞勺者熊氏云：'勺钥也。'言十三之时学此舞勺之文舞也。"后以指幼年。又以舞勺代指十三岁。如孙科《革命逸史序》(冯自由著)："年逾舞勺，即加入兴中会，亲炙总理，从事革命。"当时冯自由年十四岁，称"年逾舞勺"，是舞勺指十三岁矣。

束发(成童、志学)：男子15岁左右称"束发"或"成童"，这时应该学会各种技艺。《大戴礼记·保傅》："束发而就大学，学大艺焉，履大节焉。"古代男孩将头发由两髻(总角)束成一髻叫做"束发"，束发表示已到少年期，故又叫"成童"。

舞象之年：男子15－20岁，"舞象"又是成童的代名词。原本是古武舞名。《礼记·内则》："成童，舞象，学射御。"《疏》曰："成童，谓十五以上；舞象，谓舞武也。熊氏云：'谓用干戈之小舞也。'"也就是可以上战场了。

弱冠:古代男子20岁行冠礼,以示成人,故男子20岁称为"弱冠"。青年男子20岁,还不健壮,称"弱冠",表示还年轻,但可以戴帽子了。

而立:《论语·为政》:"三十而立。"意即30岁有所成就,后将"而立"作为30岁的代称。30岁人应该能依靠自己的本领独立承担自己应承受的责任,并已经确定自己的人生目标与发展方向。

不惑:《论语·为政》:"四十而不惑。"故后人常用"不惑"代称40岁。不惑,"不迷惑、不糊涂"之意。四十不惑是说用自己的原则在经历许多的人和事后,对自己的原则不惑。

艾服:《礼记·曲礼上》:"五十曰艾,服官政。"后因以"艾服"作为50岁的代称。

知命:《论语·为政》:"五十而知天命。"知天命,指懂得上天意旨。旧时因以"知命"为50岁的代称。五十知天命是指明白所谓命运,一切一切,都是自己造就的,因此就应不怨天、不尤人。

耳顺:《论语·为政》:"六十而耳顺。"后人便以"耳顺"为60岁的代称。六十岁能听得进不同的意见(清楚理解听到的话)。

花甲:古代用天干、地支纪年。十干和十二支依次组合为六十年,故称六十为"花甲子"。后简称为"花甲"。

古稀:杜甫《曲江二首》:"酒债寻常行处有,人生七十古来稀。"后人便以"古稀"作七十岁的代称。古代营养、医疗条件差,人活到七十甚是稀罕了。

耄耋:因《礼记》将八十、九十岁称为耄和耋,所以又有称这一年龄段的老人为"耄耋老人"的,而在实际使用上,"耋耋"亦用作对老年的泛指。

期颐:期颐是对百岁老人的称谓。源于《礼记·曲礼》:"百年曰期颐。"古人认为"人生以百岁为期",所以"期"即百岁之意。而"颐",可释为"奉养"。人到百岁,确实是到了需要小辈孝敬、奉养的时候了。

四、古代传统节日和习俗

(一)古代传统节日

古人把一年中一些特殊的日子作出特殊规定,称为节日,各有不同的风俗习惯和活动方式。我国古代主要的节日有:

元旦——农历正月初一,即一年的第一天,亦称"元日"、"端日",是我国最隆重的节日之一。据宋吴自牧《梦粱录》载,宋代朝廷在这一天要举行元旦大朝会,皇帝接受百官和外国使臣的朝贺,并在宫里赐宴群臣。至于民间,则"士夫皆交相贺,细民男女亦皆鲜衣往来拜节……不论贫富,游玩琳宫梵宇,竟日不绝。家家饮宴,笑语喧哗。"可见当时民间的庆祝活动与现在已基本相同。近代普遍使用阳历后,多把阳历的一月一日叫做"元旦”,而把农历的正月初一叫做“春节”。

春节习俗文化中最重要的内容,就是阖家团聚欢度佳节,燃放爆竹烟花,换桃符,贴年画。现在人们谈及此种习俗,一般都引用宋代王安石的《元日》诗:“爆竹声中一岁除,春风送暖入屠苏;千家万户瞳瞳日,总把新桃换旧符。”

人日——农历正月初七。古代习俗相传,自正月初一至初七,每天各有所属:一日为鸡,二日为狗,三日为猪,四日为羊,五日为牛,六日为马,七日为人。每逢人日,古人要剪彩成人形,不分男女都戴在头上,叫做“人胜”,又叫“春胜”。高适《人日寄杜二拾遗》(杜二即杜甫):“人日题诗寄草堂,遥怜故人思故乡。”至今成都人犹有人日游草堂的习俗。

上元——正月十五日。古代以正月十五日为“上元”,七月十五日为“中元”,十月十五日为“下元”,合称“三元”。后代只有上元、中元成为节日。上元又称“元宵”、“元夜”、“元夕”。中古以后,我国有元宵张灯观赏的习俗,故又称“灯节”。观灯之俗,宋时最盛,据南宋周密《武林旧事》卷二记载,当时首都临安(今杭州)到处搭建灯山,又有数十个舞队在灯市上流动表演,士女观者如云,往往通宵达旦。欧阳修《生查子·元夕》:“去年元夜时,花市灯如昼。”元宵是我国古代最隆重的节日之一,观灯之俗一直流传至今。

社日——农家祭祀社神(土地神)以祈求丰收的日子。分“春社”和“秋社”两节,春社在立春后第五个戊日,约春分前后;秋社在立秋后第五个戊日,约秋分前后。汉代以前只有春社而无秋社,汉代以后始有春、秋二社。社日兼有祭神和乡邻会聚宴饮的性质,在古代颇受人们重视,古书中亦屡见记载。杜甫《遭田父泥饮美严中丞》:“田翁逼社日,邀我尝春酒。”王驾《社日诗》:“桑拓影斜春社散,家家扶得醉人归。”

花朝——古代以二月十五日为百花生日,故称这一天为“花朝节”。一说“花朝”为二月十二日,还有说是二月初二的,大概是因为地域、气候不同的缘故。花朝是人们外出游玩赏花的日子,宋代此风尤盛。宋吴自牧《梦粱录》卷一记载了南宋首都临安花朝节的盛况:“仲春十五日为花朝节。浙间风俗,以为春序正中,百花争放之时,最堪游赏,都人皆往钱塘门外玉壶、古柳林、杨府云洞,钱湖门外庆乐、小湖等园,嘉会门外包家山王保生、张太尉等园,玩赏奇花异木。”

寒食——清明前二日。一说清明前一日,也有人说是清明前三日。据南朝梁宗懔《荆楚岁时记》说,冬至后的第一百零五天为寒食节,所以后人就以“一百五”作为寒食节的代称。如温庭筠《寒食节日寄楚望》(二首之二)诗中就有“时当一百五”的句子。但依照旧法推算,清明前二日不一定是冬至后一百五日,有时是一百六日,所以有人认为冬至后一百零六日才是寒食节。如元稹《连昌宫词》就说:“初盖寒食一百六,店舍无烟宫树绿。”古人从寒食日起禁火三天,只吃冷食,这就是寒食节得名的由来。到清明节重新起火,叫做“新火”。关于寒食节的由来,相传起于春秋时,晋国人介之推辅佐重耳(即后来的晋文公)回国后,不求封赏,隐居山中。重耳烧山逼他出来,他抱树而死。重耳为了悼念他,下令在他死的这一天禁止烧火煮饭,后来相沿成俗。

清明——即二十四节气之清明日，在公历4月5日前后。清明节这一天，古人都要到郊外去踏青游玩，祭扫坟墓，这一习俗一直延续至今。古人常把寒食与清明联系起来，因为两节相连，寒食禁火三天，至清明另起“新火”。古代宫廷往往在这一天赐给近臣新火，这是荣宠的表示。

上巳——原为三月上旬的第一个巳日，故名。旧俗于此日手持兰草去水边祓除不祥，叫做“修禊”。《诗经·郑风·溱洧》即描写一对郑国青年结伴前往参加上巳节活动的情景，《后汉书·郊祀志》补注引《韩诗》说：“郑国之俗，三月上巳，之溱、洧两水之上，招魂续魄，秉兰草，祓除不祥。”自三国曹魏后，将这一活动固定在三月三日，并成为人们水边饮宴、郊外游春的节日。杜甫《丽人行》：“三月三日天气新，长安水边多丽人。”即写杨氏姐妹在上巳节曲江边游春的情景。

端午——农历五月五日。又叫“端阳节”。关于端午的传说很多，据《荆楚岁时记》说，战国时诗人屈原在五月五日投江而死，人们在这一天划船竞渡，表示要去救他。后来又把竞渡的船做成龙形，叫做“龙舟竞渡”。端午这一天，人们还要包粽子，佩香囊，饮雄黄酒，在门上悬挂菖蒲和白艾以“避邪”。这些习俗一直保持至今。唐宋以后，端午被定为大节日，朝廷常给百官以赏赐。杜甫《端午日赐衣》：“宫衣亦有名，端午被恩荣。”

伏日——有两个意思：一指三伏，是伏天总称；一指在三伏中举行的祭祀。作为节日，指的是后者。古代在三伏中要举行一次祭祀，这是受到重视的节日。汉杨恽《报孙会宗书》中说：“田家作苦，岁时伏腊，烹羊炮羔，斗酒自劳。”其中“伏”即指伏日祭祀。但伏日祭祀具体在何时举行已不可知，有的学者认为可能是在初伏。

七夕——农历七月七日之夜，是民间特别是妇女的一大节日。据古代神话传说，牛郎、织女因触犯天条，被分隔在天河两边，每年七月七日之夜才允许通过鹊桥相会一次。据《荆楚岁时记》说，七月七日的晚间是牵牛织女聚会之夜，人间妇女结彩缕穿七孔针，陈酒脯瓜果于庭中，以乞巧。唐宋时七夕“乞巧”之风尤盛，每每见诸文字。柳宗元《答问》一文中即有详细描写。又杜牧《七夕》诗：“银烛秋光冷画屏，轻罗小扇扑流萤。天街夜色凉如水，卧看牵牛织女星。”

中元——七月十五日。此节源出道教。道教认为，七月十五日是中元地官的生日，是地官的“赦罪之辰”。又佛教传说，释迦牟尼的十大弟子之一目连的母亲死后，堕入地狱饿鬼道中，食物入口即化为烈火。目连求救于佛，佛为他说《盂兰盆经》，让他于七月十五日作盂兰盆，盆中置百味五果，供养众佛僧，仰众僧的恩光以解脱饿鬼倒悬之苦。后来，中元被认为是“鬼节”，道教和佛教都要举行宗教活动，以超度亡灵，追祭死者，一般人家也要祭祀祖先。

中秋——八月十五日。“中秋”之名，取自于八月十五日乃秋季之正中。“一年明月今宵多”，古人认为这天晚上月亮最亮，是全家团聚赏月的佳节。民间还有祭月、吃月饼、吃团圆饭、供兔儿爷等习俗。古诗文中描写中秋的作品不少，尤以苏轼的《水调歌头》“中秋”词最为著名。词曰：“明月几时有，把酒问青天。不知天上宫阙，今夕是何年。”

重阳——九月九日。又称“重九”、“九日”。古人以九为“阳数”，月、日都逢九，故名“重阳”、“重九”。古人在这一天有登高、赏菊、饮酒、佩戴茱萸的习俗，据说可以避邪去恶。王维《九月九日忆山东兄弟》：“遥知兄弟登高处，遍插茱萸少一人。”即是这一习俗的反映。2013 年 7 月《老年法》规定九月初九为老年节，2013 年重阳（10 月 13 日）就是我国第一个法定的老年节。

冬至——即二十四节气中的冬至日，这一天，阳光几乎直射南回归线，北半球白昼最短，其后阳光直射位置逐渐北移，白昼逐渐变长。所以古人把冬至看成是节气的起点，有“冬至一阳生”之说，古人又认为：冬天来了，春天就要跟着到来。杜甫诗所谓“冬至阳生春又来”（《小至》），《史记·律书》所谓“气始于冬至，周而复始”，都是这个意思。冬至是古代一个重大节日，又叫做“亚岁”；冬至前的一天叫“小至”，小至之夜叫“冬除”。其庆祝活动仿效除夕，只是其隆重程度稍逊，然超过其他节日。

腊日——“腊”本是古代祭祀名。《左传·僖公五年》：“虞不腊矣。”晋杜预注：“腊，岁终祭众神之名。”举行腊祭的这一天便叫做“腊日”。许慎《说文解字》：“冬至后三戌，腊祭百神。”可见汉代的腊日是冬至后的第三个戌日。但南朝梁宗懔《荆楚岁时记》则说“十二月八日为腊日”，并说村民在这一天击细腰鼓，作金刚力士以驱役。十二月初八日是一般的解释，到今天还有“腊八粥”的风俗。杜甫《腊日》诗：“腊日常年暖尚遥，今年腊日冻全消。”现在有些书上说腊日就是十二月初八（腊八），这一说法并不完全正确。因为中古时人们还把腊日与“腊八”区分得很清楚，如宋人的《东京梦华录》、《梦粱录》等书即是这样。“腊八”之所以成为民间节日，出自佛教传说。

小年——十二月二十四日。“小年”之夜叫“小年夜”或“小节夜”。古人认为“小年”标志着旧岁新年的更易，是“交年”，这天晚上有祭送灶神（灶君）上天言事的风俗。唐罗隐《送灶》诗：“一盏清茶一缕烟，灶君皇帝上青天。”又，有的古书中说在“小年夜”祭祀祖先，这个“小年夜”指的是除夕的前一天晚上，而不是指十二月二十四日夜，这一点必须注意。现代也有“小年夜”的说法，一般也指的是除夕的前夜。

除夕——一年最后一天的晚上。“除”是除旧布新之意。一年最后一天叫“岁除”，所以那天晚上便叫“除夕”，也叫“除夜”、“大年夜”。古人（主要是儿童）在除夕终夜不睡，以待天明，叫做“守岁”，据说是“守冬爷长命，守岁娘长命”。孟元老《东京梦华录》卷十：“是夜禁中爆竹山呼，声闻于外。士庶之家，围炉团坐，达旦不寐，谓之守岁。”苏轼《守岁》诗（其四）：“儿童强不睡，相守夜喧哗。”

（二）主要少数民族文化习俗

中国是一个统一的多民族的国家。在 55 个少数民族中，节日之多，难以计数。中国民族成分最多的是云南省，有 25 个民族。据多民族的贵州省调查，除了大的节日活动以外，平均每天总有若干个村寨在过各种各样的节日。这些节日活动的参加者，少则几百人，多则上万人，甚至十多万人。每逢节日，人们总要盛装打扮，置办酒宴，歌舞欢庆。有的还要举行一定的传统仪式或宗教活动，项目繁多，五光十色。民族节日是一个民族在长期历史发展中形成的，具有一定意义的日子。特色各异的众多民族节日，大致可以分为新年节日、生产节日、青年节日、纪念节日、习俗节日和宗教节日等六个方面。

1. 维吾尔族的古尔邦节。又作"库尔班节"，阿拉伯语又称"尔德·阿祖哈"，"尔德"有节日之意，"阿祖哈"为牺牲、献身之意，故又译作"宰牲节"。也有译作献身节、孝忠节的。在希吉拉历十二月十日举行，也是朝觐者在麦加活动的最后一天。新疆信仰伊斯兰教各族对古尔邦节十分重视，届时要洒扫庭院，盛装打扮，宰杀牛羊。人们来到张灯结彩的清真寺，握手拥抱，互祝节日愉快。大家在教长伊玛目带领下，举行节日会礼，听阿訇念古兰经，看宰牲仪式。亲朋好友互相到家中探望，共同品尝抓饭、羊肉等。男子聚集在清真寺广场，拉手成圈，共跳舞蹈；妇女则在家中庭院里，在热瓦甫和手鼓伴奏下，跳起轻快热烈的民族舞。在这个节日，维吾尔、哈萨克等民族还举行赛马、叼羊等活动。

2. 维吾尔族的肉孜节。新疆地区的斋戒节日称作肉孜节，是波斯语的音译，有"斋戒"的意思。斋月期间，要在日出之前吃封斋饭，整个白天不能吃喝，克制私欲，断绝邪念，以示对真主的笃信，只有小孩和老弱病人可以例外。到了夜晚，可以饮食说笑，邻居聚集一起。斋月满后的开斋节一清早，教民就沐浴去清真寺礼拜，互相祝贺，互赠油香。在新疆有的信仰伊斯兰教地区，前一夜各家诵经不辍，一夜不睡。天亮时在院内树上挂一油葫芦灯，油尽灯落时，要踩碎葫芦，表示一切灾难都被破除。人们纷纷上街，给马扎满红色布标，马鬃与马尾上还用红绸束上野鸡毛，显得喜气洋洋。各家都准备了奶茶、杏仁、葡萄干、蜂蜜，以及糖果点心，招待来客。

3. 傣族的泼水节，泼水节在傣历六月，时间大体相当于公历的四月。根据傣族的历法，六月是一年的开始。在这个辞旧迎新的节日里，傣族人民要举行各种文娱、体育庆祝活动，其中，人们相互泼水祝福是一项最富民族特色的活动内容。因此，傣历新年常被称为泼水节，又叫浴佛节、佛诞节或花节。傣族的泼水节，有着经久不衰的独特魅力。

傣族泼水节一般要过三到四天，第一天是除夕，中间的一到两天是"空日"，最后一天是元旦。泼水节不仅是我国傣族的传统佳节，也是缅甸、泰国和老挝等信仰小乘佛教的国家的一个重要节日。它和小乘佛教有着不解之缘，并可追溯到印度的婆罗门教。据目前的研究，泼水节起源于印度，最初是婆罗门教的一种宗教仪式。这一节日中一般要举行法会，以香水泼洗佛像，拜佛念经及相互泼水祝福等活动。随着婆罗门教和小乘佛教的广为传播，泼水节这一风俗也广泛传播到南亚和东南亚地区。

此外，著名的傣族孔雀舞是我国傣族民间舞中最负盛名的传统表演性舞蹈，流布于云南省德宏傣族景颇族自治州的瑞丽、潞西及西双版纳、孟定、孟达、景谷、沧源等傣族聚居区，其中以云南西部瑞丽市的孔雀舞（傣语为"嘎洛勇"）最具代表性。相传一千多年前傣族领袖召麻栗杰数模仿孔雀的优美姿态而学舞，后经历代民间艺人加工成型，流传下来，形成孔雀舞。

4. 蒙古族那达慕大会，著名的那达慕大会是蒙古族重要的传统节日，在每年农历七八月间牲畜肥壮、水草丰茂、秋高气爽之际举行。“那达慕”为蒙语，有“娱乐”和“游戏”之意。传说起源于古代的祭敖包，始于汉代，有着十分悠久的历史。公元1225年刻于石崖上的畏兀儿蒙古文《成吉思汗石文》中已有成吉思汗在征服花剌子模后，回师途中，于今新疆、甘肃边境的布哈苏齐海地方举行那达慕大会以庆功的记载。元、明两代以摔跤、射箭、赛马为那达慕的三项必有项目。以后又增加说书、歌舞等内容。节日清晨，蒙古族人民纷纷骑马、乘车奔向预定会场。马球、武术、马术技巧、摩托车赛、好来宝(蒙语说唱)等等节目。

5. 彝族火把节，彝族火把节是彝族地区的传统节日，流行于云南、贵州、四川等彝族地区。白、纳西、基诺、拉祜等族也过这一节日。除贵州彝族在农历六月初三或初六过节外，其他几族都是从六月二十四日前后开始，过三到七天。农历六月二十四日，北斗星斗柄上指，彝语支的民族都要过火把节。

火把节是个有着许多动人传说的纪念节日，不同的民族有不同的传说。四川凉山彝族传说，过去天上有个凶神斯热阿比，常到人间搜刮钱财。彝家英雄阿提拉巴挺身而出，与凶神斗了九天九夜，终于杀死凶神。天王闻讯后，放天虫下界，为凶神复仇，想毁掉彝家的庄稼。那时正值彝历虎月，凉山的荞子开花，洋芋结果，玉米秀穗，大量的天虫吃了三天三夜，眼看农作物将要失收。于是彝家人想出了“举火把，烧天虫”的办法，终于保住了庄稼。但剩余的天虫钻入地下，来年虎月又出来破坏，因此彝家又点起火把驱除，久而久之，就形成了火把节。云南省路南彝族传说，古代有个魔王残酷欺压百姓，大家起而反抗，在羊的双角和后腿上捆绑火把，驱赶羊群攻进魔王堡垒，打倒了魔王。所以从那以后，每逢六月二十四日人们都要舞动火把，庆祝这一胜利。

有的学者认为火把节是古代祭火及祈求平安、丰收习俗的遗留。居住在滇中、滇西的彝族在节日前，不仅各家要用高三米多的松木制成火把，而且全村还要合力在广场上建一高十余米，二三人合抱的大火把，在节日夜晚点燃。人们持小火把到田边地角照燎，边走边往火把上撒松香粉使之腾起一阵阵焰火，以示驱走魔鬼和邪恶，叫作“送祟”。后来又发展成乘人不注意时，用松香粉泼向对方，形成一股四溅火花的“泼火”活动，变为与“泼水”相类似的别有情趣的节日项目。照燎田头的火把，有的插在田埂上或竖立在自家门前，也有的放在大火把周围。除点燃火把外，还有歌舞，摔跤，斗牛等活动。

在四川苏山的彝族中，原定彝历“虎月”中下旬过火把节，现已确定在公历7月20至22日举行。第一天各村都要杀牛，砍成大小均匀的肉块煮食，叫作“吃砣砣肉”。第二、三天为节日高潮，村民们身穿新衣，聚集坪坝唱歌、斗羊、跳舞、摔跤、跑马等。傍晚时，高举火把列队在村堡及田地间转悠，形似条条火龙，在旷野上游荡。

6. 藏族的藏历年，在藏语中称作“洛萨尔”，流行于西藏、青海等藏族地区。早在公元前一百多年，他们就以月的圆缺朔望来计算月份。那时的新年初一，大致相当于现在藏历的十一月一日。从公元1027年开始，藏族开始使用现在参照农历制订的藏历，用天干的五行与地支的十二属相搭配计算，从木鼠年算起，每60年一轮回，藏语称为“饶琼”。其每月的日数有重有缺，如果逢到吉日，可以多过一天，如初五是吉日，就连过两个初五。但遇到凶日则予以取消，如初七是凶日，就取消不用，过了初六，就是初八。藏历年的日期因地而异，拉萨等地在藏历正月初一过年，昌都地区则在藏历十一月一日过年，而楚河以南则以藏历十二月一日为新年。

7. 苗族服饰文化，苗族的衣服又叫苗服，黔东南苗服不下200种，是我国和世界上苗族服饰种类最多、保存最好的区域，被称为“苗族服饰博物馆”。苗族服饰从总体来看，保持着中国民间的织、绣、挑、染的传统工艺技法，往往在运用一种主要的工艺手法的同时，穿插使用其他的工艺手法，或者挑中带绣，或者染中带绣，或者织绣结合，从而使衣服花团锦簇，流光溢彩，显示出鲜明的民族艺术特色。从内容上看，服饰图案大多取材于日常生活中各种活生生的物象，有表意和识别族类、支系及语言的重要作用，这些形象记录被专家学者称为“穿在身上的史诗”。从造型上看，多采用中国传统的线描式或近乎线描式的、以单线为纹样轮廓的造型手法。从制作技艺看，服饰发展史上的五种形制，即编制型、织制型、缝制型、拼合型和剪裁型，在黔东南苗族服饰中均有范例，历史层级关系清晰，堪称服饰制作史陈列馆。从用色上看，苗服善于选用多种强烈的对比色彩，努力追求颜色的浓郁和厚重的艳丽感，一般为红、黑、白、黄、蓝五种。从构图上看，苗服图案并不强调突出主题，只注重适应服装的整体感的要求。从形式上看，苗服分为盛装和便装。盛装，为节日礼宾和婚嫁时穿着的服装，繁复华丽，集中体现苗族服饰的艺术水平。便装，样式比盛装样式素静、简洁，用料少，费工少，供日常穿着之用。除盛装与便装之分外，苗族服饰还有年龄和地区差别。这也是苗族服饰被称为穿在身上的百科全书的原因。

五、古代生肖文化

什么是生肖？生指出生年，肖是肖似。生肖又称属相，相是面相，属相即面相何属。所肖或所属则是十二种动物，它们依次为：鼠、牛、虎、兔、龙、蛇、马、羊、猴、鸡、狗、猪；配上十二地支，便成为子鼠、丑牛、寅虎、卯兔、辰龙、巳蛇、午马、未羊、申猴、酉鸡、戌狗、亥猪。此即所谓生肖或属相。每个人都可以按自己的出生年月找到自己的生肖或属相。

生肖之所以为数十二，是源于中国古代的干支纪年法。古人以天干、地支纪年；天干即甲乙丙丁戊己庚辛壬癸，地支即子丑寅卯辰巳午未申酉戌亥。十天干与十二地支相配，成为一个甲子。一甲子六十年。其间又以十二年为一周期，用地支来表示，附以动物，即成为鼠年、牛年、虎年、兔年、龙年、蛇年、马年、羊年、猴年、鸡年、狗年、猪年。从而有了十二生肖。

十二生肖源于何时,今已难以细考。较早的文字资料见于《诗经》,即《小雅·车攻》所说:“吉日庚午,既差我马”,又《礼记·月令·季冬》也说:“出土牛,以送寒气。”较完整的生肖之说则见于东汉王充的著作《论衡》。其《物势》和《言毒》篇计有十一种生肖之名,即“寅,木也,其禽虎也。戊,生也,其禽大也。”“午,马也。子,鼠也。酉,鸡也。……申,猴也。”另一位东汉学者所撰《吴越春秋》中又有“关东辰,其位龙”之语,恰补上《论衡》所缺之龙,凑足了十二生肖。

课后练习

1. 举例说明古人的基本称谓、敬称、谦称、贱称。

2. 结合前面所学,分析说明十二生肖文化的应用。

3. 分析自己家乡所在地的传统节日习俗。

参考书目

一、通史类参考书目

《国史大纲》，钱穆，商务印书馆 1994 年版

《吕著中国通史》，吕思勉，华东师范大学出版社 1992 年版

《中国通史》，白寿彝，上海人民出版社 1994 年版

《简明中国古代史》，张传玺，北京大学出版社 1999 年第 3 版

《中国古代史研究概述》，《中国史研究》编辑部，江苏古籍出版社 1987 年版

《中国历史研究专题述评》，胡凡等，黑龙江人民出版社 1990 年版

《中国古代史分期问题讨论集》，《历史研究》编辑部，三联书店 1957 年版

《中国古代史分期讨论五十年》，林甘泉，上海人民出版社 1982 年版

《中国大历史》，黄仁宇，三联书店 1997 年

二、先秦部分参考书目

《中国文明起源新探》，苏秉琦，三联书店 1999 年版

《中国早期国家》，谢维扬，浙江人民出版社 1995 年版

《中国古代文明与国家形成研究》，李学勤，云南人民出版社 1997 年版

《中国古代社会研究》，郭沫若，人民出版社 1977 年版

《夏商史稿》，孙淼，文物出版社 1987 年版

《西周史》，杨宽，上海人民出版社 1999 年版

《西周史》，许倬云，三联书店 1994 年版

《先秦史论稿》，徐中舒，巴蜀书社 1992 年版

《中国奴隶社会史》，金景芳，上海人民出版社 1983 年版

《春秋史》，童书业，山东大学出版社 1987 年版

《战国史》，杨宽，上海人民出版社 1980 年版

《古史新探》，杨宽，中华书局 1965 年版

《先秦两汉史研究》，吴荣曾，中华书局 1995 年版

《十批判书》,郭沫若,人民出版社 1954 年版
《中国古代思想史》第 1 卷,侯外庐主编,人民出版社 1957 年版
《士与中国社会》,余英时,上海人民出版社 1987 年版
《中国青铜时代》,张光直,三联书店 1999 年版

三、秦汉部分参考书目

《秦汉史》,吕思勉,上海古籍出版社 1983 年版
《秦汉史》,林剑鸣,上海人民出版社 1989 年版
《秦汉史》,翦伯赞,北京大学出版社 1983 年版
《剑桥中国秦汉史》,中国社会科学出版社 1992 年版
《先秦两汉史论丛》,韩连琪,齐鲁书社 1986 年版
《先秦两汉史研究》,吴荣曾,中华书局 1995 年版
《秦汉问题研究》,张传玺,北京大学出版社 1985 年版
《秦汉史论集》,高敏,中州书画社 1982 年版
《秦汉魏晋史探微》,田余庆,中华书局,1993 年版
《中国政治制度通史》(10 卷)秦汉卷,白刚,人民出版社 1996 年版
《两汉魏晋南北朝宰相制度研究》,祝总斌,中国社会科学出版社 1990、1998 年版
《察举制度变迁史稿》,阎步克,辽宁大学出版社 1989、1996 年版

四、魏晋南北朝部分参考书目

《魏晋南北朝史》(上下册),王仲荦,上海人民出版社 1979 年版
《两晋南北朝史》(上下册),吕思勉,上海古籍出版社 1983 年版
《魏晋南北朝史纲》,韩国磐,人民出版社 1983 年版
《魏晋南北朝史论集》,周一良,北京大学出版社 1997 年版
《魏晋南北朝史札记》,周一良,中华书局 1985 年版
《魏晋南北朝论丛》,唐长孺,三联书店 1955 年版
《魏晋南北朝史论丛续编》,唐长孺,三联书店 1959 年版
《魏晋南北朝史论拾遗》,唐长孺,中华书局 1983 年版
《魏晋南北朝隋唐史三论》,唐长孺,武汉大学出版社 1992 年版
《读史集》,何兹全,上海人民出版社 1982 年版
《秦汉魏晋史探微》,田余庆,中华书局 1993 年版
《东晋门阀政治》,田余庆,北京大学出版社 1989 年版
《魏晋南北朝经济史》,高敏,上海人民出版社 1996 年版
《秦汉官制史稿》(上下册),安作璋、熊铁基,齐鲁书社 1984 年版

《中国政治制度通史》(10卷本)魏晋南北朝卷,白刚,人民出版社1996年版
《中古文人生活》,王瑶,北京大学出版社1986年版
《理学·佛学·玄学》,汤用彤,北京大学出版社1991年版
《魏晋南北朝文化史》,罗宏曾,四川人民出版社1989年版

五、隋唐部分参考书目

《隋唐五代史纲》,韩国磐,人民出版社1977年版
《隋唐制度渊源略论稿》,陈寅恪,中华书局1977年版
《唐代政治史述论稿》,陈寅恪,上海古籍出版社1997年版

六、辽宋夏金元部分参书目

《两宋政治经济问题》,邓广铭、漆侠,知识出版社1988年版
《宋史》,陈直,上海人民出版社,2002年版
《辽史简编》,杨树森,辽宁人民出版社1984年版
《金史简编》,张博泉,辽宁人民出版社1984年版
《辽夏金经济史》,漆侠、乔幼梅,河北大学出版社1991年版
《元朝史》,韩儒林,人民出版社1986年版
《元史》,周良霄、顾菊英,上海人民出版社2002年版

七、明清部分参考书目

《明清史讲义》,孟森,中华书局1981年版
《明清史论著集刊》、《续编》,孟森,中华书局1984年版、1986年版
《明史新编》,傅衣凌,人民出版社1993年版
《简明清史》,戴逸,人民出版社1985年版
《明清史论著合集》,商鸿逵,北京大学出版社1988年版
《清史新考》,王锺翰,辽宁大学出版社1990年版
《明清史新析》,韦庆远,中国社会科学出版社1995年版

八、中国近现代史参考书目

《中国通史教程》,齐涛,山东大学出版社,普通高等教育"十一五"国家级规划教材,2004年版

《中国近代史纲要》,李捷、王顺生,高等教育出版社,全国高等教育自学考试指定教材,2008年版。

《历史(上册)》,李宏生,青岛出版社,山东省五年制师范学校统编教材,2000年版

《中国近代史》,蒋廷黻,岳麓书社 1987 年版

《中国近代通史》,张海鹏,江苏人民出版社 2013 年版

《中华民国史》,李新,中华书局出版社 1987 年版

《洋务运动》,牟安世,上海人民出版社 1956 年版

《辛亥革命史》(上、中、下),章开沅、林增平,人民出版社 1980 年版

《中国的内战——1945 - 1949 年的中国》,胡素珊,中国青年出版社 1997 年版

《中华人民共和国建国史研究》(政治卷,外交卷),杨奎松,江西人民出版社 2009 年版

《中国共产党的七十年》,胡绳,中共党史出版社 1991 年版

《大动乱的年代》,王年一,人民出版社 2009 年版

《伟大的中国革命(1800 - 1985)》(中译本),费正清,界知识出版社 2000 年版

九、世界史参考书目:

《世界通史教程》,齐涛,山东大学出版社,普通高等教育"十一五"国家级规划教材,2004 年版

《全球通史》. 斯塔夫里阿诺斯. 北京大学出版社 2006 年版

《世界通史》(古代卷、中世纪卷、近现代卷)崔仲联等,人民出版社 1997 年版

《世界通史》(古代卷、近代卷、现代卷)周一良、吴于廑,人民出版社 1972 年版

《世界史. 现代史编》,上、下卷,吴于廑、齐世荣,高教出版社 1994 年版

《世界通史. 现代卷》,徐天新、许平、王红生,人民出版社 2004 年版

《世界通史. 当代卷》,徐天新、梁志明,人民出版社 2004 年版

《世界当代史》, 王斯德、钱洪,高教出版社 1988 年版

十、传统文化和人文地理

《中国古代文化常识》,马汉麟,新世界出版社 2007 年版

《文科天文》,苏宜,科学出版社 2010 年版

《中国古代天文历法》李东生,北京科学技术出版社 1995 年版

《中国古代文化常识》,王力,中国人民大学出版社 2012 年版

《古代天文历法讲座》,张闻玉,广西师范大学出版社 2008 年版

《地球概论》(第三版),金祖孟、陈自悟,高等教育出版社 1997 年版

《中国历史大辞典 历史地理》,郑天挺、谭其骧,上海辞书出版社 2000 年版

《中国疆域沿革史》,顾颉刚、史念海,商务印书馆 1999 年版

《中国古代礼俗/中国文化史知识丛书》,任继愈、王炜民,商务印书馆 1997 年版

《中国少数民族的节日风情》,胡起望,中共中央党校出版社 2011 年版